すべてがわかる冠婚葬祭マナー大事典

知っておきたい、
今どきの作法と大人の礼儀

監修●清水勝美
冠婚葬祭コンサルタント

永岡書店

のし袋の基本とマナー

お祝い金を包むのし袋には、婚礼用、祝儀用など、いくつかの種類があります。贈る目的や相手に応じて選びましょう。

のし袋の書き方の基本

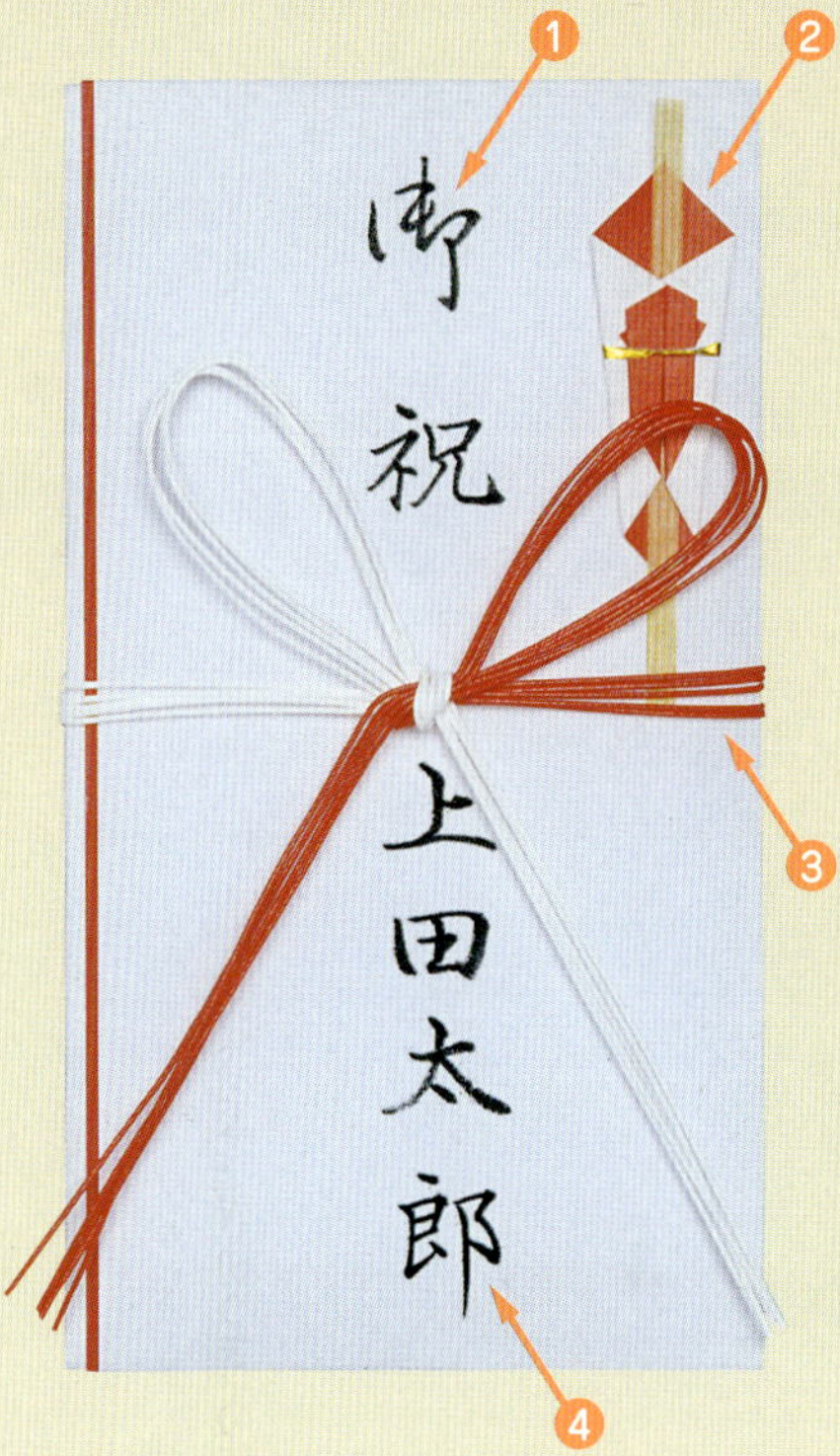

1 表書き（上書き）

水引の上の中央に書き、贈る目的を表す。楷書《かいしょ》かややくずした行書体でていねいに書く。

2 のし

あわびを薄く伸ばした「のしあわび」に由来。祝儀袋《しゅうぎぶくろ》にのみつけ、弔事《ちょうじ》やお見舞いなどにはつけない。

3 水引

何度繰り返してもよいお祝い事には蝶結びを。結婚や弔事など繰り返さない方がよい場合は、結び切りを。

4 表書き（姓名）

水引の下の中央に、上書きよりも小さめにフルネームを書く。お返しなどは姓のみを。祝儀は濃墨《こいずみ》、不祝儀《ぶしゅうぎ》は薄墨《うすずみ》で。

COLUMN のし袋の基本マナー

のし袋はふくさに包んで持参するのが礼儀。むき出しのままバッグなどからとり出すのはマナー違反です。

渡すときは、表書きを先方に向けて差し出します。持参できない場合は現金書留封筒に入れて郵送しますが、これは略式のため、持参できないことを詫びる手紙を同封しましょう。

水引の種類

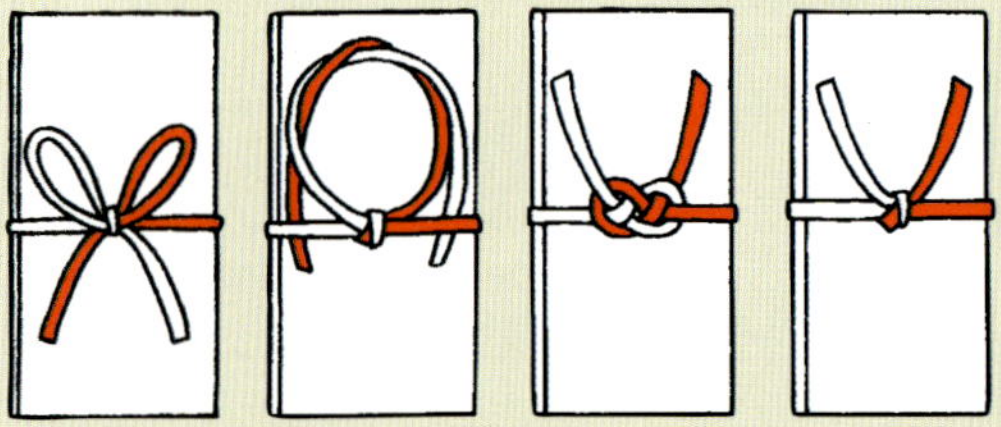

蝶結び　結び切り（輪結び）　結び切り（あわび結び）　結び切り（真結び）

贈る目的に応じて水引の形を選びます。結び切りは、ほどけないことから、「繰り返したくない」という意味で用います。結婚や弔事、病気の全快祝いなどがあてはまります。結び切りには、真結び、あわび結び、輪結びなど、いくつかの種類があります。

蝶結びの水引は結び直せることから、何度繰り返してもよい、お祝い事やお礼に用います。

のし袋の種類

COLUMN
のし袋の選び方

慶事ののし袋は、包む金額や用途によって水引の色や形が異なります。

婚礼用には、紅白、金銀、金一色などの結び切りの水引が用いられます。婚礼以外のお祝い事では、紅白または金銀の蝶結びが一般的です。紅白の蝶結びはお礼や餞別《せんべつ》などにも使えます。また、謝礼、心づけには白無地の封筒を使うこともあります。

弔事では、白黒か双銀《そうぎん》の結び切りの水引が一般的で、のしはつけません。金額に関係なく、質素な袋を選びましょう。

【婚礼】

「一度きり」という意味で、結び切りの水引を選ぶ。のしをつけ、濃墨ではっきりと書く。

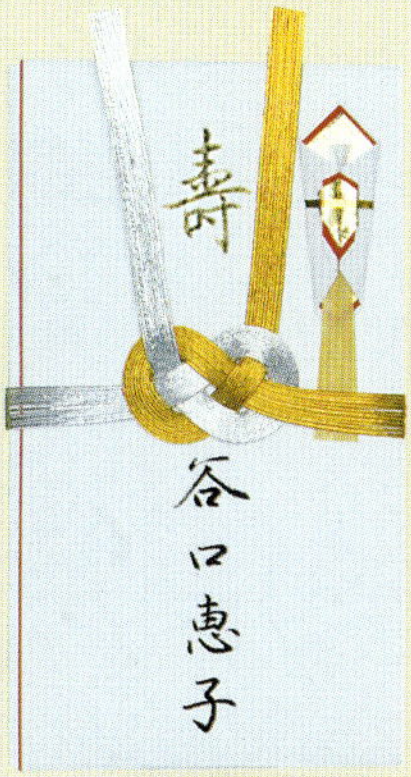

あわび結び

輪結び

【弔事】

悲しみを繰り返さないようにとの意味から水引は結び切りを。のしはつけない。

あわび結び

輪結び

【一般慶事】

何度繰り返してもよいお祝い事には、蝶結びの水引を。婚礼以外のお祝い事全般に。

蝶結び

【一般祝儀・謝礼】

日常的なお祝い事にも蝶結びの水引を。謝礼には白無地の封筒を使うこともある。

蝶結び

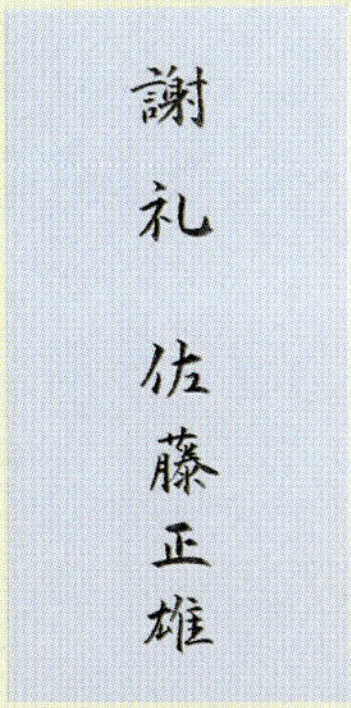

白無地の封筒

表書きの基本とマナー

のし袋に姓名を書く際には、連名にしたり、社名を入れる場合があります。ケース別の書き方の基本を覚えましょう。

表書きの書き方

上書きが下すぎたり、姓名が上すぎたりすると、文字が水引にかかってしまうので注意。文字数や文字の大きさを考慮してバランスよく書く。

COLUMN

表書きの筆記具の選び方

慶事《けいじ》・弔事《ちょうじ》ともに、表書きには毛筆を使うことが原則です。筆書きはあまりなじみがないかもしれませんが、万年筆やボールペンは不《ぶ》作法《さほう》です。筆ペンを使うと便利でしょう。どうしても苦手な人は、黒のサインペンでもかまいません。

【社名を入れる】

社名を入れる場合は、氏名の右上にやや小さめに書き添える。

【3名連名】

3人の立場（格上、年長など）の順に右から左へ並べる。同格の場合は、右から五十音順に。

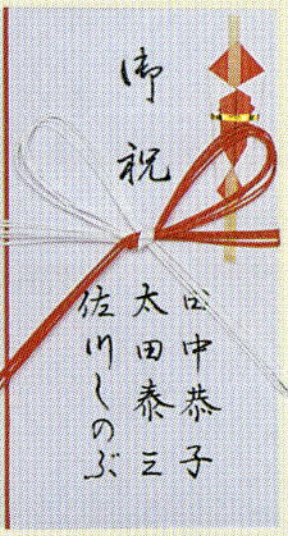

【夫婦連名】

夫はフルネームで右側に、妻は名前だけを夫の名前の位置にそろえて左側に書く。

【4名以上の連名】

4名以上の連名は、代表者の氏名を中央に書き、左下に、同じ大きさか、やや小さめに「外一同」と書く。

中包みと上包みの使い方

現金は中包みに包むか、封筒に入れてから祝儀《しゅうぎ》・不祝儀《ぶしゅうぎ》袋に包みます。市販の祝儀・不祝儀袋には中包みがついているのが一般的ですが、中包みがない場合は、半紙か奉書紙で包みましょう。慶事と弔事では、中包みと上包みの向きが逆になりますので、気をつけましょう。

【中包みの書き方】

表面の中央に大きめに金額を書く。裏面の左下に表面より小さめに住所・氏名を書く。市販の袋で、氏名欄などが印刷されている場合は、それに従う。

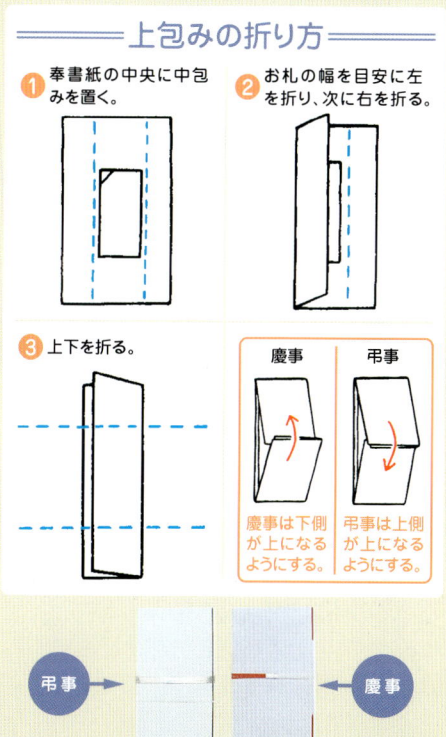

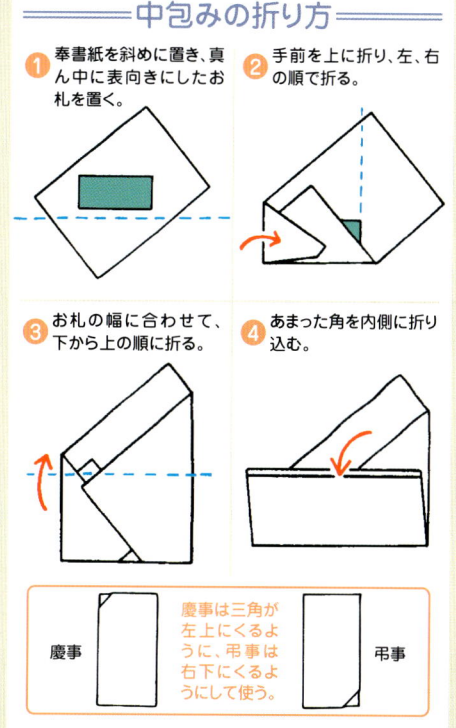

【金額の書き方】

正式な表記で書くのが本来のマナーだが、略式の表記でもよい。

略式	正式
金 五千円	金伍阡圓
金 一万円	金壱萬圓
金 二万円	金弐萬圓
金 三万円	金参萬圓
金 五万円	金伍萬圓
金 十万円	金壱拾萬圓

上包みの折り方

1 奉書紙の中央に中包みを置く。

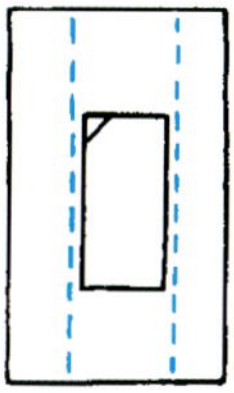

2 お札の幅を目安に左を折り、次に右を折る。

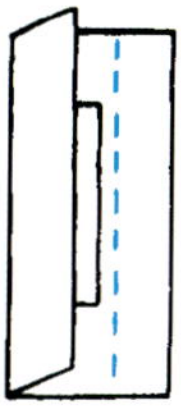

3 上下を折る。

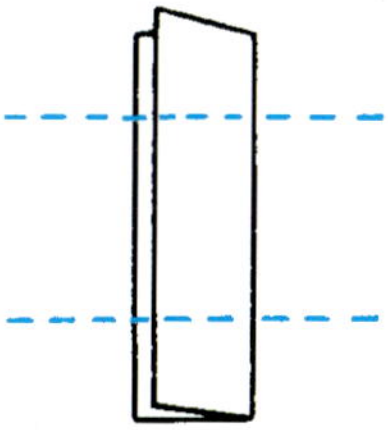

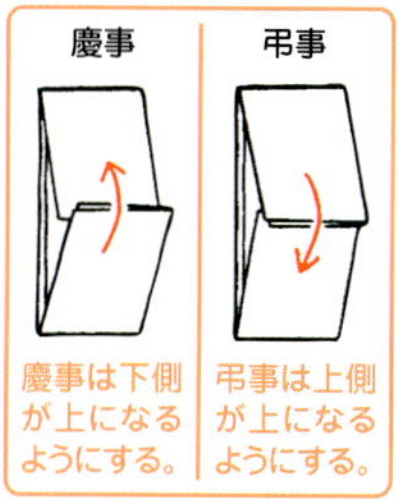

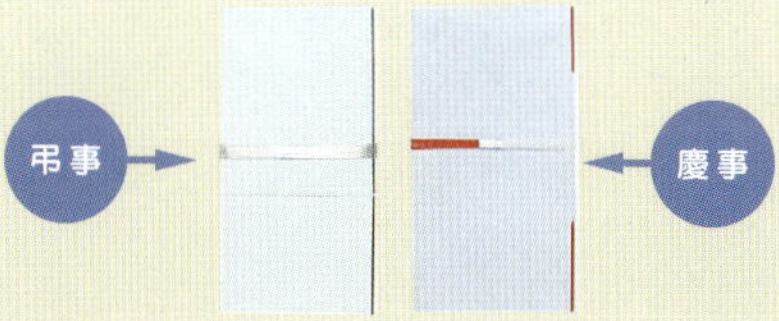

中包みの折り方

1 奉書紙を斜めに置き、真ん中に表向きにしたお札を置く。

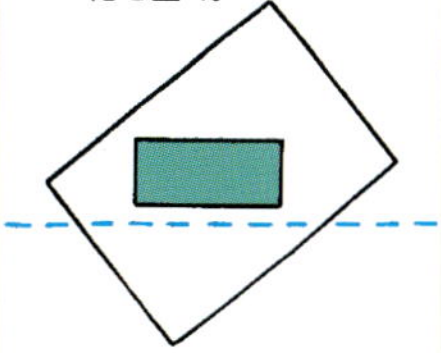

2 手前を上に折り、左、右の順で折る。

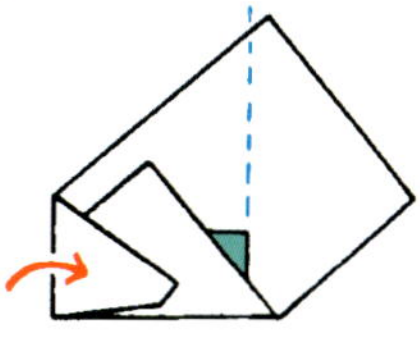

3 お札の幅に合わせて、下から上の順に折る。

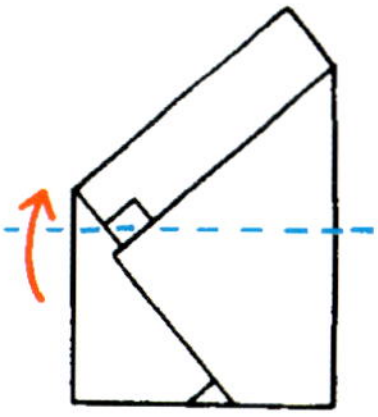

4 あまった角を内側に折り込む。

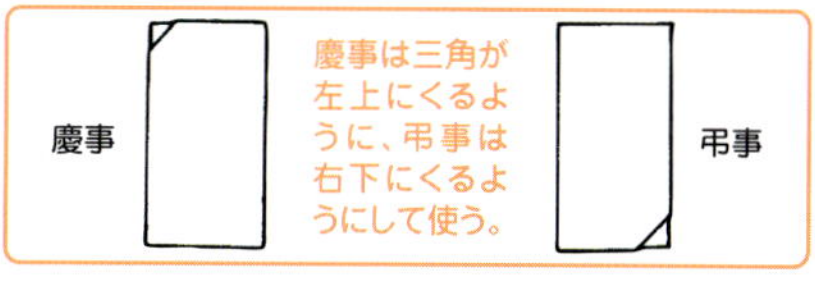

表書き シーン別 実例集

日常のお付き合いでは、金品を贈る機会が多いものです。ここでは、慶事、弔事のシーン別の表書きを紹介します。

結婚

結婚祝いに用いるのし袋は、結び切りの水引がついたものを使います。上書きは4文字を避け、「寿」「祝 ご結婚」「御結婚御祝」などとします。主催者側が、お世話になった方へのお礼を包むときも結び切りののし袋を用います。

結婚祝いの書き方

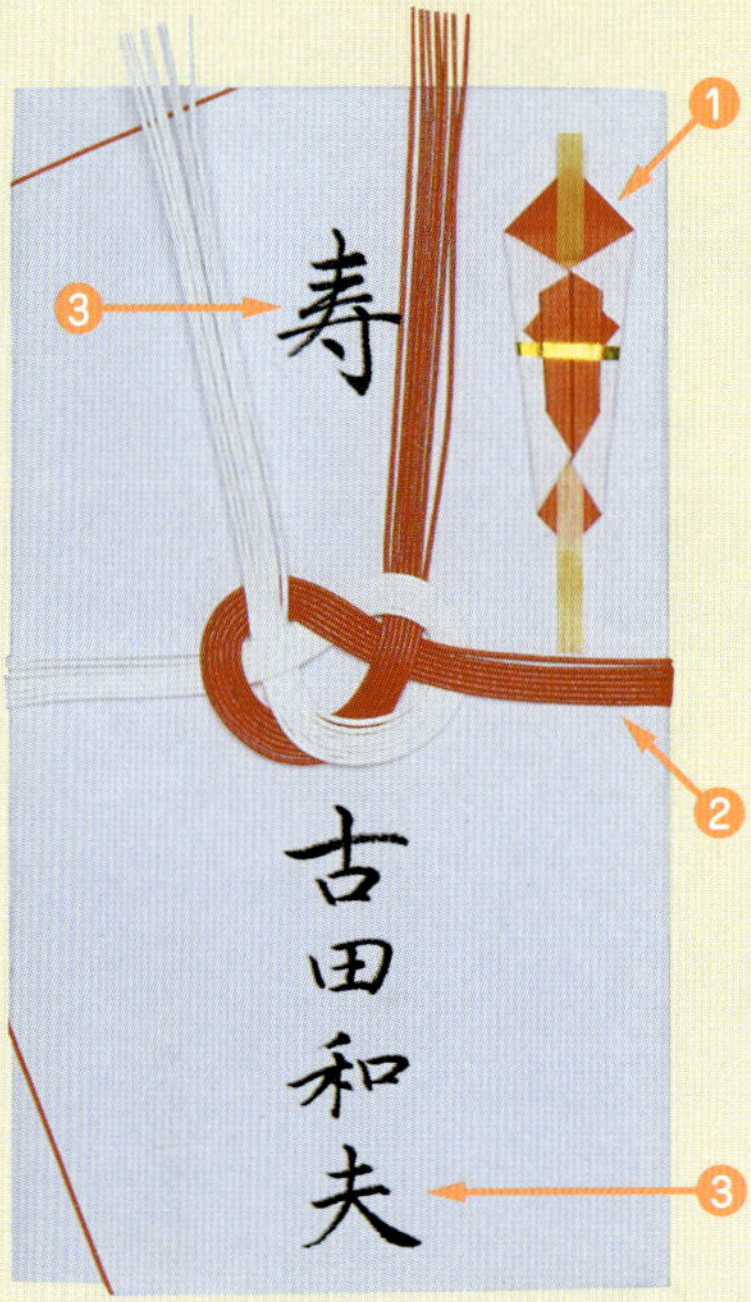

① のし
のしがついた祝儀《しゅうぎ》袋《ぶくろ》を選ぶ

② 水引
金銀、金一色、紅白の結び切り

③ 表書き
上書き、姓名ともに濃墨《こいずみ》ではっきりと

【仲人へのお礼】
水引…紅白または金銀の結び切り
表書き…御礼・寿など。両家連名で
金額の目安…10万円～20万円
贈る時期…式当日ではなく、後日あらためて渡すのがていねい

【諸係へのお礼】
水引…紅白の結び切り
表書き…御礼・寿・御祝儀など。両家連名で
金額の目安…5千円～3万円
贈る時期…披露宴が始まる前

金額別のし袋の選び方

のし袋は金額に合ったものを選びましょう。目安として1万円程度までは、のし袋もシンプルなものに。3～5万円程度なら、多少凝った形の水引がついたものや格調高い色使いのものもよいでしょう。10万円以上の高額のお祝いには、大判で厚みがあり、水引が大きく豪華なものがふさわしいといえます。高額用の場合、水引が大きく、表書きを袋に書き込みにくいので、短冊を用いるのが一般的です。

大げさにしたくない場合は、高額の場合でもシンプルなものを選んでもかまいません。

1万円程度

3万円～5万円程度

10万円以上

【仲人・来賓への交通費】

水引…紅白の結び切り　表書き…お車代。仲人には両家連名、主賓など列席者へはそれぞれの姓で
金額の目安…5千円～1万円　贈る時期…挙式後

【式場（神社）へのお礼】

水引…紅白の結び切り　表書き…御《おん》初《はつ》穂料《ほりょう》・御礼。両家連名で　金額の目安…神社へ相談　贈る時期…挙式後

【式場（寺院）へのお礼】

水引…紅白の結び切り　表書き…寿。両家の連名で
金額の目安…5千円～1万円　贈る時期…挙式後

【式場（教会）へのお礼】

水引…なし　表書き…献金。両家連名で
金額の目安…教会と相談　贈る時期…挙式後

【会場責任者への心づけ】

水引…紅白の結び切り　表書き…寿。両家連名で
金額の目安…5千円　贈る時期…挙式前

【美容師などへの心づけ】

水引…紅白の結び切り　表書き…御祝儀。連名または新婦がお世話になった方へは新婦の姓で　金額の目安…2千円～1万円　贈る時期…当日お世話になる前に

【ご近所へのあいさつ回り】

水引…紅白の結び切り　表書き…寿。夫婦連名で
金額の目安…千円程度の実用品
贈る時期…新生活を始める際に

【結婚の内祝い】

水引…紅白の結び切り　表書き…内祝。夫婦連名で
金額の目安…いただいたお祝いの半額程度
贈る時期…挙式後1ヶ月以内に。披露宴に招いていない人からのお祝いに対して贈る

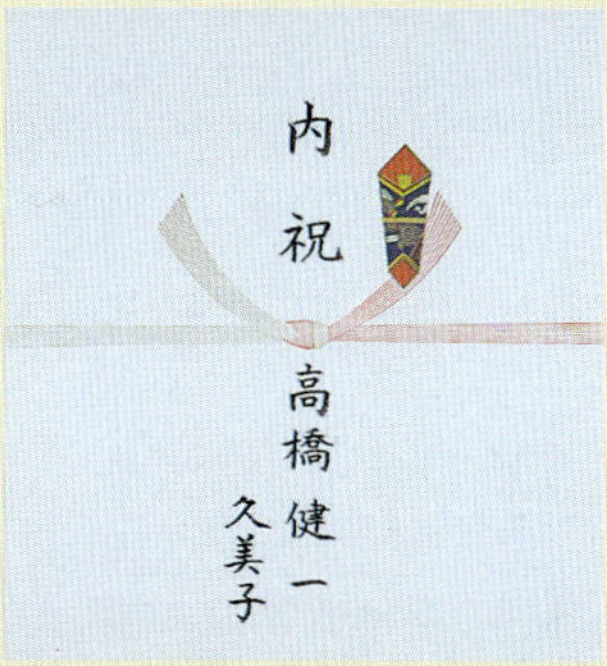

※金額の目安は編集部調べ

葬儀・法要

葬儀や法要《ほうよう》に用いる不祝儀袋《ぶしゅうぎぶくろ》では、黒白や双銀《そうぎん》、白一色の結び切りが一般的です。関西では黄白《きびゃく》の水引を、キリスト教では花や十字架のついた専用の袋を用いることもあります。表書きは相手の宗派に準じましょう。

香典

【仏式】

水引…黒白または双銀の結び切り
表書き…御霊前《ごれいぜん》・御香典《おこうでん》など
金額の目安…3千円〜1万円
贈る時期…通夜または葬式の際に持参

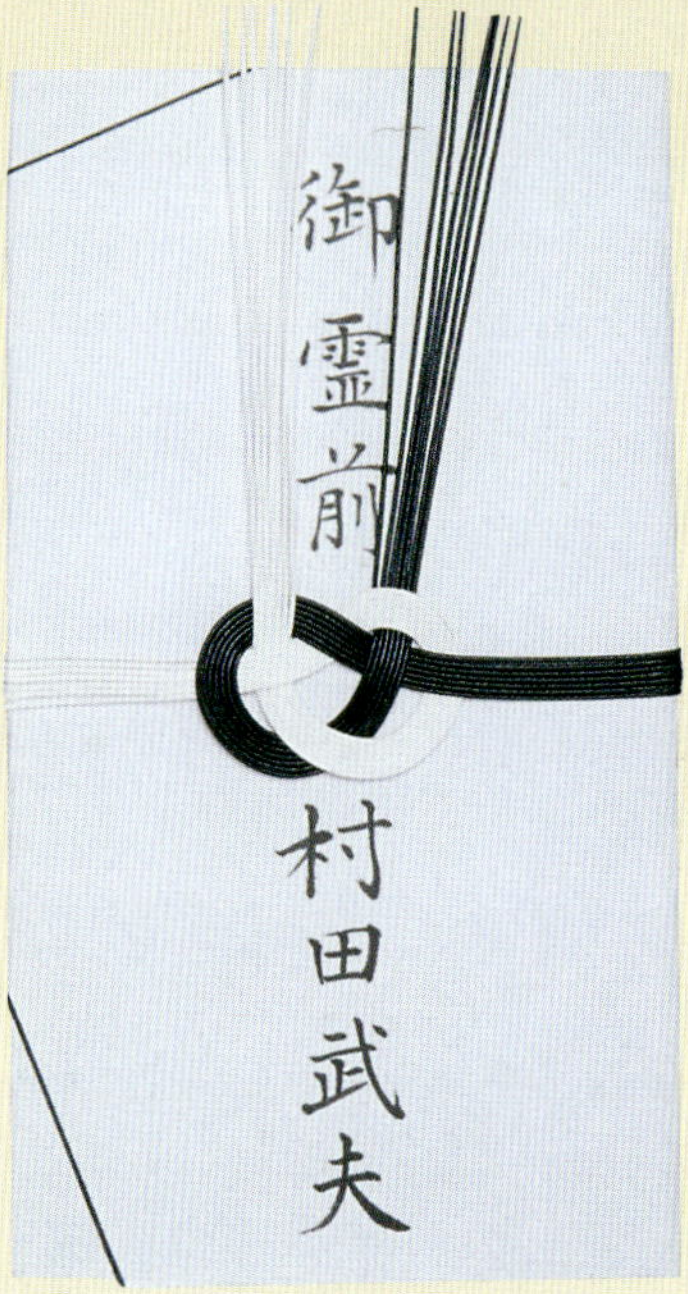

【神式】

水引…黒白、白一色、双銀の結び切り
表書き…御玉串料・御神前など
金額の目安…3千円〜1万円
贈る時期…通夜または葬式の際に持参

【キリスト教式】

水引…花、十字架のついた専用の袋
表書き…お花料・御花料・御ミサ料など
金額の目安…3千円〜1万円
贈る時期…通夜または葬式の際に持参

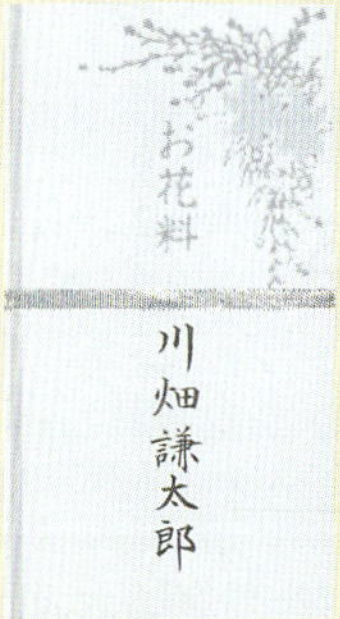

【関西式】

水引…黄白の結び切り
表書き…御霊前・御香典など
金額の目安…3千円〜1万円
贈る時期…通夜または葬式の際に持参

【香典返し】

水引…黒白または黄白の結び切り
表書き…志など
金額の目安…お茶などの品物（消耗品）
贈る時期…四十九日の忌明けごろ

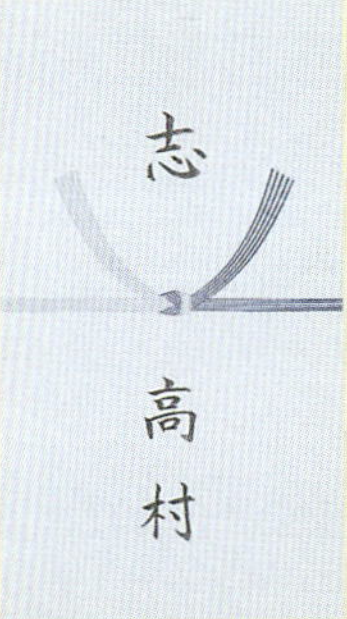

法要

【仏式】

水引…黒白または双銀の結び切り
表書き…御仏前・御供物料など
金額の目安…5千円～3万円
贈る時期…寺や会場で施主に渡す

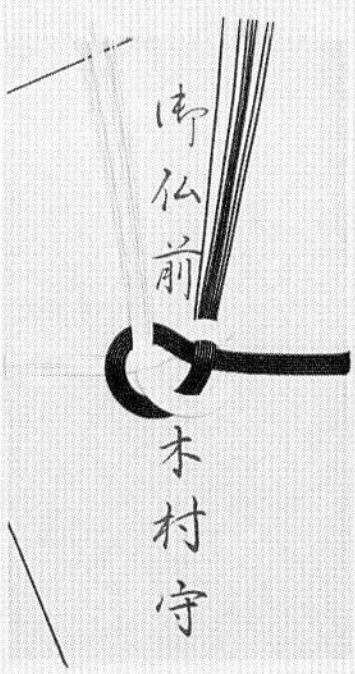

【神式】

水引…白一色、黒白、双銀の結び切り
表書き…御玉串料・御神前など
金額の目安…5千円～3万円
贈る時期…会場で施主に渡す

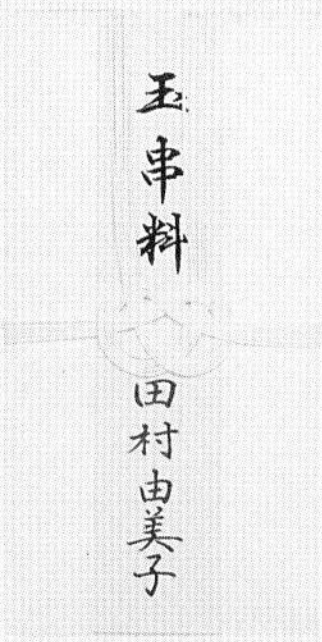

【キリスト教式】

水引…花、十字架のついた専用の袋　表書き…お花料・御花料など　金額の目安…5千円～3万円
贈る時期…会場で施主に渡す

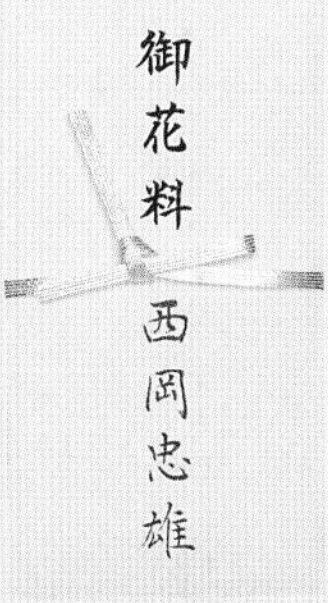

【世話役へのお礼】

水引…黒白の結び切り　表書き…御礼・お礼・謝礼など
金額の目安…葬儀社などと相談を

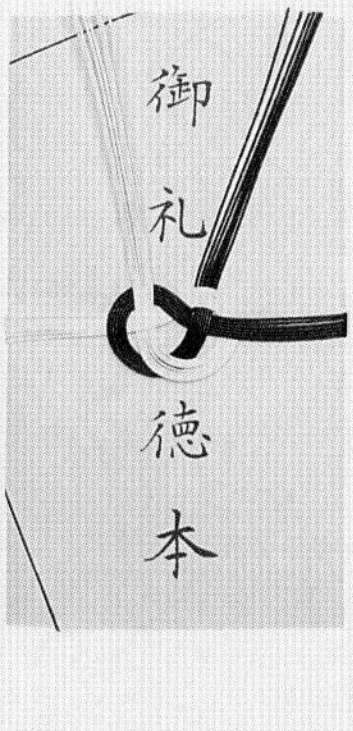

【僧侶へのお礼】

水引…なし　表書き…御布施　金額の目安…寺院の規定などに従う　贈る時期…読経後

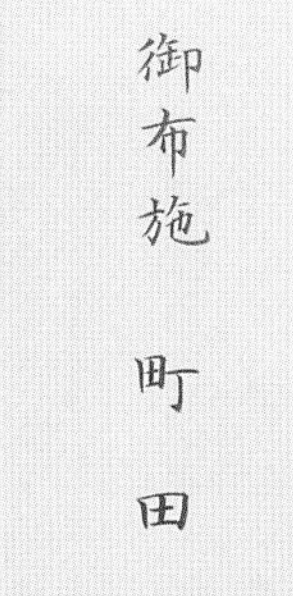

【僧侶への交通費】

水引…なし　表書き…御車代　金額の目安…葬儀社などと相談を　贈る時期…法要当日

COLUMN

不祝儀袋の表書き

表書きは相手の宗派に合わせます。相手の宗派がわからなければ、どんな場合も使える「御霊前」が無難です。

表書きは「悲しみの涙で薄くなった」という意味から、薄墨で書くしきたりがありますが、最近は筆ペンで書くことも多いので、ふつうの濃さでも失礼にはあたりません。

※金額の目安は編集部調べ

お祝い事

お祝いには、蝶結びの水引を使います。蝶結びの輪の重なりは、喜びが重なることを表します。「御祝」の表書きはどんな場合でも使えますが、「御出産御祝」「祝七五三」など、お祝いに応じた表書きにするのが一般的です。

【一般的なお祝い】

紅白蝶結びの水引のものを選ぶ。「御祝」の表書きは、内容を問わず、お祝い事全般に使える。

【贈る目的を添える】

「御祝」の表書きの右上に「御出産」など、贈る目的を添えてもよい。

【お祝い事の名称を入れる】

「御祝」だけではなく、「御卒業御祝」など、具体的なお祝い事の名称を入れることが多い。

【出産祝い】

水引…紅白の蝶結び　表書き…御出産御祝・祝御出産など　金額の目安…5千円～1万円
贈る時期…出産後1週間～1ヶ月以内

【七五三】

水引…紅白の蝶結び　表書き…御祝・祝七五三など
金額の目安…3千円～1万円
贈る時期…10月中旬～11月15日までに

【入学祝い】

水引…紅白の蝶結び　表書き…御入学御祝・ご入学おめでとう・祝御入学など　金額の目安…5千円～2万円　贈る時期…入学式の1週間前ごろまで

【卒業祝い】

水引…紅白の蝶結び　表書き…御卒業御祝・祝御卒業など　金額の目安…5千円～2万円
贈る時期…3月中

【成人祝い】

水引…紅白の蝶結び　表書き…御成人御祝・祝御成人など　金額の目安…5千円～2万円
贈る時期…成人式の前に

【長寿のお祝い】

水引…紅白または金銀の蝶結び　表書き…寿・敬寿・寿福・祝還暦（米寿）など　金額の目安…1万円～10万円
贈る時期…祝宴当日か誕生日までに

【新築祝い】

水引…紅白の蝶結び　表書き…御新築御祝・祝御新居・御祝など　金額の目安…5千円～2万円
贈る時期…披露当日か転居後1～2ヶ月以内

【開店・開業祝い】

水引…紅白の蝶結び　表書き…御開業（開店）御祝・御祝など　金額の目安…5千円～2万円
贈る時期…開業当日または事前に

【上棟式（工事関係者へのお礼）】

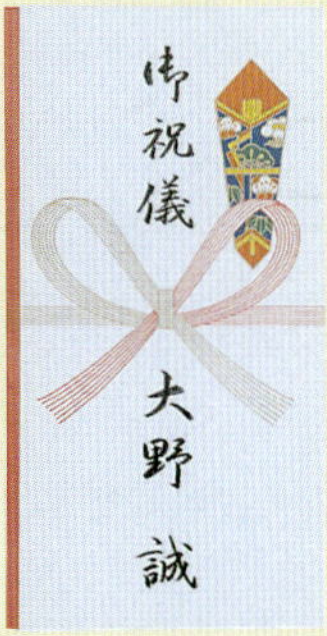

水引…紅白の蝶結び　表書き…御祝儀
金額の目安…棟梁1万円～3万円／そのほか5千円
贈る時期…当日、棟梁にまとめて渡す

【内祝い】

水引…紅白の蝶結び　表書き…内祝
金額の目安…いただいたお祝いの半額程度の品物
贈る時期…お祝いによって異なる

COLUMN　お札のあれこれ

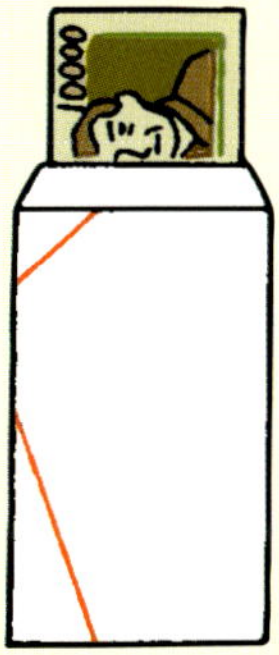

お札は、慶事《けいじ》の場合は新札を使いましょう。あらかじめ銀行で新札に換えてもらいます。弔事《ちょうじ》の場合は、手元にあるお札を使ってかまいません。

慶事の場合、お札の表（肖像の印刷された側）を正面に向けて入れます。弔事の場合は逆になります。

※金額の目安は編集部調べ

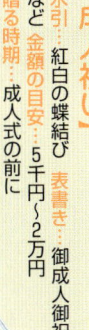

日常のお付き合い

お世話になったお礼には、紅白または金銀の蝶結びののし袋を、病気や災害のお見舞いには、白無地の封筒を用います。贈答品にはのし紙をかけます。

【お礼】

日常生活でのお礼全般に。紅白の蝶結びの水引で、のしつきの祝儀袋《しゅうぎぶくろ》に「御礼」や「謝礼」の表書きを。

【お餞別《せんべつ》】

水引…紅白の蝶結び　**表書き**…御餞別・御贐《おはなむけ》・おはなむけなど　**金額の目安**…5千円～2万円　**贈る時期**…転勤の正式発表の1～2週間後／引越しの1週間前～当日

【お年玉】

表書き…お年玉・おとしだまなど　**金額の目安**…1千円～1万円　**贈る時期**…新年のあいさつの際

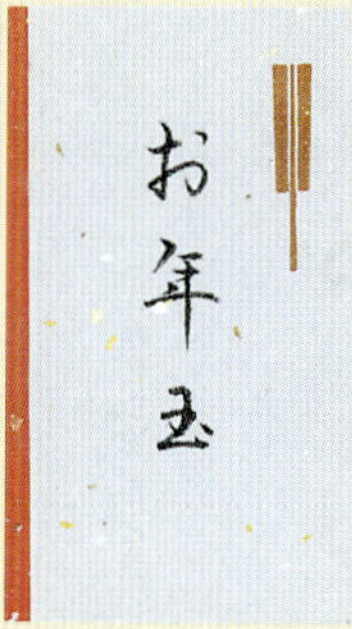

【お年賀】

水引…紅白の蝶結び　**表書き**…御年賀・賀正・御年始など　**金額の目安**…2千円～5千円程度の品物　**贈る時期**…新年のあいさつの際

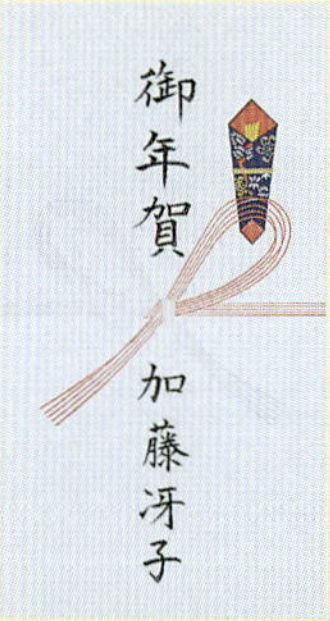

COLUMN

ポチ袋の便利な使い方

祝儀袋ではやや堅苦しい印象を与えてしまう場合などに便利なのが、ポチ袋です。少額のお金を包むときに適した小さな袋で、ちょっとした気持ちを贈りたい場合に重宝します。子どもへのお年玉や目下の人へのお礼などにも気楽に使えます。

最近は、柄入りやカラフルなものも多いので、用途に応じて使い分けるとよい。

【お中元】

水引…紅白の蝶結び　**表書き**…御中元・お中元など
金額の目安…2千円～5千円程度の品物
贈る時期…7月15日まで

【お歳暮】

水引…紅白の蝶結び　**表書き**…御歳暮・お歳暮など
金額の目安…2千円～5千円程度の品物
贈る時期…12月20日まで

【引越しのあいさつ】

水引…紅白の蝶結び　**表書き**…御挨拶・粗品など
金額の目安…5百円～1千円程度の品物
贈る時期…引越し後2～3日以内

【目下へのお礼】

表書き…寸志《すんし》・松の葉・みどりなど　**金額の目安**…2千円～3千円　**贈る時期**…お世話になったとき

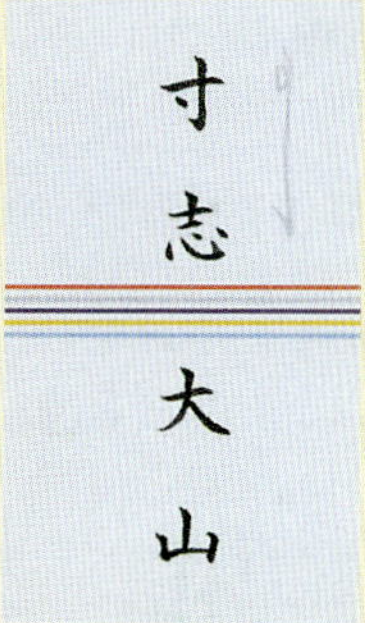

【おけいこ事の月謝など】

水引…なし　**表書き**…月謝　**金額の目安**…決められた金額を　**贈る時期**…決められた日に

【火災見舞い】

水引…なし（白無地）　**表書き**…火災御見舞・御見舞など　**金額の目安**…5千円～1万円　**贈る時期**…火災後、落ち着いたころ

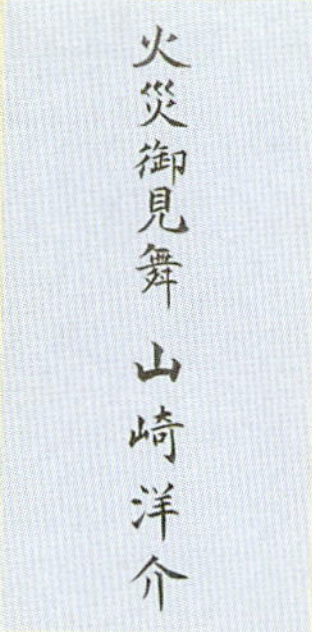

【災害見舞い】

水引…なし　**表書き**…災害御見舞・御見舞いなど
金額の目安…5千円～1万円
贈る時期…被災後、落ち着いたころ

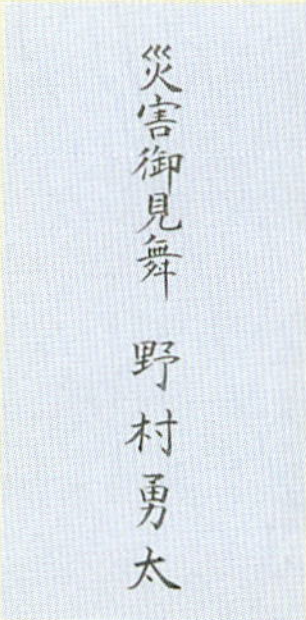

【病気見舞い】

水引…なし。白無地または赤帯入りの封筒
表書き…御見舞など　**金額の目安**…3千円～5千円
贈る時期…入院・療養中に

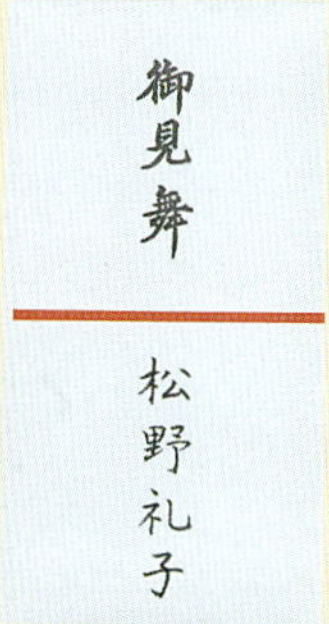

【快気祝い】

水引…紅白の結び切り　**表書き**…快気祝・御見舞い御礼・全快祝など　**金額の目安**…いただいた半額程度の品物　**贈る時期**…床上げ後、1～2週間以内

※金額の目安は編集部調べ

ふくさ・ふろしきの包み方

祝儀・不祝儀で現金を贈る際は、ふくさに包むのが正式。贈答品はふろしきに包んで持参するのが本来のマナーです。

ふくさ

ふくさの色や包み方は慶事《けいじ》と弔事《ちょうじ》で異なります。赤やピンクは慶事用、紺やグレーは弔事用です。紫は慶事と弔事のどちらにも使えて便利です。

慶　事

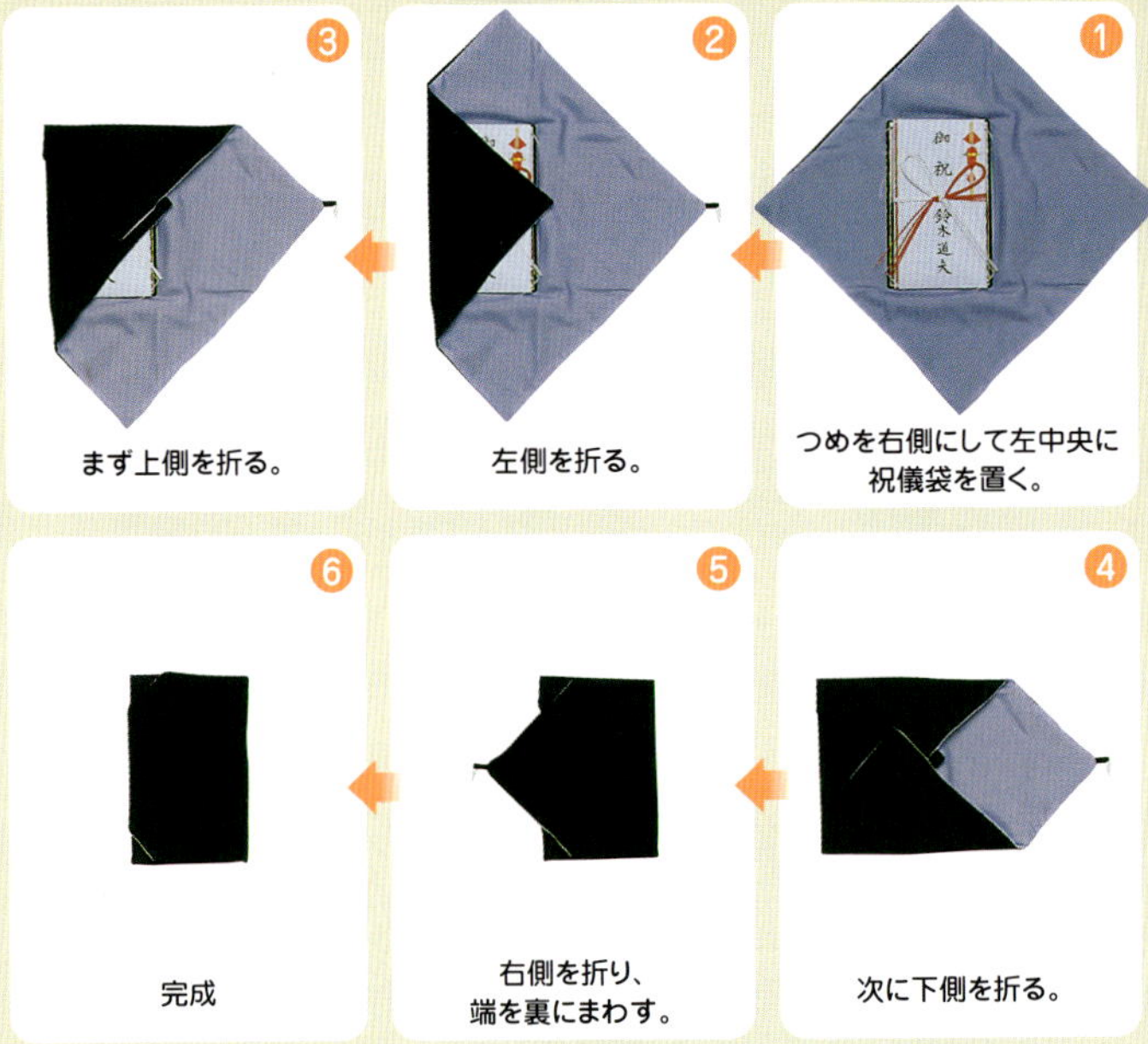

1. つめを右側にして左中央に祝儀袋を置く。
2. 左側を折る。
3. まず上側を折る。
4. 次に下側を折る。
5. 右側を折り、端を裏にまわす。
6. 完成

弔　事

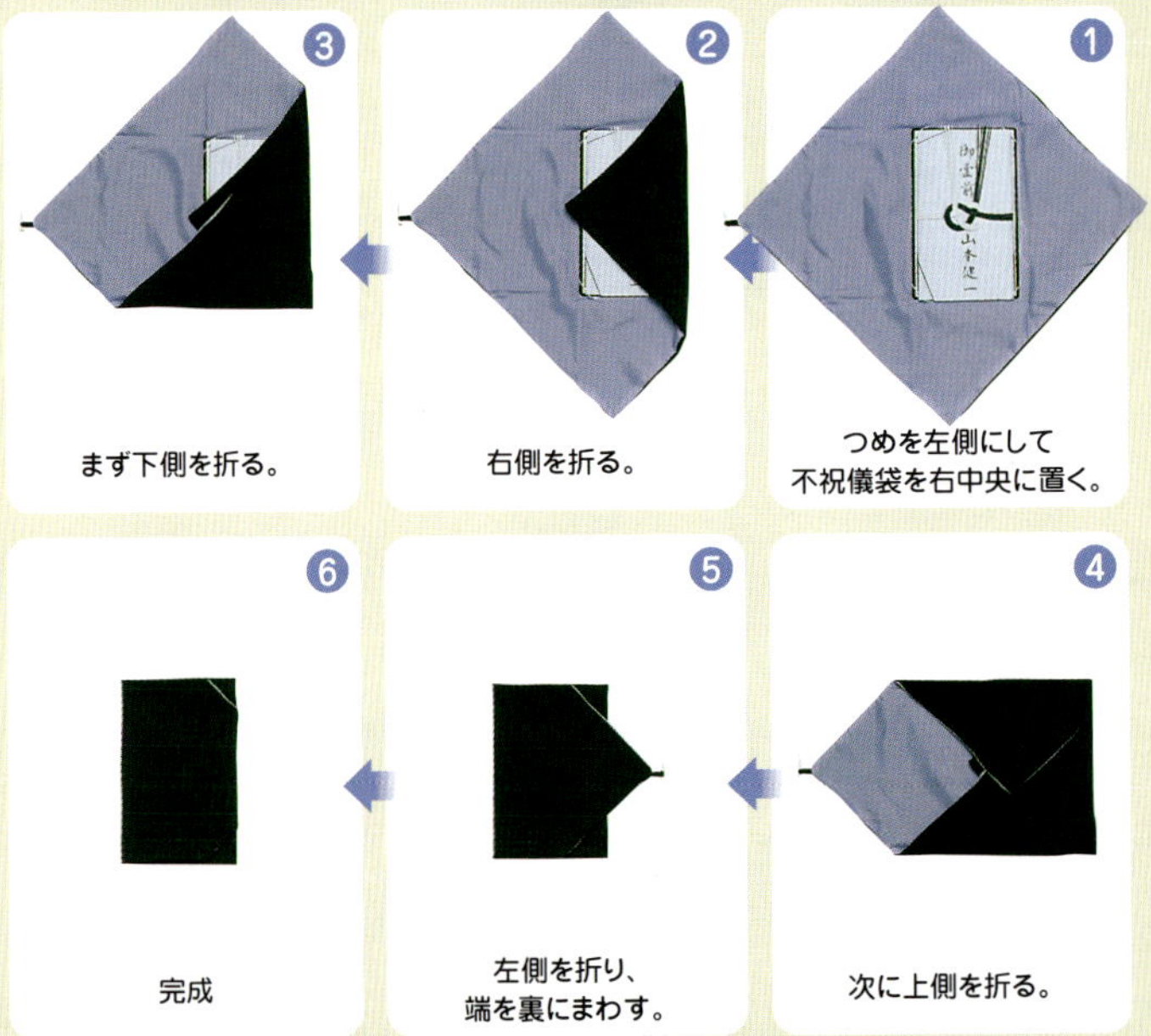

1. つめを左側にして不祝儀袋を右中央に置く。
2. 右側を折る。
3. まず下側を折る。
4. 次に上側を折る。
5. 左側を折り、端を裏にまわす。
6. 完成

ふろしき

ふろしきは、どんな形のものでも包めて便利です。贈答品はふろしきに包んで持参するとていねいです。

ふろしきの包み方

手前側からかぶせる。

左側をたたみ、あまった部分は外側へ折り返す。

右側をたたむ。

上側をかぶせ、あまった部分を内側に折り込む。

完成

ふろしきの使い方

1枚のふろしきで、
いろいろなものが包めて便利。

　昔は、贈答品をふろしきに包み、先方の家まで持参するのがマナーでしたが、最近は、宅配便などを利用することが多く、そうした機会も少なくなりました。

　ふろしきは、四角い箱だけでなく、縦長のボトル、すいかのように球体のものも包むことができ、1枚持っていると重宝します。

のし紙と紙包みの基本

あらたまった贈答品にはのし紙をかけるのが正式です。また、ここでは贈答品の包装のしかたの基本を紹介します。

のし紙

のし紙（弔事《ちょうじ》では「かけ紙」）には品物に直接のし紙をかける「内のし」と、包装紙の上にかける「外のし」があります。

紙包み

慶事《けいじ》と弔事では、包装紙の包み方が変わってきます。包み終わりが右上になるのが慶事、左上になるのが弔事です。

内のし

品物に直接のし紙をかけ、その上から包装紙で包む。控えめに贈りたいときに。内祝いなどのお返しに。

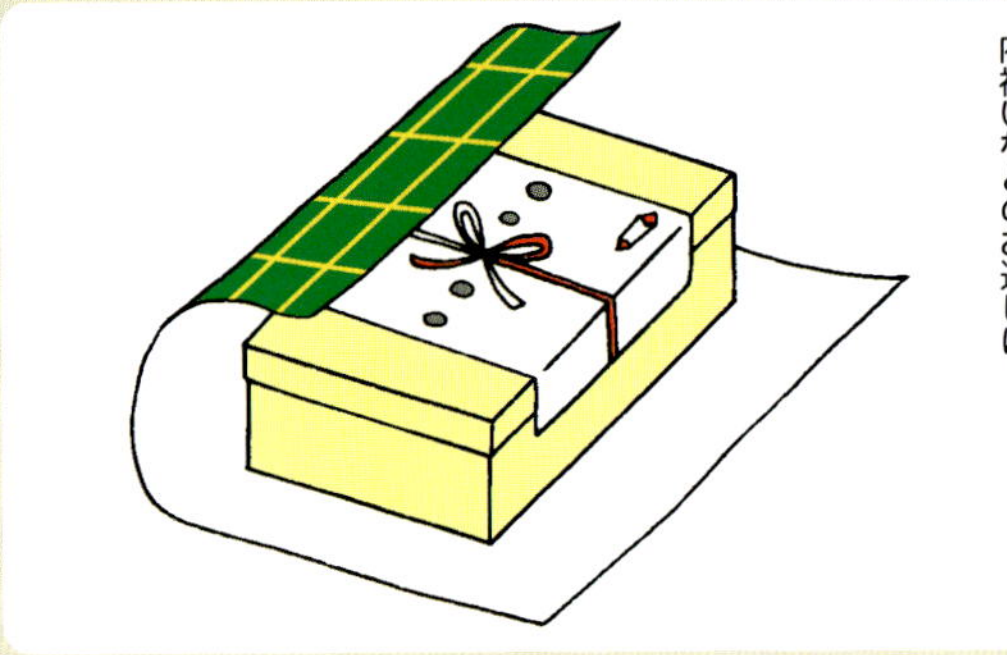

外のし

品物を包装紙で包んだ上から、のし紙をかける。贈る目的や贈り主がひと目でわかる。お祝いを持参するときに。

キャラメル包み（慶事の場合）

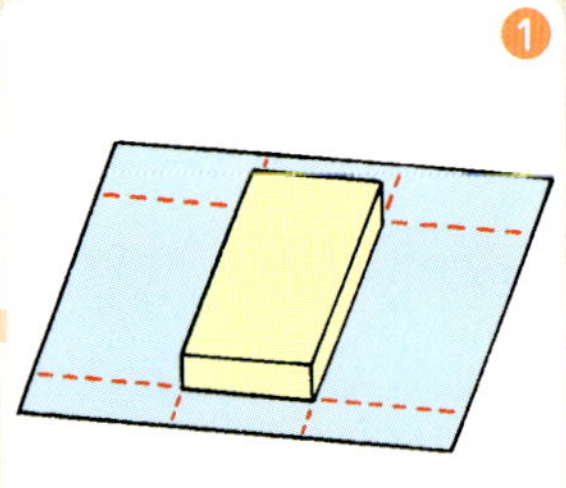

1 箱の上側を裏返しにし、中央に置く。

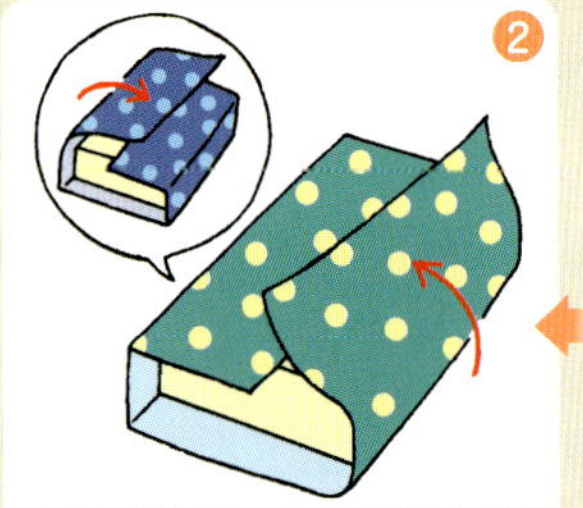

2 左側の紙を折り、次に右側をかぶせテープでとめる。（弔事の場合は右→左の順に紙をかぶせる）

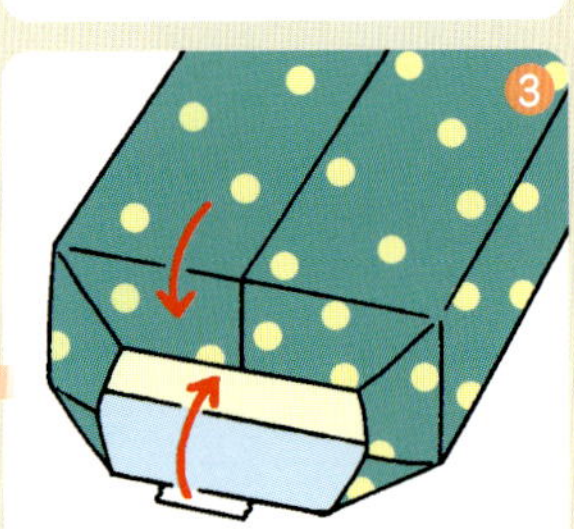

3 上下の側面を折り込んでテープでとめる。重なっている側を先に折る。

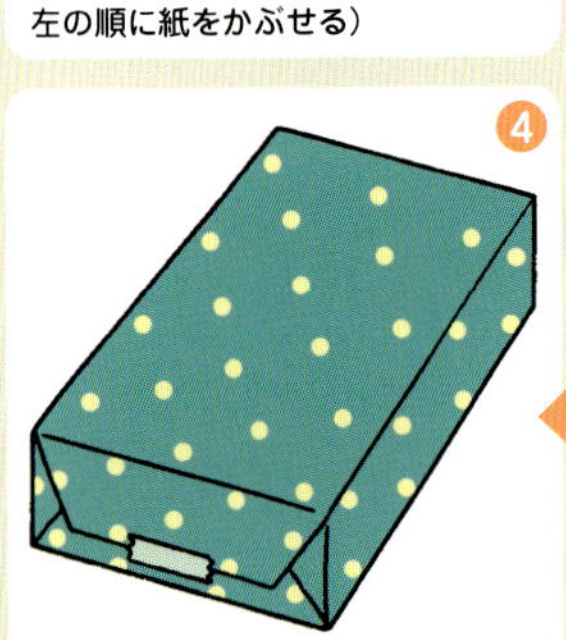

4 両側面を折り込んでとめる。

はじめに

「人を思う心」を伝える「しきたり」

人はみな、家族や親戚、地域・ご近所、会社や仕事関係、友人など、さまざまな人間関係のなかで暮らしています。

自分を取り巻く人たちと付き合っていくうえで、「人を思う心」を先達《せんだつ》の築いてきた「為来《しきたり》」という形をふまえて表していく場が、冠婚葬祭《かんこんそうさい》という人生の通過儀礼ではないでしょうか。それはいつの時代にも、人が生きていくための支えの役割も果たしてくれるものだと思います。

お祝いのしかたやお付き合いのマナーなどは、人それぞれの置かれている立場や状況、考え方によって違いが出てきますが、相手への思いやりを忘れてしまったら、それは非常識やわがままでしかなくなってしまいます。どんな場合にも、けじめを持って人に礼を尽くすことが、思いやりということではないでしょうか。

私たちの暮らしや習慣は時代の流れとともに変化しますが、その変化に合わせながらも、「礼を尽くす」という人としての姿勢を貫くための規範《きはん》、それがしきたりなのです。それは、思いやりのある社会を失わないために必要なことですし、そのような社会を築いていくことにもつながります。

「人を思う心」「感謝する心」とは、逆の立場からいえば、「自分のことを思ってくれる人がいる」ということです。相手があってこそ、「人を思う心」も表すことができます。

本書は「しきたり」を大事にしながら、「今どきのマナー」を盛り込んだ内容になっており、冠婚葬祭のあらゆるシーンに対応することができます。「基本のこの1冊」として、皆様のお役に立てればと思います。

冠婚葬祭コンサルタント　清水勝美

すべてがわかる冠婚葬祭マナー大事典 もくじ

PART 1

結婚のしきたりとマナー

結婚を祝う

PART 2

人生の祝い事のしきたりとマナー

PART 3 食事の作法とマナー

PART 4

葬儀・法要のしきたりとマナー

PART 5
日常のお付き合いのマナー

PART 6 手紙・電話・ファックス・Eメールのマナー

PART 7 暮らしを彩る生活歳時記

PART 1

結婚のしきたりとマナー

- お見合い・婚約～挙式・披露宴のスケジュール
- お見合いの準備と当日のマナー
- 婚約スタイルの決定と結納の交わし方
- 挙式の日取りと式場の決定
- 挙式タイプ別・婚礼衣装の選び方
- 招待客と席次の決め方
- 挙式・披露宴当日のタイムテーブル
- 結婚式の招待状をもらったら
- お祝い金の目安と結婚祝いの贈り方
- 招待客の服装のルール一覧表
- スピーチ・諸係を依頼されたら
- 披露宴会場でのマナー

お見合い・婚約〜挙式・披露宴のスケジュール

結婚へのカウントダウンが始まったら効率よく準備をすすめましょう。ここでは、お見合いから挙式・披露宴後までの全体の流れをチャートで紹介します。

お見合いから婚約まで

1年〜6ヶ月前

- **お見合いを依頼する** 参照 40ページ

信頼できる仲介者を選んだら、必要な書類をそろえて本人が依頼に伺う。

- **お見合いの準備** 参照 44ページ

日取りと場所を設定し、服装の準備をする。

- **お見合い** 参照 46ページ

当日の流れは仲介者の指示に従う。

- **お見合い後** 参照 48ページ

交際するかどうかを仲介者に連絡する。結婚の意思が固まったら仲介者に報告する。

挙式・披露宴

6ヶ月前

- **挙式スタイルを決める** 参照 66ページ
- **日取りと式場を決める** 参照 72ページ
- **婚礼衣装を選ぶ** 参照 74ページ

挙式スタイルに合った衣装を選ぶ。

3ヶ月前

- **媒酌人を立てる場合は早めに依頼する** 参照 70ページ
- **婚礼衣装の決定** 参照 74〜79ページ
- **諸係の依頼** 参照 88ページ

お見合い・婚約～挙式・披露宴のスケジュール

写真提供：ワタベウェディング

6ヶ月前

- **婚約のスタイルを決める** 参照 50ページ

  仲人を立てるケースと立てないケースがあるので、両家で相談する。最近では略式結納や両家の食事会が主流。

- **結納の準備をする** 参照 54～59ページ

  結納の日取りや形式は仲人と相談して決める。

- **結納を交わす** 参照 60～62ページ

- **恋愛結婚の場合は、双方の親へ結婚のあいさつをする** 参照 36ページ

  相手の親と交流がある場合も、あらためて席をもうけて正式にあいさつをする。

- **婚約発表と婚約通知を行う** 参照 50ページ

1ヶ月前

- **衣装の最終調整** 参照 74ページ
- **諸係との最終打ち合わせ** 参照 88ページ

挙式前

- **お世話になる人へのあいさつ** 参照 100ページ

  お世話になる人にあいさつをして、心づけを渡す。

挙式・披露宴

- **挙式の流れ** 参照 94～97ページ

  神前式、キリスト教式、人前式、仏前式、それぞれの流れで挙式が進行する。

- **披露宴の流れ** 参照 100ページ
- **招待客・媒酌人へのあいさつ** 参照 102ページ

挙式後

- **二次会に参加する** 参照 103ページ

後日

- **結婚に関わる諸手続きを行う** 参照 104ページ

結婚の意思を素直に伝える
相手の両親にあいさつをする

本人

POINT

互いの親に結婚の意思を伝えるあいさつは、ふたりの新生活に向けての第一歩。形式にこだわる必要はありませんが、礼儀にかなったあいさつで、よい関係を築きたいものです。

両親には早めに報告を

双方の家におもむき、正式にあいさつする

ふたりの新生活を快く応援してもらうためにも、相手の家族とは良好な関係を築きたいものです。そのためには、最初のあいさつが肝心。結婚を決めたら、なるべく早い段階で、互いの親に結婚の意思を伝えましょう。

場所は相手の家または、レストランなどが一般的です。親にも心の準備が必要ですから、突然、家を訪れるのは避けましょう。

相手の親と交流があり、すでに結婚の話が出ている場合でも、あらためて席を設けるようにします。

好感度をアップさせる!! 結婚のあいさつのマナー

都合のよい日時を確かめる

「ふたりから話したいことがあるので、都合のよい日時に伺いたい」などと伝えます。初対面であれば相手に伝えてもらってもかまいません。約束の訪問時間はぴったりが理想です。

清潔感のある服装で

髪型から足元までチェックされると考えても大げさではありません。男性の場合はスーツ、女性の場合はスーツかワンピースが好ましいでしょう。清潔感が大切です。

ちょっとしたおみやげを

おみやげを持っていくのも好感をもたれます。事前に好みを確認し、ケーキや菓子折り、フルーツなどを選ぶのが無難です。金額は3～5千円が目安。

事前にふたりで話題づくりを

好ましい話題や触れてはいけない話を確認し、質問をいくつか考えておけば安心です。相手の家で食事が用意されたら、女性は手伝いを申し出ると好感をもたれます。

帰ったらすぐにお礼を

帰宅後は、お礼を伝えるのを忘れないようにします。電話でもかまいませんが、はがきや手紙なら、よりていねいな印象を与えます。

形式にこだわらず、気持ちを誠実に伝える

相手の親に対面したら、誰しも緊張してしまうものです。うまく話そうと力むより、結婚したいという気持ちを素直に伝えましょう。

まずは、自己紹介をして自分のことや家族のことを話し、雰囲気がなごんできたら本題を切り出します。相手の親は用件を察するものですから、前置きを長引かせるのは避けましょう。

前もって、質問されそうなことを考えておくのも大切です。仕事の展望や将来設計、結婚後の住居などについては、ふたりで話し合い、すぐに答えられるようにしておきます。

今どきのマナー

ケース別結婚のあいさつ例

「私たち、結婚しようと思っています」といった言葉は、ふたりでじっくり話し合ったという印象を与え、好感がもてます。

逆に「結婚することにしました」といったフレーズは、事後承諾のように捉えられ、気分を害してしまいかねません。親の心情を考えて、あくまでも「認めてもらう」という謙虚な気持ちを忘れないようにしましょう。

一般的なあいさつ

自己紹介を交え、まずは自分について知ってもらってから本題を。
「はじめまして。○○さんとお付き合いをさせていただいている××と申します。このたびは、私のためにお時間をとっていただき、どうもありがとうございます」

日ごろから交流がある場合

自然な流れであれば、あいさつ後、すぐに本題に入ってもOK。
「今日は、あらたまったお話がありまして、おじゃまさせていただきました。これまで○○さんとお付き合いさせていただいて——」

結婚に対する親の心がまえ

結婚の報告には誠実な態度でのぞむ

息子（娘）の結婚相手を素直に認められるのなら、「息子（娘）をよろしくお願いします」とシンプルに伝えるとよいでしょう。渋々認める場合でも、喜んでいるという態度をできるだけ示してあげるのが、親の優しさです。そうすることで、ふたりは心置きなく新生活に踏み出すことができます。

残念ながら、相手が望ましくない場合でも、感情的になって頭ごなしに否定するのは避けたいところです。その理由をきちんと説明し、ふたりの話にも耳を傾けて、話し合うという態度を示すようにします。

お見合い・婚約のスケジュール

お見合いのための写真や資料を用意し、仲介役をお願いします。一方、仲介者は、双方にふさわしい相手を紹介します。お見合いが成功したら交際が始まります。

本人

6ヶ月〜3ヶ月前

○お見合いの準備 参照 40ページ

▼お見合い写真を撮影。▼履歴書・身上書・家族書を作成。

○お見合いの依頼 参照 40ページ

（場合によっては複数の人に依頼）

○仲介者との打ち合わせ 参照 40ページ

▼相手の都合を伺い、訪問日を決める。▼仲介者に、資料（写真・履歴書・身上書・家族書）を持参してお願いする。

6ヶ月〜3ヶ月前

○送られてきた資料を検討 参照 41ページ

▼1週間以内に「受ける」か「断る」かを判断して、仲介者に連絡。

1ヶ月前

○お見合い当日へ向けての準備 参照 44ページ

▼会場への交通手段を確認。▼会場が遠方の場合は宿泊場所を予約。▼お見合いにふさわしい服装を準備。▼美容院・理髪店で髪を整える。▼お見合いで話す内容を用意。

仲《ちゅう》介《かい》者《しゃ》・仲《なこ》人《うど》

6ヶ月〜3ヶ月前

○仲介者の依頼を受けたら 参照 43ページ

▼本人に会い、人柄や結婚観などを確かめ、希望条件などを聞いてから依頼を引き受けるかどうか決める。

○仲介者を引き受けたら 参照 43ページ

▼ふさわしい相手の人選をする。▼引き合わせる相手が決まったら、双方に資料を送る。

6ヶ月〜3ヶ月前

○双方から承諾の返事をもらったら 参照 44ページ

▼双方の都合を確認し、お見合いの日時、場所を決定したら会場を予約する。

1ヶ月前

○お見合い当日へ向けての準備 参照 44ページ

▼会場への交通手段を確認。▼会場が遠方なら、会場近くに宿泊する場所を予約。▼お見合いにふさわしい服装を準備。

本人　仲介者　仲人

お見合い当日

○**時間に余裕を持って早めに出発。** 参照 46ページ

○**お見合いの流れ** 参照 46ページ

▼仲介者にあいさつをする。
▼仲介者から相手の紹介を受ける。
▼まずは仕事や趣味の話から。
▼ふたりきりになったら個人的に踏み込んだ会話をする。

○**帰宅後** 参照 48ページ

▼すぐに仲介者にお礼と報告をする。

お見合い後

○**交際が始まったら** 参照 48ページ

▼1週間以内に交際が始まった旨を連絡。▼交際期間中、仲介者に経過を報告。▼結婚したいという意思が固まったら、仲介者に伝える。

○**仲人の依頼、結納の準備をする** 参照 52ページ

▼仲人を依頼（お見合いの仲介者に仲人を依頼する場合はその旨を打診）。▼仲人と相談して、結納の形式、日時、場所を決める。

結納当日

○**結納の流れ** 参照 60ページ

▼余裕をもって、会場に向かう。▼儀式は仲人の指示にしたがって行う。▼式後に仲人にお礼のあいさつをする。

お見合い当日

○**お見合い当日の流れ** 参照 46ページ

▼仲介者からあいさつをする。▼本人たちを引き合わせ紹介。▼会話のスタートを切り、身近な話題から話をすすめる。
▼打ち解けてきたらふたりきりにする。

お見合い後

○**仲人を依頼されたら** 参照 53ページ

▼両家と相談して、結納の形式を決める。▼双方に都合のよい日を選び、会場を決める。
▼結納の形式・手順を確認。▼口上《こうじょう》の原稿をつくり、練習。
▼結納にふさわしい服装を準備。
▼会場に連絡し、予約の確認をする。

結納当日

○**当日の流れ** 参照 60ページ

▼早めに会場に行き、当人たちや家族を出迎える。
▼結納品を手順どおりに受け渡し、口上を述べ、儀式を取り仕切る。

条件を明確に伝えたい
お見合いを依頼する

本人

POINT

一生のパートナーを決めるお見合い。仲介者《ちゅうかいしゃ》は、本人をよく知っている、信頼のできる人に依頼したいものです。人生経験が豊かで、円満な家庭を築いている人が理想的です。

仲介者は信頼のできる人に

本人をよく知る円満なご夫婦に

縁談を紹介してくれるお見合いの仲介者は、両親の友人や知人、親戚、あるいは会社の上司、先輩、恩師などに依頼するのが一般的です。本人を子どものころからよく知っていて、性格なども把握しているような人がふさわしいでしょう。さらに豊富な人生経験を持ち、円満な家庭を築いている夫婦なら申し分ありません。

義理のある人は避ける

仲介者をお願いする場合には、当然、紹介された話を断ることも考慮して選ばなくてはなりません。恩や義理があって、立場上はっきり断りにくい人、断った場合、その後の付き合いに支障をきたすような人は、避けたほうが賢明です。とくに会社の上司などに依頼する場合には、この点を考慮し、慎重に判断する必要があります。

依頼するときのポイント

結婚の条件を明確にする

まずは自分の結婚に対する考えをはっきりと伝えることが肝心です。「よい方であればどなたでも」といったあいまいな言い方ではアピールする力が弱く、これでは依頼されたほうも積極的になれません。

依頼するときは、「結婚後も仕事を続けたい」とか「両親との同居を希望」などの結婚の大きなポイントとなる条件を明確に伝えます。

もちろん「離婚歴あり」とか「持病あり」といったこちら側のマイナス事情もあらかじめ正直に伝えておくことがマナーです。

> **！ 依頼するときの言い回し例**
>
> ▼なにぶんにも職場が女性ばかりで、男性の方と知り合う機会も少なく……。
>
> ▼そろそろ身を固めたい、と思いまして、お顔の広い○○様に、よい方をお引き合わせ願えないかと……。

書類をそろえ、仲介者に依頼

依頼することが決まったら、写真と

自己紹介状（履歴書・身上書・家族書）などの資料をそろえます。
本人が資料を持参して依頼に伺うのが礼儀になっています。自分の希望を伝え、仲介者からの質問などに十分答えておけば、より意に添った相手を見つけてくれるでしょう。

お見合い写真の選び方

写真館などで撮ったキャビネ判の全身、もしくは上半身の正面写真と、スナップ写真の2点用意。スナップ写真はスポーツや趣味に興じているところなど、自分らしさが出ていて明るい印象を与えるものがよい。水着姿のものや、大勢で写っている写真は避ける。

お見合いの話が来たら

書類を受け取る前に

こちらから依頼をしていないのに縁談を持ちかけられることがあります。本人に結婚したいという意思がなかったり、付き合っている恋人がいたりする場合には、「今は仕事が面白く、結婚ということは考えていません」とか「ゆくゆくは結婚したい方がいます」とはっきり断り、書類も受け取らないようにします。

返事は1週間以内に

仲介者からお見合いを持ち込まれたら、相手の資料をよく検討し、受けるかどうかを判断します。結婚生活における重要な条件が、資料から判断できない場合は、仲介者に遠慮なく問い合わせます。

よく検討するのは大切ですが、あまり時間を置くと相手に失礼なので、資料を預かってから1週間以内に返事をしましょう。引き受ける際は、「お会いしてみようかと思いますので、お世話をかけますが、お話をすすめてください」と仲介者に連絡します。

断る場合は相手を立てる

紹介された相手が、自分の希望と合わない場合は、仲介者にていねいに断ります。その際、顔立ちやスタイルなど身体的なことを理由にしたり、学歴や勤務先に対する不満を口にするのは避けるべきです。価値観とか生活信条の食い違いを指摘するのは失礼にはなりませんが、できるだけ相手を立てる言葉で断るのがマナーでしょう。

返事は、電話でもかまいませんが、直接言いにくかったら手紙で断るのがよいでしょう。

その後、仲介者に会い、相手の資料を返却します。その際、また別の方を紹介してもらいたい場合は、あらためてお願いします。

お見合いに必要な書類

身上書

身上書

身長　一六三センチ
体重　四八キロ
視力　右一・〇　左一・〇
健康状態　良好　既往症なし
趣味　旅行、音楽鑑賞
備考　結婚後も、家庭を大切にしながら、仕事も続けていきたい

履歴書

履歴書

川村美子（次女）
昭和〇〇年六月八日生二十六歳

現住所　東京都渋谷区笹塚〇〇
本籍地　東京都渋谷区笹塚〇〇

学歴
平成〇年三月　渋谷区立〇〇中学校卒業
平成〇年三月　東京都立〇〇高等学校卒業
平成〇年三月　〇〇大学文学部卒業

職歴
平成〇年四月　〇〇物産に入社
〇調査部勤務　現在に至る

資格
普通自動車運転免許証

家族書

家族書

父　川村武雄　昭和〇〇年三月生六十歳
〇〇大学経済学部卒業
〇〇電機営業部部長

母　川村洋子　昭和〇〇年八月生五十歳
私立〇〇高等学校卒業

姉　山本俊子　昭和〇〇年一月生三十歳
〇〇大学家政学部卒業
山本重雄〇〇中学教諭と
平成〇年に結婚

弟　川村光彦　昭和〇〇年八月生二十歳
〇〇大学法学部在学中

本人　美子

自己紹介状は、必ず自筆で、ていねいに書きます。文字に自信がないからといって、ワープロやパソコンを使うことは避けます。形式は横書きでもかまいませんが、年配の人に依頼するときは、やはり縦書きのほうが望ましいでしょう。

履歴書の学歴・職歴は詳しく、転職している場合は、理由を付け加えます。

身上書に、特技や趣味を記入すれば、自分を知ってもらう大きな材料になります。

家族書には、死亡した家族がいれば、その年月を、別居している家族はその理由も書き添えましょう。

できるだけ相手の希望に応える
お見合いを依頼されたら

仲介者

POINT

お見合いを依頼されたら、まず本人をよく知ることです。人柄や希望条件をよく聞いて納得したら、資料を受け取ってから3ヶ月以内に相手を紹介するように努力しましょう。

依頼は責任を持って引き受ける

本人をよく知り、希望を確認する

お見合いの仲介を依頼されるというのは名誉なことです。ここは人生の先達として、できるだけ期待に応えてあげたいものです。

本人のことをよく知らないまま引き受けるのは、紹介する相手に対しても失礼にあたるので、人柄、生活環境、価値観など基本的な情報を把握しましょう。

相手が見つかったら

ふさわしい相手が見つかったら、資料を交換する前に、双方に連絡をとり、話をすすめてもよいかを再確認します。

資料をもらってから日にちがたっている場合は、別の仲介者からの話がすすんでいる場合もありますので、もう一度気持ちを確認しましょう。

紹介は3ヶ月以内に

資料を預かったら、およその目安として3ヶ月以内に相手を紹介できるように努めます。その間も月に一度くらいは経過報告をします。

3ヶ月たっても、相手が見つからなかった場合は、預かった資料をいったん返します。その際「これからも心がけておきます。ふさわしい方がおりましたら、またご連絡いたします」などと、気づかいの言葉を添えましょう。

！ 依頼されたときの返事のしかた

受ける場合

「すてきなお嬢さんですから、私が紹介するまでもないとは思いますが、知り合いに声をかけてみましょう」

「何人か候補者らしき者に心当たりがございます。微力ながら、お世話させていただきます」

断る場合

「このところ、体調がすぐれないので、お引き受けしても、お役に立てそうもございません……」

「ご存じのように、私も父の会社を継いだばかりで、時間もなく、お力になれないと思いますので……」

場所や日取りは仲介者が設定

お見合いの準備

本人

仲介者

POINT

お見合いというと、堅苦しいイメージがありましたが、最近では、そのスタイルも多様化してきました。社会常識をわきまえたうえで、自分らしさをアピールしましょう。

日取りと場所の設定

双方の都合のよい日を選ぶ

いよいよお見合いです。日にちや場所は、ふたりの希望を聞いて、仲介者《ちゅうかいしゃ》がセッティングします。大安などの吉日にこだわるよりも、休日の午後を選ぶなど、双方が集まりやすい日時にするのがよいでしょう。

ホテルのラウンジなどが一般的

場所は、ホテルのラウンジやレストラン、喫茶店などが多いようです。格式の高い料亭や高級レストランとなると、さらに緊張を強いられ、ろくに話もできないということにもなりかねません。よほど場慣れをしていないかぎり、避けたほうが無難でしょう。

かつては、食事のマナーを見れば、育った家庭がわかるという意味合いもあって、食事をすることが主流でした。しかし、最近では、ゆっくり話ができることに重点をおくようになり、お茶とお菓子だけで済ませるスタイルが多くなっています。

また、仲介者の自宅で行うこともあります。落ち着いて話ができるという利点はありますが、仲介者の負担が大きいということで、最近では、あまり一般的ではないようです。

お見合いは2〜3時間が適当

休日ともなると、昼食や夕食時の時間帯は混雑しますので、落ち着いて話ができる午後2時ごろのティータイムが

今どきのマナー

結婚情報サービスの利用

相手選びの幅がグンと広がる

民間の結婚情報サービスには、❶データマッチング方式と❷情報提供型のふたつの種類があります。

❶はお互いの要望が合った相手を毎月2〜8人程度、サービス会社が紹介してくれる方式です。

❷はインターネット上で相手のプロフィールを閲覧《えつらん》し、気に入った相手と直接やりとりする方式で、毎月10人程度申し込めます。

最近は写真だけでなく、動画を配信するサービスも登場し、相手選びの幅が広がりました。ただし、放任主義的な部分も多いため、世話人の役割を求めるなら前者を選んだほうが賢明です。料金はどちらも2年間で約30万円程度です。

おすすめです。

お互いの都合がつかず、夕方からはじめる場合でも、8〜9時には終わらせるようにします。

お見合いの時間は、2〜3時間が適当です。これぐらいの時間があれば、相手のおおまかな印象と人柄を読み取ることができるでしょう。

お見合いの服装

双方のバランスを大切に

お見合い当日の服装については、ふたりのバランスがとれていることが大切です。

仲介者は、双方のバランスがとれるように、あらかじめアドバイスをしてあげるとよいでしょう。

仲介者や付添人《つきそいにん》は、女性を引き立てるために控えめな服装を心がけるようにします。

お見合いの服装

仲介者と付添人　　**本　人**

男性はダークスーツで十分です。女性は、本人を引き立てるよう控えめな服装にします。

男性　ダークスーツに、ネクタイやポケットチーフで変化をつけるとよいでしょう。

女性　あまりごてごてと着飾らず、やわらかい印象のスーツなど、上品なものを選びます。アクセサリーやメイクは控えめにするのがよいでしょう。

大人の気配りを忘れずに

お見合い当日の流れとマナー

本人　仲介者

POINT

当日の進行は、仲介者《ちゅうかいしゃ》が取り仕切ります。本人たちは、社会常識というマナーの基本を忘れず、流れに乗っていれば大丈夫です。飾らず素直に、自分自身をアピールしましょう。

当日は仲介者の指示に従って

仲介者はさりげない気配りを忘れずに

当日は時間厳守。約束の時間より10分程度早めに着くように余裕をもって出かけましょう。仲介者は指定場所に30分程度早めに行き、本人たちを迎えられるようにします。

全員がそろったら仲介者の指示に従ってお見合いをすすめます。

本人同士の紹介が済んだら、仲介者は会話がうまくすすむように話を切り出します。双方の趣味や仕事の話題など、身近な話題から入るとよいでしょう。事前にふたりの資料に目を通し、共通の話題を探して、話題が尽きないように配慮しましょう。

話題を選び、楽しい会話を

会話の中で自分のことばかり話すようでは、相手によい印象をもたれないので注意しましょう。書類だけではわからない相手の人柄を感じとり、自分のことも十分に伝えるのが、お見合いの大きな目的です。相手の趣味の話題など、楽しい会話を心がけましょう。

仲介者の同席は1時間を目安に

開始から30分〜1時間ほどたったら、仲介者や付添人《つきそいにん》は席をはずします。

ふたりきりになったら、人生観や結婚観など踏み込んだ話題を持ち出してもかまいません。ただし、突然なれなれしい態度をとったり、相手が気に入らなかったからといって態度に表すことは避けましょう。

ふたりが意気投合して、次に会う約束をした場合は、その旨を仲介者に報告します。帰宅後は仲介者にお礼の電話を忘れずに。

お見合いの費用と仲介者へのお礼

費用は両家で折半に

お見合いの費用は双方で折半にするのが一般的ですが、相手が遠方から出向いてきてくれた場合は、会場費はこちらが負担するなど、柔軟に対処しましょう。

仲介者への謝礼は、2〜3万円が相場です。お見合いの費用とは別に祝儀袋に包んで渡します。縁談がまとまる、まとまらないにかかわらず、仲介の労をとってくれたことへの感謝の気持ちを伝えましょう。

お見合い当日の進行

1. 全員がそろったところで仲介者があいさつをする。
2. 男性側を女性側に紹介する。
3. 女性側を男性側に紹介する。
4. 本人同士があいさつをする。
5. 仲介者が身近な話題から話を切り出す。
6. 開始から30分ほど経過して打ち解けてきたら、場所を変えるなり、ふたりだけにして、ほかの人は座をはずす。
7. ふたりが戻ってきたらお開きにする。

お見合いの席次例

本人+仲介者+付添人のケース

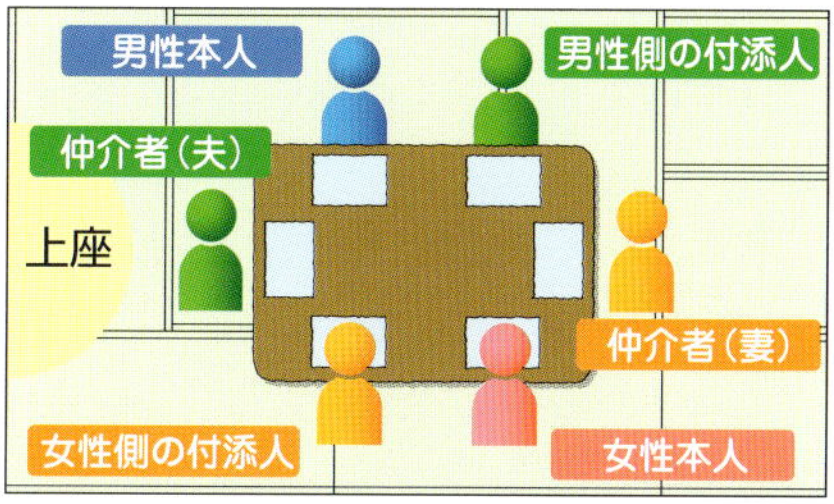

本人同士がななめに向き合うように座り、その横に付添人が座ります。付添人がひとりの場合も同様で、本人同士がななめになるように座ります。

本人+仲介者夫婦のケース

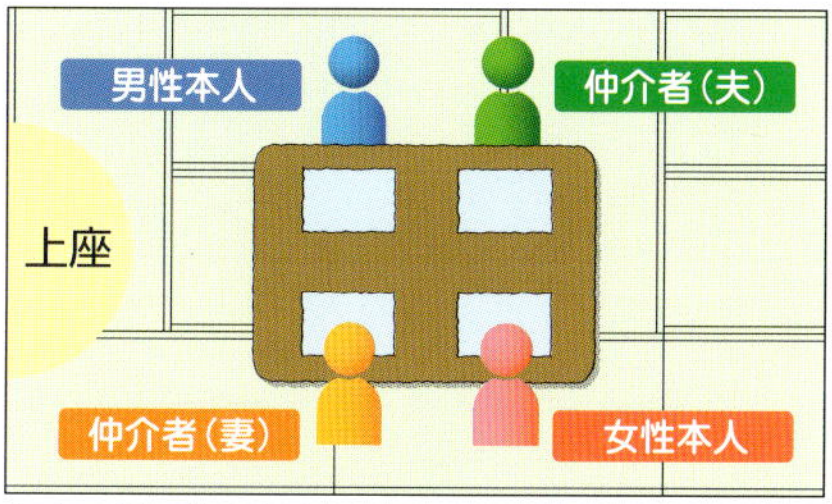

本人の横に仲介者夫婦が座ります。仲介者がひとりの場合は下座に座ります。

こんな言動はマナー違反！

身内の自慢話や宗教、政治の話題

身内の自慢話はあまり歓迎される話題ではありませんので、避けましょう。また、対立を招きがちな宗教や政治の話もお見合いの席にはふさわしくありません。

財産や収入についての質問

財産や収入については、おおまかな希望条件として提示してあり、それを前提として臨んでいるので、初対面で切り出すべき話題ではありません。

携帯電話の電源はオフに

お見合い中は携帯電話の電源はオフにしておくのがマナーです。どうしても連絡をとる必要がある場合でも、お見合い後まで待ってからにしましょう。

仲介者へのお礼を忘れずに
お見合いが終わったら

本人

POINT

お見合いの返事は、日をあらためて仲介者から伝えてもらいます。お付き合いをはじめる場合には、当然、結婚が前提となります。仲介者には、交際のすすみ具合も報告しましょう。

仲介者へのお礼と報告

返事は2、3日後が理想的

お見合い後、帰宅したら、仲介者に電話をしてお礼を述べましょう。そのときにふたりでいたときのようすや相手の印象などを報告します。

交際についての返事は、2、3日後にするのが理想的です。とくに断る場合には早めに伝えたほうがよいでしょう。いろいろ迷っていて、結論が出ないときでも、1週間以内には仲介者を通じて返事をするようにします。

なお、お見合いの費用は、両家で折半するのが基本ですが、いったん仲介者が立て替え、結論が出た段階で精算します。

交際期間中のマナー

交際は3ヶ月を目安に

お見合い後、双方に交際の意思があって、お付き合いをスタートさせる場合、まず、お互いの意見を聞いた仲介者が次のデートを設定します。その後は、ふたりで次の予定を決めることになります。

結婚への結論を出すのは、交際してから3ヶ月程度を目安にするとよいでしょう。

もし、期間を過ぎてもまだ迷っていて結論が出ないようなら、その気持ちを相手と仲介者に正直に伝え、ふたりで交際を続けるかどうかを話し合いましょう。

返事のしかた

交際の意思がある場合

あらたまった言葉を選ぶよりも、その気持ちを正直に仲介者に伝えます。

「すてきな方を紹介していただき、ありがとうございました。ぜひ交際させていただきたいと思います」

断る場合

相手を傷つけない言葉を選び、仲介者にお断りとお詫びをします。

「知性も教養もあるとてもよい方と思うのですが、ぼくには少し立派すぎるような気がします」

「本当に優しい方ですが、甘えん坊の私には、ぐいぐいと引っ張ってくれるような人が向いていると思うので……」

お見合いQ&A

Q 複数の仲介者に依頼しても大丈夫？

A 複数の仲介者に頼んでも、問題ありませんが、それぞれの仲介者に、その旨を伝えておくのが礼儀です。

Q お見合いの仲介者に結納や結婚式の仲人をお願いするのですか？

A お見合いの仲介者に、そのまま結《ゆい》納《のう》、挙式《きょしき》・披露宴《ひろうえん》と仲人役をお願いできれば理想的です。しかし現実には、結納、挙式のみを依頼する、「頼まれ仲人」が増えてきました。最近では、仲介者はあくまでお見合いの仲介者で、仲人とは独立したものと考えられています。

Q お見合いに子連れで行っても大丈夫？

A お見合いは当事者同士の問題です。相手と子どもを会わせるのは、お見合いのときよりも、何回かデートを重ねたあとのほうが無難です。

デートの費用は折半に

交際はしたが、結婚にまで至らないというケースもあります。

そうした場合に起こりがちなのが、お金やものにまつわるトラブルです。これを避けるためにも、デートの費用は折半にしたほうがよいでしょう。また、この時期では、高価な贈り物の交換も控えたほうが無難でしょう。お金の貸し借りも大きなトラブルになる可能性があります。たとえ少額でも、貸し借りしないようにしましょう。

家族ぐるみの交流を

お互いの家族を知ることも大切です。お互いの家庭を訪問し、家族ぐるみの交流を図りたいものです。相手を家庭に招待して、家族でもてなす機会をつくりましょう。また、相手の家から招待を受けたら、積極的に応じるのがマナーです。

その際、相手の両親を「おとうさん」「おかあさん」と呼ぶのは避け、「○○さんのおとうさん」「○○さんのおかあさん」あるいは「おじさま」「おばさま」と呼ぶのが適当でしょう。

◆お見合い後の対応

交際の意思がある
仲介者に交際の意思を伝え、相手の返事を待つ。

- **相手もOK**
本人は仲介者にお見合いの費用とお礼を持参する。
  - **初デート**
仲介者が次のデートの場を設定する。
- **相手がNO**
相手に断られたら、お見合いの費用と手みやげを持参して仲介者の自宅へ。
  - **相手の書類を返却**

迷っているとき
仲介者に「もう少し考えさせてほしい」と伝え、1週間以内に結論を。家族や仲介者にアドバイスを求めてみるとよい。

交際の意思がない
なるべく早めに仲介者の自宅に出向いて返事をする。

- **断る理由も述べる**
気が進まないときは、相手を傷つけない言い方で断り、条件が合わない場合は、はっきり伝えてもよい。
  - **相手の書類を返却**

相手の書類を返却
お見合い費用とお礼を仲介者に渡すときに、相手の書類一式を返却する。

将来の結婚を約束する
婚約のスタイルを決める

本人

POINT

婚約とは結婚の約束を交わすことです。法律でも認められている契約ですが、形式に決まりはなく、自由に行えます。自分たちの生活に合ったスタイルを選びましょう。

婚約と結納

婚約は結婚式の3～6ヶ月前

婚約とは、本人同士が将来の結婚を約束することです。法律でも決められている契約ですが、とくに決まった形式はありません。

婚約は一般的に、結婚式の3～6ヶ月前に行いますが、そのスタイルはさまざまです。正式な結納《ゆいのう》や、婚約指輪の交換など、幅広い形があります。

結納は最も多い婚約の形

結納は、室町時代からはじまったといわれる日本独特の儀式です。最も一般的な婚約の方法であり、現在でも約3組に2組は行っています。

結納は本来、男性が女性の家に結婚の支度金《したくきん》の一部として金品を贈り、両家で結婚の約束をするというものでした。しかし、最近ではホテルやレストランなどに両家が集まって結納を取り交わすというケースが増えています。

さまざまな婚約スタイル

婚約式から食事会まで

婚約式は、キリスト教の信者が聖職《せいしょく》者《しゃ》の前で婚約を誓い合い、参列者がその証人となるというのが本来の形です。最近では、ホテルが用意したブライダルプランのひとつとして、婚約式を行うケースも増えています。

欧米では、婚約披露パーティーが盛んに行われます。自宅に友人・知人を呼

今どきのマナー

婚約形式の主流は食事会

結納に代わって、圧倒的に増えている婚約のスタイルが食事会です。レストランや料亭などで両家の家族が一堂に会して会食します。

仲人《なこうど》を立てる場合は、仲人が司会、進行を行いますが、両家だけで行うときは本人たち、あるいは男性、または男性の父親が進行役を務めます。この場で婚約の記念品を交換してもよいでしょう。

び、婚約者を紹介する方法ですが、日本では、自宅よりホテルやレストランを借りて行うのが一般的です。

最近多いのが、両家の顔合わせを兼ねた食事会です。ホテルやレストランで、ふだんより少しあらたまった会食を行い、婚約式とします。

このほか、結納金の交換を行う代わりに、婚約指輪などの記念品を交換するカップルが増えています。その際、友人・知人に立ち会ってもらえば、より思い出深くなるでしょう。婚約パーティーのメインイベントとして行われることもあります。

婚約通知状をつくって送る

自分たちの婚約をより多くの人に知ってもらうために、婚約通知状をつくってみてもよいでしょう。印刷した通知状を送る場合もありますが、とくに知らせたい相手には、自筆のはがきやカードを送ります。

! 婚約費用の目安

結納金は月収の2〜3倍

以前は「支度金」といった意味合いが強かった結納金ですが、今では、婚約のしるしの「贈り物」というように様変わりしてきました。現金は贈らずに婚約指輪などの記念品だけを贈るケースも増えています。

結納金を贈る場合は、月収の2〜3ヶ月分が妥当な額といわれています。結納金の全国の平均は約86万円で、これに婚約指輪をプラスするのが一般的なようです。最近では、結納金は自分の経済力の範囲内で、という考えが一般的に受け入れられているようです。

会場の費用

両家の顔合わせを兼ねた食事会では、ひとりあたり5千〜1万円というのが最も多く、5割近くを占めています。

婚約指輪の選び方と金額

婚約の記念となる婚約指輪は、やはり女性の好みに合わせて選ぶのがよいでしょう。

いつも身につけていたいのなら、ファッションリング的なものがおすすめです。オーソドックスに決めたいのなら、プラチナ台にダイヤモンドが無難でしょう。金額は40万円前後が多いようです。

誕生石とその意味

1月	ガーネット	貞操・誠実
2月	アメジスト	真心・純真
3月	アクアマリン	英知・聡明
4月	ダイヤモンド	永遠・純潔
5月	エメラルド	愛・幸福
6月	真珠	健康・富
7月	ルビー	情熱・自由
8月	サードニックス	和合・幸福
9月	サファイア	真実・正直
10月	オパール	希望・幸福
11月	トパーズ	忠実・友愛
12月	トルコ石	功・不屈

相手の負担も考慮に入れる
仲人を依頼する

本人

POINT

かつて仲人《なこうど》は、婚礼を取り仕切る存在でしたが、最近では結婚の証人という立場になってきました。しかし、大切な役割ですので、信頼のおける人にお願いしましょう。

仲人の役割と人選

仲人は信頼できる人に依頼する

仲人は、縁談から結婚式まで両家の間を取り持ち、まとめ役を担います。お見合いのときは「仲介者《ちゅうかいしゃ》」、結納では「使者《ししゃ》」、挙式・披露宴では「媒酌人《ばいしゃくにん》」と呼ばれる3つの役目があります。

恋愛結婚が多い現在では、儀式の立会人として挙式の当日だけ媒酌人をお願いする「頼まれ仲人」が主流のようです。

仲人はふたりにとってあらゆる問題を相談できる存在であってほしいので、信頼のおける人にお願いするようにしましょう。

承諾を得てから正式に依頼する

仲人を依頼したい人が決まったら、電話や手紙で、または直接伺って、ふたりの気持ちを伝えましょう。相手の負担も考慮に入れて、返事については後日あらためて連絡します。

先方から承諾の返事が得られたら、本人たちが出向いて正式に依頼します。この際、双方の両親を同伴するのがよいでしょう。

仲人はどうしても必要？

最近は、仲人を立てずに結納を行うケースが増えてきました。結納だけでなく、仲人を立てずに結婚式を行うことも一般的になりました。

仲人を立てるか立てないかについては、とくに決まりはないのですが、地域の習慣や家族の意見も聞きながら決めるほうがよいでしょう。

！ パターン別仲人の役割

仲人の役割はどの段階から関わるかによって、いくつかのパターンがあります。

お見合いから結納、結婚式まで

一貫してすべてのプロセスに立ち会うので、「本仲人」と呼ばれます。

お見合いから婚約まで

お見合いから婚約までを取り持ち、「下仲人」と呼ばれます。

婚約後から結婚式まで

婚約後から結婚式までを世話し、「仲人」と呼ばれます。

結婚式のみ

結婚式当日だけ媒酌の労をとり、「頼まれ仲人」と呼ばれます。

ふたりの相談役となる 仲人を依頼されたら

仲人

POINT

仲人を依頼されるのは、若いふたりに信頼されている証ですので、前向きに考えたいものです。仲人を引き受けたら、両家の調整役に徹し、セレモニーの円滑化を図ります。

仲人をお願いされたら

できるだけ引き受ける方向で考える

仲人を頼まれるということは、社会的地位や、人望があり、仲人にふさわしい条件を備えている証拠ですし、若者に信頼される存在だということです。そのような点を考慮し、できる限り相手の意に添うようにしましょう。

相談役・聞き役に徹する

どの段階から関わるかによって役割が多少変わりますが、いずれの場合も仲人はふたりの相談役を果たします。

仲人がいることで、両家のバランスが保たれます。また、トラブルが生じた場合でも、仲人が間に入ることによって、両家の関係を修復できます。

婚約や挙式の形式をめぐって、両家で意見の対立があった場合、双方の意見を客観的に聞き、的確な意見を述べましょう。

結納での役割

- 婚約・結納の形式に関する相談にのる。
- 結納を取り持つ。

挙式・披露宴での役割

- 挙式の形式や日取りに関する相談にのる。
- 挙式に立ち会う。
- 披露宴で媒酌人あいさつをする。

仲人を依頼されたときの返事

承諾する場合

「大役を務める自信はありませんが、みなさんのお力添えを頼りに、なんとかやってみましょう」

「ほかに適任の方がおられると思うのですが、私でよろしかったら、喜んでお引き受けいたしましょう」

断る場合

「とても私のような若輩者には荷が重すぎると考えますので、申しわけございません」

「ご期待に添えなくて、まことに申しわけないのですが、今回は辞退させていただきます」

形式は両家で話し合い決める

結納の準備をする

本人

仲人

POINT

結納《ゆいのう》をどのような形式で行うかをふたりでよく相談します。仲人を立てる場合は、仲人を含めた両家で話し合って結納のスタイルを決めます。

結納の形式を決める

結納のならわしは地域によって異なる

結納とは、古くから日本に伝わる両家の婚約儀式です。結納は、地方によってならわしが異なります。

たとえば、関東では「結納を交《か》わす」といい、結納金の半額ないし一割を女性側が返します。一方、関西では「結納を納める」といい、返す習慣はありません。どの形式が正式とは一概に言えませんので、結納の前に両家で話し合って決めましょう。

最近は略式結納が主流

結納の形式には、伝統的な「正式結納」と現代的な「略式結納」があります。

正式結納とは、仲人《なこうど》が使者として結納品を持って両家を往復するという方法です。この方法は、最近ではあまり見られなくなりました。

略式結納とは、ホテルや料亭など、両家が一堂に会して行われる結納の形式です。

恋愛結婚などで仲人を立てない場合は、本人たちと両家の両親で行います。

仲人の負担が減るため、最近では、これらの略式結納が主流で、ホテルや料亭、結婚式場などで多く行われます。昔は仲人宅や、男性または女性のどちらかの家で行われていたのですが、ホテルや式場を借りて行ったほうが、式次第や料理もそろっているので便利です。

！ 両家の形式が異なるときは？

結納に関して、両家の意見が異なる場合は、お互いに自分の地域の習慣や考え方を伝え、調整する必要があります。

結納品は、挙式の日まで女性の家に飾ります。結納は男性側の都合に合わせることが多いようですが、結納品を飾る女性側の環境も考慮に入れたいものです。

お互いにこだわる点がある場合は、仲人に取り持ってもらうとよいでしょう。

結納の日取りを決める

挙式の半年〜3ヶ月前が目安

結納は、結婚式の半年から3ヶ月前

結納時の服装

男性本人

ダークスーツ・セミフォーマルな準礼装。

女性本人

和装の場合は訪問着。洋装の場合はスーツかワンピース。

父親・仲人

ダークスーツかブラックスーツに白のネクタイ。

母親・仲人夫人

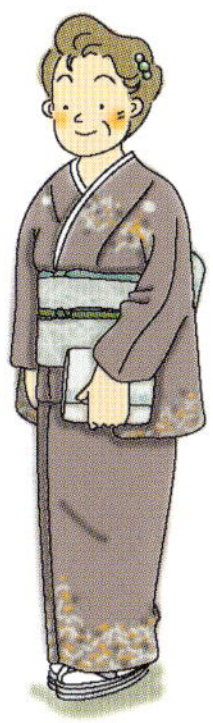

和装の場合は訪問着か色無地。洋装の場合はフォーマルスーツ。

地域で異なる結納

関東型の結納

往復型の「交わす」結納

結納日に双方が結納金、婚約の記念品などを交換する。

関西型の結納

片道型の「納める」結納

男性側だけが結納金、婚約の記念品などを用意し、女性は受書のみ。

さまざまな結納の形式

正式結納

仲人が使者となって両家を往復する。男性側の結納を女性宅に届け、女性側の受書や結納返しを男性宅に届ける。

略式結納

仲人を立て、両家が一堂に会して行う。仲人の負担が軽く、現在ではこの形式が主流。

簡略式結納

仲人を立てず、両家のみが一堂に会して行う。恋愛結婚などで、合理性を優先する場合に多い。

を目安に行うのが一般的です。

仲人を立てる場合は、仲人夫妻の都合のよい日を聞いて日取りを決めましょう。

日取りは大安《たいあん》、友引《ともびき》、先勝《せんしょう》の吉日を選びますが、最近はあまりこだわらず、双方の都合のよい日や週末などに行うことが多いようです。

時間帯は午前中が縁起がよいとされています。夕方以降は避け、午後3時くらいまでには終えるようにしましょう。

当日の装いは事前に相談しておく

結納当日の服装は、準礼装か略礼装程度のややあらたまったものがよいでしょう。

顔合わせの場合は、男性はスーツ、女性はドレッシーなスーツかワンピースが無難です。事前に仲人に相談して、双方の服装の格をそろえるようにします。

地域で異なる飾り方

結納品をそろえる

本人

POINT

結納品《ゆいのうひん》は目録や結納金の金包のほか、いくつかの縁起物をセットにしたもので、九品目が正式です。品物や飾り方などは、地域によって異なります。

結納品のいわれ

九品目をそろえるのが正式

結納品とは目録と結納金の金包に、数種類の縁起物をセットにしたものです。全部で九品目をそろえるのが正式ですが、品数を減らしたセットもあります。

七品目、五品目、三品目の奇数品目にととのえた略式もありますので、伝統と合理性、どちらを優先させるかを考慮して結納品を決めましょう。

関東式と関西式の特徴

結納品の飾り方については、関東と関西で大きく異なります。

関東では、結納品を一式まとめてひ

結納品の九品目とその意味

●七品目　●五品目

目　録（もくろく）●●

結納の品目と数を箇条書きに記した用紙。一品として数える。

金　包（きんぽう）●●

結納金を包んだもの。目録には、男性は「御帯料」、女性は「御袴料」と記す。

長熨斗（ながのし）●●

アワビを長くしたもの。長寿、不老の象徴。

末　広（すえひろ）●●

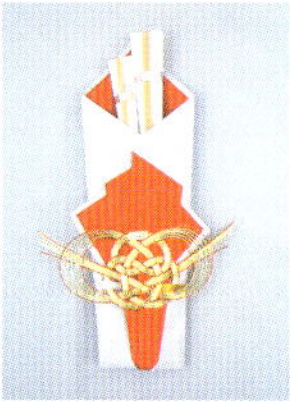

白無地の扇子2本。末広がりに家が繁栄することと、純白無垢の意味。

友志良賀（ともしらが）●●

白い麻糸を白髪にたとえ、ともに白髪になるまで仲良く長生きすることを願う。

子生婦（こんぶ）●

昆布2枚。繁殖力のある昆布に子孫繁栄を願い、また「よろこぶ」という意味もかけている。

寿留女（するめ）●

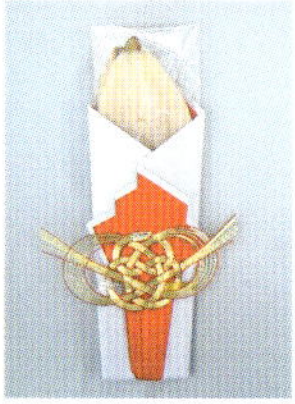

長期保存が可能な食料であることから、末長い縁と強い生命力を願う。

勝男節（かつおぶし）

男性の力強さを象徴する。するめと同じ意味もある。

家内喜多留（やなぎだる）

清酒。柳樽とも書き、柳が穏やかなように家内円満を願う。

結納品のQ&A

Q 関東と関西の結納の違いは？

A 関東では、双方が同品目の結納品を用意し、男性からは「帯料《おびりょう》」を女性からは「袴料《はかまりょう》」を同日に交換します。関西では、男性側のみが結納品を贈るため「結《ゆい》を納める」といいます。

Q 結納品は必ず全部贈るの？

A 全部贈らなくてもかまいません。最近は、結納金や記念品の交換のみを行う人も多いようです。

Q 結納セットの価格の目安は？

A 結納品の価格は、品目や水引飾りなどによって幅があります。一般的な結納セットは、関東式九品目で3万～5万円以上。関西式は各品目に飾り台がつくため、割高になります。また、カジュアルな1万円程度のセットもあります。

とつの白木台にのせる「一台飾り」が一般的です。男性からの結納品と女性からの結納品を同時に交換します。

女性側の結納品目が男性側よりも多くなると失礼になるので、男性側と同じか少なくするのが通例です。

一方、関西では結納品を一品ずつ別々の白木台にのせて飾ります。また、結納品の後ろに松・竹・梅・鶴・亀といったおめでたい飾りがつくのも関西式の特徴です。

結納金と結納返し

結納返しは結納金の半分から3分の1

かつて結納金は、男性の家から女性の家に対して「花嫁を育ててくれたことに対するお礼」として贈るという意味がありました。しかし、現代では「嫁入りの支度金」の意味合いが強くなっています。結納金の額は一般的に、男性の月収の約2～3倍とされています。

女性からは「結納返し」として、結納金の半分から3分の1程度を贈る習慣があります。最近では結婚費用は両家で折半にするという考えが定着し、結納金や結納返しを省略するケースも増えてきました。

結納品の飾り方

関西式

結納品をそれぞれ別の飾り台にのせる。

関東式

結納品のすべてをひとつの飾り台にのせる。

結納品の受け渡しに必要な書類
目録・受書の書き方

本人

POINT
目録《もくろく》と受書《うけしょ》は、結納品《ゆいのうひん》を受け渡す際に取り交わすものです。ビジネスでいえば「納品書」と「受領書」にあたるものです。関東と関西とでは形式が異なります。

目録と受書

目録は納品書、受書は受領書

結納品を受け渡すときは、目録と受書が必要です。結納品1セットに対して、目録と受書が一対つきます。

目録は、結納品の品目と数を記した明細書として結納品に添えられるものです。受書は、贈られた側が確かに結納品を受け取りましたというしるしで、受領書にあたります。

目録も受書も、以前は自筆で記入しましたが、現在は結納品セットに入っている印刷済みのものを利用するケースが多くなっています。この用紙を使えば、日付と名前を書き込むだけで済み、とても手軽です。

目録・受書の書き方

目録の例（男性から女性へ）

目録
一、御帯料　壱封
一、末広　壱対
一、友志良賀　壱台
一、子生婦　壱台
一、寿留女　壱連
一、勝男節　壱台
一、家内喜多留　壱荷
右之通り幾久敷芽出度
御納め願います
平成○年○月○日
○○○○
○○○○様

部分に「御帯料」と書き、日付のあとに自分の名前を、最後に受取人となる女性の名前を書きます。女性から男性へ贈る場合も、基本的な書き方は同じですが、部分を「御袴料」とします。

受書の例（女性から男性へ）

御受書
一、御帯料　壱封
一、末広　壱対
一、友志良賀　壱台
一、子生婦　壱台
一、寿留女　壱連
一、勝男節　壱台
一、家内喜多留　壱荷
右之通り幾久敷芽出度
受納致しました
平成○年○月○日
○○○○
○○○○様

目録の品物を確かに受納しましたという意味になります。男性から女性への受書は部分を「御袴料」とします。

関西では女性側が受書を用意

関東式では、受書をお互いに交換しますが、関西では結納返しを行わないので、女性側のみ受書を用意します。

最近は関東でもこのケースが主流です。

また、関東式では結納品九品目のうち、「目録」と「熨斗《のし》」は書き入れません。関西式では「熨斗」を書き入れますが、「目録」は品目として数えません。

お互いの家族を知るための書類 家族書・親族書の書き方

本人

POINT

家族書・親族書は、結納の際に両家で交換します。奉書紙《ほうしょがみ》に毛筆で書くのが正式ですが、結納セットを使用する方法もあります。形式や用紙は両家で相談して同じにします。

家族書と親族書を交わす

家族書の書き方

「家族書」と「親族書」は、かつては結納に対する賛同を表すものでしたが、現代ではお互いの家族をよく知るという目的で、結納の際に交換されます。

家族書には、両親や兄弟など、同じ戸籍内の家族の名前を書きます。奉書紙に毛筆で書くのが正式ですが、市販されている専用の用紙を使用してもよいでしょう。記載内容や用紙については、両家で相談して決めます。

親族書の書き方

親族書には、既婚の兄弟姉妹とその配偶者、祖父母、おじ、おばなど三親等までを記すのが一般的です。人数が少ない場合は「家族親族書」としてひとつにまとめてもよいでしょう。

住所のほかに年齢、職業を記すこともあるので、両家で相談して決めます。

奉書紙の折り方

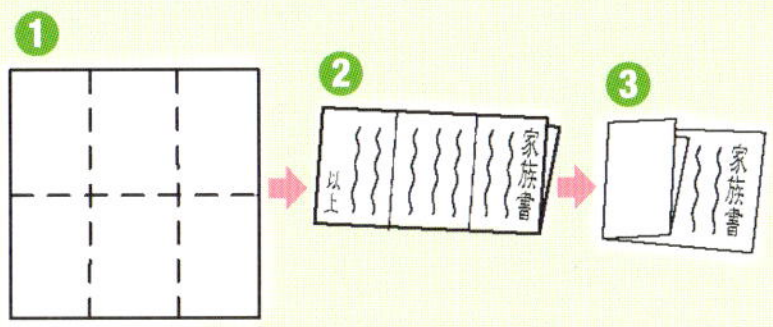

1 奉書紙を2つ折りにして折り目を下にする。
2 家族書・親族書の内容を記入。
3 左から3つにたたみ、上包みをかければ完成。

家族書・親族書の書き方

家族書の例

家族書
父 川村武雄
母 洋子
弟 光彦
本人 美子
以上

続柄、名前のほかに年齢、最終学歴、勤務先などを記入する場合もありますが、これは両家で相談して決めましょう。

親族書の例

親族書
東京都渋谷区笹塚○○
祖父 佐藤幸三
祖母 明子
東京都調布市小島町○○
伯父 菅原光男
伯母 美子
埼玉県所沢市緑町○○
義兄 秋山寛治
姉 郁代
以上

年齢、職業、電話番号など、どこまで記入するかは、両家で調整。2枚以上になるときは、最後に白紙1枚を加え、奇数枚にします。

最近は略式結納が主流
結納の交わし方

本人

仲人

POINT

結納《ゆいのう》は結婚へのけじめとして、きちんと取り交わしておきたいものです。地域によって形式に差がありますが、最近では略式のスタイルが一般的になっています。

略式結納の進行

両家が一堂に会して取り交わす

男女本人と両親が1ヶ所に集まって結納を取り交わす略式の結納。仲人による使者が両家を往復する正式な結納に対して、時間も短くて済み、合理的ということもあって、現在ではこちらのほうが主流となっています。

また、恋愛結婚で、結婚式当日だけ媒酌人《ばいしゃくにん》を依頼するケースなどでは、仲人を立てずに両家だけで結納を行う割合も増えています。

結納式では略式であっても、口上《こうじょう》も作法も様式化しています。仲人を立てる場合と立てない場合の典型的なプロセスを紹介しましょう。

結納の進行①・仲人を立てるケース

1
男性側から先に部屋に入り、結納品を上座に飾り、着席。次に女性側が入って結納品を飾り、着席する。

2
両家がそろったら、仲人夫妻が入室して席に着く。両家を代表して男性の父親が仲人にあいさつをする。

- 男性父親：「本日はお忙しいところをお運びいただきまして、まことにありがとうございます。ご好意に甘え、お世話になりますのでよろしくお願いします」
- 仲人：「本日はお日柄もよく、まことにおめでとうございます。略式ながらこの席にてお結納をお取り次ぎさせていただきます。ではさっそく、お結納の品を預からせていただきます」

3
男性の母親が結納品を仲人に運ぶ。男性の父親と仲人が口上を述べる。

- 男性父親：「それは佐藤（男性の姓）より鈴木様（女性の姓）への結納でございます。先様へ幾久しくお願いいたします」
- 仲人：「これは佐藤様より鈴木様へのお結納でございます。どうぞ幾久しくお納めください」

4
仲人夫人が結納品を女性本人の前に運ぶ。女性本人と両親が目録に目を通し台に戻す。女性の父親と本人が口上を述べたら、女性側と仲人が深く礼をする。

- 女性父親：「ありがとうございます。幾久しく納めさせていただきます」
- 女性本人：「ありがとうございます。幾久しくお受けいたします」

仲人への謝礼の目安

仲人への謝礼は、一般的に結納金の1～2割程度といわれています。

紅白または金銀の夫婦結びの水引《みずひき》で、表書きは「寿」か「御礼《おれい》」とします。一堂に会して行った場合は、両家の連名にします。

仲人が遠方から来ている場合は、別に「御車代《おくるまだい》」を贈ることもあります。なお、仲人に祝い膳を出さない、あるいは仲人が辞退した場合には、「酒肴料《しゅこうりょう》」を包むのが一般的です。これらの金額は、両家であらかじめ相談しておくとよいでしょう。

5
女性の母親が結納品を床の間に飾る。男性側に贈る結納品がすでに飾ってあるので、それをいったん床の間から下ろし、贈られた結納品を置く。

6
女性の母親は受書と、続いて男性側に贈る結納品を持って仲人の前に運ぶ。
女性の父親と仲人の口上が終わったら、女性側と仲人は深く礼をする。
- 女性父親:「それは鈴木よりの受書でございます。また同様に鈴木よりの結納でございます。先様へよろしくお願いいたします」
- 仲人:「確かにお預かりいたしました」

7
仲人夫人が受書を男性の前に運ぶ。男性本人はお礼の口上を述べたら、受書を上座側に置く。
- 仲人:「それは鈴木様よりの受書でございます。幾久しくお納めください」
- 男性本人:「ありがとうございました」

8
女性側の結納も同じ手順で男性側に渡され、受書を女性が目を通して上座側に置いたところで、結びのあいさつ。
- 仲人:「本日はおふたりのご婚約がととのいまして、まことにおめでとうございます」
- 男性父親:「本日はたいへんお世話になりました。今後とも若いふたりならびに、私ども両家をよろしくお願いいたします」
- 男性本人:「お世話になりました。心より御礼申し上げます」
- 女性本人:「本日はありがとうございました」

結納の進行②・仲人を立てないケース

1
男性側と女性側、一同が着席したら、男性の父親が起立してあいさつを行う。あいさつ後、一同深く礼をする。
- 男性父親:「このたびは、息子によいご縁をいただき、ありがとうございます。本日はお日柄もよく、結納の儀をとり行わせていただきます。本来ならば仲人様をお通しすべきですが、僭越《せんえつ》ながら私どもから、納めさせていただきます」

2
男性の母親が結納品を女性本人の前に運ぶ。女性側は目録に目を通し、お礼の口上を述べて礼をする。
- 男性父親:「私どもからの結納でございます。幾久しくお納めください」
- 女性本人:「ありがとうございます。幾久しくお受けいたします」

3
女性の母親が受け取った結納品を飾り、受書を男性本人に渡す。女性の父親が口上を述べたら、一礼する。今度は女性側から結納品を同様に男性側に渡し、男性側からも同じように受書を渡す。
- 女性父親:「それは私どもからの受書でございます。幾久しくお納めください」

4
最後に男性の父親が結びのあいさつ。それを受けて女性の父親もあいさつする。
- 男性父親:「本日はまことにありがとうございました。おかげさまで滞りなく、結納を交わすことができました。今後ともよろしくお願いいたします」
- 女性父親:「本日はたいへんお世話になりました。こちらこそ、よろしくお願いいたします」

いただいた結納品はどうする？

いただいた結納品は、挙式当日まで床の間などに飾っておきます。婚約期間が長いときは結納後の10日間と、挙式前の10日間だけ飾るようにしてもかまいません。いただいた婚約祝いも床の間に飾っておきます。

床の間がない場合は、飾り棚やタンスの上でもよいでしょう。上座に小机を用意し、その上に飾ってもかまいません。

挙式後、結納品は記念にとっておくか、時期を見て処分してもよいでしょう。水《みず》引細工《ひきざいく》などを正月飾りや家族の祝い事などに再利用するのも一案です。

ふたりでよく話し合って考える

婚約の解消について

本人

POINT

婚約後の交際中にトラブルが起こった場合は、仲人に相談します。前向きな態度で話し合いをすべきですが、原因が修復不能な問題であれば、婚約を解消することになります。

婚約中にトラブルが起きたら

まずは納得いくまで話し合う

婚約期間中にトラブルが発生したら、仲人に相談します。そして、納得がいくまでふたりで話し合いましょう。

お互いの生き方や人生観、結婚観などに大きな差を感じるようであれば、婚約破棄も視野に入れて話し合いに臨むことも必要です。あくまで前向きな態度を心がけ、相手に誠意をみせるように心がけましょう。

一方的に婚約破棄するケースとは?

やむを得ず婚約破棄という結果になってしまった場合は、ふたりで話し合って婚約解消するか、仲人などの第三者を通して、婚約解消の話をすすめます。

たとえば、相手に次のような問題がある場合には、法律上、婚約を破棄することができます。

▼履歴や年収を偽っていた場合
▼ほかの異性と関係があった場合
▼肉体的・精神的疾患があった場合
▼暴力行為や犯罪を起こした場合

このような理由で、婚約解消に至った場合は、通常、原因をつくった側が、婚約や挙式準備のために相手が負担した費用の全額を支払わなくてはなりません。また、結納金や婚約記念品については解消の原因が男性にある場合は、それを放棄し、女性に原因がある場合には、倍返しというのが通例です。

婚約解消Q&A

Q 婚約解消した場合、いただいたお祝いはどうする?

A 同額程度の現金か商品券を贈ります。

Q 仲人に対するあいさつは?

A 結納のお礼と迷惑料として結納金の1割程度の現金か商品券を包みます。

Q 一方的に婚約破棄を申し渡されたら?

A 男性の心変わりが原因の場合で、女性が結婚退職していたら、男性側が慰謝料を支払うのが妥当です。

挙式・披露宴までのスケジュール

心に残る結婚式にするためには、きちんとプランを立てることが大切です。結婚式までのスケジュール表をつくり、計画にそって進めましょう。

6ヶ月前

○挙式・披露宴のスタイルを決める 参照 66ページ

▼予算に合わせて挙式・披露宴のプランづくりをする。
▼ふたりのイメージに合う挙式スタイルを選ぶ。
●神前式結婚式 ●キリスト教式結婚式 ●仏前式結婚式
●人前式結婚式 ●オリジナルスタイルの結婚式

○挙式の日取りと式場の決定 参照 72ページ

▼挙式日はゴールデンウィークや夏休みなどの連休は避ける。
▼予算・場所・招待人数などから式場を選んだら候補を絞り、会場の下見に行く。

○婚礼衣装を選ぶ 参照 74〜79ページ

▼和装か洋装か、挙式スタイルに合った衣装を選ぶ。

○招待客のリストアップ 参照 82ページ

▼両家のバランスを考え、招待客を決める。新郎側と新婦側が半々の比率になるのがベスト。

2ヶ月前

○媒酌人へのあいさつ 参照 70ページ

▼招待状を持参してふたりであいさつに伺い、挙式・披露宴についての打ち合わせをする。

○招待状の発送 参照 82ページ

○結婚通知状の手配 参照 107ページ

▼挙式後に届くよう事前に手配しておく。

1ヶ月前

○衣装の最終決定 参照 74ページ

▼レンタルの場合は衣装の最終決定をする。購入した場合は最終調整を行う。

○招待状の返事の確認と席次の決定 参照 86ページ

▼出席者の顔ぶれを考えて席次を決める。

○結婚退職の準備 参照 91ページ

▼結婚退職の手続きや仕事の引継ぎなどを済ませる。

○結婚通知状の発送 参照 107ページ

3ヶ月前

○媒酌人を依頼する
参照 70ページ

▼媒酌人を立てる場合は、電話で先方に打診する。

○婚礼衣装の決定
参照 74ページ

▼予算を考え、衣装の入手方法を決める。
●オーダーメイド　●セル（販売）　●レンタル

○招待状の手配
参照 82ページ

▼招待状は式場に依頼する。返信はがきに出欠の返事の締め切り日を明記する。

○引き出物を選ぶ
参照 84ページ

▼式場に依頼する場合は、式場係と打ち合わせをする。
▼自分たちで用意したものを持ち込む場合は、持ち込み料などが必要かを確認する。

○諸係・余興の依頼
参照 121ページ

▼司会者・スピーチ係や会計・受付・撮影係などの諸係、二次会の幹事を依頼する。

○ハネムーンの予約と準備
参照 90ページ

▼パッケージツアーを予約する場合は、行き先やプランを検討し、早めに手配する。
▼海外旅行の場合は、パスポートの申請を行う。

1週間前

○会場の担当者と最終打ち合わせをする
参照 91ページ

▼司会・スピーチを行う人の最終確認をする。
▼進行表や席次表の確認と作成を行う。

○諸係と最終打ち合わせをする
参照 91ページ

▼司会者とは招待客の名前の読み方などを、受付係とはご祝儀の受け渡し方法について打ち合わせる。

○当日お世話になる方への心づけの用意
参照 89ページ

▼式場のスタッフや美容・着付係などに渡す心づけを用意。

前　日

○当日の持ち物やスケジュールを確認
参照 91ページ

▼心づけや当日に持っていく荷物を確認する。
▼当日の出席者をもう一度確認しておく。
▼媒酌人夫妻や諸係へスケジュール確認とお礼の電話をする。
▼式場担当者へのあいさつの電話をして、当日のスケジュールの最終確認を行う。

当　日

○挙式・披露宴
参照 92ページ

▼当日は遅れないように早めに到着する。

神前式、キリスト教式etc.
スタイル別挙式の特徴

本人

POINT

挙式は、ふたりが夫婦となり、ともに人生を歩んでいくための大切な儀式。衣装や演出も大切ですが、家族の意見も参考にして、挙式スタイルを考えましょう。

代表的な挙式スタイル

挙式スタイルの代表的なものには、①神前式、②キリスト教式、③仏前式、④人前式があります。また、ハネムーンを兼ねた海外挙式や船上結婚式など、オリジナルスタイルの挙式も増えているので、ふたりのイメージに合った挙式スタイルを選びましょう。

挙式スタイルが固まってきたら、お互いの両親に報告しておきましょう。

神前式結婚式

日本の伝統的な挙式スタイルで、神社や神殿で、神に結婚を誓います。

式次第は古くからの日本の儀式にのっとった形で行うのが特徴です。儀式の作法は難しそうに感じますが、一度説明を聞けばすぐに覚えられます。

本来は親族以外の参列は認められませんでしたが、最近では誰でも列席できるところが増えています。

キリスト教式結婚式

キリスト教式結婚式は、信者が神の前で愛を誓い合うためのものです。

キリスト教にはカトリックとプロテスタントの2大宗派があります。

カトリックは信者以外の挙式は行わないことが多く、ホテルや専門式場内のブライダルチャペルで行う場合は、プロテスタント式の挙式が一般的。この場合、親族をはじめ友人など、誰でも列席できるのが特徴です。

仏前式結婚式

本来は先祖代々の墓がある菩提寺《ぼだいじ》で行うものですが、自宅の仏間に僧侶を招いて行うのが一般的なようです。

ホテルや専門式場にも挙式場を設けているところがあります。ふたりの出会いを先祖に感謝し、仏前に来世まで連れ添うことを誓います。

儀式の中心は数珠《じゅず》を授与することです。もともと仏前式では指輪交換は行いませんでしたが、最近は行うことが多いようです。

人前式結婚式

結婚式にこだわりのあるカップルにおすすめの挙式です。

両親や親族をはじめ、親しい友人の前で結婚を誓う人前式は、宗教も決まった形式もなく、自分たちの好きなスタイルで自由にアレンジできるのが特徴。心のこもった手づくりの結婚式が挙げられます。

◆挙式スタイル別のメリット・デメリット

挙式スタイル	挙式場所	婚礼衣装	メリット	デメリット
神前式結婚式	神社、披露宴会場を併設しているホテル・結婚式場の神殿。	白無垢《しろむく》が一般的ですが、最近はドレスも増えています。	大きい神社では神に奉納するための雅楽隊《ががくたい》や入舞《いりまい》が行われ、日本の伝統に触れられるのが魅力です。神社でも披露宴会場を備えているところが多く便利。	親族以外は参列できない場合があるので、事前に確認が必要です。
キリスト教式結婚式	信仰する宗派の教会か、披露宴会場を併設しているホテル・結婚式場のチャペル。	ドレスが一般的。	ホテルや式場のチャペルなら、信者以外のカップルでも気軽に挙式をすることができます。挙式と披露宴がセットになっているので移動の手間がかかりません。	宗派によっては信者以外の挙式ができなかったり、一定期間、礼拝《れいはい》に通い、指導を受けるなどの制約があります。
仏前式結婚式	信仰する宗派の寺院、披露宴会場を併設している結婚式場の寺院。	白無垢が一般的ですが、事前に希望すればドレスも可。	仏教に基づいた挙式スタイルで、荘厳な雰囲気を味わうことができます。宗派を重要視する年配の方から支持されます。	設備の整った結婚式場が少なく、会場探しに苦労することもあります。
人前式結婚式	結婚式場、ホテル、レストランなど。	ドレスが一般的ですが、自由に選べます。	宗教にとらわれず、大勢の人に立ち会ってもらえるのが特徴です。挙式場所も自由に選べるため予算を組みやすく、ふたりらしい式が挙げられます。	自分たちでプランを立て、取り仕切らなければならないため、慌ただしい思いをすることもあります。
そのほかの結婚式	海外、リゾート地、レストランなど。	自由。	形式にこだわらず、自分たちの趣味に合った形の式を挙げることができます。	あまりにも奇抜な形式は、まわりの人に理解されないこともあります。

今どきのマナー

個性的なオリジナル挙式

最近は、結婚プロデュース会社や専門のプラン会社を利用し、オリジナルな企画や演出を盛り込み、ふたりの個性を大切にした挙式を選ぶ人が増えています。

海外挙式の場合は、海が見えるチャペルでの開放的なスタイルや、歴史ある大聖堂での厳粛なスタイルなど、イメージに合ったタイプを選べます。

旅行代理店やプラン会社などが代行して手続きをしてくれるため、手軽に申し込めるのも魅力ですが、旅費だけでもかなりの予算がかかるため、招待客がかぎられてしまう点も考慮に入れましょう。

豪華客船を貸し切っての船上結婚式も人気です。クルージングをしながら汽笛を鳴らしたり、ふたりの名前が刻まれたウェディングボードを飾ったり、ムード満点です。

また、スキー場や登山で知り合ったカップルがスキー場内にある教会や山頂で行うなど、手づくり感覚のオリジナル挙式も増えています。

費用の内訳はふたりでよく相談

結婚の予算を決める

本人

POINT

結婚にかける費用について双方でよく話し合いましょう。パンフレットや情報誌などを参考にして式場を決めたら、担当者に一度おおまかな見積もりを出してもらいます。

結婚にかかる費用

結婚費用の種類

結婚費用は、①挙式・披露宴の費用、②新婚旅行費、③新生活への準備費用の3つに大別することができます。

挙式・披露宴にかかる費用は、挙式料、衣装代、料理・飲み物代、演出料、引き出物代などがあります。新生活にかかる費用としては、新居や家具などの準備費用などがあげられます。また、このほかにかかる費用としては媒酌人《ばいしゃくにん》などへのお礼、お祝いのお返しなどがあります。

お金をかけたい部分を明確に

結婚費用の予算を立てるときには、先に述べた3つの柱を元に考え、おおよその総額を出します。そのなかで一番お金をかけたい部分を明確にしてから、それぞれの配分を考えるとよいでしょう。

最近では、お金をかけない「ジミ婚」などもあり、費用についてはさまざまな考え方があります。パンフレット、情報誌などで検討し、よく話し合って決めましょう。

費用はどちらがどれだけ負担する？

結婚の費用は、男女折半という考え方が主流ですが、新生活までを含めた総費用は男性側が多く負担するケースが一般的なようです。挙式の費用に関しては、女性のほうが、衣装代や美容代などがかかるため、女性が多く負担する場合もあります。また、披露宴の招待客の数に差があるときは多いほうが人数分の相当額を負担します。

結婚費用の負担割合

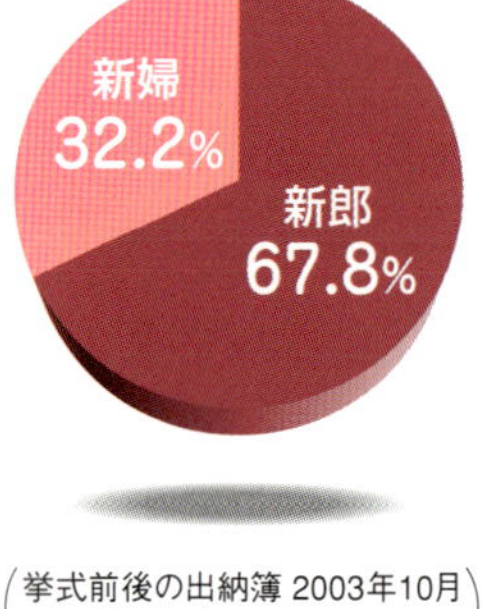

（挙式前後の出納簿 2003年10月 UFJ銀行調べ）

今どきのマナー

結婚費用はどのくらいかかる？

婚約費用の目安

結納や婚約式には、会場費や飲食代をはじめ第三者に立ち会ってもらう場合には、その人へのお礼やお車代などの費用がかかります。また、婚約通知状を出すなら印刷費や通信費も必要となります。こういったものはふたりに共通の費用です。かつては男性側が多く負担したり、結納を贈られる女性側が飲食費をすべて負担するなど、地方によってさまざまなしきたりがありました。しかし現代では、ふたりの共通の費用は、原則的に双方で折半して負担し合うべきでしょう。

結納・婚約～新婚旅行までにかかった費用の内訳

（単位:万円）

項目別平均額（注1）	結納・会場費	12
	両家の顔合わせ・会場費	5.6
	婚約指輪	36.2
	結婚指輪（2人分）	21.6
	挙式・披露宴・披露パーティ総額	330.7
	新婚旅行	53.2
	新婚旅行土産	12.1
	結納・婚約～新婚旅行までにかかった費用の総額	**433.2**
項目別平均額（注2）	インテリア・家具の購入総額	49.2
	家具製品の購入総額	49.1
	嫁入り道具としての着物の購入総額	79.8
	嫁入り道具としてのパールの購入総額	30.5
	賃貸費用／敷金・礼金（注3）	30.4
	引越し費用（注4）	7.1
	新生活準備のためにかかった費用の総額	**118**

（注1）:各項目の金額は費用が発生した人の平均額であり、各項目の平均金額の合計は「結納・婚約～新婚旅行までにかかった費用の総額」とは一致しない。
（注2）:各項目の金額は費用が発生した人の平均額であり、各項目の平均金額の合計は「新生活準備のためにかかった費用の総額」とは一致しない。
（注3）:「敷金・礼金」は、社宅を除く賃貸住宅居住者ベース。
（注4）:引越し費用は、引越し業者を利用した人ベース。

披露宴会場別　挙式・披露宴の利用状況

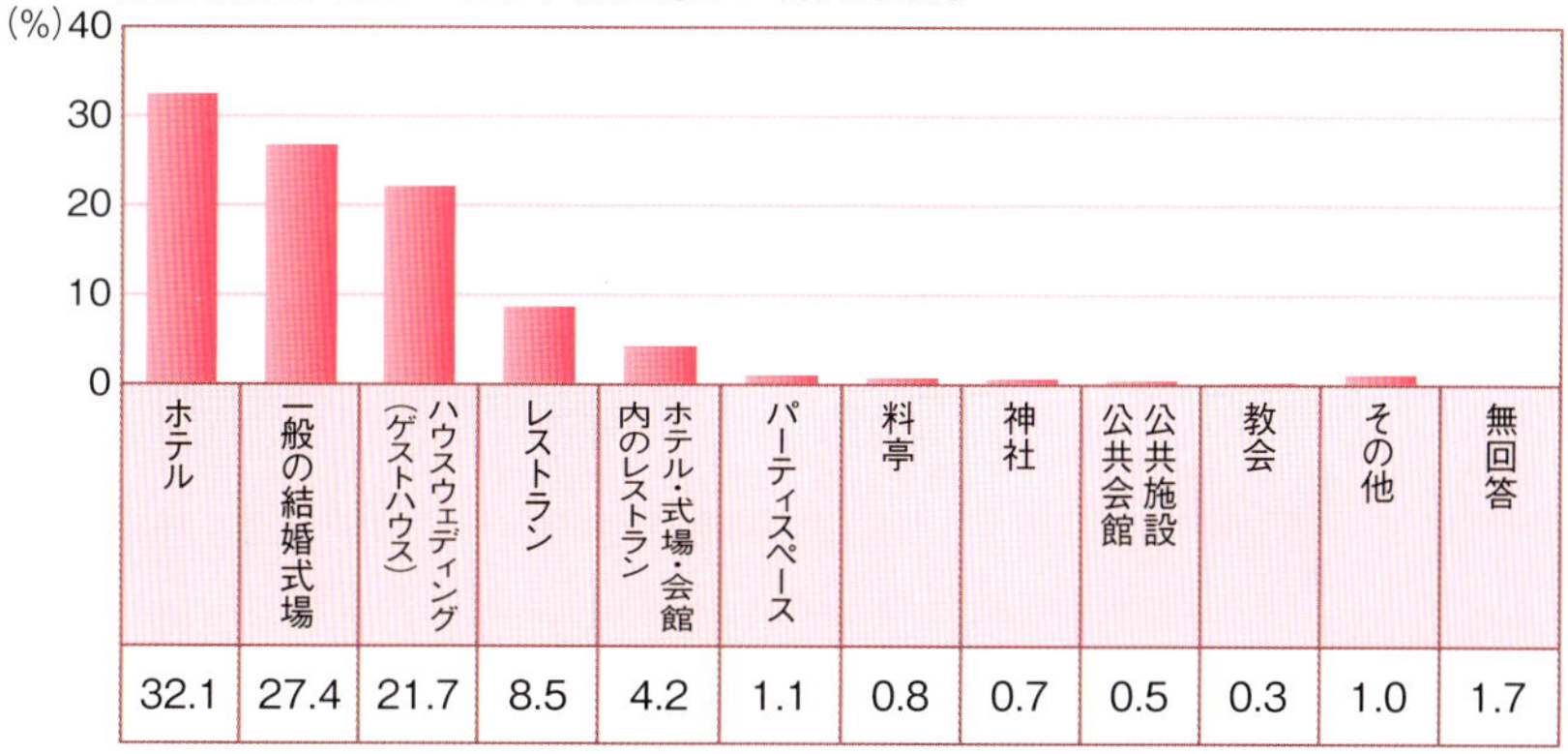

ホテル	一般の結婚式場	ハウスウェディング（ゲストハウス）	レストラン	ホテル・式場・会館内のレストラン	パーティスペース	料亭	神社	公共施設 公共会館	教会	その他	無回答
32.1	27.4	21.7	8.5	4.2	1.1	0.8	0.7	0.5	0.3	1.0	1.7

リクルート「結婚情報誌ゼクシィ」調べ（ゼクシィ結婚トレンド調査2009年・首都圏）

両家を取り持つ大切な役割
媒酌人を依頼する

本人

POINT

挙式・披露宴に立ち会ったり、両家の間を取り持つ役割を果たすのが媒酌人《ばいしゃくにん》です。依頼する際は、ふたりをよく知り、信頼できる方にお願いしましょう。

媒酌人の選び方

ふたりをよく知る人にお願いする

媒酌人とは、挙式や披露宴でふたりの介添役《かいぞえやく》となる人で、挙式・披露宴時の仲人の呼び方です。神前式《しんぜんしき》や仏前式《ぶつぜんしき》結婚式では三々九度《さんさんくど》の杯に立ち会ったり、両家を取り持つ役割を果たします。見合い結婚で仲人がいる場合は、そのご夫婦に媒酌人を依頼するのが一般的ですが、恋愛結婚などで仲人がいない場合は、新たに媒酌人を探します。肩書きだけで考えずに、ふたりをよく知り、これからもお付き合いできる方に依頼しましょう。会社の上司、親戚、学校の恩師や先輩など日ごろお世話になっている方が適任といえます。

媒酌人を依頼する手紙例

若葉の候、いよいよ御清祥のことと大慶に存じます。

さて、私事で恐縮でございますが、このたび、私の婚約がようやくととのいまして、十二月に挙式という運びになりました。相手は、同じ会社の総務課に勤務しております佐藤友子と申しまして、数年間付き合った末、婚約いたしました。

つきましては、私どもの挙式・披露宴の媒酌人を吉田様ご夫妻にお引き受けいただきたく謹んでお願い申し上げます。私のことを幼少よりご存知の吉田様にご媒酌いただければ、このうえない光栄と願っております。

ご多忙中、まことにお手数をおかけいたしますが、なにとぞよろしくお願い申し上げます。いずれご都合をお伺いしたうえで、あらためてふたりでごあいさつ方々お願いに伺わせていただきたいとは存じますが、まずは、書面をもちましてお願い申し上げます。

敬具

平成〇年〇月〇日

渡辺一郎

吉田吟朗様・靖子様

最近では、挙式当日だけ媒酌人をお願いする「頼まれ仲人」が増えているようですが、依頼する際には相手にその旨を伝え、形式だけの媒酌人になってしまわないような気配りをしましょう。また、仲人を立てないケースも増えているので、両家でよく相談しましょう。

依頼は遅くとも3ヶ月前に

媒酌人をお願いする場合は、3ヶ月前までに依頼するのが原則です。電話や手紙で媒酌人に意向を伝えましょう。引き受けていただける場合は、挙式の日取りや会場を相談します。

式場によっては、希望日に予約がとれないこともあります。その場合は、「○月○日の予定で考えているのですが、いかがでしょうか」と、媒酌人に再度確認し、できるだけ希望に添う形で決めるようにしましょう。「頼まれ仲人」の場合も同様です。

打ち合わせはふたりそろって

媒酌人の依頼は、招待状と手みやげを持ってふたりで訪問するのが正式です。その際、当日の流れなどについて打ち合わせをしましょう。披露宴でふたりを紹介してもらうために、履歴書や身上書、家族書などを持参し、趣味や特技、ふたりのなれそめなども伝えるようにします。披露宴の出席者名簿や挙式披露宴の計画表なども早めにお知らせしたほうがよいでしょう。

媒酌人の役割とは

挙式前

- 本人たちとの顔合わせをする。
- 挙式の日取り、会場の相談を行う。
- 当日のスケジュールや挙式・披露宴での衣装の打ち合わせ。
- 挙式の1ヶ月前から遅くても1週間前までに結婚祝いを届ける。（吉日の午前中に媒酌人夫人が男性宅に出向くのが一般的）
- 披露宴での新郎新婦の紹介に必要なプロフィールなどを受け取る。
- 媒酌人あいさつの内容について希望を聞く。それをもとに原稿を用意する。

当日

- 進行の打ち合わせをする。（芳名帳には媒酌人が最初に記名するのが決まりなので、進行打ち合わせの前に済ませておく）
- 式に立ち会い、結婚の証人となる。
- 披露宴時の招待客の出迎えを新郎新婦、両親とともに行う。披露宴が開始したら新郎新婦と入場する。
- 5分程度で媒酌人あいさつをする。
- 媒酌人夫人は新婦の介添えをする。
- 披露宴後に招待客の見送りをする。

挙式後

- 結婚後3年ほどは、季節のあいさつや出産祝いなどのお付き合いをする。
- お中元やお歳暮が贈られることがあるが、原則として媒酌人からは不要。
- 妊娠や出産、引越しのときはお祝いをする。

半年前までに決めておきたい

日取りと式場の決定

本人

POINT

どのような結婚式にしたいのか、ふたりのイメージを確認することが挙式への第一歩です。会場のバリエーションはたくさんあるので、ふたりに合った場所を選びましょう。

日取りを決めるポイント

招待客の都合も考慮する

結婚式は昔から大安吉日《たいあんきちじつ》が好まれ、とくに吉日の土日は依然として人気があるようです。ただし、今は昔ほどこだわらなくなりましたので、あまり神経質になる必要はないでしょう。仏滅《ぶつめつ》の日に割引サービスを行っている会場もあるので、記念日や誕生日などの要素から日取りを決める方法もあります。ただし、年配の方の中には、仏滅の挙式を嫌う人もいますので、招待客の顔ぶれを考えましょう。

　日取りを決めるときには、季節も考慮に入れる必要があります。真夏や真冬、梅雨どきなど招待客に負担がかかる季節、ゴールデンウィークや夏休みなどの連休は避けたほうがよいでしょう。

ブライダルフェアを活用する

挙式の準備を考え、半年前には日取りを決めて、挙式・披露宴会場を予約します。

　会場を選ぶときには、雑誌やインターネットで調べたり、パンフレットを取り寄せたりします。予算・場所・招待人数などの条件をふまえて、希望する会場を選んだら、会場の下見に行きます。いくつかの会場をまわって、それぞれの特徴やサービスを比較してみるのもよいでしょう。

　日時の都合がつけば、参加したいのがブライダルフェアです。模擬挙式や料理の試食、ドレスの試着などを体験できますので、式のイメージづくりの参考になります。

　どの会場にするか迷っている場合は、仮予約をしておきましょう。1週間～

式場選びのチェックポイント

- □予算内でできるか
- □希望する演出ができるか
- □会場設備は整っているか
- □会場の外観・内装など、会場全体の雰囲気はよいか
- □希望に合う部屋があるか
- □収容人数はどのくらいか
- □従業員の接客態度とサービスはどうか
- □料理の種類・質はどうか
- □交通の便はよいか

10日ぐらいの期間は、無料で仮押さえしてくれますので、その間に決めるようにします。

人気の会場や結婚シーズンの場合は、すぐに予約が入ってしまいますので、早めに申し込みましょう。

式場タイプと特徴

式場タイプ	メリット	デメリット
専門式場	専門の設備が充実している。スタッフが慣れていて心強い。	内容がパターン化しがち。宿泊施設はない。
ホテル	多人数の出席者に対応できる。遠方からの出席者の宿泊が可能。	豪華施設のため、値段が高め。人気のホテルは混み合ってしまう。
レストラン	おしゃれな会場で料理が楽しめる。手づくり感覚で演出ができる。	挙式場からの移動が大変。大人数の収容が難しいこともある。
公共施設	低料金である。レンタル衣装も安価。	スタッフが不慣れな場合がある。低料金のため、施設の豪華さに欠ける。
自　宅	心のこもったもてなしができる。くつろいだ雰囲気がつくれる。	日本の住宅事情では難しい。準備やあと片付けが大変である。
料　亭	料理が豪華である。おごそかな雰囲気が味わえる。	一度に大人数の収容が難しい。なごやかなムードがつくりにくい。
一軒家風会場（ハウスウェディング）	豪華な邸宅を貸し切り、映画のようなパーティーを演出できる。	年配の方には受け入れにくいことも。

！ 仏滅はやっぱり避けるべき？

結婚式によいとされている大安は、今でも根強い人気の日取りです。反対に不人気なのが仏滅です。仏滅というくらいですから、仏教と関係していると思われがちですが、中国から伝わった六曜《ろくよう》または六輝《ろっき》と呼ばれる占いの一種です。

大安について、先勝、友引が吉日とされ、先負、赤口、仏滅は凶日とされる傾向があります。また、吉の時間帯と凶の時間帯がある場合には、吉の時間を選べば問題ありません。

大安《たいあん》○一日中何事においても吉。慶事によいとされる日

先勝《せんしょう》◐「先んずれば勝つ」の意味。午前は吉だが午後は凶

友引《ともびき》◉朝晩は吉、正午は凶。葬儀は避けられるが、慶事はよいとされる

先負《せんぶ》◑「先んずれば負け」の意味。午前は凶だが午後は吉

赤口《しゃっこう》◎午前・午後凶、正午だけ吉

仏滅《ぶつめつ》●一日中何事においても凶とされる

婚礼衣装を選ぶ

挙式用とお色直し用を準備

本人

POINT

婚礼衣装は、挙式スタイルでタイプもさまざまです。挙式の雰囲気に合ったものを選ぶのも大切ですが、旬の小物やブーケを合わせて、自分らしいスタイルを目指しましょう。

婚礼衣装の準備

挙式スタイルに合った衣装を選ぶ

挙式の衣装選びは楽しい準備のひとつでしょう。挙式スタイルによって婚礼衣装も変化します。神前式では和装、キリスト教式では洋装が一般的ですが、人前式ではどちらでもよいでしょう。

衣装は挙式用と、お色直しをする場合はお色直し用のものを準備します。お色直しは、無垢《むく》な白装束《しろしょうぞく》の花嫁が嫁《とつ》ぎ先の色に染まるという意味があります。最近では、カクテルドレスや色打掛《いろうちかけ》などが選ばれているようです。

挙式3ヶ月前までに決める

ドレスの入手方法は、レンタル、セル（販売）、オーダーメイドなどがあります。予算を検討して、どの方法にするかを3ヶ月前には決めましょう。

衣装を購入した場合、挙式の1ヶ月前には最終調整を行い、2週間前には仕上がるようにしましょう。レンタルの場合は、会場内の衣装室やレンタルショップで借りるのが一般的です。衣装の最終決定は1～2ヶ月前にはしておきたいものです。式場によっては持ち込み料が発生するところもありますので忘れずに確認をしましょう。

婚礼衣装Q&A

Q 海外で挙式を行う予定なのですが、衣装はどうすればいいのでしょうか。

A 海外で挙式を行う場合もいくつかの入手方法があります。

①日本で購入またはレンタルしたものを持参する。

あらかじめ自分の気に入ったドレスや小物をそろえられますが、当日までのドレスのケアが必要になります。

レンタルの場合は、2週間程度の期限がありますが、ドレスの持ち運びに便利なバッグを貸してくれるところもあります。盗難防止のため、必ず機内に持ち込んで管理しましょう。

②日本でドレスの試着と予約を済ませ、現地で同じものをレンタル。

婚礼衣装の組み合わせ

婚家の色に染まったとの意味が込められているお色直し。神前式の場合、白無垢から色打掛かウェディングドレスへのお色直しが多く、教会式の場合、ウェディングドレスからカラードレスというのが一般的です。また、トレーンをとりはずせるツーウェイドレスの利用なども検討してみましょう。

挙式・披露宴の際にはお色直しが定番になっていますが、主役である新郎新婦が席をはずしてばかりいるのは考えものですので、お色直しの回数は2回までに留めるのがよいでしょう。

ここでは結婚式のスタイルに合わせた婚礼衣装の組み合わせ例を紹介します。

	挙式時	お色直し
仏前式結婚式	白無垢	色打掛、カラードレス
	色打掛	カラードレス
神前式結婚式	白無垢	色打掛、ウェディングドレスかカラードレス
	色打掛	ウェディングドレスかカラードレス
キリスト教式結婚式	ウェディングドレス	カラードレス、色打掛
人前式結婚式	白無垢	色打掛、カラードレス
	色打掛	カラードレス
	ウェディングドレス	色打掛、カラードレス

海外ウェディング専門の会社では、このようなサービスを行っているところもあります。ドレスの持ち運びやケアに手間がないのが魅力ですが、通常現地で借りるより割高になることも。

③**現地でレンタルまたは購入。**

持ち運びの手間がないことや、現地の気候を考えて選べるなどのメリットがあります。しかし、選ぶ時間が短く、気に入ったデザインや合うサイズが見つからなかったり、すでに予約が入っていたりということもあるため要注意。

花嫁は白一色を身にまとう

新郎新婦の婚礼衣装（洋装編）

本人

POINT

女性なら誰もが憧れる純白のウェディングドレス。厳粛なキリスト教式結婚式では、決まりがいくつかあります。約束事をふまえたうえでドレスを選びましょう。

洋装のケース（女性）

写真提供：ワタベウェディング

ベール
床まで長く引くのが格調高いとされる。バージンロードの長さと幅に合わせて決める。

ドレス
最近はドレスのデザインが豊富なので、式場タイプや好みに合わせて選ぶとよい。教会での挙式は、肌を露出しないのが正式。

アクセサリー
パールが正式だが、ドレスに合ったものを選んでもOK。

手袋
肌を出さないのが原則。ドレスに合ったものを選ぶ。

ブーケ
バラ、ラン、スズラン、クチナシなど白い花を使うのが原則。ドレスのデザインなどに合わせてつくる。

靴
ドレスと共布の靴やエナメルが一般的。

ヘッドドレス
白いオレンジの花が主流だったが、最近ではブーケと同じ花を使うのが一般的。ティアラにすると華やか。

幸運を呼ぶサムシング・フォー

「サムシング・フォー」とはヨーロッパのブライドに伝わる幸福のおまじない。挙式当日に4つのサムシングのいずれかをつけて嫁ぐと、必ず幸せになれるという言い伝えがあります。

①「サムシング・オールド」
（何か古いものを）…祖母や母から譲り受けたアクセサリーをつけるなど。

②「サムシング・ニュー」
（何か新しいものを）…新生活の象徴。新しいものを身につけるなど。

③「サムシング・ブルー」
（何か青いものを）…ブーケに青い小花をしのばせるなど。

④「サムシング・バロー」
（何か借りたもの）…隣人愛の象徴。幸福な結婚をした人から何か小物を借りて、その人の幸福にあやかるなど。

教会式では洋装が主流

正式な花嫁衣装として、古くから受け継がれてきた純白のウエディングドレス。神聖な教会での式では、胸や肩、腕を隠すのが原則です。昼の式では襟元を詰めた袖の細いワンピースタイプ、夕方から夜の式では、胸あきの広いイブニングドレスが一般的です。

新郎の正礼装《せいれいそう》は、昼間ならモーニングコートかフロックコート、夜は燕尾服かタキシードです。

モーニングコートの場合は、黒の上着に、黒とグレーの縞《しま》か小格子《こごうし》のズボンを組み合わせ、必ず白の手袋を持ち、花嫁のブーケと同じ花でつくったブートニアを左襟に飾ります。

洋装のケース（男性）

写真提供：ワタベウェディング

フロックコート
正装は黒だが、最近はグレーや柄入りのものを着る人も多い。

ブートニア
新婦のブーケからとった花を胸元に飾る。

手袋
白またはグレーのものを選ぶ。

アクセサリー
パールか白蝶貝のカフスボタンまたはネクタイピン。ポケットチーフは上質な白。

お色直しのマナー①

新婦のお色直しのドレスは、華やかな色合いのものを選ぶとよいでしょう。式のスタイルに合わせたドレスを選ぶことも大切です。

ディレクターズスーツ

昼の準礼装。

タキシード

夜の正礼装。

カラードレス

華やかな色合いのドレスを。

新郎新婦の婚礼衣装（和装編）

白無垢か色打掛が主流

本人

POINT

神前式の挙式は、和装でも洋装でもかまいませんが、白一色で統一する白無垢《しろむく》か華やかな色打掛《いろうちかけ》が主流です。着こなしや格式のバランスを考えて衣装を選びましょう。

和装のケース（女性）

色打掛

披露宴で着るという印象がありますが、白無垢同様、式服としても使えます。鶴亀などのおめでたい柄使いが特徴で、格式高い礼服として好まれています。

白無垢

「嫁ぎ先の家風に染まります」という意味も込められている白無垢。着物・小物・帯・下着まですべて白で統一します。白は清純さを表します。

写真提供:ワタベウェディング

日本古来の格式高い婚礼衣装

和装の婚礼衣装は、白無垢か色打掛です。白一色の白無垢は、神前式結婚式のときに身につけるのが一般的で、日本古来では、最も格式が高いとされていました。

白無垢は挙式だけしか身につけない地方もあるようですが、披露宴に着てもかまいません。

髪は文金高島田《ぶんきんたかしまだ》に結いますが、現在では、かつらを使用することが多いようです。挙式では白の角隠《つのかく》しか綿帽子をかぶり、披露宴ではとります。

色打掛は、金襴《きんらん》や唐織りなど豪華な織物や、手描き友禅《ゆうぜん》に金や箔の刺繍をほどこしたものを選ぶと華やかです。

和装のケース（男性）

五つ紋付き

男性の和装の中で最も格式高い礼服。

写真提供:ワタベウェディング

新郎は五つ紋付きが正式

新郎の礼装は、黒羽二重《くろはぶたえ》の五つ紋付《もんつ》きの紋服に、黒の仙台平《せんだいひら》の馬乗り袴《ばかま》をはきます。帯は角帯《かくおび》、羽織紐《はおりひも》は白、鼻緒が白の畳表のぞうりに白いたびを身につけ、手には白扇《はくせん》を持ちます。

五つの紋は、背中にひとつ、両胸、両後ろ袖の合計五つついていて、男性和装の中で最も格式の高い式服とされています。

最近では色物も増えてきましたが、格式を考えるなら黒を選んだほうがよいでしょう。

新郎も新婦も、とくに和装の場合は着慣れない衣装なので、立ち居ふるまいに注意することが大切です。

お色直しのマナー②

和装の場合、新婦のお色直しの衣装は、式服よりも一段格を下げた本振り袖か中振り袖がよいでしょう。おめでたい柄や華やかな柄を選びましょう。

本振り袖

夜なら豪華な色柄の本振り袖もよい。

三つ紋付き

お色直しでは白や茶など色物を選ぶことが多い。

新郎新婦と格を合わせる

媒酌人・親族の装い

媒酌人

親族

POINT

媒酌人《ばいしゃくにん》の衣装は新郎新婦に格式を合わせて決めます。最近は、モーニングコートと黒留袖の組み合わせが一般的です。貸衣装や着付けなどは早めに予約しましょう。

媒酌人は新郎新婦と同等の扱い

媒酌人夫妻の装いは、新郎新婦の婚礼衣装と格式をそろえます。新郎新婦が正礼装《せいれいそう》の場合は、媒酌人夫妻も正礼装で装います。

和服の場合、媒酌人夫人は、五つ紋《もん》付《つ》きの黒留袖《くろとめそで》に、丸帯を合わせます。媒酌人は、黒羽二重《くろはぶたえ》染め抜五つ紋付きの着物と羽織に仙台平の袴を着用します。

ただし、新郎新婦が和装の婚礼衣装の場合に媒酌人が和装で装うと、風格の点で新郎よりも引き立ってしまいがちです。そこで、最近は新郎新婦が和装の場合でも、媒酌人夫人は黒留袖、媒酌人はモーニングコートで装うのが一般的です。

新郎新婦が洋装の場合も、媒酌人夫妻の装いとしては、この組み合わせが主流です。カジュアルな式での媒酌人夫人の装いは、昼間ならアフタヌーンドレス、夜はイブニングドレスでもよいでしょう。媒酌人は、昼間はモーニングコートを着用し、夜はタキシードを着用します。

新郎新婦よりも格が上にならないよう事前に相談のうえで、決めるようにしましょう。

媒酌人夫婦の装い

媒酌人夫人は黒留袖、媒酌人はモーニングコートが主流。

写真提供:ワタベウェディング

親族は和装・洋装のどちらも可

両親、祖父母は、新郎新婦および媒酌人と格式をそろえる必要がありますが、親族は洋装、和装どちらでもかまいません。

両親

和装では父親は、五つ紋付きの羽織袴、母親は五つ紋付き黒留袖。洋装では父親はモーニングかタキシード、母親はアフタヌーンドレスかイブニングドレス。いずれにしても媒酌人夫妻と同格に考えるのが基本です。

祖父母・親戚

新郎新婦に関係が近いので、媒酌人や両親の装いに合わせます。

おじの場合はブラックスーツ、おばは黒留袖か色留袖、上品なカクテルドレスでもよいでしょう。

兄・姉

新郎新婦と年齢が近い場合、兄はブラックスーツ、姉はドレッシーなスーツやワンピースにします。姉が既婚者の場合、黒留袖または訪問着が一般的です。

弟・妹

大学生以下ならブレザーやジャケットでもかまいませんが、社会人ならブラックスーツが無難。妹は振り袖やロングドレスが多いですが、新婦のお色直しよりも派手な色は避け、控えめにすることがポイントです。

子ども（めい・おい）

学校や幼稚園の制服が正礼装となります。制服がない場合は、男児は、スーツに蝶ネクタイをつけ、ブレザーを着用したスタイルや、女児はあらたまったワンピースでもよいでしょう。

親族の装い

親戚の子どもなどで、新郎新婦へのブーケ贈呈などを行う場合は、スーツを選んでも。

新郎新婦の妹は振り袖を選ぶと華やか。

写真提供:ワタベウェディング

両家で相談して決める

招待客を決定する

本人

POINT

両家で招待客のバランスをそろえることが大切です。心から自分たちの結婚を祝福してくれる人を基準に、予定人数内でおさまるようよく話し合って決めましょう。

招待客の決定のしかた

両家の人数のバランスをとる

予算に応じて招待する人数を決めましょう。昔は両親の知人を多く招くのが一般的でしたが、最近では、新郎新婦の交友関係を中心に選ぶようになってきました。その場合、できれば、新郎側と新婦側の招待客をほぼ半々にすることです。どの程度の関係の人まで招くかを両家でよく話し合うことも大切です。自分たちを心から祝福してくれる人を招待しましょう。

招待状は挙式2ヶ月前までに発送

招待状は、挙式の2ヶ月前までに届くように発送します。はがきの製作や印刷に時間がかかることが多いので、招待客が決まったら、早めに手配しましょう。招待状は式場で手配してくれます。封筒に返信用はがきを同封して、出欠の返事の締め切り日を明確にしておきます。締め切り日は挙式の1ヶ月前ぐらいに設定しておくと安心でしょう。また、差出人の名前を両親にするか、本人にするかをよく話し合うことも大切です。

招待客にはあらかじめ連絡を

忙しい人や休暇をとらなければ出席できない人には、あらかじめ電話で日時をお知らせし、出席してもらえるかどうかを尋ねましょう。媒酌人や主賓には、訪問のうえ、招待状を手渡ししてお願いするのが理想です。忙しい方

! 招待客を選ぶポイント

①主賓で招待する人を決める
②親族の招待客を決める
③友人、同僚など新郎新婦と関わりが深い人を選ぶ
④恩師や上司などは、職場の慣例に従う
⑤友人や親戚の範囲、人数、肩書きなど、ある程度双方のバランスを考えて選ぶ
⑥遠方の友人や親戚、年配者など、披露宴に出席できない方のために、後日近くの会場で披露する方法もある

招待状の一例

親が差出人の場合

謹啓　初秋の候、皆様にはますますご清祥のこととお慶び申し上げます。
さて、このたび、山本博史様ご夫妻のご媒酌により、
佐藤信二　長男　一秀
渡辺弘　次女　秋子
の婚約が相ととのい、結婚式を挙げることになりました。
つきましては、幾久しくご懇情を賜りますよう、式に引き続き、ささやかな披露の宴を催したく存じます。ご多用のところ恐れ入りますが、ご光来の栄を賜りたく謹んでご案内申し上げます。
敬具
日時　平成○年○月○日（土曜）
場所　○○○ホテル　3F　○○○の間
平成○年○月吉日
佐藤信二
渡辺　弘
なお、ご都合のほどを同封のはがきにて○月○日までにご一報ください

本人たちが差出人の場合

謹啓　初秋のすがすがしい季節となり、皆様におかれましてはますますご清栄のこととお慶び申し上げます。
さて、このたび、山本博史ご夫妻のご媒酌により、私たちは結婚式をあげることになりました。
つきましては、式に引き続きささやかな披露の宴を催すことにいたしました。ご多用とは存じますが、ぜひご来臨くださいますよう、ご案内申し上げます。
敬具
日時　平成○年○月○日　午後2時
場所○○ホテル　3F○○の間
平成○年○月○日
佐藤一秀
渡辺秋子
なお、お手数ながら、ご都合のほどを同封のはがきにて○月○日までにお知らせください。

招待状に必要な内容

- 媒酌人の名前
- 挙式・披露宴の日時・場所
- 会場の住所・電話番号・アクセス方法（地図があると親切）・駐車場の有無
- 出欠の締め切り期日

招待状の差出人について

には手紙を添えて郵送します。

また、媒酌人や主賓が遠方の場合は、主催者が交通費や宿泊費を負担します。遠方の友人やどうしても出席してもらいたい人には、交通費や宿泊代の全額または一部を負担するのが一般的です。自己負担で出席してもらう場合は、お祝いの金品を前もって辞退しておく方法もあります。

今どきのマナー

差出人は新郎新婦が主流

従来は、両家の父親が差出人になるのが一般的でした。しかし最近では、新郎新婦が差出人になるケースが増えています。

結婚は独立宣言ですから、親からの援助は受けず、できるかぎり本人の経済力でまかないたいものです。そうなると、本人たちの名前で出すほうが自然ということになります。両親の知人には、両親のあいさつ状を添えるとよいでしょう。

招待客には実用品が好評
引き出物を選ぶ

本人

POINT

引き出物は、新郎新婦にとって大切な記念品です。ふたりの好みのものを選ぶことは大切ですが、もらった方に喜んでもらえるかどうかを優先して考えましょう。

引き出物の選び方

実用的なものが喜ばれる

招待客へのおもてなしとして用意する引き出物は、記念品に引き菓子を添えて2～3品贈るのが一般的。金額は、披露宴の飲食費の3分の1から半分程度が相場です。かつては、品数が多いほうがよいとされていましたが、最近は荷物にならない程度に留めるのがスマートです。

ただし、現在も多くて重いほうがよいとされている地方もありますので、まわりの人に確認しておくと安心です。年配の方用と若い方用と2種類の引き出物を用意するという方法もあります。記念品は、置物などの飾りものよりも、実用的なもののほうが喜ばれます。

持ち込みが可能かを確認

通常は式場で用意されている引き出物を選びますが、気に入ったものがない場合は、自分たちで用意します。最近は、新郎新婦の個性に合ったものや気のきいたものを贈りたいと考え、持ち込みをする人も増えています。ただし、持ち込み料が必要な式場もあるので、事前に確認しましょう。式場への納品期限を考慮して早めに手配しておくと安心です。

引き出物Q&A

Q 避けたい引き出物、嫌われる引き出物は？

A 極端に重いものやかさばるものなど、持ち帰りの際に荷物になるものは、最近はあまり喜ばれないようです。

また、昔から「去る」を連想させる猿の絵柄のものや、二重の結婚を連想させる重箱は引き出物としてはふさわしくない品とされています。

「切る」や「割れる」を連想させるナイフやはさみ、陶器、鏡などもタブーとされてきました。しかし最近では、フードカッターやブレッドナイフなどが選ばれることが多く、そのようなタブーには、あまりこだわらなくなりました。ただし、年配の方の中には縁起を気にする方もいますので、招待客の顔ぶれを見て判断しまし

今どきのマナー

人気の引き出物事情

好みの品が選べるカタログ式ギフトが人気

品物選びに困ったら、好みの品を自由に選んでもらえるカタログ式ギフトが便利です。招待客にカタログを持ち帰ってもらい、それぞれがほしいものを注文する方法なので合理的といえるでしょう。

最近ではデザイン性のある実用品や食品も選べるようになり、カタログ式ギフトの内容も変化・充実しています。

カタログは1冊で、800点以上の品物をラインナップしており、商品の価格帯としては2500〜15500円です。商品は、食品、日用雑貨、衣類、サプリメント、宝飾、食器、ガーデニング用品など、バラエティーに富んでいます。

（ホテルメトロポリタン調べ）

心のこもったプチギフトを

プチギフトは、お色直し再入場時やお見送りの際に、新郎新婦から招待客へ手渡すちょっとしたプレゼントです。ひとり300〜500円くらいの予算で用意できる気のきいたものを選びましょう。

たとえば、アーモンドに砂糖ペーストをコーティングした「ドラジェ」やクッキー、チョコレートなどのお菓子がプチギフトとしてよく使われます。

これらは手作りのものを用意しても喜ばれます。手作りが難しいという方は、既製品をリボンやセロハンでかわいらしくラッピングするという方法もあります。また、紅茶やミニタオル、アロマキャンドル、入浴剤、箸などは、持ち帰りに便利ですし、多くの人に喜んでもらえるプレゼントです。

よう。

Q 招待客によって引き出物を変える場合の注意点は？

A 本来は招待客全員に同じ引き出物を贈りますが、最近は親族用と友人用など、世代別に用意するケースも増えています。

品物の選び方としては、年配の方には和食器のセットを、若い方には洋食器のセットを選んだり、同じ商品でも男性用と女性用で色やデザインを変えるなどするとよいでしょう。

その際、金額的に差が出たり、袋の大きさが異なるなどということがないようにしましょう。

Q 夫婦で招待した場合、ふたりでひとつでもよい？

A 本来はひとりにひとつですが、最近では、一家にひとつとすることも増えています。気になる場合は、ふたり分として高めの金額の品を用意してもよいでしょう。なお、媒酌人夫人へは別の品を用意するのがふつうです。

共通項のある人同士を同席に

披露宴の席次を決める

本人

POINT

席次を考えて招待状を送るとスムーズです。せっかくの祝宴ですので、招待客がなごやかな気分で楽しんで過ごせるように十分配慮して席次を決めましょう。

席次の決め方

招待客を考慮して決める

初対面の人同士も少なくない披露宴では、席次選びに気を使いたいものです。正式に席次を決定するのは、招待状の返事がそろった時点になりますが、あらかじめある程度の席次を考えておくと、あとで安心です。

原則として、新郎新婦のメインテーブルに向かって左側が新郎の関係者、右側が新婦の関係者となります。上席《かみざ》から、主賓《しゅひん》、目上の方、先輩・年上の友人・知人、同年代の友人・同僚・後輩、親戚と並び、末席《まっせき》に両親や兄弟姉妹が座ります。

同席者に配慮する

できるだけ、「主賓」「友人」「親戚」といった形でテーブルを分けますが、ひとつのテーブルに座れる人数は決まっているので、面識のない人同士が同席になることもあるでしょう。その場合は、年齢や職業、趣味など何か共通項のある人同士を隣にしたり、話し上手な人を間に入れたりなどといった配慮をしたいものです。

席次のQ&A

Q 小さな子どもの席はどうする?

A 親戚などに子どもがいる場合は、披露宴に参加するかどうか確認します。幼児の場合は、両親の間に席を用意してもらうことができます。乳幼児の場合、託児室のある会場もありますので、利用する場合は事前に手配しましょう。

Q 立食パーティーでの席次はどうする?

A ビュッフェスタイルなど、立食形式での披露宴の場合は、基本的に席次はありません。ただし、主賓や年配者などが座れるように椅子を用意しておくのがよいでしょう。

披露宴の席次パターン

ちらし形(円テーブル型)

※番号が小さいほど上座となる。

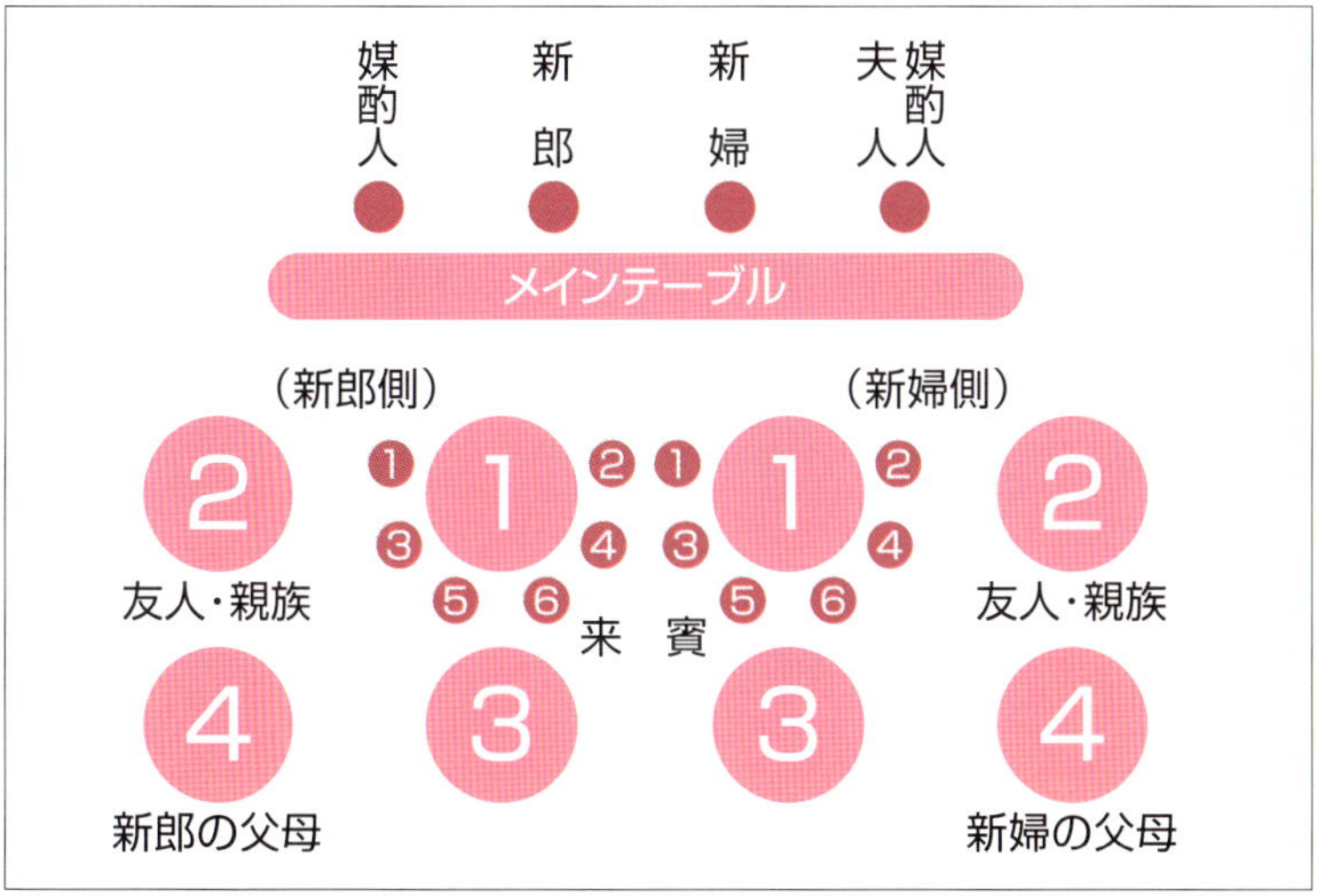

ホテルや結婚式場での披露宴での一般的な座り方で、洋食や中華料理に多い。テーブル内で会話を弾ませられるので、なごやかな歓談ができる。人数の増減にも対応しやすい。角テーブル型もあるが、基本的な席順などは円テーブル型と変わらない。

くし形

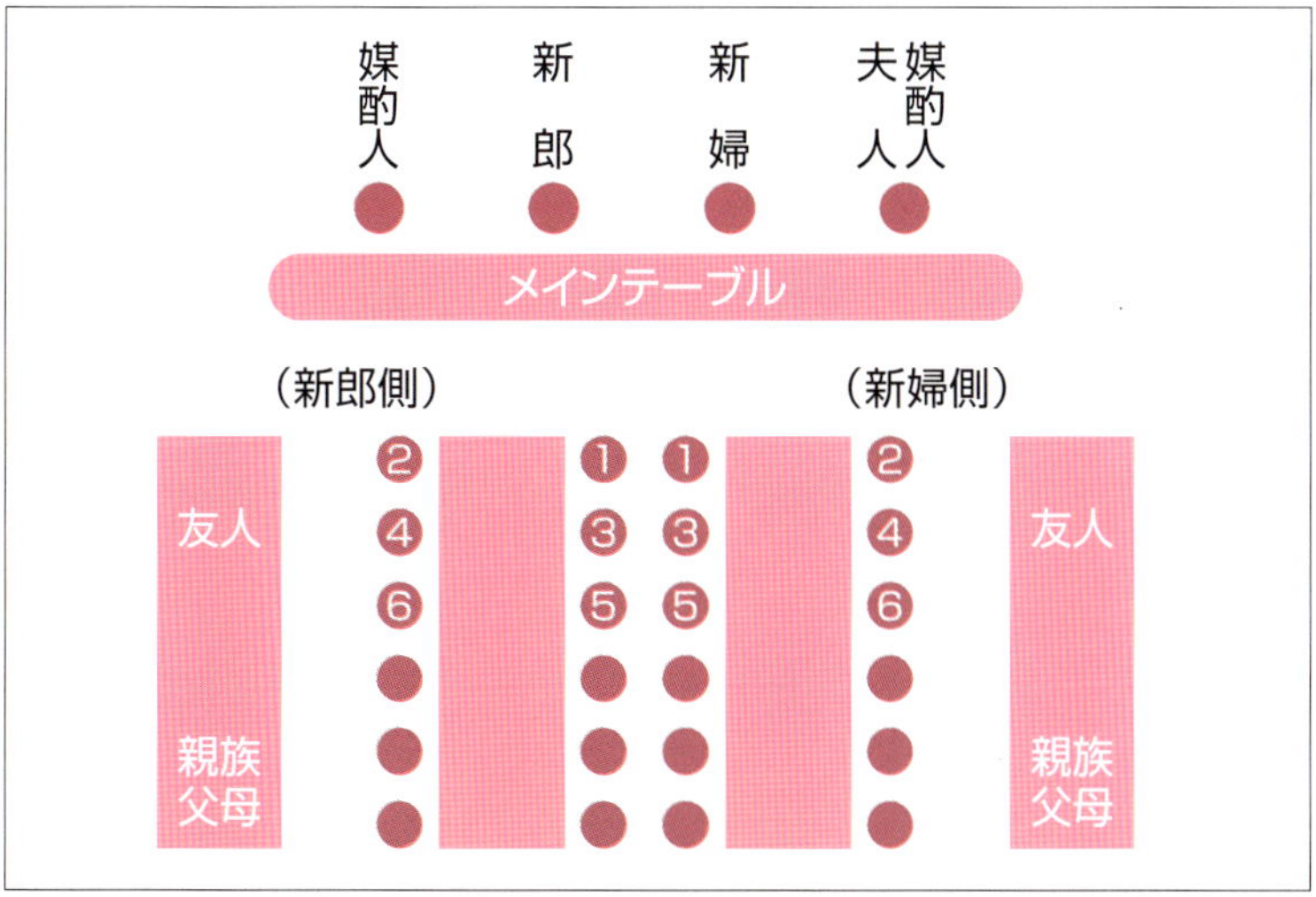

最近人気のレストランウェディングなどで見られる座り方。たくさんの人が座れるので大人数の披露宴向き。全員が新郎新婦の方へ向きやすく、席次を考える際の気苦労も少ない。

司会や受付、案内係etc.
諸係を依頼する

本人

POINT

司会者やスピーチは、新郎新婦のことをよく知っている方に頼みましょう。諸係はいろいろと細かい作業が多いので、事前確認を怠らないようにしたいものです。

諸係の依頼のしかた

挙式の1ヶ月前までに依頼する

披露宴には、さまざまな係が必要です。司会、受付、撮影などのお願いは、3～1ヶ月前までには済ませましょう。事前に打ち合わせをして、細かい点まで確認しておくと安心です。とくに司会者には、早い段階で全体の進行に関する希望を伝えます。招待客の肩書き、氏名、新郎新婦との関係をリストにして渡し、その際は、氏名にふりがなをつけるのを忘れずに。

スピーチの人選

スピーチを頼む人には、招待状と一緒に依頼の旨を書き添えて送ったら、後日もう一度連絡し、あらためてお願いします。スピーチは主賓と媒酌人のほかは、新郎側と新婦側から各2～3人にお願いするのが一般的です。その際、会社関係、友人、親戚など、立場が異なる方を選ぶと、内容が重複せず、ふたりのいろいろな姿を語ってもらえます。

二次会の幹事

披露宴に招待できなかった方を招く二次会は、新郎新婦の友人が主催するのが一般的です。カジュアルな会なので、親しい方に幹事をお願いしましょう。二次会の幹事は、煩雑な作業が多いので、2～3人にお願いしたり、新郎側と新婦側からひとりずつ選ぶことが多いようです。

！ 専門の司会者に依頼するには？

式場のプランにはプロの司会者が組み込まれていることもあります。それ以外の場合は、式場で紹介してもらったり、自分たちで司会者派遣会社などに依頼する方法もあります。

ギャラの目安

- 人前式のみ2万円～
- 披露宴のみ3万円～
- 人前式＋披露宴　5万円～

諸係の人選&打ち合わせのポイント

	諸係の選び方	打ち合わせのポイント
司会者	ふたりのことをよく知っている人で、明るい口調でハキハキしゃべれる人が適任です。アドリブにも対応できる人なら理想的。新郎新婦のそれぞれの友人が男女ペアで進行するケースもあります。	式の流れと余興やスピーチの配分時間について確認しましょう。
受付係	招待客の顔を多く知っている人がベスト。接客業などを経験していて人当たりのよい人が適任です。新郎側と新婦側から1～2名ずつ立てます。	ご祝儀の受け取り方法を確認しましょう。
案内係	招待客を披露宴会場内へ誘導したり、クロークや控え室、トイレなどの施設へ案内してもらう係。まわりのようすによく気がつき、機転のきく人が適任です。	式場の施設案内図を渡し、場所を把握してもらいましょう。
会計係	受付から預かったご祝儀の贈り主の名前と金額を書きとめ、計算してもらう係。新郎側と新婦側からそれぞれ1名ずつ出すが、大金を扱うので兄弟や親戚が安心です。会費制の場合には、友人がつとめることが多いようです。	受付終了後のご祝儀の管理方法などについて打ち合わせましょう。
撮影係	最近では簡単に扱えるカメラも多いとはいえ、慣れている人にお願いしたほうが安心です。写真とビデオはなるべく別々の人にお願いしましょう。	式の流れと撮ってほしいポイントを事前に説明します。

式場スタッフへの心づけの渡し方

	金額の目安	渡すタイミング
プロの司会者・カメラマン・ピアノ演奏	1万円（依頼料とは別）	開宴前にそれぞれの担当者に渡す
会場係・宴会係	責任者5000円／その他スタッフ2000～3000円	祝儀袋を用意し、開宴前にまとめて責任者に渡す
介添人	3000～5000円	当日、最初にあいさつをしたときに
美容係や着付係	責任者5000～1万円／その他スタッフ2000～3000円	祝儀袋を用意し、ヘア・メイクをはじめる前にまとめて責任者に渡す
ハイヤーの運転手	2000～3000円	車から降りるときに

式場でお世話になる人への心づけを用意し、感謝の気持ちを込めて開宴前に渡しましょう。新郎新婦は当日は何かと忙しいので、両家で話し合って渡す担当を決めておきます。また、急に用事をお願いする場合もあるので、心づけは余分に用意しておくことも必要です。

早めに計画を立てる
ハネムーンの準備

本人

POINT

挙式・披露宴後は何かと慌しいものです。とくに、海外旅行の場合は、パスポートの手続きなどもありますので、ハネムーンの準備は早めにはじめましょう。

挙式3ヶ月前には予約を

ハネムーンは、夫婦となって初めての特別な旅行です。最近では、挙式後すぐにハネムーンに行かず、夏休みや冬休みなどを利用する人も増えています。ふたりに無理のないスケジュールで旅行を楽しみましょう。海外旅行に行く場合には、パスポートの手続きやツアーの予約などを早めに済ませておくと安心です。

最近人気のパッケージツアーは、準備や手配に手間がかからないうえ、自分たちで手配するよりも安く行ける場合があります。ホテルのランクを選べたり、現地でオプショナルツアーに参加ができるプランもあり、旅の楽しさが一層広がります。また、海外ハネムーンの平均日数は8日で、費用は行き先によって異なりますが、ひとり50～90万円程度が平均です。ツアーの予約は3ヶ月前には済ませましょう。

おみやげの選び方

旅行先から媒酌人やお世話になった方々、結婚祝いをいただいた方へ、はがきを送ったり、おみやげを買うのもよいでしょう。あまりに高価なおみやげは、かえって相手に気をつかわせてしまう可能性がありますので、日用品など実用的なものや、名産品、ユニークでめずらしいものなどがよいでしょう。おみやげの金額はひとりあたり1千～5千円を目安に考えましょう。

ハネムーンの行き先

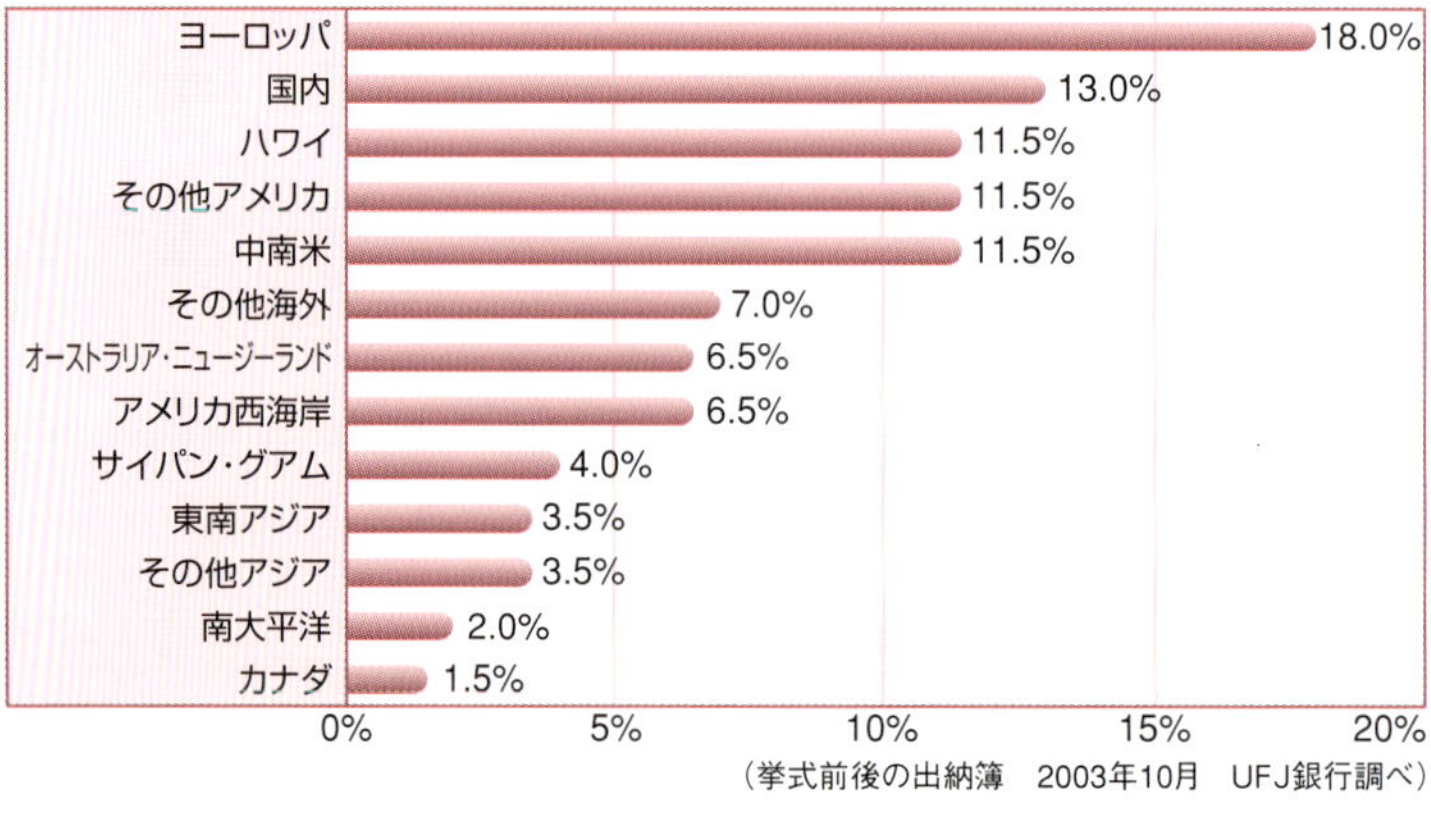

（挙式前後の出納簿　2003年10月　UFJ銀行調べ）

念には念を入れて再確認を

挙式直前の打ち合わせ

本人

POINT

慌しく過ぎていく準備期間。やることがたくさんあって大変ですが、見落としがないように気をつけましょう。確認は何度しても、しすぎるということはありません。

会場の担当者との打ち合わせ

招待状の返信がそろい、招待客の出席人数が決まったら、会場の担当者と最終の打ち合わせをします。司会やスピーチをしてくれる人なども最終確認をして、進行表や席次表を作成します。会場に預ける衣装や引き出物に間違いがないかも忘れずにチェックをしましょう。

！職場へのあいさつ

結婚退職する場合は、まずは上司に口頭で告げ、後日あらためて退職届を提出します。挙式の1～2ケ月前には手続きをして、引継ぎなどを済ませましょう。お世話になった方々へのあいさつまわりには、職場のみんなで分けられるような菓子折りを持って行きましょう。

諸係との打ち合わせ

司会者には、招待客の名前の読み方を確認しておくと、スピーチなどで名前を読み上げるときに安心です。受付係とは、ご祝儀の受け渡しの方法を確認しておきます。

撮影では、最近は写真だけでなくビデオを使うことも多いですが、フィルム代や現像代は新郎新婦が負担し、途中でなくなることがないようフィルムやテープは多めに用意しておきましょう。

！挙式前日の確認事項

挙式前日のやることリスト

- □出席者の確認
- □祝儀や心づけの確認
- □媒酌人夫妻、諸係へのスケジュール確認とお礼の電話をする
- □式場担当者へあいさつと確認の電話をする

当日の持ち物チェックリスト

- □結婚指輪
- □心づけ
- □婚礼衣装
- □二次会用の着替え
- □当日の進行表
- □パスポート
- □新婚旅行の荷物

挙式・披露宴当日のタイムテーブル

本人　媒酌人　親族

式の流れが頭に入るまで進行表などを見て確認をしましょう。時間に余裕をもって式場に入り、当日お世話になる方々にていねいにあいさつします。

新郎新婦と両親・媒酌人の挙式・披露宴当日の流れ

※挙式が午前12時からの場合

<table>
<tr><th></th><th>10:00
式場入り</th><th>11:00
来賓・親戚へのあいさつ</th></tr>
<tr><td>新郎</td><td>1～2時間前に到着し、式場の係へあいさつに行く。</td><td rowspan="2">新郎新婦、両親そろって媒酌人のところへ出向き、あいさつする。お祝いの言葉をいただいたらお礼を述べる。その後、親戚の控え室へ行き、あいさつをする。</td></tr>
<tr><td>新婦</td><td>2～3時間前に到着。美容師、介添人、式場の係にあいさつし、心づけ（ご祝《しゅう》儀《ぎ》）を渡す。</td></tr>
<tr><td>両親</td><td>新郎新婦と一緒に入るか、同じ時間くらいに。</td><td>新郎新婦とともに、媒酌人へあいさつに行き、親戚には必要に応じて媒酌人を紹介する。</td></tr>
<tr><td>媒酌人夫妻</td><td>夫人が式場で着付けを行う場合には、2～3時間前に入る。着替えない場合は1時間前に。</td><td>新郎新婦と両親にあいさつし、お祝いを述べる。親戚の控え室へ行き、あいさつと自己紹介をする。</td></tr>
</table>

16:00 お開き	15:30 媒酌人へのお礼	12:00〜15:00 挙式・披露宴	11:30 最終打ち合わせ
媒酌人夫妻を見送ったら、控え室で着替える。両親、式場の係などにお礼を述べて、二次会会場へ。	披露宴終了後、新郎新婦は両親とともに媒酌人へあいさつに出向き、お礼を述べる。別室で謝礼を渡すことが多い。	神前式、キリスト教式、人前式、仏前式など、それぞれのスタイルで挙式・披露宴《ひろうえん》が進行。 参照 94〜97ページ	媒酌人、司会者、式場の係と、式の流れを確認。当日届いた祝電の中から、読み上げてもらうものを決める。お色直しの段取りを介添人《かいぞえにん》、美容師と確認。
媒酌人夫妻、新郎新婦を見送った後、帰宅する。			
新郎新婦、両親にあいさつをして帰宅する。	新郎新婦、両親に、披露宴の感想を述べ、あいさつをする。	挙式・披露宴後は記念撮影や親族紹介を行う。	式の流れを確認。あいさつ文の固有名詞などに誤りがないか、新郎新婦や両親にチェックしてもらう。

日本の伝統的な結婚式

神前式結婚式の進行

本人

所要時間 約20分

① 入場

新郎新婦、媒酌人夫妻、親族の順に入場。

② 修祓《しゅうばつ》の儀

斎主《さいしゅ》から修祓（清め）のお祓《はら》いを受ける。全員が起立し、敬礼。

③ 祝詞奏上《のりとそうじょう》

斎主が神に結婚の報告をし、祝詞を読み上げる。

④ 三献《さんこん》の儀

三三九度《さんさんくど》の杯。大・中・小の三つ重ねの杯に巫女《みこ》がお神酒《みき》を注ぐ。1 小杯は新郎から、2 中杯は新婦から、3 大杯は新郎から飲む。二度口をつけて三度目に飲み干す。

⑤ 誓詞奏上《せいしそうじょう》

新郎新婦は神前へ。新郎が誓詞（誓いの言葉）と氏名を読み上げ、新婦は自分の名前を読む。

⑥ 玉串奉奠《たまぐしほうてん》

新郎新婦は神前に玉串を捧げ、二礼二拍手一礼。媒酌人夫婦と両家代表もこれに続く。

⑦ 指輪交換

巫女から指輪を受け取り、新郎から新婦の薬指に。次いで新婦から新郎へ。

※本来、神前式では指輪の交換を行わないが、最近は④か⑥のあとに行うのが一般的。

⑧ 親族固めの杯

親族一同起立して、巫女からつがれたお神酒を三口に分けて飲み干す。

⑨ 退場

斎主が終了の祝詞をあげ、一同が一礼。新郎新婦、媒酌人夫妻、親族の順に退場。

玉串の捧げ方

① 右手で玉串の枝元を上から持ち、葉元を左手で下から支える。
② 右手をまわして、枝元を自分側に。
③ 左手を枝元側へずらし、右手で葉元を持つ。
④ 時計回りにまわして、枝元を神前側に。

POINT

神の前で結婚を誓い合う神前式結婚式は、現在では挙式スタイルの3分の1の割合になりました。式は神社ではなく、ホテルや式場の神殿で行うことが多いようです。

教会での神聖な結婚式
キリスト教式結婚式の進行

本人

POINT

神と列席者の前で結婚を誓うキリスト教式結婚式は、現在の挙式スタイルの半数以上を占めています。ホテルや式場のチャペルで行います。

所要時間 約20分

① 入場
新郎、立会人が入場。最後に新婦が父親と腕を組み、バージンロードを歩く。

② 新婦の引き渡し
父親が新婦を新郎に引き渡し、新婦は新郎の左側に立つ。

③ 賛《さん》美《び》歌《か》斉唱《せいしょう》
一同起立して、賛美歌を斉唱。
※事前に歌詞を印刷した紙が配られることが多い。

④ 聖書奉読《ほうどく》
牧師が聖書を読み上げる。

⑤ 結婚の誓約
牧師が新郎新婦に結婚の意志を確認。新郎新婦は手を重ね、誓いの言葉を。

⑥ 指輪交換
牧師から指輪を受け取り、新郎から新婦の左手薬指に。新婦も同様に行う。

⑦ 結婚証明書の署名
牧師は新郎新婦の手の上に自分の手を重ねて祈祷《きとう》し、結婚の成立を宣言。新郎新婦は、結婚証明書に署名する。

⑧ 賛美歌
一同起立し、賛美歌を斉唱。

⑨ 新郎新婦退場
新郎新婦が腕を組んでバージンロードを歩いて退場。列席者はそれを見送る。

※上の進行はプロテスタントの場合。カトリックでは牧師→神父、賛美歌→聖歌となる。

バージンロードの歩き方

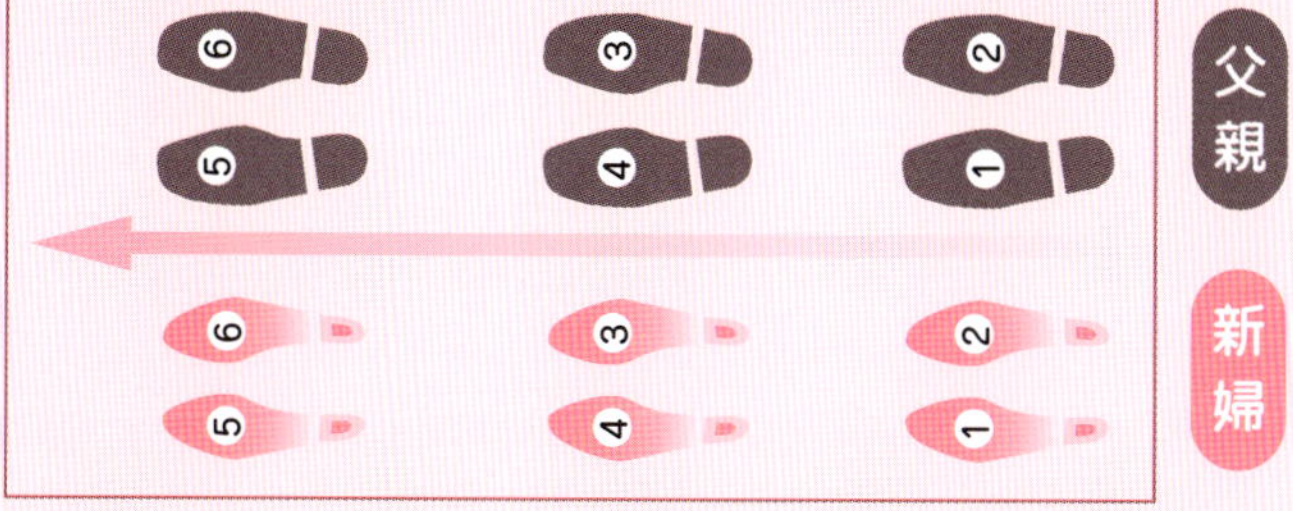

新婦が左側、父親が右側を歩く。左足から踏み出し、歩をそろえて一歩一歩すすむ。

ふたりの個性がいかせる
人前式結婚式の進行

本人

POINT

最近増えている挙式スタイル。神仏に誓うのではなく、親族、友人や知人に証人になってもらいます。誓約書を読み、指輪交換を行うのが一般的です。

所要時間 約20分

❶ 入場
列席者が入場後、新郎新婦が入場。友人・知人の証人とともに入場する場合も。

❷ 誓約式
自分たちで考えた誓約書を新郎新婦が一緒に読み上げる。指輪を交換し、婚姻届《こんいんとどけ》に署名する。

❸ 誓いの乾杯
司会者・主賓が乾杯の音頭をとり、祝杯をあげる。

❹ 歓談
新郎新婦が列席者にあいさつまわりをする。

❺ 新郎新婦の謝辞
新郎新婦が列席者に、お礼の言葉や今後のご支援などを言葉で述べる。

❻ 退場
司会者が閉式を告げる。同じ会場で披露宴を行う場合は退場しない。

◆誓いの詞《ことば》の例

私、□□□□（新郎）と、私、○○○○（新婦）は、本日、皆様の前で結婚の宣誓をいたします。
今日からは、ふたりで心をひとつにして、互いを思いやり、成長し合いながら、ともに協力してあたたかい家庭を築き上げることをここに誓います。

平成△年△月△日

夫（新郎）□□□□
妻（新婦）○○○○

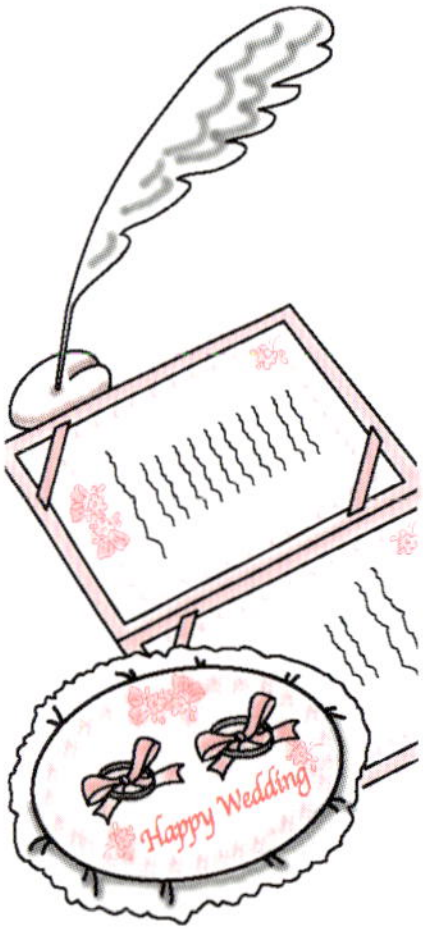

仏前で夫婦の誓いを交わす

仏前式結婚式の進行

本人

POINT

仏前式は仏の前で数珠を受け、焼香をして、杯を交わすのが一般的です。寺院や先祖代々の菩提寺《ぼだいじ》で行い、形式は宗派によって多少異なります。

所要時間 約35分

① 入場

両親、親族、参列者が入堂《にゅうどう》し、新郎が媒酌人に、新婦が媒酌人夫人に伴われて入堂。最後に僧侶が入堂し、香をたき、合掌礼《がっしょうらい》拝《はい》。

② 啓白文《けいびゃくもん》朗読

新郎新婦は焼香台《しょうこうだい》の前に進み、列席者は起立。僧侶が焼香し、仏と先祖に結婚を報告する啓白文を読み上げる。新郎新婦と列席者は合掌。

③ 数珠《じゅず》授与

僧侶から、白い房の数珠が新郎に、赤い房の数珠が新婦に渡される。

④ 司婚の辞

僧侶が結婚の誓約を求め、新郎新婦が答える。僧侶は列席者に宣言。

⑤ 新郎新婦が焼香

新郎から合掌し、右手で香をつまみ、焼香する。回数は1回のみ。続いて新婦も同様に行う。

⑥ 誓杯

新婦、新郎、新婦の順に三口で飲み干す。使う杯は、三つ重ねのうち一番上のみ。

⑦ 親族固めの杯

列席者全員で祝杯を交わす。三口で飲み干し、一同仏前に合掌。

⑧ 法話

僧侶から祝いの法話を聞く。

⑧ 退出

僧侶、新郎新婦、媒酌人夫妻の順に退出し、最後に列席者も退出。

数珠の扱い方

数珠の持ち方

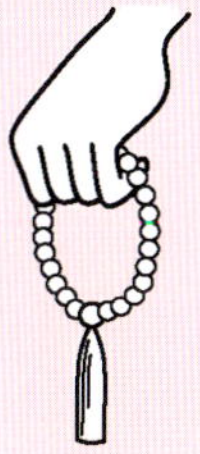

房を下にして、親指以外の指にかけて持つ。

合掌するとき

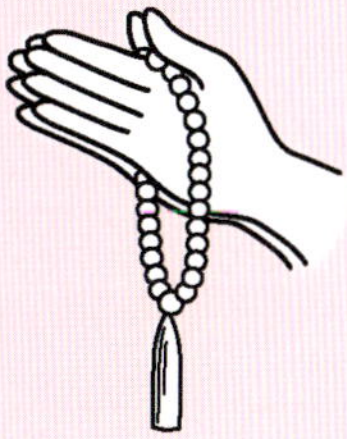

合掌するときは両手にかける。

両家の顔合わせとなる

親族紹介と記念撮影

本人　親族　媒酌人

POINT

親族紹介と記念撮影は挙式後に行われます。お互いの家族の顔合わせとなる親族紹介は、新郎新婦の父親が中心になってすすめるのが一般的です。

親族紹介の手順

挙式後、両家の控え室の仕切りがはずされ、ここで親族紹介が行われます。ただし、退場前に式場内で行う方法や、スケジュールの都合で挙式前にすることもあります。

「本日、式も滞りなく行われましておめでとうございます。これより両家の方々をご紹介させていただきます」

と媒酌人《ばいしゃくにん》のあいさつから始まり、あとは新郎新婦の父親（代表）が行うことが多いようです。

紹介は、血縁の近い順に行います。代表者が父親以外の場合は、父親、母親、祖父母、兄弟の順に紹介していきます。紹介の内容は、新郎（新婦）との続柄、名前のみになります。親族紹介は代表者が行う身内の紹介ですので、相手側に対して謙譲表現を使うようにしましょう。

披露宴が始まるまで

親族紹介が終わったら、新郎新婦・両親・兄弟全員で控え室に行き、招待客にあいさつします。面識のない人にも積極的に声をかけておもてなしをします。歓談したり、控え室でスナップ写真を撮るなどして、親交をはかるようにしましょう。このとき新婦は、化粧直しや身づくろいなどで、その場にいなくてもかまいません。

親族の呼称

親族紹介のときは、以下のような一般的な呼称が使われます。紹介する順に座席をあらかじめ指示しておけば、よりスムーズに進行できます。

おじ

伯父	両親の兄、または両親の姉の夫
叔父	両親の弟、または両親の妹の夫

おば

伯母	両親の姉、または両親の兄の妻
叔母	両親の妹、または両親の弟の妻

いとこ

従兄	おじ、おばの子どもで、本人より年上の男の子
従弟	おじ、おばの子どもで、本人より年下の男の子
従姉	おじ、おばの子どもで、本人より年上の女の子
従妹	おじ、おばの子どもで、本人より年下の女の子

おい

甥	本人の兄弟姉妹の男の子ども

めい

姪	本人の兄弟姉妹の女の子ども

記念写真の撮影

集合写真

カメラに向かって右側に新郎と親族、左側に新婦と親族が並びます。前列中央には新郎新婦、その横は媒酌人夫妻や両親と、関係が近い順に座ることが多いようです。細かい順番はカメラマンの指示に従いましょう。

新郎新婦の写真

新郎新婦の記念撮影は、挙式後に式場やチャペルの内外で行うことが多いようです。また、最近は挙式当日ではなく、衣装合わせなどの際に前もって記念撮影をする「前撮りプラン」を行う式場も増えています。

スタジオ撮影のほか野外ロケでの撮影が可能なプランもある。

写真提供：ワタベウェディング

写真の焼き増し代も予算内に

集合写真は、1家族1枚は必ず送るようにします。ただし、式場で撮影した場合は、ネガをもらえないことが多く、焼き増しの相場は1枚につき4～7千円です。最近では、一眼レフデジタルカメラの普及で、CD－ROMに焼き付けて渡す方法も増えており、オリジナルアルバムを作製してくれる業者もあります。価格は業者で異なりますが、マスターCDが3～5万円、焼き増しは1枚5～7千円程度が目安です。

披露宴のタイムテーブル

本人　親族　媒酌人

披露宴は本来、ふたりが結婚したことを親族や知人、友人に披露するためのものです。進行は式場で用意されていることが多く、ここでは一般的な披露宴の流れを紹介します。

① 招待客入場 13:00〜
新郎新婦、媒酌人夫妻、両親が会場入り口で招待客を迎える。

② 新郎新婦入場 13:15〜
招待客が着席したところで開宴。音楽に合わせて新郎新婦が入場。

③ 開宴のあいさつ 13:25〜
司会者が開宴のあいさつをし、新郎新婦を簡単に紹介。

④ 媒酌人のあいさつ 13:30〜
媒酌人は結婚式が済んだ旨を報告し、新郎新婦の経歴やなれそめなどを紹介する。

⑩ キャンドルサービス 14:25〜
キャンドルに火をつけながら各テーブルをまわる。最近では、クッキーやキャンディーを配りながらまわるパターンも。

⑪ 来賓のスピーチ・余興 14:35〜
新郎側・新婦側の来賓・友人が祝辞を述べる。

新郎新婦の心得

新郎新婦は、披露宴《ひろうえん》が始まる前に関係者にあいさつして、お世話になる係の人に心づけを渡します。このとき、媒酌人《ばいしゃくにん》夫妻やカメラマン、司会者などへのお礼とあいさつも忘れずに。

支度を済ませたら、係の人が呼びにくるまで控え室で待ちます。披露宴の開始時刻が近づいてきたら、新郎新婦、両親、媒酌人夫妻は会場の入り口に立ち、招待客が入場してきたら笑顔で迎え、ていねいに頭を下げます。親しい友人などと会話が弾んでしまいそうですが、入場をスムーズにさせるためにも、あいさつは簡潔に済ませるように心がけましょう。

※挙式が12:00〜、披露宴が13:00〜15:30の場合（ホテルメトロポリタン調べ）

13:35〜 ⑤ 主賓《しゅひん》の祝辞
新郎側と新婦側の主賓が祝辞を述べる。新郎新婦と両親は起立する。

13:40〜 ⑥ 乾杯
来賓《らいひん》代表者の音頭で乾杯。全員起立する。

13:45〜 ⑦ ウェディングケーキ入刀
新郎新婦がケーキにナイフを入れる。最近では、みんなで食べられる生のケーキが人気。

13:50〜 ⑧ 食事開始
招待客は自由に歓談。

14:00〜 ⑨ お色直し
新婦が媒酌人に付き添われて中座。新郎もあとから中座し、ふたりそろって再入場する。

15:00〜 ⑫ 祝電披露
スピーチ、余興が終わったら、司会者が祝電を披露。

15:05〜 ⑬ 新婦両親への手紙
新婦が両親への手紙を読み上げる。

15:10〜 ⑭ 両家花束贈呈
新郎は新婦の母親に、新婦は新郎の両親に花束を贈る。

15:15〜 ⑮ 両家代表あいさつ
両家を代表して新郎の父親がお礼を述べる。最近では、新郎自身がお礼を述べることも。

15:25〜 ⑯ 退場
司会者が終宴のあいさつをし、新郎新婦、両親は先に退場。出口に並んで招待客を見送る。

両親の心得

媒酌人夫妻や、親族の方々へのあいさつやお礼をします。当日は主催者側であることを忘れず、好感のもてる態度でおもてなしをしたいものです。新郎新婦の両親は緊張してそわそわしがちですが、式の進行は係の人にまかせ、落ち着いた態度でのぞみましょう。

媒酌人の心得

挙式・披露宴では新郎新婦に一番近く、重要な役割を果たすのが媒酌人夫妻です。会場に到着したら、まずは新郎新婦や両親にあいさつします。係の人から式次第の説明がありますので、流れを押さえておきましょう。また、緊張している新郎新婦をリラックスさせるような心配りが大切です。

お礼とあいさつ、二次会etc.

披露宴を終えたら

本人

POINT

挙式・披露宴を滞りなく行えるのは、まわりの方々の協力があってこそ。披露宴を終えたら、お世話になった方々に感謝の気持ちをこめてあいさつをしましょう。

招待客へのあいさつ

披露宴がお開きになったら、出席していただいた方々にあいさつをします。新郎新婦、両親、媒酌人《ばいしゃくにん》は出入り口に立ち、招待客を見送ります。お菓子などのちょっとしたプレゼントを用意して、お礼の際に渡すのもよいでしょう。

その後、両親、媒酌人にきちんとあいさつをします。ただし、会場には決められた時間がありますので、長い間話し込んだりするのはマナー違反です。

媒酌人へのお礼とあいさつ

媒酌人への謝礼は、式の数日後までに両家の両親、もしくは新郎側の両親が出向くのが正式です。とはいえ、媒酌人と双方の両親が遠方であったり、お互い多忙であったりして、都合が合わないこともあるでしょう。その場合は日をあらためずに、披露宴のあと、両親と新郎新婦がそろってあいさつをします。

謝礼の金額は、媒酌人との関係や、社会的地位、結納から披露宴までの間でどのくらいお世話になったかなどでも異なりますが、平均額はおよそ20万円です。目安としては、媒酌人からいただいたお祝い金の1.5倍～2倍程度の金額が適当でしょう。

また、披露宴が終わったら、謝礼とは別に、交通費として「お車代《くるまだい》（お車料《くるまりょう》）」を渡します。謝礼は両家で折半し、表書きは両家の連名にします。

! 媒酌人への謝礼

媒酌人への謝礼は、結び切りののし袋を使います。表書きは、「御礼」か「寿」にし、両家の連名にします。

そのほかに、交通費としての「お車代」も渡しましょう。

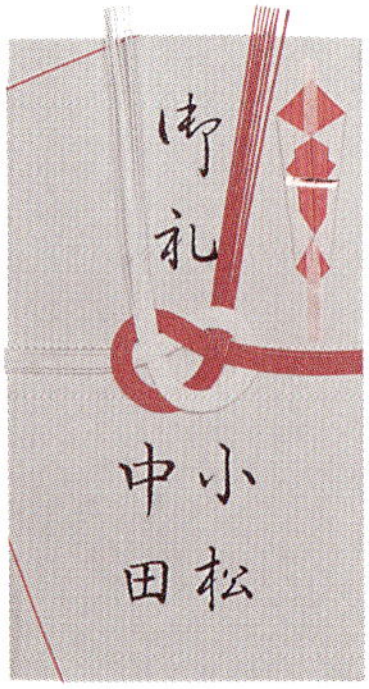

謝礼の目安は20万円程度。

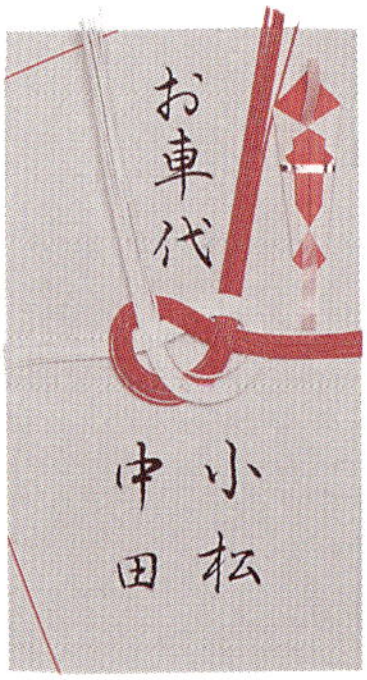

お車代の目安は5000～1万円程度。

式後にお礼を渡した場合でも、新婚旅行から帰ったら、旅行の報告もかねてお礼のあいさつをします。お土産を持って、ふたりそろって伺うとよいでしょう。

世話役へのお礼とあいさつ

挙式・披露宴ではふたりのために多くの人々が動いてくれています。お世話になる方には心づけを渡すのが一般的です。

挙式当日に慌てないためにも、あらかじめ金額を区分けした心づけを用意しておきましょう。受付・撮影などの係として協力してくれた友人にも3〜5千円程度の食事代や心づけを渡します。当日に現金で渡さず、後日新居に招待してもてなしたり、お礼をする予定ならば、その旨を伝えます。

遠方から来てくれた世話役や、二次会の幹事になってくれた友人には「御車代」や「お礼」を渡すのがよいでしょう。会場担当者、介添人《かいぞえにん》、司会者、撮影係などへは、挙式前に渡しておけば、渡し忘れたりせずに安心です。

二次会での新郎新婦の心得

披露宴と比べて、なごやかなムードで進行できるのが二次会です。とくに決まった形式はなく、自由なスタイルで行います。披露宴は呼べる人数が限られてしまいますが、広い会場を選べば、二次会は大人数での開催が可能です。

会場や参加者などを含めてどういった会にするのかを検討しましょう。主催者のこだわりで、あまり豪華にしすぎると参加者の負担が多くなってしまいますので、参加してくれる人のことを考慮したうえで決めましょう。

二次会は会費制が一般的なので、主催者側は出費を抑えられ、呼ばれる方もご祝儀を準備する必要がないので、気軽に参加できます。二次会では、友人や同僚と楽しい時間が過ごせるようにするのが一番です。参加してくれた方々には、心をこめてお礼をしましょう。

今どきのマナー

二次会会場の選び方

結婚式の二次会は、カフェバーやレストランを貸し切りにしたり、専門のパーティースペースで行うのが一般的です。ホテルで挙式・披露宴を行った場合は、ホテル内のレストランやバーを利用するのも方法です。

二次会は人数や予算を決めて会費制で行うため、コースメニューやフリードリンク制を利用するとよいでしょう。好みの料理を楽しめるブッフェ形式も人気です。また、最近は、結婚式の二次会用の特別メニューを用意しているレストランも増えています。

新郎新婦は披露宴後も何かと慌ただしいので、二次会の開始は披露宴の1時間半〜2時間後にしておくと安心です。

婚姻届や住所・姓の変更etc.

結婚にあたる諸手続きについて

本人

POINT

結婚にはさまざまな手続きが必要です。婚姻《こんいん》届はもちろん、パスポートや運転免許証などの住所や姓の変更など、手続きが多機関にわたります。準備して効率的に行いましょう。

婚姻届は挙式当日に

法律上、ふたりを夫婦として認めてもらうには、役所に婚姻届を提出しなければなりません。婚姻届は提出日が婚姻日になりますので、日付にこだわる場合は、挙式当日に提出するとよいでしょう。

結婚によって住所が変更する場合は、転出届と転入届が必要になります。

会社を退職する場合は、保険や年金の変更手続きを行います。

このほか電話・ガス・水道、運転免許証、銀行口座、クレジットカードなどの住所変更も忘れないようにしましょう。

役所への手続き

	ポイント	必要書類	提出先
婚姻届	婚姻届には証人2名の署名と印鑑が必要。仲人《なこうど》夫妻に依頼する場合は、夫妻のそれぞれの印鑑を。未成年の場合は父母どちらかの同意書が必要。	婚姻届一通、届出人の印鑑。本籍地以外に届ける場合は戸籍抄本《こせきしょうほん》(再婚の場合は戸籍謄本《こせきとうほん》)。	新居のある地域、夫または妻の本籍地の役所。
住民登録	旧住所の役所に転出届を提出し、転出証明書を受け取る。新住所の役所に転入届を提出するときに転出証明書と印鑑(入籍後なら新姓)が必要。転入届は引っ越しの2週間前から受付可能。旧住所と新住所が同じ役所の管内であれば、転居届のみを提出。	転出届、転入届(転出証明書)、印鑑(入籍後なら新姓)	旧住所の役所、新住所の役所
印鑑登録	旧住所での印鑑登録は転居届を提出した時点で抹消されるので、新住所での印鑑登録が必要。住民登録と一緒に手続きすると効率的。	印鑑、身分証明書(運転免許証・パスポートなど)	新住所の役所
国民健康保険・国民年金	国民健康保険…加入者が結婚を機に配偶者の扶養家族となる場合、配偶者の社会保険証を持参して資格喪失届を提出。 国民年金…加入者が配偶者の扶養家族になる場合は、三号扶養者届出書に、配偶者の会社の担当者が署名し、役所に提出。	保険証、年金手帳	国民健康保険 旧住所の役所・新住所の役所 国民年金 新住所の役所

会社への手続き

	ポイント	必要書類	提出先
退職願・休暇願	遅くとも1ヶ月前には提出。結婚後も勤め先が変わらない場合でも、長期休暇をとる場合は休暇願を提出。	会社指定の用紙、または直筆で。	勤め先の上司
勤め先への届け	改姓、住所変更など必ず勤め先に届け出る。扶養家族ができた場合は申請を。	「身上異動届」などの会社指定の用紙または直筆で。	人事部など

そのほかの手続き

電話	局番なしの116へ。携帯電話の住所変更、改姓の手続きは各社へ。
水道・電気・ガス	管轄の営業所へ。水道・電気は「使用開始連絡はがき」を郵送する。ガスは新居の管轄営業所の係員の立ち会いのもと、使用開始となる。
新聞	解約する場合、契約している地域の新聞販売店へ申し出る。新規契約の場合は、支社で管轄の販売店を聞き、申し込む。
郵便	新住所に近い郵便局に「住所変更届」を提出。手続きをすると郵便物を1年間、新居に転送してくれる。
NHK	手続きが必要なので0120−151515へ連絡を。
パスポート	改姓の場合は①今までのパスポートを返納して、新規申請する方法②改姓手続きをして有効期間満了まで今までのパスポートを使用。住所変更だけなら手続きは不要。
運転免許証	新住所管轄の警察署交通課または運転免許試験場で手続きする。氏名や本籍変更の場合は、免許証と本籍記載の住民票などが必要。
郵便貯金・銀行預金	印鑑と通帳、キャッシュカード、身分証明書、場合によっては戸籍謄本などを持参し、住所や姓の変更手続きをする。
クレジットカード	郵便貯金や銀行預金同様に、クレジットカードも名義変更を忘れずに行う。
生命保険・損害保険	生命保険は戸籍謄本または住民票、損害保険は積立ものの場合、戸籍謄本を提出し、名義変更の手続きをする。
自家用車	新住所の車庫証明、車検証、自賠責保険証明書、印鑑を用意する。新住所の所轄警察署、または車を購入したディーラーで手続きする。

そのほかの手続きチェックリスト

公的な手続きのほかに、以下のようなものもありますので、忘れずに手続きを済ませましょう。

- □クレジットカードで引き落としている会費など
- □スポーツクラブなど会員
- □ローン会社
- □インターネットのプロバイダー
- □証券会社
- □百貨店の会員
- □公的資格の各種免許

結婚通知とあいさつ

新婚旅行後のあいさつ、内祝いetc.

本人

POINT

結婚の報告や近隣へのあいさつは、今後のお付き合いにおいて大切なことです。新たな生活がスタートする中で、周囲への気配りを忘れないようにしましょう。

内祝いは式後1ヶ月以内に

新婚旅行から帰ったら、両親と媒酌《ばいしゃく》人《にん》へ、お礼のあいさつと旅行の報告におみやげを持って伺います。

お互いに遠方だったり、多忙だったりする場合には郵送でもかまいませんが、必ず電話などでお礼を述べましょう。

長期休暇をとった場合には、職場の上司や同僚へのあいさつをしましょう。挙式でお世話になった方々にもお礼のあいさつを忘れずに。また、披露宴に参加しない方からお祝いをいただいた場合には「内祝《うちいわ》い」としてお返しをします。

内祝いを贈る

内祝いの品は遅くても式後1ヶ月以内には贈るようにしましょう。表書きは「内祝」または「寿」とし、ふたりの名前を連名で書きます。いただいた金額の半額程度が一般的です。

内祝いに添える手紙の文例

拝啓　若鮎おどる季節、皆様にはますます御健勝のこととお慶び申し上げます。

さて、先般は過分な結婚祝いをいただきまして、誠にありがとうございました。おかげさまで○月○日、○○ホテルにて無事挙式をすませました。

○○様には遠方ゆえご出席いただくことがかなわず、残念な思いでございます。まだまだ未熟な二人ですので、今後ともご指導賜りますよう、心よりお願い申し上げまして、結婚のあいさつとさせていただきます。

なお、披露宴の写真と心ばかりの品をお届けいたしますので、ご笑納いただければ幸いです。

敬具

平成○年○月○日

高橋　健一
久美子

表書きは夫婦連名にする。

近所へのあいさつ回り

新居に引っ越した場合は、隣近所にあいさつ回りをします。タオルやせっけんなどのちょっとした手みやげを持っていきましょう。

近所の人と円滑に付き合うためにも、あいさつ回りはきちんとしましょう。

結婚通知状を送る

新住所の通知も兼ねて結婚通知状を送りましょう。

結婚通知状は挙式の2ヶ月前に手配し、1ヶ月以内に発送しておきます。

内容は、結婚の通知、今後のお付き合いのお願い、媒酌人の名前（省くことも）、新住所などです。夫婦連名で出し、新婦または新郎の旧姓も書き添えます。

印刷はがきならば、自筆でひとこと添えましょう。また、とくにお世話になっている人には手書きにして封書で送ると、よりていねいです。

結婚通知状の例文

拝啓　初夏の候、皆様にはお健やかにお過ごしのこととお慶び申し上げます。

このたび私ども○○様ご夫妻のご媒酌により、○月○日○○ホテルにて結婚式を挙げ、新たな人生のスタートをいたしました。

結婚した今の喜びを忘れずに、二人で手を取り合って楽しい家庭を築きたいと思います。今後ともご指導ご鞭撻のほど、よろしくお願いします。

お近くにおいでの際はぜひお立ち寄り下さい。

敬具

〒一一一-一一××　東京都世田谷区○○三-三-三
○三-一一一一-××××

草間　大介
　　　昇子
（旧姓　佐野）

新婚旅行後のあいさつ

両親へ

旅行後すぐに、帰宅の報告をしましょう。同居している場合でも、しっかりあいさつをします。すぐに訪ねられない場合は、電話で帰宅した旨を伝え、なるべく早くあいさつに行きます。

媒酌人《ばいしゃくにん》へ

帰宅後にお礼に伺います。本来は挙式後すぐに伺うのが礼儀ですので、先方の都合のよい日におみやげを持ってお礼と近況報告をしましょう。

披露宴の列席者へ

受付や撮影係などでお世話になった友人や同僚には、おみやげを持ってお礼をしましょう。また、結婚通知状は住所変更通知も兼ねているので、披露宴《ひろうえん》に参加した方にも送りましょう。

結婚通知Q&A

Q 式を挙げない場合の結婚の報告は？

A 最近では挙式・披露宴を行わないカップルが増えています。その場合、両家の親族で食事会を行ったり、友人や知人を集めてパーティーをしたりして、お披露目をすることが多いようです。

挙式をしていなくても結婚通知状を送りましょう。一般的には披露宴の写真が使われますが、式を挙げていない場合は、プライベートな写真を使ったり、イラストを入れるのもよいでしょう。

また、儀礼的なお付き合いの相手には、季節のたよりに結婚した旨を書き添えて、結婚通知としてもかまいません。

招待状をもらったら

出欠の返信は速やかに

招待客

POINT

招待状が届いたら速やかに返事を出し、必要に応じてスピーチ、余興の練習を始めましょう。披露宴の装いも含め、当日慌てないよう事前に準備しておくことが大切です。

招待されてから当日までのスケジュール

1ヶ月〜半月前

○招待状が届く

参照 109ページ

▼招待状の返事は2〜3日中に。▼余白に「おめでとう！結婚式を楽しみにしています」などのメッセージを添える。最近では、メッセージ欄つきの招待状もあり、披露宴で読み上げられることも。▼「御出席」の「御」の字を消し忘れないように。

○スピーチを依頼されたら

参照 119ページ

▼スピーチを依頼されたら快く引き受ける。▼3分以内でわかりやすく簡潔にまとめる▼新郎（新婦）の思い出話を盛り込んだ内容に。▼原稿を書いたら声に出して練習する。

○諸係を依頼されたら

参照 121ページ

▼諸係を依頼されたら、係の役割をきちんと把握しておく。▼新郎新婦と事前の打ち合わせをする。

○余興を依頼されたら

参照 122ページ

▼余興は3分程度を目安に。▼ひとりでは自信がない場合は、ほかの人と一緒に行う。恥ずかしがらず堂々と行うのがポイント。▼後ろの人にもよく聞こえるように、大きな声で。▼余興は歌や演奏、踊り、クイズやゲームなどが一般的。

半月〜1週間前

○お祝いを贈る

参照 111〜115ページ

▼ご祝儀は当日渡すのが一般的。▼祝儀袋と新札を用意する。▼ご祝儀とは別に何かを贈りたい場合、何人かで折半すると品物を選ぶ範囲が広がる。本人に希望を聞いてもよい。

○当日の装いの準備

参照 116ページ

▼事前に新郎新婦に会場の雰囲気を聞いて服装を選ぶ。▼女性…白を避け、新婦よりも控えめに。昼の披露宴では肌の露出が少ないフォーマルドレス、夜は襟元のあいたカクテルドレスが準礼装。▼男性…昼はディレクタースーツ、夜はタキシードが準礼装。最近では昼夜兼用のブラックスーツが主流。

1週間前〜前日

○当日の準備を済ませる

参照 124ページ

▼会場への交通手段を調べておく。▼スピーチや余興の内容を再確認する。▼忘れ物がないように持ち物をチェックする。

返信は2〜3日中に

結婚披露宴《ひろうえん》の招待状が届いたら、2〜3日中に出欠の返信をしましょう。出欠の確認は新郎新婦が行うとはかぎらないので、返信はがきは必ず出しましょう。

出欠の返事がすぐにできない場合には、返事が遅れる旨を伝え、先方の指定する日までに返事をします。

なお、当日になってから欠席するのは大変失礼にあたるので、どうしても結論が出ない場合は、欠席にするのが無難でしょう。

欠席の際は、返信はがきを出す前に、電話で出席できないお詫びと、お祝いの言葉を伝えるとていねいです。

返信用はがきの書き方

招待状にはたいてい返信用はがきが同封されていますので、必要事項を記入しましょう。あきスペースにお祝いのメッセージを書き込むと感じがよくなります。

〈表側〉

101××××
東京都千代田区三崎町×××
富岡綾香 行 様

あて先の下の「行」に2本線を引き、横に「様」を書く。

〈裏側・欠席の場合〉

御出席
御欠席
ご結婚おめでとうございます。
せっかくのお招きですが、所用のため残念ながら欠席させていただきます。
御住所 東京都渋谷区○○○
御電話 03—○○○○—××××
御芳名 近藤由利子

余白にお祝いのメッセージを添える。

〈裏側・出席の場合〉

御出席
御欠席
ご結婚おめでとうございます。
喜んで出席させていただきます。
御住所 東京都渋谷区○○○
御電話 03—○○○○—××××
御芳名 近藤由利子

「御」と「芳」の字を消す。消すときは2本線か「寿」の文字で。黒く塗りつぶすのは厳禁。

返事に添えるひと言集

新郎新婦にとって招待状の返事がすぐにくるのは嬉しいもの。はがきの余白にお祝いの言葉を添えて、2〜3日以内に返信しましょう。

出席の場合

▼ご結婚おめでとうございます。幸せなおふたりに会うのを楽しみにしています。

▼結婚おめでとう！ ○○の花嫁姿、楽しみにしてるよ！

欠席の場合

▼ご結婚おめでとうございます。残念ながら妹の結婚式と重なってしまいましたので伺うことができず、申し訳ありません。

▼ご結婚おめでとうございます。まことに残念ながら、当日は出張の予定がございまして、伺うことができません。おふたりの末永いお幸せをお祈り申し上げます。

※欠席の場合は、理由を書き添えましょう。身内の不幸などの場合は、「都合により」と、理由をあいまいにします。

欠席の際は祝電でお祝いを

披露宴を欠席する場合には、祝電で祝福の気持ちを伝えましょう。祝電は、NTTの各支店や営業所に申し込むか、115番（局番なし）、インターネットで1ヶ月前から受け付けています。

メッセージは定型か自分で指定することができます。また、祝電にはいろいろな種類があり、押し花つきやメロディーつき、ぬいぐるみつきなどがあります。送る相手を考えて選びましょう。

披露宴会場に届ける場合には、披露宴の2～3時間前までに届くように手配をします。

！ 電報を打つときのマナー

祝電の宛先は式場の名前、住所、披露宴会場の部屋名にし、宛名は父親か新郎に。新婦の場合は旧姓にします。

電報の料金

- 25文字まで……700円
- 25文字以上……5文字ごとに+90円

※このほかに託送料40円+消費税がかかります。なお、日時指定日の1ヶ月～3日前までに申し込むと、150円の割引サービスがあります。

※料金は変更する場合がありますので、確認しましょう。

披露宴を盛り上げる祝電の文例

※【 】かっこ内は文例番号。

【1080】ご結婚おめでとう。いつまでも今日のときめきを忘れずに。（27文字）

【1121】ご結婚おめでとうございます。すてきな花嫁ぶりを拝見できずに残念です。心よりお祝いを申しあげます。（48文字）

【1093】突然、ご結婚と聞いて驚きました。おめでとうございます。今度、ぜひ○○様をご紹介ください。楽しみにしています。（54文字）

【1095】彼女のハートを射止めたあなたは大物です。デッカイ家庭をお二人で築いてください。ご結婚おめでとう。（48文字）

招待状と出欠Q&A

Q 返事は電話やメールでもいいの？

A 身近な相手なら、口頭かメールで返事をすることもあるでしょう。その場合でも、招待状に同封されている返信はがきは出しましょう。招待状のやりとりがなく、主催者側から直接依頼があった場合は、口頭やメールでもかまいません。

Q 結婚式と弔事が重なったときは？

A 葬儀と結婚式が重なった場合は、葬儀が優先、法事なら結婚式に出席するのが一般的です。出席の返事を出してから不幸があった場合には、すぐに先方に知らせます。「やむを得ぬ事情」として理由はあいまいにします。近親者の喪《も》中《ちゅう》でも四十九《しじゅうく》日《にち》の忌明《いみあ》け後なら出席できます。また、身内の弔事《ちょうじ》でなければ、通夜か告別式のどちらかに参加し、できるだけ披露宴に出席するようにしましょう。

自分に見合った金額を贈る お祝い金のマナー

招待客

POINT

贈る相手や自分の立場などでお祝い金の金額は異なりますので、自分に見合った額を贈るとよいでしょう。紅白または金銀の結び切りの祝儀袋と新札を用意しておきましょう。

披露宴に出席するときは？

披露宴《ひろうえん》の招待状を受け取ったら、出欠にかかわらず、お祝い金を贈ります。挙式の1週間前までの吉日に、先方のお宅へ持参するのが正式ですが、最近は当日、会場で渡すのが一般的です。

お祝い金を当日贈る場合は、祝儀袋《しゅうぎぶくろ》が折れたりしないよう、ふくさに包んで持参し、受付でふくさを外してから、お祝いの言葉を添えて渡します。

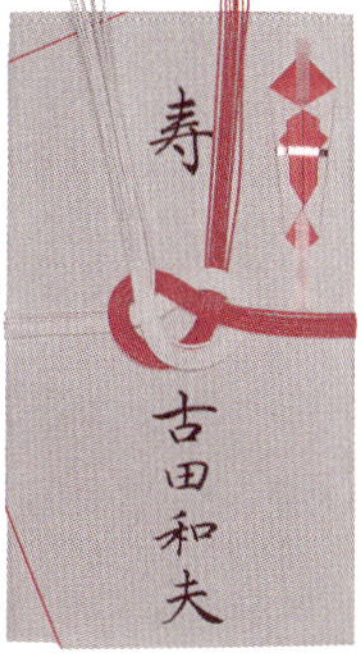

紅白または金銀の結び切りの祝儀袋を使う。

お祝い金はどれくらい包む？

新郎新婦との関係によって異なりますが、披露宴の食事代を目安に考えるとよいでしょう。招待客の平均は3万円程度です。4は「死」、9は「苦」を連想させるので避けます。予算が4万円のときは奇数である3万円を現金で渡し、残りの金額でお祝い品などを贈りましょう。

出席できないときは？

招待状をいただいたが、都合で披露宴を欠席する場合は、出席する場合の3分の1から半額程度のお祝いを贈ります。その際は、お詫びの手紙を添えて、祝儀袋に入れたお祝い金を現金書留で送るとよいでしょう。

また、招待されない場合のお祝い金は、出席する場合の半額程度を目安にします。

あまり早く贈ると、招待の催促と受け取られかねないので、挙式の1週間前に贈るのがよいでしょう。

会費制パーティーのときは？

会費制のパーティーや二次会の場合は、出席すること自体がお祝いになりますので、お祝い金は必要ありません。お祝い品を贈る場合は、当日持参するのではなく、事前に届けましょう。

※表書きの書き方はP6、ふくさの包み方はP7で紹介しています。

世代別に見た祝儀の最多回答額と平均額

【単位:円】

	20　代		30　代		40　代	
	最多回答	平均額	最多回答	平均額	最多回答	平均額
兄弟姉妹	50,000	44,306	50,000	62,308	100,000	76,207
叔父・叔母	50,000	50,000	50,000	62,667	50,000	63,627
従兄弟・従姉妹	30,000	38,019	30,000	39,176	30,000	36,091
その他の親戚	30,000	32,500	50,000	40,000	30,000	36,786
勤務先の上司	30,000	30,000	30,000	37,105	30,000	34,759
勤務先の同僚	30,000	29,797	30,000	28,796	30,000	27,174
勤務先の部下	30,000	30,435	30,000	30,952	30,000	31,053
取引先関係	30,000	30,000	30,000	30,000	30,000	42,000
友人・その家族	30,000	27,408	30,000	29,057	30,000	28,509
その他	30,000	21,667	30,000	24,286	30,000	40,455

【単位:円】

	50　代		60代以上	
	最多回答	平均額	最多回答	平均額
兄弟姉妹	100,000	70,000	100,000	75,000
叔父・叔母	100,000	73,028	50,000	70,374
従兄弟・従姉妹	30,000	42,571	20,000	46,667
その他の親戚	30,000	46,977	50,000	61,023
勤務先の上司	30,000	35,769	50,000	45,556
勤務先の同僚	30,000	27,917	30,000	23,308
勤務先の部下	30,000	34,000	30,000	33,333
取引先関係	30,000	32,000	30,000	30,000
友人・その家族	30,000	27,724	30,000	33,571
その他	30,000	43,837	30,000	66,857

（2007年　冠婚葬祭互助協会調べ）

お祝い金Q&A

Q どんな祝儀袋を選べばいい？

A 「再び繰り返すことのないように」との意味から、結び切りの水引を選びます。紅白または金銀の水引が一般的です。祝儀袋の種類はさまざまですが、カラフルなものは親しい友人に、仕事関係の方にはシンプルなものがよいでしょう。

Q お祝い金は偶数でもかまわない？

A 偶数は「割り切れる」ということで避けられますが、2万円はペアというイメージから、最近では問題なく贈られるようです。ただし、死をイメージさせる「4」は避けたほうが無難でしょう。

Q 夫婦で出席する場合のお祝い金は？

A ふたり分のお祝いと考えるので、お祝い金は2倍になります。ひとり2～3万円として、ふたりで5万円～7万円が目安になります。

友人夫婦の場合は5万円、親族などの場合はやや多めに7～10万円を送ることが多いようです。

Q 子どもと一緒に出席する場合は？

A 親と一緒に招待された場合、子どもの分は考えなくてもよいでしょう。ただし、子どもの席や食事を用意してもらった場合は、夫婦ふたり分のお祝い金の3分の1から半額程度を多めに包みます。

Q 遠方から出席する場合は？

A 披露宴会場までの交通費や宿泊費の負担は、お祝い金とは別に考えます。招待する側で交通費を負担してくれる場合もありますが、あくまでも先方の意向ですので、快くお祝い金を渡したいものです。

Q 海外挙式に招かれたときのお祝いは？

A 出席するとなると、旅費や宿泊費など自己負担が大きくなってしまいます。招待する側としては、はるばる海外までふたりの晴れ舞台に立ち会ってくれたことをお祝いと感じているでしょう。また、海外では結婚のお祝いに現金を贈るという習慣はほとんどないので、お祝いを贈るなら品物がおすすめです。お祝いを現金で渡したいならば事前に贈りましょう。

Q 式を挙げない場合のお祝いは？

A 披露宴に出席する場合は、料理代＋ご祝儀と考えられます。平均的なお祝い金は料理代（2万円）＋ご祝儀（1万円）ですので、式を挙げないときや披露宴に出席しない場合のお祝い金は料理代をのぞく1万円くらいが適当でしょう。

Q 再婚する友人へのお祝いは？

A ふたりの新しい門出を祝うことですので、金額を減らしたりせず、初婚と同じと考えてさしあげましょう。

先方に一週間前までに届ける
結婚祝いを贈る

招待客

POINT
日常生活で使えるものを贈れば、新生活に役立つだけでなく、ふたりの思い出づくりにも一役買うことでしょう。相手に喜んでもらえるよう心を込めて選びましょう。

結婚祝いの選び方

現金ではなく品物を結婚のお祝いとする場合は、実用的なものがよいでしょう。あらかじめ相手の希望を聞いておくと安心です。親しい間柄なら、予算を告げ、その範囲内で決めてもらってもかまわないでしょう。

また、数人でお金を出し合えば、お互いの贈り物がだぶる心配もなく、高価な品物を贈ることもできます。

披露宴に招待されていないが、結婚祝いを贈りたい場合は、披露宴に招待された場合のお祝い金の3割～5割程度の品物を贈ります。あまり高価な品物を贈ると、相手の負担になってしまうので、気をつけましょう。

結婚祝いの贈り方

お祝いを渡す時期は、お祝い金と同じく挙式の1週間前には先方に届くようにします。間に合わず当日になってしまっても、品物を披露宴会場に持参するのはマナー違反です。その場合は、目録を持参して後日届けるようにしましょう。

のし紙と表書き

婚礼の品を贈る場合は、結び切りののし紙を。
表書きは「寿」「祝御結婚」などにし、名前は贈り主のフルネームを書く。

結婚祝いのマナー＆タブー

結婚のお祝いとしてタブーとされてきたのが「切れる」や「割れる」を連想させる包丁・ナイフ、グラス・鏡などです。

しかし、最近では相手の希望を第1に考える傾向があり、壊れ物（食器やワイングラス）がお祝い品の上位になっています。本人たちが希望するならば、刃物類でもかまいません。

品物をセットで贈る場合、ふたつに割れる偶数はタブーです。ただし、1ダース、1ペアは1組と考えるので問題ありません。4は(死)、9は(苦)を連想させるので避けましょう。

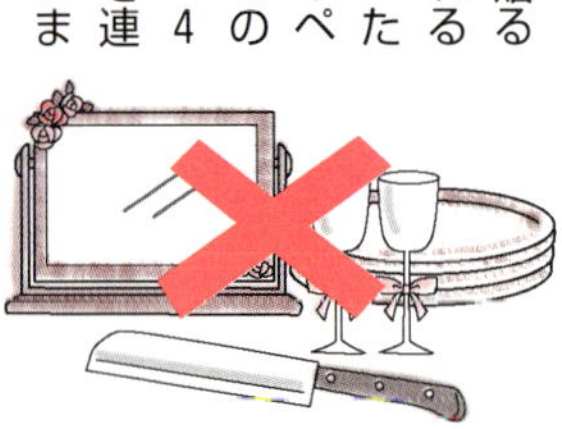

結婚祝いQ&A

Q お祝いを品物で贈るのはどんな場合？

A お祝い金の代わりに品物で贈るケースが一般的です。結婚祝いというと、現金を贈ることが多いのですが、現金にこだわらず、ふたりに喜んでもらえる品物を選んで贈ると、よい記念になるでしょう。

Q 贈った品物が不良品だった場合は？

A 品物を贈ったら、無事に到着したかどうかの確認も兼ねて、品物に不具合がないか、先方にそれとなく伺ってみるとよいでしょう。

贈った側が気づくケースはあまりないかもしれませんが、万一、不良品だったことがわかった場合は、先方に負担をかけないためにも早く対応することが大切です。購入先に事情を説明し、返品や交換の手続きをしてもらいましょう。

今どきのマナー

結婚式のお祝い品人気ランキング

もらってうれしいお祝い品ベスト5

1位	電化製品
2位	鍋やパスタパンセット
3位	高級ブランドの食器
4位	家　具
5位	インテリア小物

お祝い品人気ベスト10

1位	食器セット	6位	バス・トイレタリー製品
2位	ティーカップセット	7位	グラスセット
3位	時　計	8位	キッチン用品
4位	アルバム	9位	なべ・ケトル
5位	花びん・置物	10位	エプロン

人気のお祝い品、新郎新婦の評判は？

やはりもらってうれしいのは新生活に役立つものです。キッチン用品は重宝がられるようです。ただし、食器セットやティーカップなどの人気のお祝い品は、ほかの人と重なりがちなので、本人たちの好きなメーカーやブランドを聞いて贈りましょう。

趣味が合えば、カサ立てや写真立てなどのインテリア商品も評判がよいようです。

また、置物や絵画など趣味のものは、好みやセンスの違いがあるので、おすすめできません。

一方、電化製品や家具などの実用品は、贈られて満足との高い評価があります。

電化製品では、電気ポット、アイロン、ホットプレートなどが、家具ではサイドボードやチェストなどが人気です。

華やかな装いでふたりを祝う

招待客の装い

招待客

POINT

披露宴《ひろうえん》に招かれたら、華やかな場にふさわしい服装で参加したいものです。披露宴の時間帯によって、服装が異なりますので選び方を覚えておきましょう。

女性の洋装・夜

華やかなイブニングドレスやカクテルドレスなど。アクセサリーや小物は金・銀など光る素材も可。

女性の洋装・昼

肌の露出が少ないアフタヌーンドレス、ドレッシーなスーツかワンピースを。アクセサリーや小物は光らないパールなどで控えめに。

洋服選びのコツ

披露宴の装いは、新郎新婦よりも控えめにするのがマナーです。招待状に特別の断りがなければ、正装と考えましょう。

女性の洋装は白を避け、披露宴の時間帯に応じた装いを心がけます。昼はドレスや小物を控えめにし、夜は華やかに装うのが基本です。和装の場合、未婚女性は中振《ちゅうふ》り袖《そで》、既婚女性は色留《いろとめ》袖《そで》が正礼装です。訪問着は、未婚・既婚どちらでも着られる準礼装です。

男性の準礼装は、昼はディレクターズスーツ、夜はタキシードですが、最近は略礼装のブラックスーツなどが主流です。

学生と子どもの装い

正礼装は、学校や幼稚園の制服だが、男児ならブレザーにズボン、女児なら上品なワンピースでも可。

男性の洋装

ブラックスーツやダークスーツは昼夜兼用で着られる。ネクタイは白かシルバーを。

女性の和装

未婚・既婚を問わず着られる訪問着が便利。最近は和装でもナチュラルメイクが主流。着物の色に合わせた口紅やアイシャドーを選ぶ。

「平服で」と言われたら?

平服《へいふく》は「略礼装」という意味ですので、普段着やラフな服装は避けましょう。

女性は、フォーマルなスーツかワンピースを。和装の場合は、訪問着のかわりに、つけさげや晴れ着を選ぶとよいでしょう。男性は、ダークスーツに明るめのネクタイを選びましょう。

! 和装での立ち居ふるまいに注意!

慣れない人は、なにかと不便を感じることも多い和装。美しい立ち居ふるまいを身につけ、さっそうと着こなしたいものです。背筋を伸ばして姿勢よく歩き、ゆったりした物腰を心がけましょう。

最近では、和装のマナー講座を開設しているスクールもありますので、そのような講座を受けるものよいでしょう。

女性の服装のルール

和装					
	略礼装	準礼装		正礼装	
	既婚・未婚	既婚	未婚	未婚	既婚
着物	鮫小紋《さめこもん》か江戸小紋	三つ紋、ひとつ紋の色無地	訪問着・色無地	振り袖	黒留袖《とめそで》、色留袖
帯	おしゃれ帯	綴織《つづれおり》、西陣織《にしじんおり》などの袋帯《ふくろおび》	綴織、西陣織などの袋帯	錦織の袋帯	錦織、糸錦、唐錦などの袋帯
帯揚げ	綸子《りんず》か絞りの色無地	白の羽二重・綸子	格調高い柄の綸子・絞り	総絞りの色物	白の羽二重《はぶたえ》
バッグ ぞうり	布製、革製、ビーズの小型バッグ、布製か金銀のエナメルのぞうり	布製、革製、ビーズの小型バッグ、布製か金銀のエナメルのぞうり	布製、革製、ビーズの小型バッグ、布製か金銀のエナメルのぞうり	佐賀錦などの布製のバッグに布製かエナメルのぞうり	佐賀錦、糸錦など布製のバッグとぞうり

洋装				
	略礼装		準礼装	
	夜	昼	夜	昼
ドレス	華やかなカクテルドレス	肌の露出を控えたワンピースかスーツ	セミイブニングドレス	アフタヌーンドレス
バッグ	ビーズやエナメル素材のパーティー用のもの	小型でドレッシーな布製のもの	小型で光沢のあるシルク製のもの	小型でドレッシーな布製のもの
アクセサリー 小物	金、銀、宝石などの光る素材	パールなどの光らない素材	金、銀、宝石などの光る素材	パールなどの光らない素材
靴	ドレスやバッグに合わせたパンプス	革製、サテンなど布製のパンプス	ドレスやバッグに合わせたパンプス。金や銀も可	革製、サテンなど布製のパンプス

男性の服装のルール

洋装					
	略礼装	準礼装		正礼装	
	夜 昼	夜	昼	夜	昼
上着	ダークスーツ	ブラックスーツ	ディレクターズスーツかブラックスーツ	黒か濃紺の燕尾《えんび》服《ふく》か黒か濃紺のタキシード	黒のモーニングコート
ズボン	上着と共布のもの	上着と共布のもの	グレーと黒の縞、白の千鳥格子《ちどりごうし》	2本の側章が入った上着と共布のもの	黒無地、グレー、白とグレーのストライプ
シャツ・タイ	白のふつう襟＋タイは自由	白のふつう襟のシャツ＋タイ	ウィングカラー、白のふつう襟のシャツ＋シルバーグレーのタイ	ウィングカラーのシャツ＋白蝶タイ・黒蝶タイ	ウィングカラーのシャツ＋アスコットタイ
靴	黒革	黒革	黒革	黒のエナメル素材	黒革

自分の言葉でお祝いを述べる
スピーチを依頼されたら

招待客

POINT

新郎新婦へのお祝いの気持ちを自分の言葉で簡潔に述べましょう。新郎新婦との関係を考慮してスピーチの内容を考えることが大切です。事前に練習しておきましょう。

スピーチの基本構成

スピーチを依頼されるのは、恩師や上司、親しい友人や同僚など、新郎新婦にとって身近な間柄の人です。ほかにどんな人がスピーチするかを聞き、自分だけが知っている新郎新婦の意外な一面を話すとよいでしょう。難しい言葉を使わずに、自分の言葉でわかりやすくまとめたほうが、好感が持てます。話す内容が決まったら、事前に原稿を準備しましょう。聴き手を飽きさせないのは、3分間くらいといわれています。話す速度は、1分間に300文字程度が聞きとりやすいので、時間を計りながら読み上げてみましょう。

立場別スピーチのポイント

友　人

新郎新婦の素顔を語れるのは友人ならでは。ユーモアがあるのはよいですが、あまりラフになりすぎるのは考えもの。親類や上司も気持ちよく聞ける内容を心がけましょう。

同僚・上司

新郎新婦の仕事ぶりがわかるエピソードなどを話すとよいでしょう。上司のスピーチは、ややくだけた感じでよいですが、説教じみた内容にならないように。

主　賓

主賓の祝辞は、招待客の代表ともいえるでしょう。最初のスピーチとなりますので、長々と語りすぎず、簡潔に。

！結婚の忌み言葉に注意！

お祝いの席では、使ってはいけない忌《い》み言葉があります。

ただし、その言葉を使わなければおかしくなるような無理な言い回しをする必要はありません。

もしうっかり使ってしまっても、言い直したり謝ったりすると余計に目立つので、そのまま続けましょう。

また、「頭が切れる」などのように、よい意味で使われている場合は、問題ありません。

- ▼**別れを連想させる言葉**…離れる、切れる、去る、退く
- ▼**再婚を思わせる言葉**…再び、たびたび、重ね重ね
- ▼**不吉な言葉**…死、苦、四、九

新婦の同僚の祝辞例

❶ □□さん、○○さん、おめでとうございます。本日はお招きいただきまして、ありがとうございます。

❷ 私は、○○さんと同じ職場の同僚で△△と申します。

❸ ○さんは、ふだんから笑顔のたえない明るい方で、私が仕事でミスをして落ち込んでいるときには、やさしく励ましてくれたり、残業しているときにはお菓子を差し入れしてくれたりなど、いろいろとお世話になりました。

❹ いつでも思いやりを忘れない○○さんですから心配はしていませんが、明るく幸せな家庭を築いて、いつまでもお幸せに。

❺ 本当におめでとうございます！

スピーチのポイント

❶ お祝いの言葉を述べる。招待されたお礼をつけくわえてもよい。両家へのお祝いの言葉も述べるとよりスマートに。

❷ 自分と新郎または新婦との関係を説明し、簡単な自己紹介をする。

❸ 思い出話や意外な一面を伝えるようなエピソードを話す。自分の言葉で伝えることが大切。

❹ これから新生活を歩む新郎新婦へ励ましの言葉を述べる。教訓的なことではなく、はなむけの言葉や応援する気持ちを伝える。

❺ 最後に、もう一度お祝いとお礼の言葉を述べて締めくくる。

スピーチQ&A

Q 本番であがってしまったらどうしよう？

A 人前で話すことは誰でも少なからず緊張するものです。あがってしまって頭が真っ白になったときのために、原稿はすぐとり出せるようにしておきます。スピーチの際に見ながら話しても問題ありません。焦って早口になってしまいがちですが、ふだんよりもゆっくりしゃべる程度がちょうどよいでしょう。

Q スピーチを依頼されていたのに急に出席できなくなってしまったら？

A 不幸や仕事の都合など、やむを得ない理由で出席できなくなった場合は、まず世話人か出席予定の友人・知人に連絡します。原稿を渡して代理の人に読んでもらうのがよいでしょう。スピーチを録音したテープなどを流してもらうという方法もあります。新郎新婦には後日あらためてお詫びをしましょう。

司会、受付、案内係etc.
諸係を依頼されたら

招待客

POINT

披露宴では、諸係の協力は不可欠です。主催者側の立場であることを頭におき、招待客に迅速かつていねいな対応をするように心がけましょう。敬語の使い方には十分注意を。

主催者の立場に立つ

諸係を頼まれたら、ほかの招待客に対しては、主催者側の協力者としての対応を心がけましょう。披露宴の立案・協力をお願いされる場合がありますし、そうでない場合も主催者側の意向や披露宴の流れなどを事前に確認しておきましょう。また、会場によって係のサービスが違います。主催者側と入念な打ち合わせをし、どこからどこまでが自分の担当すべきことなのかを把握しておく必要があります。

当日は主催者側として恥ずかしくないよう清潔感のある服装を心がけましょう。

披露宴の流れと司会のあいさつ例

❶ 招待客入場
新郎新婦が入場・着席後、開宴の言葉を。「ただ今より、□□□□、○○○○ご両人の結婚披露宴を始めさせていただきます。私は、本日司会を務めることとなりました新郎の友人の△△△と申します。不慣れなため、至らぬ点も多いかと存じますが、どうぞよろしくお願いいたします」など、不慣れな場合はひと言添える。

❷ 媒酌人あいさつ

❸ 主賓の（両家の代表）祝辞

❹ ケーキ入刀
「ただ今より、新郎新婦がウェディングケーキに入刀します。皆様、盛大な拍手をお願いいたします。カメラをお持ちの方はどうぞお近くへ」と撮影を促すひと言を。

❺ 乾杯

❻ 祝宴開始
お色直し、スピーチや余興、キャンドルサービスが行われる。

❼ 祝電披露

❽ 両親への花束贈呈

❾ 親族代表の謝辞

❿ 閉宴
「以上をもちまして、披露宴をお開きにさせていただきます。不行き届きな司会にもかかわらず、皆様のご協力で、大役をはたすことができました。厚くお礼を申し上げます。本日は、まことにありがとうございました」などと締めくくり、招待客の退場を促す。

諸係の心得

司会

披露宴をスムーズに行えるかどうかは司会者にかかっています。柔軟な対応ができるよう全体の流れを把握しましょう。

▼言葉使いに注意
主催者側なので、新郎新婦には謙譲語、招待客には尊敬語を。

▼披露宴の流れを把握する
スピーチや余興を行う人の名前と席次を事前に確認。順番がきたときにその人が席にいなかったら、順番を入れ替えるなどの対応を。

▼余興の時間調整をする
時間がオーバーしそうな場合は、時間を短縮してほしい旨を控えめに伝えます。

案内係

受付の側に立ち、会場内の施設へ招待客を案内します。トイレ、着替え室、クローク、控え室などの位置はもちろんですが、そのほかの施設も間違いなく案内できるようにしておきましょう。

会計係

披露宴の費用や当日の経費の精算、受付係から預かったご祝儀を確認して、ノートにまとめます。責任を持ってしっかり管理し、計算間違いのないように。精算後は誰に手渡すのか、前もって確認を。

余興を依頼されたら

余興は、披露宴の場をさらに盛り上げたり、雰囲気を和らげたりするものです。あまり長いと場がしらけてしまうので、5分程度を目安にするとよいでしょう。

○参列者全員が楽しめるものに

祝いの席にふさわしい祝福の歌を歌うことはよくありますが、楽器の演奏や踊り、寸劇など自分の特技を披露するのも披露宴を盛り上げる効果があります。新郎新婦や招待客が参加できるゲームをするのも楽しいでしょう。単純で誰にでもわかりやすいゲームがおすすめです。

○事前の練習は怠りなく

余興は事前の準備や練習が必要です。歌を歌う場合、カラオケテープの準備はもちろんですが、人気のウェディングソングだと人と重なる可能性もあるので、事前に確認を。

踊りや寸劇で小道具や機材を使う際は、搬入やセッティングの方法を世話人とあらかじめ話し合うことが大切です。

受付

招待客が最初に目にする場所なので、主催者側としてきちんとした服装を心がけましょう。言葉づかいは明るく落ち着いた調子で対応を。招待客にたずねられることも多いので、会場内の施設を下見しておきましょう。直接の案内は案内係にお願いします。

受付開始

▼ご祝儀をいただく
ていねいに受け取り、主催者側の立場でお礼を言います。

▼記帳をお願いする
芳名帳に記帳してもらったら、席次表を渡します。

受付終了後

▼ご祝儀の受け渡し
芳名帳やご祝儀は、披露宴が始まる前に、両親か、会計係がいる場合は会計係に渡します。

乾杯役

披露宴の雰囲気を盛り上げる役割なので、明るい口調を心がけます。

▼乾杯のしかた
まずは簡単に自己紹介を。全員に起立をお願いし、皆がグラスを持ったことを確認したら乾杯の音頭をとります。

撮影係

事前に披露宴のスケジュール表を見せてもらい、新郎新婦にアングルや撮影のポイントを確認しておきます。式場や披露宴会場の景観や控え室のようす、ケーキや料理なども撮影しておくと、より思い出深いものになるでしょう。

▼ビデオとカメラを使う場合
撮影のポイントを相談し、2人以上で分担。

▼フィルム交換のタイミングに注意
大切な場面を撮りのがさないように気をつけましょう。

ふたりを心から祝福する
披露宴会場でのマナー

招待客

POINT

お祝いの席での正しいマナーを知っていると、いざというときに慌てずにすみます。披露宴では面識のない方にもあいさつをし、なごやかにすごせるようにしましょう。

開宴15~30分前には会場へ

当日、思わぬハプニングやトラブルなどで遅れてしまう可能性もあるので、30分くらい前に会場に着くつもりで出発すると安心です。遅くとも披露宴開始の15分前には到着するようにしましょう。

会場で着替える場合は、1時間くらい前に、着付けをお願いしている場合は、所定の時間を守って会場入りしましょう。

会場についたら、クロークでコートや手荷物を預け、受付を済ませます。クロークがない場合は受付に預け、化粧室などで身だしなみをととのえておきましょう。

受付でお祝いの言葉を述べる

受付では、新郎新婦のどちらに招待されたのかがわかるように「新郎(新婦)の友人の○○と申します」と名乗ってから、「本日はおめでとうございます」とお祝いの言葉を述べるのを忘れずにしたいものです。

さらに、「本日はお招きいただきましてありがとうございます」などと、招待されたことへのお礼をひと言述べるとスマートです。

お祝いを述べたら、芳名帳《ほうめいちょう》に記帳《きちょう》します。芳名帳は新郎側と新婦側と別になっているので、間違えないように注意しましょう。

芳名帳は、ほかの人に代筆してもらったりせず、自分で記帳しましょう。夫婦の場合は、夫が姓名を書き、次の欄に妻が夫の名にそろえて名前だけを書くのが一般的です。

お祝い金を持参した場合は、お祝いの言葉を添えて受付に手渡したら、芳名帳に記帳します。お祝い金を事前に

祝儀袋の渡し方

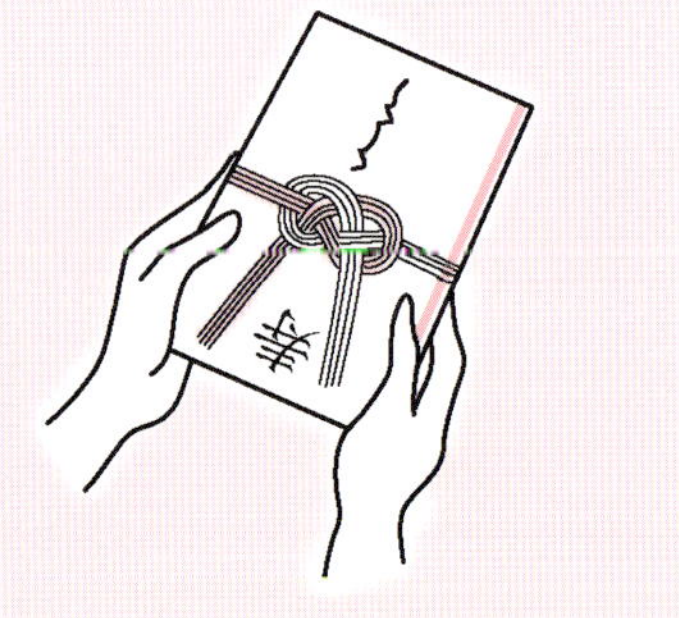

祝儀袋を渡すときは、正面側を相手に向けて両手で差し出す。

贈っている場合も同様に記帳しましょう。

受付で席次表を配っているので、それを受け取り、自分の席を確認しておきましょう。

控え室でのあいさつ

披露宴開始まで時間があるときは、控え室で待ちましょう。その際、媒酌《ばいしゃく》人《にん》や両親にお祝いのあいさつをします。初対面の場合には、新郎（新婦）との関係を交え簡単な自己紹介をします。

新郎新婦と話す際は、お祝いの言葉を手短に述べます。あまり長話をすると、新郎新婦がほかの招待客にあいさつができなくなってしまうので気をつけましょう。

控え室では、大声で騒いだりせず、まわりへの配慮を忘れずに。初対面の招待客の方々とも歓談し、披露宴開始までなごやかにすごしましょう。

会場に入るとき

係の人から開宴の案内があったらすみやかに移動します。控え室は混雑していますので、順番に会場入りしましょう。

会場の入り口で新郎新婦、媒酌人、両親が招待客を出迎えている場合は、軽く会釈をして「おめでとうございます」と声をかけましょう。あとの人の迷惑にならないよう、あいさつを済ませたら中へ入ります。

会場に入ったら、席次表に従って自分の席を探し、席札を確認してから着席しましょう。

席に着いてから

席に着くときには同席者に軽く会釈をしましょう。自分が席についてから、ほかの同席者が来たら、立ち上がって会釈をします。初対面の場合でも、お互いに自己紹介をしておけば、披露宴の間の会話もスムーズになります。

立食形式の披露宴では、まず友人・知人に声をかけてあいさつを交わし、面識のない方でも近くにいる人には積極的にあいさつや自己紹介をするように心がけましょう。

また、ひとりで出席している方がいたら、さりげなく話しかけて会話に入ってもらうような気配りを示すことも大切です。

写真提供：ワタベウェディング

披露宴中のマナー

新郎新婦の入場後、来賓《らいひん》の音頭で乾杯をして、食事が開始します。

披露宴《ひろうえん》では順々に料理が運ばれてきますので、まわりの人と同じぐらいのペースで食べるようにしましょう。

また、スピーチや余興の最中は、ナイフやフォークを置き、なるべく体をそちらに向けて聞くようにしましょう。司会者が「召し上がりながらどうぞ」と言った場合でも、食事にばかり気をとられないようにしたいものです。

披露宴の最中に、招待客が新郎新婦や招待客の間をお酌してまわる場面がよく見られます。これは日本式の宴会でのしきたりですので、洋式の披露宴ではタブーになります。お酌は会場の係にまかせるのが正しいマナーです。

また、子ども同伴の場合は、入り口に近い席を用意してもらい、子どもが騒いだときには、すみやかに退席できるようにしましょう。

テーブルを汚したり、会場の係に世話を手伝ってもらったりしたら、千円程度のチップを渡すとよいでしょう。

退席のマナー

閉宴後は、司会者の指示に従い、すみやかに退席します。

途中退席することが事前にわかっているときは、なるべく入り口に近い席を用意してもらうようにします。スピーチや余興の最中は避け、余興終了後やお色直しのときを見計らいましょう。

同席者には、所用で退席する旨を告げ、静かに席を立ちます。

急用や途中で気分が悪くなって退席せざるを得ないときは、係の人に口頭かメモで「急用のため、申し訳ありませんが、失礼させていただきます」と伝え、主催者には後日お詫びしましょう。

！ 二次会に招かれたら

二次会は、披露宴後に、式場近くのレストランやバーなどで行われるのが一般的です。多くの場合が会費制となりますので、ご祝儀《しゅうぎ》とは別に会費を用意します。

二次会は、人数の関係で披露宴に招待できなかったり、都合で欠席したりした友人たちにお披露目をする意味もあり、気軽な感覚で楽しく行うものです。

服装は自由ですが、場の雰囲気に合わせて、ラフになりすぎないカクテルドレスやカジュアルなスーツに明るい色のネクタイを合わせるとよいでしょう。

なお、披露宴に出席し、二次会は欠席しても失礼にはあたりません。

困ったときのQ&A

Q 当日、会場で着替えをしたい場合は？

A 事前に、会場に更衣室があるかを確認しておきましょう。たいていの会場には更衣室がありますが、もしない場合は化粧室で着替えます。開宴間際は混み合うので、早めに会場入りしましょう。
会場で着付けをお願いする場合には、事前の予約が必要です。

Q 結婚式に遅れそう！ こんなとき、どうする？

A 交通渋滞や事故など、予期せぬ出来事で遅刻をしてしまうことも考えられます。そんなときは、会場に電話をして、受付係に伝えましょう。出席予定の友人に連絡して伝えてもらう方法もありますが、開宴後の場合は、携帯電話を鳴らすと迷惑になるので避けるべきです。
遅れてしまった場合は、慌てて会場に入ったりせず、係の指示に従います。

Q お祝いをすでに贈っている場合の受付は？

A お祝いを事前に贈っている場合でも、受付は済ませましょう。最近では、ご祝儀を当日持参することが一般的になっていますので、手ぶらで受付をするのが気詰まりなこともあるでしょう。その場合、「お祝いは事前に差し上げています」などとひと言断っておくと安心です。

Q 突然スピーチを指名されたら？

A 突然の依頼でも、辞退するのは失礼なので、なるべく引き受けるようにしましょう。突然のことにとまどって、緊張してしまいがちですが、あせらずゆっくり話すように心がければよいでしょう。話す内容が思いつかなかったら、お祝いの言葉を述べるだけでも思いは伝わります。

Q 借りた衣装を汚してしまったときは？

A 貸衣装の場合は、レンタル料金にクリーニング代が含まれているので、多少の汚れならそのままでも大丈夫です。ただし、あまりにもひどい汚れは別途ケア料金が必要な場合もあります。
友人や知人に借りたときは、できるだけ早くクリーニングに出して、後日お詫びしましょう。個人に借りた場合は、汚してなくてもクリーニングに出して、きれいな状態で返すのが礼儀です。

主催者となって新郎新婦を招待する

二次会の幹事を頼まれたら

招待客

POINT

二次会は、披露宴に呼べなかった人にも、ふたりが結婚したことをお披露目するため、親しい友人の間で行われることが多いようです。幹事の依頼は心よく引き受けましょう。

二次会を成功させるポイント

二次会には、とくに決まったスタイルはありません。二次会の幹事をお願いされたら、本人たちの希望を聞き入れ、思い出に残るパーティーを実現したいものです。

ひとりですべて手配するのが大変な場合は、友人にお願いして手伝ってもらいましょう。

会場は、披露宴《ひろうえん》会場から近いレストランやカフェバーなどを貸し切り、会費制で行うのが一般的です。柱や仕切りが少なく、全体が見渡せるお店を選ぶのがポイントです。ゲームやカラオケなどを行う場合は、機材がそろっているかもチェックしましょう。

ある程度のプランが固まったら、新郎新婦と相談し、遅くとも1ヶ月前までには、最終決定します。直前まで人数が決まらない場合は、会場にその旨を伝えておきましょう。

招待状は遅くとも3週間前に届くように手配します。

！ 二次会の会費

二次会の会費は、ひとり5千～1万円が相場です。これは、ご祝儀《しゅうぎ》とは別となります。経費がかぎられていますから、予算内で、新郎新婦の希望に添うようプランを練りましょう。

ゲームやアトラクションの景品や記念品を調達する場合は、その分の予算も計算に入れておきます。

招待状の文例

前略　春風が心地よい季節となりました。

皆様ご存じのとおり、□□太郎君と○○知子さんが、6月22日にめでたく結婚されることになりました。

つきましては、披露宴後の二次会として「太郎君、知子さんおめでとうパーティー」を開催いたします。

当日はお二人にゆかりのある皆様方と一緒に、楽しくお祝いの宴を過ごせればと思います。

別記のとおり会費制で行います。

ぜひご参加をお願いいたします。

草々

平成○年○月○日

幹事　△△△・□□□□

PART 2

人生の祝い事のしきたりとマナー

- 人生の祝い事のスケジュール
- 出産・誕生に関する祝い事
- 子どもの成長に関する祝い事
- さまざまな祝い事
  - 結婚記念日のお祝い
  - 長寿のお祝い
  - 新築・開店・開業のお祝い
  - 発表会・個展・受賞（章）のお祝い
  - 昇進・栄転・退職のお祝い
- 人生の祝い事のお祝い金の目安

人生の祝い事のスケジュール

人生の節目にはさまざまなお祝い事があります。しきたりやお祝いの正しい意味を知っておくと、いざというときに安心。ここでは祝い事のスケジュールをチャートで紹介します。

出産・誕生に関する祝い事

妊娠5ヶ月目

○帯祝いの儀式

妊娠5ヶ月目の戌《いぬ》の日に、妊婦が腹帯（岩田帯）を巻き、安産を祈る儀式。

参照 133ページ

出産後

○出産のお祝い

生後7日から1ヶ月の間に出産祝いを贈る。

参照 134ページ

生後7日目

○お七夜のお祝い

生後7日目の夜、赤ちゃんの成長を祈り、命名を内輪で祝う儀式。

参照 136ページ

子どもの成長に関する祝い事

3・5・7歳

○七五三のお祝い

3歳と7歳の女の子、3歳と5歳の男の子が11月15日に神社にお参りし、今後の成長を祈願する儀式。

参照 144ページ

13　歳

○十三参りのお祝い

数えで13歳の男の子と女の子が4月13日に虚空蔵菩薩《こくうぞうぼさつ》にお参りするならわし。

参照 145ページ

○入園・入学のお祝い

親しい間柄で子どもの節目を祝う。

参照 146ページ

人生の祝い事のスケジュール

生後1ヶ月前後

○お宮参りの儀式

参照 138ページ

赤ちゃんが誕生した土地の守り神に誕生の報告をし、健やかな成長を祈願。

生後100日目

○お食い初めの儀式

参照 139ページ

「一生食べ物に困らないように」という祈りを込めて、初めてご飯を食べさせるまねをする儀式。

1　歳

○初誕生のお祝い

参照 140ページ

満1歳の誕生日を無事に迎えられたことを内輪で祝う。

誕生後初めての節句

○初節句のお祝い

参照 141ページ

赤ちゃんが生まれて初めて迎える節句。男の子は5月5日、女の子は3月3日に初節句《はつぜっく》を祝う。

人生のさまざまな祝い事

○成人・卒業・就職のお祝い

参照 147ページ

人生の節目にあたる行事を身内で祝う。お祝いは年齢に見合ったものを贈る。

○結婚記念日のお祝い

参照 149ページ

二人で喜びを分かち合う夫婦の記念日。とくに25年目の銀婚式、50年目の金婚式は盛大に祝うことが多い。

○長寿のお祝い

参照 159ページ

長寿のお祝いは還暦《かんれき》（数え61歳）から祝うのが一般的。誕生日にこだわらず、主役の希望に添い、健康状態なども考慮に入れ、祝宴の計画を立てる。

○新築のお祝い

参照 150ページ

○開店・開業のお祝い

参照 152ページ

○昇進・栄転・退職のお祝い

参照 154ページ

○発表会・個展のお祝い

参照 156ページ

○受賞・受章のお祝い

参照 158ページ

いろいろな出費に備えたい

妊娠と出産の準備

妊娠と出産の費用

大きく分けて、出産前の定期健診料と出産時の分娩《ぶんべん》費があります。病院によって費用に差がありますので、事前に調べておくとよいでしょう。

出産後に、30万円が出産一時金として自治体から支払われます（国民健康保険被保険者の場合）。ただし、申請手続きが必要です。

出産費用の目安

初診料	6000～2万円
定期健診料	2000～6000円（1回）
分娩費（入院費）	30～50万円
マタニティウエア	約5～6万円
育児用品	10～15万円
内祝い	約10万円

育児用品リスト

衣類

肌着	5～6枚
長下着	3～4枚
ベスト	1枚
おくるみ	1枚
ベビードレス	3～4枚
よだれかけ	4～5枚
靴下	1～2足
帽子	1～2枚
ミトン	1組

おむつ

布おむつ	30組（2枚1組）
紙おむつ	適宜
おむつカバー	4～5枚

寝具

ベビーベッド	1台
マットレス	1枚
敷きふとん	1枚
敷きふとんカバー	2枚
ベッドパット	2枚
シーツ	2～3枚
毛布	1枚
タオルケット	1枚
枕	1個

衛生用品

ベビーバス	1個
石けん	1個
温度計	1個
バスタオル	2枚
体温計	1個
爪きり	1個
ヘアブラシ	1本
綿棒	1箱
ガーゼ	10枚
バケツ（ふた付き）	1個

授乳用品

哺乳びん	大2～3本、小1本
乳首	哺乳びんの数だけ
哺乳びん専用ブラシ	1個
洗剤	1本

育児用品だけでもこれだけのものが必要となってきますが、なかには出産祝いで贈られるものや、知人・友人から譲ってもらえるものもあるかもしれません。衝動買いを避け、上手に調整していきましょう。また、レンタルを活用するのもよいでしょう。

POINT

妊娠・出産は、想像以上にお金がかかるものです。出産後に慌てることのないよう、妊娠中から少しずつ準備し、余裕をもって育児用品などを買いそろえていきましょう。

妊娠5ヶ月目に安産を祈願
帯祝いの儀式

帯祝いはどんなお祝い?

妊娠5ヶ月目の戌《いぬ》の日に、妊婦に腹帯《ふくたい》（岩田帯《いわたおび》）を巻いて、安産を祈願するしきたりのことをいいます。

戌の日に行うのは、犬が多産・安産であることからきており、腹帯には腹部を保温し、保護するという効果があります。また、腹帯を巻くことで、妊婦自身が母親となる自覚を持つことができるといわれています。岩田帯は、安産祈願の神社に参拝し、買い求めるのが一般的です。

帯は実家から贈る

本来、岩田帯は妻の実家から贈る風習があります。岩田帯とは、長さ2・5メートルほどの絹または木綿の帯のことです。正式には、紅白の絹2筋と、白木綿1筋の帯に加え、清酒やかつお節などを一緒に贈ります。しかし、最近では、帯の代わりに現金を包むことも増えています。

また、岩田帯を夫の実家で用意したり、産婦人科からお祝いとして贈られることもあるようです。最近ではガードルタイプやコルセットタイプなど実用的なものもよく利用されています。

身内だけで祝うのが最近の主流

かつて帯祝いは、仲人をはじめとして、親戚、既婚女性の近親者を招いて盛大にお祝いをしました。最近では、妊婦の負担を考え、ごく身近な人だけで簡単な祝宴を設けるなど、その家庭に合った方法で安産を祈ることが多いようです。帯祝いを夫婦のひとつの節目として、親となるための心の準備をすると考えればよいでしょう。

岩田帯の巻き方

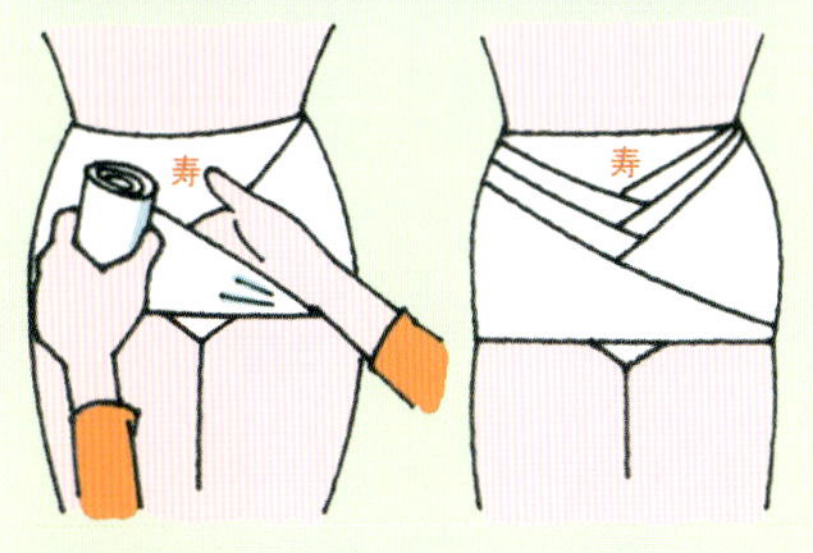

❶お腹の中心に「寿」の文字を当てて巻きはじめる。後方からひと回りさせたら、手を添えて下腹部で折り返し、その後2回繰り返し巻く。
❷巻き終わったら、余った部分を外れないように折り込む。

祝儀のマナー

お祝いを贈る

（紅白の蝶結び）

金額の目安
3000〜5000円

表書き
御祝・御帯祝

妊娠5ヶ月目の戌の日までに贈ります。

赤ちゃんの健やかな成長を願う 出産のお祝い

出産祝いの贈り方

生後1ヶ月までに贈る

親しい人の出産を知ったら、赤ちゃんの健やかな成長を願い、出産祝いを贈ります。母子の健康を確認したあと、お七夜（生後7日）からお宮参り（生後1ヶ月）の間に贈るのが一般的です。

お祝いには実用的なものを

お祝い品はベビー用品やベビー服、おもちゃなどが一般的ですが、親しい友人なら、本人に直接希望を聞いてもよいでしょう。ベビー服は外出が増える1歳から1歳半ごろのものを贈ると喜ばれます。紙おむつや肌着などの消耗品や商品券、現金を贈ってもかまいません。現金を贈る場合は「ベビー服でも……」と、役立ててもらいたいものを書いたカードを添えるとよいでしょう。

何かと物入りな時期なので、現金も喜ばれる。

お祝いを贈るときは産婦の体調を気づかって

出産直後は、産婦は疲れが残っているものです。身内やごく親しい間柄でないかぎり、病院へのお見舞いやお祝いは控え、退院後など、状態が落ち着いたころに訪問するよう気づかいたいものです。訪問する際には、事前に都合を確認してから伺い、長居は避けましょう。

母子の体調を考えて訪問は遠慮し、宅配便でお祝いを送ってもかまいません。デパートから発送する場合は、出産を祝う手紙やカードを添えると気持ちが伝わります。

今どきのマナー アメリカ式の出産祝い

友人同士で贈るベビーシャワー

アメリカでの出産祝いに、出産前に親類や親しい友人が集まって祝うベビーシャワーという習慣があります。それぞれが出産や育児に必要な贈り物等を持ち寄ってお祝いをするパーティーです。ここでのシャワーとは、皆で幸せを分け与える、祝福するという意味が込められています。誕生後に祝う日本の風習とは異なりますが、最近注目されつつあります。

祝儀のマナー

お祝いを贈る

（紅白の蝶結び）

金額の目安

5000〜1万円

表書き

御祝・御出産御祝
御安産御祝
祝御出産

年代や間柄で異なりますが、親から贈る場合はもう少し高額な場合も。

出産祝いQ&A

Q 出産を遅れて知ったときは?

A 出産から1ヶ月以内に贈るのが基本ですが、多少の遅れなら、お詫びの言葉をカードに添えましょう。大幅に遅れてしまったときは、時期をずらして初節句や誕生日に贈ります。

Q 双子や三つ子の場合は?

A 衣服など赤ちゃんがそれぞれ使うものは、人数に合わせて贈ります。服や靴などはおそろいのものを贈ると、かわいらしくて喜ばれるでしょう。

Q 不幸にして死産や出産後死亡となってしまったときは?

A すでにお祝いをいただいていた場合は、忌明《いみあ》けのころに、不祝儀用の簡単なお返しを届けます。未熟児出産などで経過が心配な場合は、その後の健康状態を見てからでも遅くはありません。

出産の報告とお返し

報告は親しい人のみに

出産の報告は両親や兄弟姉妹には、本人か夫から電話ですぐに伝えます。友人・知人には退院後、電話や手紙で報告します。それ以外の方には年賀状など季節の便りに書き添えましょう。

病院関係者へのお礼は?

医師や看護師などへのお礼として、5千円程度の菓子折りなどを贈りましょう。病院によっては受け取らないところもあるので確認しておきましょう。

出産の内祝い

表書きは「内祝《うちいわい》」とします。名前をお披露目するという意味で、赤ちゃんの名前で贈ります。出産祝いをいただいてから1ヶ月以内が目安です。

内祝いの品は、いただいたお祝いの3分の1から半額程度の金額を目安に選びます。品物に紅白の蝶結びののし紙をかけ、表書きを書きます。昔は紅白の餅や赤飯などを贈りましたが、今ではタオルや石けんなどの日用品が主流です。里帰り出産の場合は、夫から妻の実家にお礼をすることも忘れずに。

! 知っておくと得する ワンポイントアドバイス

① 近親者からの贈りものは家具や寝具、ベビーカーなど比較的高価なものが多いようです。しかし最近では、一時的な必要品はレンタルや、友人からの譲り受けで済ませる場合も増えました。事前に確認しておきたいものです。

② 出産祝いというと、赤ちゃんのことばかり考えがちですが、一方の主役である母親のこともお忘れなく。ねぎらいの気持ちを込めて、リラックス用品やカジュアルな衣類などをプレゼントするのも気のきいた出産祝いです。

命名式とその披露をかねて
お七夜のお祝い

お七夜はどんなお祝い?

生後七日目の夜に祝う

赤ちゃんが健やかに育つことを願い、生後七日目の夜にお祝いするのがお七《しち》夜《や》です。また、お七夜は「名づけ祝い」ともいわれ、命名式と命名披露のお祝いの場でもあります。最近では、産婦の体調を気づかって、身内だけで食事会をして簡単に済ませるなど、以前ほど盛大な祝宴をもたなくなってきたようです。

名前が決まったら命名書を書く

子どもの命名を頼むときには、出産前に依頼します。祖父母や仲人、恩師、親しい間柄の年配者が適しています。

名づけ親を依頼されたら、複数の候補を考えて、最終的には赤ちゃんの親に決めてもらいましょう。

赤ちゃんの名前が決まったら、命名書を書いて命名披露をします。正式には三つ折りにした奉書紙《ほうしょがみ》を使いますが、半紙での略式の命名書でもかまいません。神棚《かみだな》や床の間などに飾りますが、部屋の鴨居《かもい》やベビーベッドの枕元に置いてもよいでしょう。

出生届は生後14日以内に提出すればいいので、命名式にこだわり、あせって

命名書の書き方

正式な命名書

〈表側〉

命名

〈内側〉

中田太一　長男

幸太《こうた》

平成○○年○月○日誕生

平成○○年○月○日

中田　太一

洋子

奉書紙を上下二つ折り、左右三つ折りにして、表側の一番左側に大きめの文字で「命名」と入れます。内側の真ん中には、続柄と子どもの名前、生年月日を書き、左側に命名の年月日と名づけ親、または両親の名前を書きます。

略式の命名書

命名

幸太《こうた》

平成○○年○月○日生

市販の命名書や半紙、色紙などの中央に、濃い墨で名前を書き、ふりがなをふります。左に生年月日を入れます。最近ではあまり形式にとらわれず、色紙を使い、赤ちゃんの写真入りで横書きにするなど、自分たちのやり方で祝うケースも増えています。

祝儀のマナー

お祝いを贈る

(紅白の蝶結び)

金額の目安

2000～1万円

表書き

御祝・祝御七夜
祝命名・寿
御酒肴料

出産祝いを兼ねたお祝いの品物を贈ることも。

名前をつける必要はありません。

祝い膳の用意は母親の負担にならないように

祝いの席の用意は、まだ体調の完全ではない母親よりも、父親が中心になってすすめたいものです。一般的には身内を招いて、赤飯と尾頭つきの魚を用意したり、寿司をとるなどして祝い膳とします。お祝いをいただいた場合でも、この祝い膳がお返しとなるので、後日あらためてお返しをする必要はありません。

！出生届の提出先

赤ちゃんが誕生した日を含め、14日以内に出生届と出生証明書を役所に提出します。出生届は24時間受け付けてもらえます。両親のほか、同居している家族や祖父母、また助産婦などの代理人でも届けが可能です。

提出のときには、出生届・出生証明書とともに母子健康手帳と印鑑が必要です。

お七夜のお祝いには、名づけ親をお願いした方を招きます。お礼は、現金ではなく、菓子折りや商品券、お酒などがよいでしょう。品物にはのしをかけ、表書きは「命名御礼」とします。

へその緒と命名書の保存

床上げ（21日目）が過ぎたら、部屋に飾ってあった命名書をはずし、へその緒と一緒にして仏壇や神棚、なければタンスの引き出しなどに納めます。赤ちゃんが成人するまで大切に保管しておきましょう。赤ちゃんの写真や足形、生まれた際の両親の感想などを添えておくと、よい記念になるでしょう。

市販の命名書にはいくつかの種類がある。

お七夜の祝い方

お七夜に招かれたら、お祝いを贈ります。最近では現金にこだわらず、花やお酒、ケーキなどのちょっとした手みやげやベビー用品などを贈ってお祝いとするケースも増えています。

！人名用漢字について

2004年9月8日に法務省より、488字の人名用漢字が新たに発表されました。

今回の発表には、国民からの要望がとくに多かった「撫」「雫」「遥」「煌」「牙」「苺」「檎」などの文字も含まれており、名づけの幅がぐっと広がったといえるでしょう。

また、「人名に不適切」という国民の意見により「屍」「癌」「呪」「怨」など、削除された漢字もあります。

今回の追加により、人名に使用可能な漢字は、常用漢字と人名用漢字をあわせ、2928字に拡大されました。

出産の無事を産土神に報告する
お宮参りの儀式

お宮参りの由来と服装

母子の体調を考えて

お宮参りは赤ちゃんが無事生まれたことを土地の守り神である産土神《うぶすながみ》に報告し、健康と幸せを祈る儀式です。地域によって多少異なりますが、男の子は生後30日、女の子は31日にお参りすることが多いようです。

当日は父方の祖母が赤ちゃんを抱き、両親が付き添うのがならわしですが、両家の祖父母が加わったり、親子だけでお参りするケースも増えています。また、赤ちゃんの体調がすぐれない場合は、1ヶ月健診を終えてから行ったり、寒暖の気候にも留意してお参りの日を選ぶことも大切です。

形式にこだわらず動きやすい服装で

赤ちゃんに白羽二重《しろはぶたえ》の着物を着せた上に紋付きの祝い着をかけ、父方の祖母と母親は色留袖《いろとめそで》や訪問着、父親はダークスーツを着用するのがお宮参りの正装です。

最近では形式にあまりこだわらず、赤ちゃんには外出用のベビードレスなどを着せ、付き添いはふだん着よりややあらたまったスーツやワンピースなどでかまいません。祝い着は母方の実家から贈るのが正式ですが、最近はレンタルで済ませるケースも増えています。

お宮参りのしかた

通常は神社に出向いておさい銭をあげることでお宮参りとする場合が多いようです。お祓《はら》いや祝詞《のりと》をお願いしたいときは、事前に社務所《しゃむしょ》に連絡して予約します。その際、料金の確認も忘れずにしておきましょう。金額は神社で決まっている場合が多いですが、決まっていなければ、5千円を目安にお礼を包みます。白封筒か、紅白の蝶結び、のしなしの祝儀袋に表書きをして、子どもの名前を書きます。

お参り後に記念撮影をしたら、祝い膳を囲んで赤ちゃんの成長を祝います。

祝儀のマナー

神社へのお礼

（紅白の蝶結び）

金額の目安

3000〜5000円

表書き

初穂料
玉串料
神饌料

神社でお祓いを受けた際の謝礼として当日持参します。

一生食べ物に困らないように お食い初めの儀式

お食い初めの祝い方

お食い初めは生後100日目に

お食《く》い初《ぞ》めは、生まれてきた子どもが、一生食べ物に困らないようにという願いを込めて、赤ちゃんにご飯を食べさせるまねをする儀式です。赤ちゃんの歯が生えはじめたことを祝う意味もあり、離乳食のはじまる生後100日日ごろに行うことが多いので、「百日《ももか》の祝い」と呼ばれることもあります。はじめて箸を使うことから「箸ぞろえ」や「箸祝い」とも呼ばれます。

「養い親」は年配者にお願いする

長寿にあやかるという意味で、祖父母や親戚の年長者（養い親）が赤ちゃんを膝に抱き、箸を口に運んで料理を食べさせるまねをします。養い親を立てないときは父親が代わって行います。

祝い膳は赤飯か白飯、尾頭つきの焼き魚、煮物、鯛か鯉の汁、香の物の一汁三菜に、紅白の餅五個を添えた二の膳をつけるのが正式です。お食い初めには、赤ちゃんが食卓につくことで、家族への仲間入りを祝う意味もあります。

お祝いは祝い膳と同額程度

お食い初めに招かれたら、お祝いとして、祝い膳程度の現金を包むとよいでしょう。現金ではなく、ケーキや果物など、当日みんなで食べられるものを持参しても喜ばれます。

今どきのマナー

お食い初めの食器

ベビー用の食器セットと離乳食でお祝い

お食い初めの食器は、一般的には母方の実家から贈られます。男児には朱塗《しゅぬ》り、女児には外側が黒塗りで内側が朱塗りの膳《ぜん》を用います。

最近では、お祝い後でも使える、離乳食用のかわいいベビー用食器を使う場合も増えています。祝い膳として、実際に離乳食を用意する祝い方も増えていて、家族そろっての初めての食事を楽しむと、よい記念になります。

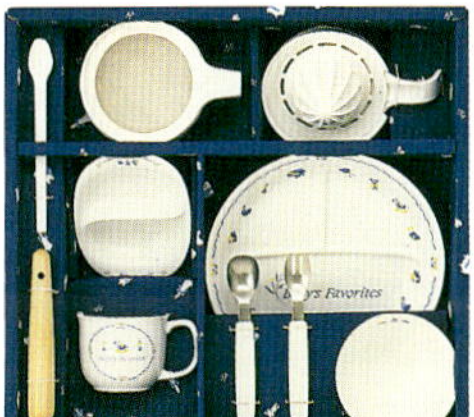

祝儀のマナー

お祝いを贈る

（紅白の蝶結び）

金額の目安

5000〜1万円

表書き

祝初膳
御初膳御祝
祝お食い初め
御祝

出産祝いを贈っている場合は、あらためてお祝いしないことが多いようです。

赤ちゃんが迎える初めての誕生日
初誕生のお祝い

初誕生日の祝い方

満1歳の誕生日のお祝い

生後1年目に迎える誕生日が「初誕《はったん》生《じょう》」です。親戚などを招いて盛大にお祝いをするのがならわしでしたが、最近では、近い身内だけで祝うことが多くなってきています。

かつては、初誕生日に一升《いっしょう》の餅をついて赤ちゃんに背負わせる、という祝い方もありました。一升は「一生」、餅は「力持ち」という意味で、一生食べ物に不自由せず、たくましく丈夫に育つようにという願いが込められていたといいます。「立ち餅」「力餅」と呼ばれる儀式として、今でも行われている地域もあるようです。

子どもの成長に合わせた贈り物を

初誕生に招かれたら、現金などのお祝いを持参します。友人・知人からは現金よりもお祝いの品物を贈ることが多いようです。靴や衣服、おもちゃ、絵本など、子どもの成長に合わせて、役立つものを贈ると喜ばれます。事前に両親の希望を聞くのもよいでしょう。

初誕生祝いのお返しは？

お祝いに招くことでお返しとしますので、お返しは必要ありません。招待していない人へはお礼状を書きます。出産祝いをいただいた人から初誕生祝いの品や祝い金を贈られた場合のお返しは、基本的には必要ありません。

今どきのマナー

オリジナルケーキで祝う

似顔絵入りなどアイデアいろいろ

昔は餅を用意していた初誕生のお祝いも、今はバースデーケーキで祝うのが一般的になりました。初めての誕生日だけに、お菓子店で特別なオリジナルケーキを用意する両親も増えているようです。

赤ちゃんの似顔絵入りのケーキ、アニメキャラクターや動物、乗り物の形をしたケーキなどさまざまです。手づくりのオリジナルケーキも素敵です。

祝儀のマナー

お祝いを贈る

（紅白の蝶結び）

金額の目安

3000～1万円

表書き

祝初誕生日
（祝は大きめに書く）
初誕生御祝・御祝

誕生日の前か当日に渡します。祖父母からは2万円程度を。

初節句のお祝い

男の子には武者人形、女の子にはひな人形を贈る

祝儀のマナー

お祝いを贈る

（紅白の蝶結び）

金額の目安

5000～1万円

表書き

初節句御祝
祝初節句
初幟御祝
初雛御祝・御祝

一週間前までに贈ります。招かれている場合は当日に。

初めての節句を祝う

赤ちゃんが最初に迎える節句《せっく》を初節句といいます。男の子は5月5日の「端《たん》午《ご》の節句」、女の子は3月3日の「桃の節句」に祝います。

赤ちゃんが生まれて1～2ヶ月で初節句を迎えてしまう場合は、母子の体調を考えて、翌年まで待って祝うほうが無難でしょう。節句人形などをすでにいただいていたら、飾りつけだけをして、お祝いに招待するのは翌年に延ばしてもかまいません。

初節句は、赤ちゃんの健やかな成長と幸せを祈るもので、男の子には武者人形、女の子にはひな人形を贈ってお祝いします。どちらも母方の実家から贈るのがならわしとされてきましたが、最近はあまりこだわらず、現金をお祝いとしたり、父方の実家が贈ることもめずらしくありません。また、双方が平等にお祝いをするという意味で、折半して贈ることも増えています。

節句人形を贈る際には、初節句の1ヶ月前には届くようにしましょう。最近は、部屋のスペースも考えて、コンパクトサイズで品質のよい節句人形や鯉のぼりなどがよく選ばれているようです。

お祝いの贈り方

現金でのお祝いのほか、おもちゃや洋服、お菓子などを贈ってもかまいません。親戚や親しい友人からの贈り物としては、子どもの衣類やギフト券を選ぶ人が増えています。

お祝いに招かれたとき、すでに贈り物をしている場合は、季節の花束（桃の花や花菖蒲《はなしょうぶ》）などを手みやげにするとよいでしょう。ほかに小さい兄弟（姉妹）がいるときは、ちょっとしたおみやげを渡してあげると喜ばれます。

桃の節句

桃の節句のいわれ

桃の節句は、女の子の美しい成長と幸せを願い、3月3日にお祝いします。

平安時代、病気や災難を避けるために、けがれを小さな人形に移し、川に流す貴族の風習がありました。それに由来しているともいわれています。

桃の節句の祝い方

- ひな人形や桃の花を飾る。
- ひしもち、ひなあられ、白酒などを供える。
- ちらし寿司とはまぐりの吸い物などを祝い膳とする。

ひな人形の由来

ひな人形は、江戸時代中期から登場したと伝えられています。その豪華な段飾りは、3段、5段、7段などの段数に応じて、上段からそれぞれ内裏《だいり》びな、三人官女《さんにんかんじょ》、五人囃《ごにんばや》子《し》、右大臣・左大臣、道具類などを飾ります。以前は向かって右に男《お》びな、左に女《め》びなを飾っていましたが、今は向かって左に男びな、右に女びなを飾るのが一般的になりました。

7段飾りのひな人形。飾り方は地域によって異なる。

お祝いのしかた

ひな人形や桃の花を飾り、白酒やひしもち、ひなあられなどをお供えしてお祝います。

桃の節句のごちそうは、「貞節《ていせつ》」の象徴とされるはまぐりの吸い物と、ちらし寿司などです。祝い膳をととのえ、祖父母や親しい親戚を招いて内輪でお祝いをします。

ひな人形は1～2週間前には飾ります。節句を過ぎたら天気のよい日に早めに片付けるようにしましょう。

端午の節句

端午の節句のいわれ

5月5日の男の子のお祝いである端《たん》午《ご》の節句は「菖蒲《しょうぶ》の節句」ともいわれます。古来中国で物忌《ものい》みの月とされる5月に、菖蒲などの薬草を使って邪気を払ったことに由来しています。また、菖蒲は「尚武《しょうぶ》（武を尊ぶ）」に通じ、男の子に立身出世の思いを託すお祝いの日になりました。

端午の節句の祝い方

- 勇壮な武者人形や、鯉のぼりを飾る。
- 菖蒲を飾り、菖蒲湯に入る。
- ちまき、柏もちと季節の料理などを祝い膳とする。

武者人形と鯉のぼりの由来

武者人形の由来は、厄除けとして庭先に立てていた菖蒲人形といわれています。鯉のぼりは、中国の故事（竜門の滝を登りきると、鯉が竜になる）になぞらえ、男の子の出世を祈ったもので、これらが端午の節句に用いられるようになったのは、江戸時代からです。

生命力の強い鯉にあやかり、立身出世を願う。

武者人形を飾り、健やかな成長を願う。

お祝いのしかた

武者人形（五月人形）や鯉のぼりを飾り、ちまきや柏もちを供えて祝います。端午の節句には、とくに決まったごちそうはありませんが、ちまきや柏もちを添えて寿司などを用意し、祝い膳とするのが一般的です。

また、端午の節句には、邪気を払う菖蒲を飾り、菖蒲湯に入ると病気をしないといわれています。

厄を払い健やかな成長を祈る
七五三のお祝い

子どもの成長を祝う

七五三は、子どもの厄年《やくどし》である3歳、5歳、7歳の11月15日に氏神様《うじがみさま》にお参りして、健やかな成長を祈るお祝いで、一般的には、女の子は3歳と7歳、男の子は5歳にお祝いをしますが、3歳は男女ともお祝いをするなど、地方によってさまざまです。年齢は数えでも満でもかまいません。最近は子どもの体力のことを考えて、3歳は満年齢で祝うことが多いようです。

お祝いのしかたとお返し

当日は、近くの神社に参拝します。お祓《はら》いをお願いする場合は、予約が必要です。事前に料金を確認し、金額が決まっていなければ5千円程度のお礼を用意しておきましょう。

七五三の晴れ着は、年齢※で決まったものがあります。以前は祖父母が贈ることが多かったようですが、最近は後々も着られるフォーマルな洋服にしたり、レンタルの利用も増えています。

参拝後は、子どもの好きなメニューを用意したり、レストランで祖父母とお祝いの食事を楽しむのが一般的です。

お祝いのお返しは、とくに必要ありません。お礼をしたいなら、いただいた額の半額程度の品を内祝いとして贈ります。表書きには子どもの名前を記します。また、世話になっている方に千歳《ちとせ》飴《あめ》や赤飯などをふるまい、日ごろの感謝を表現するのもよいでしょう。

今どきのマナー

祝い着のレンタル

最近は、晴れ着もレンタルなどで済ませることが増えてきました。衣装を借りて参拝を済ませたあと、記念写真のほうにお金をかける、という両親も増えているようです。また、お祓いを含めた七五三のお祝いを、パックでサービスするホテルも増えています。

祝い着の貸衣装料金の目安

3歳	女児の被布着物セット一式	1万8000～3万5000円
5歳	男児の紋付袴一式	1万5000～5万円
7歳	女児の四ツ身	2万8000～5万円
7歳	女児の袴セット	2万円～

※ 3歳女児…お宮参りの祝い着に、朱赤のちゃんちゃんこをはおり、髪飾りをつける。5歳男児…紋付羽織に袴、白足袋、白い鼻緒の雪駄をはく。小物は白い扇子と守り刀。7歳女児…振り袖に、本格的な袋帯を結ぶ。ぽっくりか草履をはいて、手には袋物を。

祝儀のマナー

お祝いを贈る

（紅白の蝶結び）

金額の目安
3000～1万円

表書き
七五三御祝
祝七五三
御祝

神社へのお礼の表書きは「初穂料」「玉串料」とします。

知恵と徳を授かるお参り
十三参りのお祝い

十三参りの由来

十三参り《じゅうさんまい》は、七五三に比べてあまり知られていないお祝い事ですが、子どもが知恵を授かるためのならわしとして、古くから大切にされてきました。数え歳で13歳になった男の子と女の子が、4月13日（陰暦の3月13日）に虚空《こくう》蔵菩薩《ぞうぼさつ》にお参りをします。

虚空蔵菩薩は、知恵と徳を授けてくれる菩薩様という言い伝えがあります。その寺院にお参りすることで、賢く教養のある頭のよい子に育ってほしいとの願いを込めたものです。それゆえ「知恵もうで」や「知恵もらい」と呼ばれることもあります。

十三参りでは、祈願したい事柄を、本人が半紙などの紙に書いてお供えし、祈祷《きとう》してもらいます。祈願したい事柄は「知」や「美」など、漢字一文字で表していましたが、現在では「合格祈願」などのように現実的なものが主です。

お参りの帰り道に後ろを振り向くと、授かった知恵を返してしまうので、帰り道に気をつける風習があります。

十三参りの装い

本裁ちにした着物を身に着ける。
写真提供：ワタベウェディング

今どきのマナー　十三参りと合格祈願

子どもの合格を祈願するお祝いに変化

もともと十三参りは、女の子の初潮《しょちょう》を祝うための儀式で、13歳になり、大人としての自覚をするためのならわしでした。13歳というのは、女の子の最初の厄年でもあり、これからの無事を祈る大切な節目です。

それが現代では、ちょうど13歳で受験がはじまることもあり、知識を授かるという由縁《ゆえん》からも、子どもの合格を祈願するためのお参りに変化しつつあります。

祝儀のマナー

お寺へのお礼

（紅白の蝶結び）

金額の目安
3000～1万円

表書き
御宝前
御法礼
御祈願料
祈合格祈願
御供

新しい社会生活へのスタート
入園・入学のお祝い

お祝いのしかた

身内などの親しい間柄で祝う

入園・入学は家族や身内のお祝いなので、儀礼的な付き合いの相手には贈らなくても失礼にはあたりません。

入園や入学は新しい社会生活へのスタートです。子どもの緊張や不安をとり除いてあげるような温かい対応を心がけましょう。中学生以降は卒業・合格と入学が重なりますが、その場合は入学祝いとして祝うのが一般的です。

何を贈ると喜ばれる？

入学のお祝いには、文具や実用的な品が喜ばれます。小学校入学の際には祖父母が机やランドセルを贈ることが多いようです。ノートや鉛筆などは重複しても困らないため、贈り物として人気があります。重なると困るものは、事前に確認するとよいでしょう。学用品が指定されている学校もありますので、注意が必要です。

また、年齢が上がるにつれて本人の好みも多様化する傾向がありますので、高校や大学の入学祝いには、現金や商品券がおすすめです。

お祝いのお返しは？

入園・入学祝いをいただいた場合、お返しは原則として必要ありません。ただし、親からはもちろん、小学生以上であれば、本人からも心を込めてお礼を述べさせます。お返しの代わりに、先方の子どもが入園や入学をするときに、お祝いを贈るのもよいでしょう。

あまり親しくない人からいただいた場合や、お返しをしたいときは、いただいたお祝いの3割から半額程度を「内祝《うちいわい》」として贈ります。

入学式の服装は？

入学式は、両親にとっても、子どもが社会生活をスタートさせる記念すべきイベント。式の日の母親の服装は、紺や茶、グレー、ベージュなどの色合いのスーツやワンピースが基本です。

父親の服装は、フォーマルなスーツや落ち着いた色合いのスーツが一般的なようです。

祝儀のマナー

お祝いを贈る

（紅白の蝶結び）

金額の目安

5000～2万円

表書き

祝御入学
祝御入園
御祝

大人として認められる儀式
成人・卒業・就職のお祝い

成人式のお祝いのしかた

成人式の由来と喜ばれる贈り物

成人式は、一人前の大人として認められる節目の儀式として行われてきた「元服《げんぷく》」に由来しています。昔は男子が15歳前後になると髪型をあらため、大人の服を身につけて成人になったことを祝いました。女子には髪を結い上げる「髪上《かみあ》げ」の儀式があり、これらが成人式のはじまりとされています。

現代では、毎年1月の第2月曜日に地方自治体により、各地で20歳の新成人を祝う行事が行われます。また、家族で食事に出かけて祝うことも多いようです。

大人になったことを祝う儀式ですから、記念として残る品を贈りたいものです。両親からのお祝いは、男性ならスーツや腕時計、女性なら振り袖や洋服、アクセサリーなど。最近ではパソコンなども喜ばれる贈り物です。

親類や知人からは、男性にはネクタイやシャツ、女性にはバッグや小物、洋服、アクセサリーが人気です。ワインやウイスキーなどの洋酒類も成人の証としておすすめです。何を贈ったらよいのかわからない場合は、本人に確認して希望を聞くのもよいでしょう。

また、お祝いをいただいた場合、お返しはとくに必要ありませんが、お礼状を送るのが大人としてのマナーといえるでしょう。

今どきのマナー

成人式の装い

最近、何かと問題になる成人式。成人式は本来、大人としての自覚を促すけじめの儀式ですので、責任あるふるまいでお祝いの席に着きたいものです。

最近の成人式では、その多彩な装いに目を奪われます。女性の振り袖は着物独特の華やかさがあって式典にぴったりですが、ほかにも韓国のチマ・チョゴリをはじめとした民族衣装や、パーティードレスなど、色彩も鮮やかで個性的です。レンタルで衣装を用意し、その日だけの装いを楽しむ傾向が強まっているようです。

祝儀のマナー

お祝いを贈る

（紅白の蝶結び）

金額の目安

5000〜2万円

表書き

祝御成人
祝御卒業
祝御就職・御祝

成人のお祝いの場合は、成人式の1週間前までに贈りましょう。

成人式の振り袖、卒業式の袴のレンタル料金の目安は？

卒業式の袴

袴一式	2万～4万円
●着物　●袴　●長襦袢《ながじゅばん》　●半巾帯《はんはばおび》	

振り袖

一式（6点セット）	3万～5万円台
●着物　●帯　●長襦袢　●帯揚げ　●帯締め　●伊達襟《だてえり》	

※着物自体の値段によって、レンタル料金も変わります。新しい柄などは高くなります。

写真提供：ワタベウェディング

成人式の正装は？

男性の正装は黒の紋付き羽織袴《はおりはかま》、女性は振り袖です。ただし、振り袖は未婚の女性の正礼装なので、既婚の場合は訪問着などで出席します。

最近は、スーツなどのフォーマルウェアで式典に出席する若者が多いようです。

また、季節柄、成人式には雪の不安もつきものです。着物の装いの場合は足元が心配になります。ブーツで会場まで行き、足袋《たび》と草履《ぞうり》は持参して、あとで履き替えると安心でしょう。

卒業・就職のお祝いのしかた

卒業は子どもの成長の大きな節目です。就職が決まった場合などは、家族全員で前途を祝してお祝いの席を設けてあげたいものです。

卒業には、次に入学や就職という新たな節目が待っているものです。そのため卒業祝いという贈り方はせず、入学祝いや就職祝いとするケースが一般的です。

就職祝いの贈り物としては、商品券や食事券などが喜ばれるようです。また、品物では、男性にはネクタイやビジネスバッグ、女性にはスカーフや化粧ポーチなど、大人にふさわしいものが喜ばれます。贈る時期としては、3月中を目安として、就職日の1週間前までに届くようにします。

お返しにはお礼状を

お祝いへのお返しは、とくに必要ありませんが、口頭や礼状で感謝の気持ちを伝えるのが礼儀です。

就職祝いの場合は、ていねいなお礼状とともに、初任給で何かお返しをすることが、成長を知らせるお礼のしかたになるでしょう。

日ごろの感謝の気持ちを込めて

結婚記念日のお祝い

祝儀のマナー

お祝いを贈る

（紅白か金銀の蝶結び）

金額の目安

5000～2万円

表書き

御祝
祝結婚記念日
祝○婚式

金・銀婚式は1万～2万円、それ以外は5000円程度が目安です。

お祝いのしかた

結婚記念日はイギリスで発祥した、ふたりが夫婦となった記念日を祝うためのイベントです。日ごろの感謝と新たなスタートの意味も込めて、お互い新鮮な気持ちで祝いたいものです。

25年目の銀婚式と50年目の金婚式がよく知られています。金婚式では、長寿のお祝いも兼ねてもよいでしょう。

年数によって記念日の名称が決まっており、金婚式には金杯や金の時計など、金にまつわるものを贈ります。最近ではそれにこだわらず、夫婦の趣味に添った記念品や、記念旅行をプレゼントすることも多いようです。

お祝いをいただいたら

お祝いは基本的に身内からいただきますから、その場合のお返しはとくに必要ありません。ただし、パーティーなどを催す場合は、出席者に「内祝《うちいわい》」を配ってお返しとします。

結婚記念日の名称と喜ばれる贈り物

1年目	紙婚式《かみこんしき》	絵はがきや手帳、アルバムなど紙製品
2年目	綿《わた》婚式	ハンカチーフ、スカーフやTシャツなど綿製品
3年目	革《かわ》婚式	財布やバッグなど革製品
5年目	木《もっ》婚式	観葉植物や木製品
10年目	錫《すず》婚式	アルミニウムでできた製品
15年目	水晶《すいしょう》婚式	クリスタル、水晶のアクセサリーなど
20年目	磁器《じき》婚式	花瓶や湯のみなど磁器製品
25年目	銀《ぎん》婚式	銀食器や銀のアクセサリーなど銀製品
30年目	真珠《しんじゅ》婚式	真珠のアクセサリーなど
35年目	珊瑚《さんご》婚式	珊瑚のアクセサリーなど
40年目	ルビー婚式	ルビーのアクセサリーなど
45年目	サファイア婚式	サファイアのアクセサリーなど
50年目	金《きん》婚式	金にまつわる製品
55年目	エメラルド婚式	エメラルドのアクセサリーなど
60年目または75年目	ダイヤモンド婚式	ダイヤモンドのついた品物

※贈り物はふたりのきずなの強さを表すとされ、紙製品（1年目）→ダイヤモンド（60または75 年目）と、年数が経過するほど贈り物の硬度も増します。

人生の一大事の労をねぎらう

新築のお祝い

POINT

お祝いを贈る

（紅白の蝶結び）

金額の目安

5000～2万円

表書き

祝 御新築
御祝

新居完成後か、新築披露に招かれたときはその際に贈ります。

新築披露のしかた

新しい家が完成し、家具や荷物などの整理が落ち着いたら、できるだけ早めに新築披露を行い、友人や親類、家を建てる際にお世話になった人たちを招きます。新築披露では、家の外観や内観を見てもらいますから、昼間に行うのがふつうです。午後1～3時くらいの間がふさわしいでしょう。

日取りが決まったら、新居の地図が入った招待状で案内します。当日は派手なもてなしはせず、サンドイッチなどを用意してティーパーティーや、簡単な酒宴にする程度でかまいません。披露の際、いただいたお祝いの品を飾っておくようにしましょう。

お祝いの贈り方

新築披露に招かれたらお祝いを用意

新築披露に招かれたら、相手の希望を聞いたうえで、新築祝いを用意しておきます。

新築祝いをあとから贈る場合には、当日には菓子折りなどを持参して、相手にその旨を伝えます。家の雰囲気などを見てから、ふさわしいものを決めるとよいでしょう。目安としては、新築後、半月以内に贈るようにします。

花瓶や陶器、玄関マットなど、インテリア小物が多く贈られますが、何かと物入りな新築時は、「必要なものを買ってください」という意味で現金や商品券を贈っても喜ばれます。

！お祝い品のマナー＆タブー

新築祝いにはインテリア用品などを贈ることが多いですが、個人の趣味があり、色やデザインを選ぶのがむずかしいこともあるでしょう。そこでおすすめなのが、観葉植物です。部屋を演出するアクセントとして、新築祝いでも喜ばれる品物です。ある程度コンパクトで品があり、手入れの簡単なグリーンを選びます。

また、新築祝いの贈り物としてタブーなのは、ライターやストーブ、灰皿など、火を連想させるものです。炎の模様や、赤一色のものは避けましょう。花を贈る場合も、色に注意することが必要です。

新築にまつわるQ&A

Q 地鎮祭《じちんさい》と上棟式《じょうとうしき》は、どんな儀式？

A 家を新築するとき、土地を清め、土地の神様を鎮めて工事の無事を祈る儀式が地鎮祭です。

建物の土台ができ、棟木を上げる際に行う儀式が上棟式で、その後の工事の無事を祈るとともに、工事関係者をもてなす意味合いがあります。

地鎮祭では祭壇を用意し、地元の氏神様にお祓《はら》いと祈祷《きとう》をしてもらいます。祭壇に供える神饌《しんせん》（お供え物）は神主の指示に従いますが、御神酒《おみき》や米、塩や水などが供えられます。

神主へは「神饌料」として1万～3万円程度を渡し、棟梁《とうりょう》をはじめ、工事関係者にも「御祝儀《ごしゅうぎ》」を用意します。

上棟式は工事関係者に気持ちよく作業してもらうためのもてなしの儀式で、棟梁を囲んでその労をねぎらいます。「御祝儀」として、工事関係者にひとり5千円程度、棟梁には1万～3万円程度を。

マンション購入や増改築のときもお祝いはする？

マンションを購入した場合も、新築や中古にこだわらず、「新築祝い」を贈ります。その際、どちらも、表書きは「新居御祝」としておけば問題はありません。増改築のときも、大がかりなリフォームの場合などは「新築祝い」としてもかまいません。

お返しとあいさつ回り

高価なお祝いには「新築内祝」を

新築披露に招いた場合は、基本的にお返しは不要です。披露に招待できなかった人から高価なお祝いをいただいた場合には、「新築内祝《うちいわい》」として、半額か3割程度のお返しをします。「建物＝入れ物」という縁起をかついで、菓子器や漆器などの容器が贈られることもあります。

あいさつ回りは2～3日以内に

新築やリフォーム、引っ越しの際には、近所にも迷惑がかかるので、あいさつや気配りはきちんとしたいものです。

あいさつ回りのときに、ちょっとした手みやげを持参するのがエチケットです。500～千円程度のお菓子やタオルなどの実用品がよいでしょう。紅白蝶結びに「粗品《そしな》」と表書きをして、下に姓を書きます。引っ越して2～3日以内になるべく家族全員であいさつします。建て替えなどのあいさつは工事がはじまる前に済ませましょう。

お店のPRを兼ねて盛大に祝う
開店・開業のお祝い

開店・開業パーティーを開く

パーティーは店のPRを兼ねて

開店や開業は、新たな事業や商売のスタートですので、PRを兼ねた盛大なパーティーを催すのが効果的です。お世話になった人へのお礼と、周囲の人に対する今後の協力のお願いという意味合いがありますから、できるだけ多くの人を招いてお披露目を行うことが望まれます。

飲食店の場合は、店の雰囲気や商品などを知ってもらうチャンスといえるでしょう。「レセプション」と称して店のメニューなどを披露し、宣伝とともに感想を求めるのも効果的です。

記念品には店名や社名を添えて

パーティーの会場は、お披露目という趣旨からも、店内やオフィスを利用して宴を催すのがふさわしいといえます。フロアでビュッフェパーティーや、バイキング形式の立食パーティーを催すスタイルが多いようです。

招待客が帰る際には、引き出物として記念品を渡します。業種や事業内容にちなんだものに店名や社名、電話番号などを入れ、名前を覚えてもらう工夫をすると効果的でしょう。

贈り物のアイデア

○花や観葉植物などが人気

開業・開店祝いの贈り物は、インテリアの雰囲気を損なわず、誰にでも喜ばれるものとして、花やグリーンがよく選ばれます。価格の目安は5千～2万円程度です。また、開店に際しての贈り物の定番は花輪《はなわ》です。これは慶弔《けいちょう》用の花輪を扱っている花店や式典業者に依頼します。花輪に入れる先方の名前を間違えないように、開店日を確認して手配しましょう。

費用はおおむね1基《き》1万円前後で、開店の1～2日前までに依頼します。

POINT

お祝いを贈る

（紅白の蝶結び）

金額の目安
5000～2万円

表書き
祝御開業
祝御開店
（祝は大きめに書く）
御祝

友人・知人なら5000～1万円。身内は1万～3万円が相場。

お祝いに招かれたら

お祝いは縁起のよいものを

開業・開店パーティーに招待されたら、できるだけ出席するようにします。事業のスタートとなる大事な祝宴ですから、景気づけの意味も含めて喜んで出席するのが礼儀です。

お祝いの品は当日持参するか、前日までに届けるようにします。昔からの風習としては「大入り」と書いた額や招き猫、盛り花など、縁起をかついだものがありましたが、今は時計や文房具など開業後に役立つ実用品を贈ることが多いようです。ただし、新築祝いと同様、火を連想させるような品物を贈るのは控えたいものです。

また、お祝いの品に代えて、日本酒や洋酒、ビールなどの酒類や寿司などを届け、宴に使ってもらうことで場を盛り上げるという方法もあります。

開業や開店は出費のかさむときなので、現金を贈っても喜ばれるでしょう。

パーティーに出席できない場合

どうしても出席できないときは、祝電を打って、後日あらためてお祝いに行くなど、相手の好意に応える努力をしましょう。飲食店などお店の場合は、お祝いの意味で、知人などを連れていくのも喜ばれます。

! 披露パーティーでのあいさつの例

招いた側のあいさつ例

本日はご多忙の中、当店開業の披露パーティーにお越しいただき、誠にありがとうございます。この日を無事迎えることができましたことは、皆々様のおかげと、心よりお礼申し上げます。

思い起こせば5年前、○○様に修業の身として仕え、多くのことを学ばせていただきました。以来、自分の店を持ちたいという思いの中で、日々精進《しょうじん》してまいりました。多くの方のご指導とご支援の中で、その夢をかなえられましたことを、大変幸せに感じております。

今後は、一生懸命努力するとともに、皆様に喜んでいただけるような店づくりを心がけてまいります。

これからも、ご支援とご指導ご鞭撻《べんたつ》を賜《たまわ》りますよう、心よりお願い申し上げます。本日はありがとうございました。

招かれた側のあいさつ例

○○さん、開店おめでとうございます。

私は○○さんとは仕事の上で10年ほどのお付き合いをさせていただいておりますが、当時から、自分で店を持ちたいという思いを話しておられました。その夢が今日ここにかない、私も自分のことのように喜んでおります。

お店は、○○さんの人柄そのままに、温かく、皆さんがゆったりとくつろげるような、素晴らしいお店になるものと思います。

今後も今までと変わらぬ思いで、いいお店づくりをしていただきたいと願っています。本日は誠におめでとうございます。

新たな人生の門出を祝って
昇進・栄転・退職のお祝い

POINT

お祝いを贈る

（紅白の蝶結び）

金額の目安

5000～3万円

表書き

昇進→祝御昇進
栄転→祝御栄転
退職→御餞別

正式な辞令が出てから1～2週間以内に贈ります。

お祝いや餞別の贈り方

職場の上司や同僚へお祝いや餞別《せんべつ》を贈る場合は、社内の人間関係を考慮する必要があります。職場で決まったやり方がある場合は、それに従ってお祝いをするのが無難です。

特別お世話になった上司や、とくに親しい人などに個人的なお祝いをしたい場合、社内では、お祝いの言葉をさりげなく述べる程度にしておきます。お祝いの品は勤務時間外に渡すか、自宅に届けるなど、周囲の人の誤解や反感を受けないよう配慮しましょう。

昇進や栄転のお祝いは、職場で祝賀会や歓送会を催すのが一般的です。目上の人に現金を贈るのは失礼とされるので、数人でお金を出し合ってプレゼントを買ったり、ギフト券などを贈る場合が多いようです。転勤でお祝いをするのは栄転の場合のみ。栄転かどうか明確でない場合は、「御礼」として贈れば問題ないでしょう。

退職の場合も同様に職場で送別会を開くのが通例で、餞別は職場全体で用意するのが一般的です。

餞別をいただいたら

昇進や栄転、退職祝いのお返しは原則として必要ありませんが、お礼状を書くのが礼儀です。個人的に餞別などをいただいた場合も同様。近況報告の手紙を添えて、職場に菓子折りなどを送れば、心のこもったお礼になります。

！役職に応じた贈り物とは？

○部下や後輩に対するお祝い

ハンカチやネクタイなどの身のまわり品や、ボールペンや万年筆など仕事に使える実用品、またウイスキーやワインなどの酒類、個人の趣味を知っていればそれに沿ったもの（ゴルフ関連など）などがいいでしょう。5千円以内程度が目安です。

○上司や同僚に対するお祝い

部下や後輩よりも高価なものになります。日本酒やワイン、ブランデーなどの祝い酒や、高級ネクタイや万年筆、また女性であればスカーフやストールなどもいいでしょう。個人の好みに沿った嗜好品を知っていれば、その高級な品を選んでも喜ばれるでしょう。だいたい1万円前後の高級品と思われる品物を贈ります。

定年退職に際しての本人のあいさつ例

在職中にお世話になった人に退職のあいさつをできなかった場合や、かつての取引先などにあいさつをしたい場合、文章にしたためます。お礼の言葉をていねいに述べるとともに、退職したあとの生活設計などについて、ひと言ふれてもよいでしょう。

〈あいさつの文例〉

拝啓　花もほころぶ季節となり、皆様にはますますご活躍のこととお慶び申し上げます。

さて、私こと、この度三月三十一日をもちまして、○社を定年退職いたしました。顧みますに三十八年の長きにわたり、公私共に絶大なるご指導とご鞭撻によりまして大過なく過ごせましたことは、生涯忘れられない思い出です。また、退職にあたり何かとご高配にあずかり、厚く御礼申し上げます。

拝眉のうえ、親しく御礼申し上げるべきが本意でございますが、まずは書中にて御礼かたがたごあいさつ申し上げます。

敬具

お祝いのしかたと餞別Q&A

Q 定年退職の餞別は？

A お祝いの品は、退職後の生活に役立ててもらえそうなものにするとよいでしょう。贈る方の趣味などを把握していると、喜ばれるものを選べます。その他、職場の同僚の寄せ書きなど、思い出になる品物もよいでしょう。餞別を出し合って、現金で贈ってもかまいません。

Q 海外栄転の場合のお祝いは？

A 海外への転勤の場合は、国内の場合よりも、餞別・お祝いの金額は多めになるのがふつうです。付き合いにもよりますが、1万～2万円が目安になります。また、相手が目上の人の場合も、現金で贈るのが一般的です。

Q 中途退職の場合の餞別は？

A 一緒に頑張ってきた同僚などが早期に退職してしまったとき。退職の理由にもよりますが、周囲が納得できる事情や理由であるならば、その後の人生を激励してあげる意味も含めて、退職祝いを贈りたいものです。「御餞別」や「感謝」などの表書きで贈れば、問題ありません。

Q リストラ後の再就職は？

A 再就職が決まったとはいえ、リストラ後ということで本人の気持ちは複雑かもしれません。それでも、新たな出発であることに変わりはありません。ささやかでもお祝いをしてあげるのがよいでしょう。お祝いを贈る際の表書きは「御祝」でかまいません。

招待されたら気持ちよく出席を
発表会・個展のお祝い

POINT

お祝いを贈る

（紅白の蝶結び）

金額の目安

2000～5000円

表書き

御祝
祝発表会
楽屋御見舞

招待されたときは、チケットと同額程度か、それ以上のお祝いを持参します。

招待するときの配慮

習い事の発表会や個展などに招待するときは、目的や日時、会場などを伝え、相手の都合を聞きます。「必ず来てください」などと、相手に義務感を与えるような勧誘は慎みましょう。

有料の発表会や展覧会へ招待する場合は、「ご招待」という意味で、チケットの金額を塗りつぶし、相手に負担をかけないよう2枚セットで贈ります。

招待されたら

チケットをいただいたら

最近は子どもの発表会なども含め、招待を受ける場も増えています。チケットを受け取る際は、「買わせていただきます」と申し出て、相手が代金を受け取らないようでしたら、当日お祝いを持参します。会場の受付や控え室・楽屋にお祝いの品や御祝儀《ごしゅうぎ》を届け、本人や家族にあいさつをしましょう。

また、どうしても都合で行けないときは、興味のある友人や知人にチケットを譲り、代理で行ってもらいましょう。先方にはその旨を伝えてお詫びを述べます。その際は会場に花束を贈ったり、祝電などを使ってお祝いの気持ちを伝えておくとよいでしょう。

お祝いはあとに残らないものを

花束やチョコレートなどのお菓子、酒類などがあとに残らない贈り物として一般的です。

発表会・個展別お祝いの贈り方

日本舞踊や琴などの日本的伝統芸能

日本舞踊や琴、華道などの日本的な伝統芸能の発表会では、「楽屋見舞」として現金を贈るならわしがあります。その場合、金額は発表会の入場料よりもやや高い額を目安にして贈ります。控え室や楽屋におもむいて渡しましょう。

絵画・写真・書道などの展示会

一定期間の開催となっている展覧会の場合、なるべく早く足を運びたいものですが、開催期間中の都合のよい日でかまいません。花束などを持参して祝うのが一般的ですが、可能な範囲で気に入った作品を購入するのも喜ばれるお祝いの方法です。

発表会や展覧会の会場でのマナー

会場の受付に芳名帳がある場合は、きちんと名前や住所を記帳します。

本人がいれば、直接お祝いの言葉と感想を伝えましょう。批判めいた言葉を口にするのは避け、祝福とよい感想のみを述べるのが礼儀です。お祝いの席ということを忘れずにふるまいたいものです。

なお、自分でチケットを購入して出席した場合は、お祝いは必要ありません。ただし、親しい人であれば、花束などを贈ってもよいでしょう。

作品を購入することも、相手に喜ばれるお祝いになりますが、義理で買うようなことは避け、金額的に可能な範囲で譲ってもらうようにしましょう。

招待状をいただいたら、まず会場に足を運ぶことが何よりのお祝いです。都合がついたら、気持ちよく出かけましょう。

子ども向けの贈り物を用意する

子どもの発表会などに招待された場合は、お祝いの贈り物も子ども向けのものにします。

ラッピングを工夫したかわいい花束や、ケーキ・お菓子なども子どもには喜ばれます。贈る側が複数のときは、事前に相談して、贈り物が重ならないように留意しておきましょう。

お祝いをいただいたら

日本舞踊や琴などの発表会のように、お礼にお返しをする風習がある場合を除いては、お祝いをいただいたお返しはしないのが一般的です。

ただし、お祝いを持参してくれた人やチケットを購入して足を運んでくれた人、展覧会などで作品を購入してくれた人などには、後日お礼状を出すのが礼儀です。

努力をたたえる
受賞・受章のお祝い

受賞（受章）の報告

民間団体の賞を受けることを「受賞」、国からの褒章《ほうしょう》や勲章《くんしょう》を受けることを「受章」といいます。

受賞（受章）が決まったら、お世話になった人たちに一報を入れて、後日あらためて報告とお礼を兼ねた祝賀会を開きましょう。祝賀会は授賞式を終えてから1ヶ月以内に開きます。ホテルや料亭などが一般的ですが、自宅でのホームパーティーも格式ばらなくてよいでしょう。

受賞の報告を受けたり、新聞などで知ったら、まっさきに祝電を打ち、お祝いの気持ちを伝えましょう。電話でもかまいませんが、先方の混雑状況などを考えると避けたほうが無難でしょう。

お祝いの贈り方とお返し

お祝いの贈り方と式の服装

お祝いは、受賞（受章）後2週間以内に自宅を訪問して渡しましょう。生花や果物などが喜ばれます。先方の趣味を考えて贈りますが、わからなければ、ギフト券や商品券でもかまいません。郵送する場合は、お祝いの手紙を添えましょう。

授賞（授章）式に出席する場合、服装は主催者側の指示に従って準備します。

お祝いをいただいたら

「内祝」を贈ります。記念の品には、「受賞（受章）記念」または「受章（受賞）内祝」などの文字や日付を入れ、祝賀会の当日、出席者に配るケースが一般的です。

勲章・褒賞の名称と対象

褒章の名称	贈られる対象
菊花章《きっかしょう》	国の功労者に授けられる。最高に栄誉ある章
旭日章《きょくじつしょう》	国に功労のあった男性に授けられる章
宝冠章《ほうかんしょう》	国に功労のあった女性に授けられる章
瑞宝章《ずいほうしょう》	社会に功労のあった人に授けられる章
文化勲章《ぶんかくんしょう》	芸術・文化などに功労のあった人に授けられる章
紅綬褒章《こうじゅほうしょう》	人命救助をした人に授けられる章
緑綬褒章《りょくじゅほうしょう》	徳行のあった人に授けられる章
藍綬褒章《らんじゅほうしょう》	教育や社会福祉などの公益に貢献した人に授けられる章
紺綬褒章《こんじゅほうしょう》	公共のために私財を寄付した人に授けられる章
紫綬褒章《しじゅほうしょう》	学問や芸術の発展に寄与した人に授けられる章
黄綬褒章《おうじゅほうしょう》	業務に精励した人に授けられる章

POINT

お祝いを贈る

（紅白の蝶結び）

金額の目安

5000～1万円
（同額の品物でも可）

表書き

御祝
祝御受賞（受章）
御受賞（受章）

会費制の祝賀会に出席する場合、会費がお祝いになります。

さらなる健康を祈って 長寿のお祝い

お祝いのしかた

長寿の祝いの由来

長寿をお祝いすることを「賀寿《がじゅ》」といいます。賀寿は還暦《かんれき》となる数え61歳から祝いますが、近年は70歳の古稀《こき》や77歳の喜寿《きじゅ》から祝うことが増えています。

還暦とは、十干十二支《じっかんじゅうにし》がひと巡りして、生まれた年の干支《えと》に戻ることをいいます。「赤ちゃんに還る」という意味から、赤いちゃんちゃんこを贈りましたが、最近では、赤い財布などの小物類や、旅行券を贈るケースも増えています。

お祝いの贈り方

本来は本人や家族などが内輪で長寿を祝うものですが、最近では子や孫が祝宴を開き、本人を招待することも多いようです。

遅れて知ったときは、手紙と一緒にあとからお祝いを贈ってもかまいません。還暦は赤、古稀・喜寿は紫色など、賀寿を象徴する色にちなんだお祝い品を贈るのもよいでしょう。

お祝いをいただいたら

お祝いをいただいたら「内祝《うちいわい》」として、紅白餅や赤飯などを贈ります。祝宴を開いた場合は、引き出物がこれにあたります。「寿」や「喜」など縁起のよい文字を入れ、お返しとします。

賀寿の名称と由来

名称	年齢	由来
還暦（かんれき）	数え61歳	60年で十二支がひと巡りし、生まれた干支に還るため、暦に還るといいます。
古稀（こき）	数え70歳	中国の詩人・杜甫の詩にある「人生七十古来稀なり」の一節に由来。
喜寿（きじゅ）	数え77歳	「喜」の文字の草書体が七十七に見えることから
傘寿（さんじゅ）	数え80歳	「傘」の略字の「仐」が八十と読めることから
米寿（べいじゅ）	数え88歳	「米」の字を分けると八十八と読めることから
卒寿（そつじゅ）	数え90歳	「卒」の略字の「卆」が九十と読めることから
白寿（はくじゅ）	数え99歳	「百」から一をとると「白」になることから
百寿（ひゃくじゅ）	数え100歳	「百賀の祝い」ともいう

厄年の由来と年齢

厄年は一生のなかでの肉体的な転換期。星まわりからも、最も病難災難に遭いやすい節目の年で、神社にお参りをして厄落としをします。

男性……数えの25歳・42歳・60歳
女性……数えの19歳・33歳・37歳
※男性の42歳と女性の33歳は大厄です。

祝儀のマナー

お祝いを贈る

（紅白か金銀の蝶結び）

金額の目安

1万～10万円

表書き

長寿御祝・御祝
祝◯◯
（「祝還暦」など）

身内で祝います。賀寿の年数によって金額にも幅があります。

人生の祝い事のお祝い金の目安

入学祝いの目安（親類のみ）

贈り先	年代別				東西別	
	20歳代	30歳代	40歳代	50歳代	関東	関西
全体	5,000	10,000	10,000	10,000	10,000	10,000
幼稚園・保育園	5,000	(1)	10,000	10,000	10,000	10,000
小学校	5,000	10,000	10,000	20,000	10,000	10,000
中学校	—	10,000	10,000	10,000	10,000	10,000
高校	*	10,000	10,000	10,000	10,000	10,000
大学	(2)	10,000	10,000	10,000	10,000	10,000

〈注〉(1) 5,000円、10,000円　(2) 10,001〜19,999円、20,000円
—は該当するサンプルがないもの　*はサンプル数が少ないためクロス集計していない

卒業・就職祝いの目安

贈り先	最多回答額	第2位回答額	第3位回答額
全体	10,000	20,000	30,000
親類	10,000	20,000	30,000
兄弟・姉妹	10,000	20,000	50,000
友人・知人	10,000	—	—
隣・近所	*	*	*

〈注〉
—は該当するサンプルがないもの
*はサンプル数が少ないためクロス集計していない

お餞別の目安

贈り先	最多回答額	第2位回答額	第3位回答額
全体	5,000	3,000	10,000
勤務先関係	5,000	3,000	10,000
兄弟・姉妹	20,000	(1)	5,000
親類	10,000	30,000	(2)
友人・知人	5,000	(3)	(4)
隣・近所	5,000	2,000	3,000

〈注〉
(1) 10,000円、40,000円
(2) 5,000円、20,000円
(3) 2,000円、3,000円、10,000円
(4) 〜999円、2,001〜2,999円

成人祝いの目安

贈り先	最多回答額	第2位回答額	第3位回答額
全体	10,000	20,000	30,000
兄弟・姉妹	10,000	(1)	—
親類	10,000	20,000	30,000
友人・知人	10,000	(2)	—
隣・近所	10,000	(3)	—

〈注〉
(1) 20,000円、30,000円、50,000円
(2) 2,000円、3,000円、20,000円、30,000円
(3) 10,001〜19,999円
—は該当するサンプルがないもの

※表の見方…データは回答者が最も多かった金額と、2番目、3番目に多かった金額です。複数の回答があった場合は、(1)〜(4)で欄外に示してあります。「全体」とは贈り先の対象にかかわらず、そのお祝いに対して平均的に贈られる金額の目安を表します。

（1998年旧三和銀行調べ）

PART 3

食事の作法とマナー

- 和食の美しいいただき方
- 箸の使い方と器の扱い方
- 茶席でのマナー
- 洋食の美しいいただき方
- レストランの予約とオーダーのしかた
- ナイフとフォークの使い方
- 中国料理の美しいいただき方
- 回転卓と大皿料理のマナー
- 立食パーティーでのマナー
- 食事のマナーQ＆A

日ごろから心がけておきたい

和食の基本マナー

POINT

日常的に食卓に並ぶことが多い和食。身近な食事だけに、マナーを間違えると目立ってしまいます。ふだんの食事にも役立つ基本的な作法は、ぜひ知っておきたいものです。

和食の種類

正式な日本料理には、その目的や組み合わせの違いによって、いくつかの種類があります。

三汁十一菜《さんじゅうじゅういっさい》の五つの膳が基本となる「本膳《ほんぜん》料理」、お茶会で出される食事である「懐石《かいせき》料理」、動物性の食材を使わず、菜食を心がける「精進《しょうじん》料理」、本膳料理を略式化して酒を愉しむことを目的とした「会席《かいせき》料理」が代表的な種類です。なかでも、日常的にもっともいただく機会が多いのが「会席料理」でしょう。いわゆる酒の宴での料理で、結婚披露宴などの和食のコースはほとんどこの形式ですので、基本的なマナーは心得ておきたいものです。

本膳料理▼室町時代、武家の作法から生まれた儀礼的な料理です。古くから冠婚葬祭に使われてきた宴会用の料理で、脚つきの膳が一から五の膳として並びます。

日本料理の基本といわれ、現在の会席料理の原点ともいわれる格式高い料理ですが、最近はいただく機会が減ってきました。

会席料理▼本膳料理を略式化して、お酒をいただくことを中心とした料理です。結婚披露宴などの宴席で多く利用される形式で、和食のコースはほとんどこの形をとっています。

最初からすべての料理を並べておく場合と、一品ずつ出される場合とがあり、お酒とともにいただきます。

懐石料理▼僧侶がとっていた質素な食

和食の美しいいただき方

和食はいただく際の姿勢がマナーの基本となります。背筋を伸ばしてきちんと正座をするような気持ちで、美しい箸使いと器の扱いを心がけて料理をいただきましょう。

懐紙《かいし》(P166参照)を持っていると、口元や箸先をふく、受け皿代わりに使う、口元を隠すなど、優雅にいただけます。

和室では正座をすることを考えて、女性は少し長めのスカートをはくとよいでしょう。素足は避けて、ストッキングを着用します。

和室に上がったら、できるだけ静かに歩きます。その際、たたみの縁や敷居を踏まないように気をつけましょう。

落ち着いた雰囲気の和食の席では、食事中は指先まで意識して、ていねいなふるまいを心がけたいものです。

事を、千利休《せんのりきゅう》が現在のような形にしたといわれています。正式には茶懐石料理といいます。茶の湯の席で出される一汁三菜《いちじゅうさんさい》の軽い食事が基本で、お茶がおいしくいただけるように考えられた料理です。

正式な懐石料理には厳しい作法があり、宴席や料理店で出される懐石料理とは区別して考えます。

精進料理▼僧侶が仏前の供え物を下げて食事の用意をしていたことから発展した、肉や魚など動物性の食材を使わない料理です。野菜や穀物、海藻類などを工夫して調理します。

現在では法事、法要などのお清めとして親しまれています。

会席料理の一般的な献立

祝い事で用意されることが多い会席料理。献立は季節や宴席の種類によって変わる場合もありますが、ごく一般的な内容を紹介してみましょう。

会席料理の一般的な献立例

❶先付《さきづけ》／注文を通すまでの「つなぎ」となる軽いもの
❷前　菜／主に季節の肴の盛り合わせ
❸吸い物／すまし汁。料理をいただく前に口の中をすすぐ
❹刺　身／魚の造りの盛り合わせ
❺焼き物／主に魚を使う
❻煮　物／肉や魚、野菜などを煮たもの
❼揚げ物／から揚げや天ぷら
❽蒸し物／茶碗蒸し・酒蒸しなど（省略することも）
❾酢の物／箸休めとして
❿食　事／ご飯、みそ汁などの止め椀、香の物。酒用の料理が終わったあとに並ぶ
⓫果　物／デザート。水菓子とも呼ばれる

会席料理の順序の一例

1. 先付
2. 前菜
3. 吸い物
4. 刺身
5. 焼き物
6. 煮物
7. 揚げ物
8. 蒸し物
9. 酢の物
10. 食事
11. 果物

※料理人の考えによって順序が異なる場合もあります。ただし、吸い物・刺身・焼き物・煮物という会席料理の基本は同じです。

箸使いのタブーに気をつけよう

- **刺し箸**／食べ物を箸の先で突き刺して食べる
- **迷い箸**／どの料理を食べようかと迷いながら、箸をあちこちと動かす
- **さぐり箸**／好きなものを探して、箸で料理の中をよりわける
- **持ち箸**／箸をとった同じ手で器をとる
- **ねぶり箸**／箸をなめる
- **寄せ箸**／箸を使って器を引き寄せる
- **振り上げ箸**／箸を持ったまま、手振りといっしょに会話する
- **もぎ箸**／箸についたご飯粒を口で取る
- **涙箸**／汁気の多い料理を、箸から汁をたらしながら食べる
- **渡し箸**／食事の途中などに、器の上に箸を渡して置く
- **空箸**／料理に箸をつけたのに、食べないまま箸を置く
- **込み箸**／箸で口に食べ物を押し込む
- **移り箸**／菜と飯を交互に食べず、菜から菜へと箸をつける
- **かさ箸**／器に口をつけて、箸で料理をかさ込む

美しい箸と器の扱い方

正しい箸の持ち方・動かし方

箸を持つ位置は、中央より少し上の部分です。箸の上側は親指と人さし指と中指の3本で持ち、下側は薬指と親指の付け根で支えます。動かすときは、下側の箸は固定したまま動かしません。上の箸だけを3本の指で上下に開いたり閉じたりしながら動かし、ものを挟みます。

割り箸の扱い方

割り箸は袋から出して、いったん食卓に置きます。袋はたたんで箸置きに

箸の取り上げ方

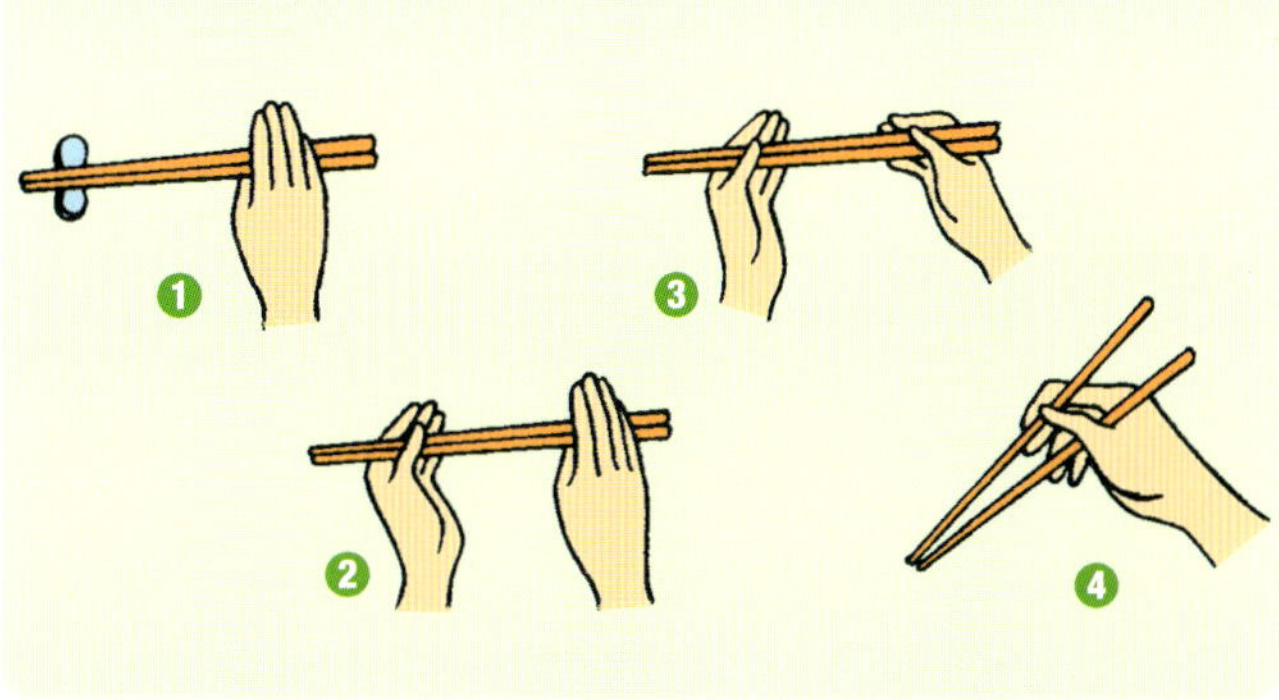

❶右手で箸を上から取り上げる。
❷左手で下から箸を受け、右手は右端にすべらせる。
❸右手を下に回して持つ。
❹左手を離し、右手で箸を持つ。
※箸は箸置きに置く。テーブルや盆にじかに置くのはマナー違反。

器の持ち方

❶箸をいったん箸置きに置き、両手で器を取り上げる。
❷器を左手に持ち替えて、箸を上から取り上げて持つ。
❸左手の指の間に箸先をはさみ、右手を箸の下から受けるように持ち替える。

しますが、箸置きがある場合はお膳の左端に縦に置きます。右手で上の箸を、左手で下の箸を持ち静かに割りましょう。ささくれが出たときは、手で取り除きます。箸をこすり合わせるのは厳禁です。

食事が終わったら箸の先を袋に入れておきます。

器の使い方

器の持ち方

器を持ったり移動させたりするときは、必ず両手で持ち上げましょう。

食べるときは、脇を締めて胸元に近いところで器を持ち、箸を口に運びます。また、遠い位置にある料理は、箸を伸ばすのではなく、器を両手で持ち上げ、近くに寄せてからいただきます。

なお、和食では、料理に顔を近付けるのは「犬食い」といってタブーのひとつですので注意しましょう。

お椀のふたの扱い方

左手でお椀を押さえ、右手でふたを取ります。取ったふたは左手を添えて両手で膳の外に置きます。汁を扱うときは両手を添え、食べ終わったあとは、ふたは元に戻します。

なお、お椀のふたが取れにくいときは、むりやり取ろうとせず、お椀の両側を軽く押すようにするとよいでしょう。（183ページ参照）

懐紙の使い方

和食の席で持っておきたいのが懐紙《かいし》。二つ折りになった和紙のことで、使うときは折り目を手前にして使います。口や手を拭いたり、口元を隠したり、食べ残しを包んだり、料理を口に運ぶときに受け皿にするなどします。使ったあと汚れた懐紙は、まとめておきましょう。

懐紙の使い方

❶

❷

❶口元を拭くときは折り目を手前にして使う。
❷汁が垂れる煮物なども、懐紙があると安心。

上手なお酒のつぎ方・受け方

お酌をするときは、お銚子やビールびんの中央を右手で持ち、左手を添えます。ビールびんは、ラベルを上にして注ぐとよいでしょう。お酒があふれないようにゆっくりと注ぎ、最後に右手首をまわしてしずくを切ります。

酌を受けるときも注ぐときも、杯やグラス、お銚子やびんは両手で持つのがマナーです。男性の場合は片手でもかまいませんが、目上相手なら左手を添えます。

2杯目以降は、注いでもらった杯には口をつけてから置きます。相手の杯が空になっていたら「もう一杯いかがですか」とすすめてあげましょう。もう飲めないときは、杯を満たしたままにするか、杯を伏せるなどしておきます。

和食のマナー&タブー集

ふだんの食事にも役立つ和食のマナーを再確認しましょう。

小ぶりの器は手で持つ

和食の場合、器を持たずに手を添えて受け皿代わりとするのは、マナー違反です。和食では焼き魚や刺身の皿、煮物の大皿などを除けば、ほとんどの場合、器を手に持っていただきます。

形状によっては持ちにくい器もありますが、そんなときは懐紙を受け皿に使うとよいでしょう。折り目を手前に二つに折って、何枚か束にしたまま受け皿代わりに使用します。

ソフトドリンクは乾杯が済んでから

飲めなくても、最初の乾杯やお酌してもらったときだけはお付き合いするのがマナーです。実際に飲まずに口をつけるだけでもかまわないでしょう。お茶などを頼むのは乾杯が済んでからにします。

また、お茶を頼む場合も、煎茶《せんちゃ》や玉露《ぎょくろ》などの濃いお茶は、料理の最中は避けたほうがよいでしょう。ほうじ茶や玄米茶などが一般的です。

会席料理はコースに従っていただく

会席料理などは基本的にお酒を楽しみながらいただくことを前提としているので、ご飯は最後に出てきます。料理する側もそのあたりをよく考えてコースを組み立てているので、できることならコースの順番に従うほうがよいでしょう。

どうしてもほしい場合は、同席者の様子をみてから注文したほうが無難です。

大皿料理をとるときは、箸を逆さまにしない

大皿に盛られた料理に取り箸がついていない場合などに、自分の箸を逆さにして料理を取るのは「逆さ箸」といって嫌う人もいるので、注意が必要です。もう一膳、取り箸を用意してもらいましょう。

にぎりずしのご飯には、しょう油をつけすぎない

にぎりずしを横にして、ご飯とたねを箸で軽くはさんで食べるようにすると、こぼれにくくなります。また、すしめし側にしょう油をつけすぎるとくずれやすくなるので、しょう油につけるときはたねを下にして、先のほうに少量つけると、きれいにいただけます。

料理はまわりのペースに合わせていただく

前の料理が残っていても、次の料理に箸をつけてもかまいません。むしろ、慌てて食べたり、途中なのに下げてもらうほうがマナーに反します。とはいえ、基本的に熱いものは熱いうちに、冷たいものは冷たいうちにいただくのがマナーです。

会食のときなどは、ある程度はほかの人とペースを合わせることも大切です。

煮物の里芋はひと口大に切っていただく

里芋など、表面がぬるぬるしてすべりやすいからといって、箸を突き刺したりするのは避けたいものです。そんなときは器の中で食べやすい大きさに切り、すべりにくい割った面に箸を当ててはさむようにするとよいでしょう。

レストランの予約とオーダー
洋食の基本マナー①

POINT

家族の誕生日や記念日などにレストランを利用する機会は多いものです。予約やオーダー方法などの基本的なマナーを押さえ、食事をスマートに楽しんでください。

レストランでの基本的なマナー

予約の確認を忘れずに

レストランは事前に予約を入れておくのが基本。予約を入れておけば当日はまず安心ですが、行き違いや手違いが起こらないとは限りません。前日か当日に電話で確認しておくとよいでしょう。相手を確実にエスコートするのもマナーのひとつといえます。レストランに入るときは、レディファーストが基本です。テーブルに案内されるときは、男性は女性を先に通し、女性は控えめな態度で先を歩きましょう。

雰囲気に合った服装やメイクを

レストランの雰囲気や格について、場違いにならない服装やメイクを心がけます。香りのきつい香水や整髪料、音のするような大きなアクセサリーは禁物。とくに、きつい香りの香水や整髪料は、料理の香りが台なしになってしまいますので気をつけましょう。レストランでの食事を楽しむためにも、服装には気を使いたいものです。

派手すぎるファッションや化粧、香りのきつい香水はタブー。

おしぼりのマナー

格式の高い店や一流レストランでは、おしぼりは出ないのが一般的です。おしぼりを出してもらったときは、顔や首などをふくのは禁物。あくまでもおしぼりは手をふくためのものです。また、テーブルの上が汚れたときなど、おしぼりを使いがちですが、これもタブーです。

手をふいたあとは、汚れたところがかくれるようにたたんで、テーブルの端に置いておくのが基本です。

案内されてから着席する

レストランに着いたら、コートや荷物はクロークに預けます。女性は男性のエスコートですすみます。レストランでは店の人に案内されてから席に着くのが基本。自分で勝手に席に着くのはマナー違反ですので注意しましょう。

左側からテーブルとイスの間に入り、ひざの裏がイスにあたったら席につく。

目上の人から席につく

テーブルに案内されたら、席の左側に立ち、サービスマンがイスを引くのを待ちます。イスが引かれたら、イスとテーブルの間に立ち、後ろから押してもらったイスがひざの裏側に軽く触れるタイミングで、腰を下ろします。テーブルと自分の間隔は握りこぶしふたつ分を開ける目安で座りましょう。背筋を伸ばして深く腰掛け、女性は脚をそろえるようにします。

座る順番は、目上の人や女性が先です。サービスマンのエスコートがない場合は、男性が女性をエスコートすることを忘れずに。

大きな荷物は足元に

クロークに預けなかった荷物は、足元や座っているイスの下など、サービスの邪魔にならないところに置きます。空いているイスの上に置いてもかまいませんが、小さなバッグは、座ったイスの背もたれと背中の間に置くのも方法です。たとえ小さなバッグでも、テーブルの上に置くのは避けましょう。

オーダーのしかた

メニューを見て料理が決まったら、まずは料理に合うお酒を注文し、そのあとに料理を注文します。

コース料理ならば、順次料理が運ばれてきますが、メニューを眺めながら、いろいろな料理を楽しみたい方や、フルコースではボリュームがありすぎるという方は、ア・ラ・カルトでオーダーするといいでしょう。前菜と肉料理を一品ずつ、それにパンとデザート、コーヒーで立派なランチになります。もちろん、メインディッシュ一皿だけを頼んでもOKです。どんな料理かわからないときは、お店の人に質問しましょう。食事中、追加のオーダーがある際は、何度メニューを取り寄せてもかまいません。

フルコースの楽しみ方

洋食の基本マナー②

POINT

レストランで食事するときや披露宴に出席するときなど、洋食の基本マナーをしっかり頭に入れておくと安心です。優雅なふるまいを身につけ、おいしい料理を楽しみましょう。

フルコースのテーブルセッティング

フルコースのテーブルセッティングの一例

❶料理皿
❷オードブル（前菜）用ナイフとフォーク
❸スープ用スプーン
❹魚料理用ナイフとフォーク
❺肉料理用ナイフとフォーク
❻パン皿
❼バターナイフ
❽サラダ皿（置かない場合もあります）
❾シャンパングラス
❿水用ゴブレットグラス
⓫赤ワイン用グラス
⓬白ワイン用グラス
⓭デザート用ナイフとフォーク
⓮コーヒー用スプーン

フルコースでは、あらかじめテーブル上に食器、グラス、カトラリーがセッティングされています。左利き用の場合はセットが逆になりますので、予約のときにその旨を伝えておくとスムーズです。

ナイフとフォークはセットになっており、外側から順番に使っていくのが基本です。

ア・ラ・カルト

好きな料理を一品ずつオーダーします。前菜一品、メイン一品の2皿を頼むのがふつうで、その後デザートをオーダーする場合もあります。

フルコースの順序の一例

1. 食前酒
2. オードブル
3. スープ
4. パン
5. 魚料理
6. 肉料理
7. ソルベ
8. サラダ
9. チーズ
10. デザート・フルーツ
11. コーヒー

※パンはスープのあとに出され、肉料理を食べ終えたら下げられるのが一般的です。7のソルベと9のチーズは省略されることもあります。

ナプキンの使い方

料理が運ばれてきたら広げる

ナプキンは、最初の料理（オードブル）が運ばれてくるころを見計らって広げます。目上の人と同席する場合は、目上の人が手にとってから広げましょう。結婚披露宴の場合は、あいさつなどの式次第が済んでから広げるのが無難です。

二つ折りにしてひざの上に

皿の上に乗っているナプキンを右手でとり、両手で広げて持ちます。二つ折りにしてひざに乗せ、折り目を自分側に向けるのが正式ですが、あまりこだわらなくてもよいでしょう。

汚れをふくときはナプキンで

口が汚れたら、ひざに広げたナプキンでふきます。自分のハンカチなどを使うのはマナー違反ですので避けましょう。口をふくときは、折りたたんだ内側を使います。ふいたあとは、内側にしてひざの上に戻すと、汚れが見えず、服にも汚れがつきません。

中座するときは

食事の途中で中座するときは、ナプキンは軽くたたんでイスの上に置くか、

ナプキンの広げ方と使い方

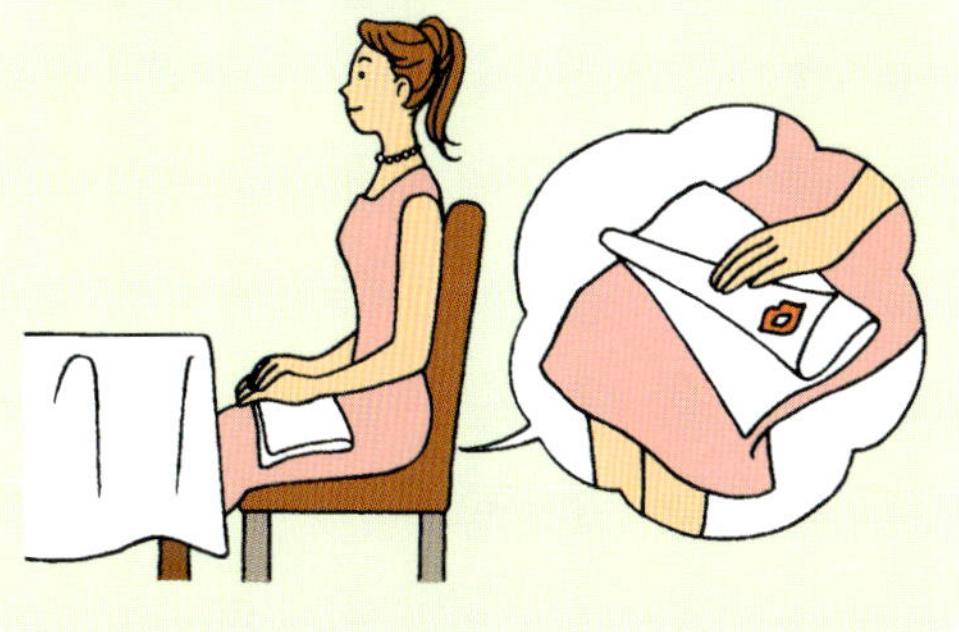

折り目が自分側にくるように二つ折りにしてひざの上に置く。口をふく際は、折りたたんだ内側でふく。

料理皿の下にはさんで垂らします。食事がすべて終わるまでは、テーブルの上に置かないようにしましょう。

退席するときは

軽く無造作にたたんで、テーブルの上に置きます。このとき、きちんとたたんでしまうと、食事やサービスに満足しなかったという意味になるので注意しましょう。

ざっとたたんでイスの上に置く。

料理皿にはさんで垂らしてもよい。

落としたナプキンは自分で拾わない

ナプキンを床に落としてしまったときに、自分で拾うのはマナー違反です。係の人を呼んで新しいナプキンを持ってきてもらいましょう。

テーブルセッティングのマナー&タブー

皿やナイフ・フォーク類、グラスの位置はたいてい決まっていますので、頭の中に入れておくとよいでしょう。

フルコースのセッティングでは、皿を持ち上げたり、セットの位置を動かすことはタブーです。料理を待ちながら触ったりするのもやめましょう。

オーダーが済むと、必要のないものは係の人が下げてくれます。ゆったりと落ち着いて料理を楽しみましょう。

ナイフとフォークの使い方

右手にナイフを持ち、左手にフォークを持ちます。このとき、背筋を伸ばし、やや脇をしめるようにします。座るときに、お腹とテーブルの間をこぶしふたつ分ほどあけるとよいでしょう。

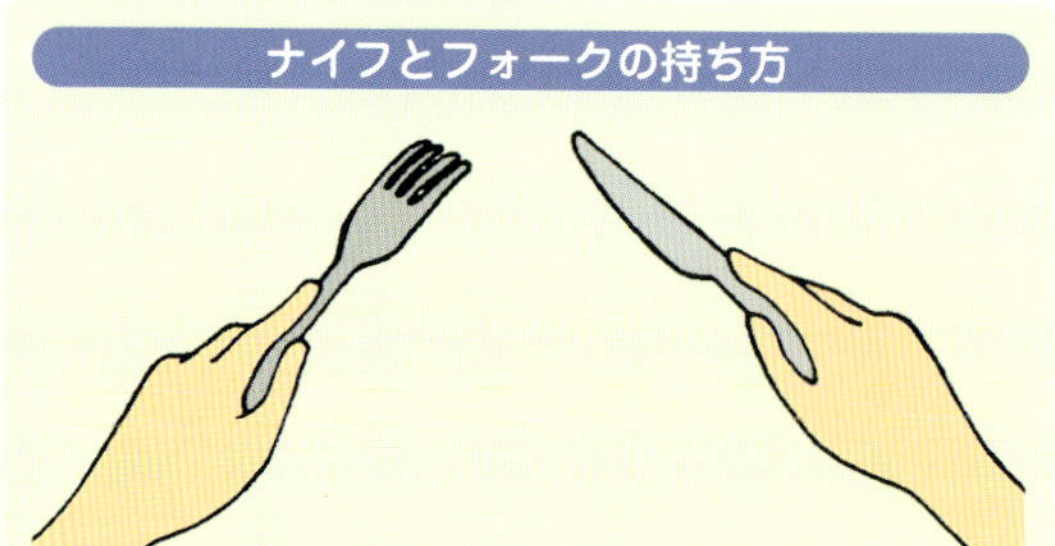

フォーク
食べ物を刺すときは、人さし指をフォークのすくい部分の手前に添えて、残りの指でにぎり、上から垂直に押す。

ナイフ
人さし指をみねの部分にのせる。切るときには前後に引かず、上から押すような感覚で。

ナイフとフォークの置き方

飲み物を飲むときやパンを食べるときには、ナイフとフォークはハの字に開いて皿に置きます。ナイフとフォークの先だけを皿にかけても、皿の上に乗せても、どちらでもかまいません。

食べ終わったら、ナイフとフォークをそろえて皿に置きます。ナイフの刃は内側にし、フォークは背を下にして置きます。

英国式は真下に、米国式は真横にそろえますが、日本では右斜め前にそろえるのが一般的です。

ナイフとフォークの置き方

食事中
フォークは伏せ、ナイフの刃は自分のほうに向ける。

食後
ナイフとフォークを右斜め前にそろえる日本式の置き方。

そのほかの洋食マナーの基本

フィンガーボールの使い方

手を使って食べる料理のときには、フィンガーボールが用意されます。

指が汚れたら、片手ずつ親指、人指し指、中指の先の第二関節くらいまでを水の中に入れて軽くすすぎます。

しずくがテーブルに落ちないよう、濡れた指はナプキンでふきとりましょう。

皿に残したソースの食べ方

洋食では、メインディッシュのソースもおいしくいただきたいものです。

メインディッシュをいただいたあと、皿に残ったソースを食べたいときには、ちぎったパンで皿をぬぐうように食べてもマナー違反ではありません。ただし、結婚披露宴などのあらたまった席では、控えるほうが無難でしょう。

どうしても残したくないときは、ちぎったパンを皿に置いて、フォークでソースに浸していただきます。

片手ずつ指先の汚れをすすぐ。

グラスの扱い方

グラスは右手でとる

フルコースのセッティングでは、グラスは右斜め前にあります。手にとるときは右手でグラスを持ちます。お茶を飲むときのように左手を添える必要はありません。グラスを置くときは元の位置に戻しましょう。

また、女性の場合、グラスを口につけるときは、その都度ナプキンで口を押さえて、グラスに口紅などがつかないように注意することも必要です。

左利きの人で、セッティングが左右逆の場合は、左手でグラスを持ちます。

飲み物を注いでもらうときは

グラスをテーブルに置いたままにします。手を添えたり、持ち上げる必要はありません。これはワインだけでなく、ビールの場合も同様です。

また、係の人におかわりをすすめられたときに、断りたい場合は、右手の先を軽くグラスにかざして断ります。同席の人などにすすめられたときには、「十分にいただきましたので……」という言葉を添えるとていねいです。欲しくないときは無理をせず、「けっこうです」と断ってかまいません。

お酒の種類とグラスの種類

お酒にはさまざまな種類があり、
それに応じて使うグラスも変わります。

グラスの種類

❶シェリーグラス…シェリー酒のほか日本酒用に使うことも

❷ワイングラス…水滴型が一般的。個性的な形のものも多い

❸シャンパングラス…細長く背の高いタイプもある

❹ゴブレットグラス…水を飲むグラス

❺タンブラー…水割りやカクテル、ソフトドリンク用

お酒の種類

食前酒	シャンパン、カクテル、シェリー酒など	食欲を増進する
食中酒	ワイン、ビール、シャンパンなど	料理を引き立てる
食後酒	ウイスキー、ブランデーなど	食後に楽しむ

ワイングラスの持ち方

冷やしたワインは温まらないように、グラスの細い脚の部分を親指と人さし指で持ち、小指を添える。常温のワインはグラスの底に触れてもよいが、手の跡が残らないように。

ワインのいただき方　ワインのテイスティング

料理に合ったワインをソムリエに相談して選びます。一般的に肉料理には赤ワイン、魚料理には白ワインが合うとされていますが、産地や収穫年度なども含め、好みに合ったものを選んでもらいましょう。

① ラベルを確認

産地や名称、収穫年度、格付け等級などを確認。

② 色を見る

注いでもらったグラスを手にとり、やや傾けて熟成度や濁りなどをチェック。

③ 香りを確認

軽くグラスをまわしてワインに空気を含ませ、香りを味わう。

④ ひと口味わう

口に含んで味わい、飲み込んで後味を確かめる。

食事中の心得アラカルト

ナイフを落としても慌てずに

食事中にナイフやフォークをうっかり落としてしまったら……。そんなときはそっと手を上げて合図したら、係の人が新しいものに替えてくれるまで待ちましょう。拾ってもらっても、お礼を言う必要はありません。

手はテーブルの上に

食事中は、手をテーブルの下にやってはいけないというマナーがあります。「清潔に保つ」という意味で、手はテーブル上で相手に見せておきましょう。

フォークは右手で持ってもOK

ナイフをいったん置き、フォークを右手に持ち替えて食べてもかまいません。アメリカンスタイルといって略式ですが、マナー違反ではありません。

洋食のマナー&タブー集

周囲を不愉快にさせないために、洋食のタブーを再確認してみましょう。

音を立てて食べない

クチャクチャと音を立てて物を食べたり、スープをすするのはマナー違反です。スープはスプーンですくって流し込むように飲みます。

また、口に食べ物を入れたまま話すのはタブーですので、注意しましょう。

ナイフ・フォークの音を立てない

食器の音はできるだけ立てないよう、ていねいな動作を心がけましょう。

ナイフを口に当てない

ナイフは胸より高く持ち上げないようにします。ナイフをなめたり、口につけることも禁物です。

ステーキは皿に切り分けない

ステーキを最初に切り分けてから食べるのはタブー。ひと口ずつ切りながら、食べましょう。

最初に切り分けるのはタブー。

パンは噛み切らない

パンはひと口分ずつちぎって食べるのがマナー。固いフランスパンなども、ナイフで切ってはいけません。手でちぎらずにそのまま口にもっていくのはタブーです。ちなみにテーブルにこぼれたパンくずは、そのままにしておいてもかまいません。

デザートタイムはお酒を飲まない

デザートが出てきたら、ダラダラとお酒を飲むのはやめましょう。

食事中にタバコを吸わない

食事の席でのタバコはデザートタイムまではタブーとされています。おいしく料理をいただくためにも遠慮するのが正しいマナーでしょう。ただし、食前酒のときはOKです。

げっぷやあくびをしない

食事中にげっぷやあくびをすることは品性を欠いた行為です。もし出てしまったら、「失礼しました」と、お詫びをしましょう。

中国料理の種類とメニュー

中国料理の基本マナー

POINT

円卓を囲み、大皿から各自でとりわけていただく中国料理。ターンテーブルのまわし方、料理のとり方など、基本的なテーブルマナーを押さえましょう。

中国料理の種類

中国料理は地域によって食材や調理法に特徴があり、主に4つに分けられます。

北京料理▶肉類を使い、揚げたり炒めたりする料理が特徴。濃厚な味つけが多い。北京ダック・青椒肉絲《チンジャオロースー》など。

上海料理▶海と川に面した地域で発展した料理。魚介類を多く使用し、塩味などの薄味が特徴。上海ガニ、ワンタンなど。

広東料理▶豊かな山と海の素材を主とした料理。強い火力で調理するのが特徴。八宝菜、酢豚などや、フカヒレやツバメの巣を使ったメニューも。

四川料理▶唐辛子やにんにくなど多種類の香辛料を使ったスパイシーな味つけが特徴。麻婆豆腐《マーボードーフ》、担々麺《タンタンメン》など。

宴会料理のメニュー

中国料理のコースは、前菜と主菜、そして点心《テンシン》の3つに大別されます。スープなど汁ものが主菜のあとに出されるのが中華の宴会料理の特徴です。

中国料理の宴会コースの一例

1 **前菜** 盛り合わせまたは数品から選ぶ
◀ 2 **主菜** 煮込み、炒め物、揚げ物や蒸し物などを4品程度
◀ 3 **スープ**
◀ 4 **ご飯や麺類**
◀ 5 **点心** ぎょうざ・小籠包《ショーロンポー》・中華まんじゅうなど
◀ 6 **デザート**

※中国料理のコースは前菜、主菜、点心で構成されます。前菜は冷菜が中心ですが、温菜が一緒に出された場合は、温菜→冷菜の順にいただきます。

回転卓でのマナー

中国料理は、円卓の中央にあるターンテーブル（回転台）に大皿料理を乗せて、まわしながら各自でとりわけていただくのが特徴です。あまり堅苦しい作法がないのが中国料理ですが、ターンテーブルでのマナーはいくつかありますので、紹介しておきましょう。

- 回転台は時計回りにゆっくりまわす。
- 自分の取り皿やグラスを回転台に置かない。
- 料理は主賓《しゅひん》や目上の人からとる。
- 順番がきたらすぐにとり、次の人にまわす。
- 最後の人がとり終わってから食べ始める。

大皿料理のマナー

各自で大皿からとりわける際には、他の人への配慮が大切です。料理が全員に渡るように気を配りながら、食事を楽しみたいもの。ひととおり料理が行き届いたら、あとは好みの料理をおかわりできるのも、大皿料理の楽しいところです。

●皿を持ち上げない

料理をとるときも食べるときも、取り皿やスープ皿は、テーブルに置いたままにします。ご飯茶碗だけは、手に持ってかまいません。

●取り皿は料理ごとに替える

取り皿は何枚使ってもかまいませんので、ひとつの取り皿に数種類の料理をとることは避けます。

●サーバーでとりわける

自分の箸でとりわけるのはタブーです。必ず備えつけの箸やサーバーを使いましょう。

中国料理の席次

円卓の場合には、席順を決める基本的な決まりがあります。

入口から1番遠いイスが上座《かみざ》で、その左が第2席、右側が第3席となります。上座の正面、入口に1番近い席が下座《しもざ》となります。

ひとつの円卓には、普通は8人が座ります。中国は偶数を好むため、8人以上の場合も必ず偶数になるように席が用意されます。また角テーブルの場合も、席次の順番は円卓と同様です。

円卓の席次

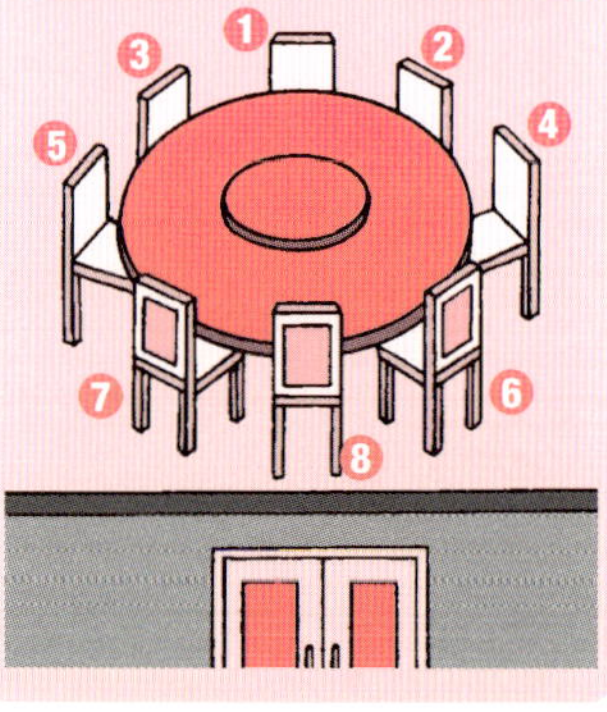

入口から最も遠い席が上座となる。

箸とちりれんげの使い方

箸使いの基本的なマナー

中国料理は箸とちりれんげでいただくのが基本です。

中国では、日本と違って箸は縦に置きます。箸を横にすると、食事が終わった合図になってしまいますので、注意しましょう。箸を使わないときは、器の上に乗せず、箸置きに乗せます。

箸の使い方のタブーは、日本料理ほど厳しくありませんが、ほぼ同様と考えてよいでしょう。(P164参照)

ちりれんげの正しい持ち方

ちりれんげは、スープを飲むときだけではなく、麺類やチャーハンなど、いろいろな料理で使います。

上手に使うには、人指し指を持ち手のくぼみ部分に入れ、親指と中指ではさんで持ちます。持ちにくければ、スプーンと同じ持ち方でもかまいません。

麺類をいただく際は、箸でつまんだ麺や具をいったんちりれんげの中で受けてから口に運ぶのが正式な食べ方です。右手の箸で麺を食べながら、左手のちりれんげでスープを飲むのはマナー違反ですので、ちりれんげを右手に持ちかえてからスープを飲みます。なお、使わないときは、ちりれんげ受けに戻しましょう。

ちりれんげの持ち方

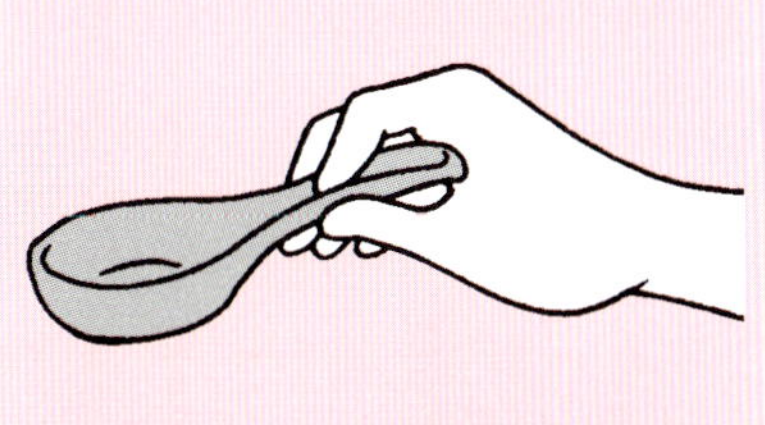

持ち手のくぼみに人指し指を入れ、親指と中指ではさんで持つ。

中国料理のタブー集

逆さ箸は禁物

大皿料理で取り箸を使わない場合、「逆さ箸」といって、箸を逆さにして、口をつけた部分を使わないようにする人がいますが、中国にはその習慣はありません。自分の箸でそのまま料理をとっても、さしつかえありません。

招待されたら食べきらない

招待されたら大皿にひと口分残す中国では、料理をきれいに食べきってしまうと、「量が足らなかった」という意思表示に受け取られることがあります。個人宅に招かれたときは、そのような配慮をするのが無難ですが、レストランでは神経質になる必要はないでしょう。

スープは直接口をつけて飲まない

中国料理では、スープは器に直接口をつけずテーブルに置いたまま、ちりれんげで飲むようにします。

立食パーティーのマナー

食事も会話もスマートに楽しみたい

POINT

最近、パーティーで主流の立食形式。カジュアルな雰囲気で、自由に移動しながら料理や飲み物をいただくスタイルで、たくさんの参加者との交流をはかることができます。

料理のとり方とお皿の持ち方

料理は一度に2～3品程度

立食パーティーでは、メインテーブル（料理テーブル）から好みの料理を自分でとって食べるのが一般的な形式です。

一度に皿に盛るのは2～3品にして、何回かに分けてとりにいきます。その際、温かい料理と冷たい料理、ソースが混ざりそうな料理は、同じ皿に盛るのは避けましょう。料理はフルコースと同じ順番に並んでいることが多いので、順に従ってとるようにします。

一度使ったら新しい皿を使う

料理は、常に新しい皿に盛りましょう。味が混ざることを避ける意味でも、皿を替えるのがマナーです。

皿とグラスは片手で胸の位置に

皿とグラスは、片手で持つのが基本です。皿は左手の人指し指と中指でしっかりとはさみ、フォークも皿に乗せて親指ではさむように持ちます。グラスも皿に乗せ、親指と人指し指で支えるように持ちます。不慣れな場合は、両手で持ってもかまいません。また、人にぶつかってこぼしたりしないように、グラスや皿を持っているときは、手は胸の位置まで上げておきましょう。

歓談のときには取り皿はテーブルに置き、グラスだけを持つようにします。

お皿とグラスの持ち方

皿を左手の人指し指と中指ではさんで持つ。皿の上にグラスをのせて親指と人指し指で押さえると安定する。

グラスの持ち方

グラスを持つときに底にナプキンを巻くと持ちやすく、見た目もスマート。

立食パーティーのマナー

あいさつを聞くときは静粛に

歓談していると、話に夢中になり、

まわりが見えなくなってしまうものです。あいさつやスピーチの最中は、注目して耳を傾けるようにしましょう。

会話を楽しむ

黙々と料理を食べ続けたり、同じ人とばかり話すのではなく、初対面の人にも積極的にあいさつし、会話の機会をもちましょう。

パーティーに参加した経緯など、あたりさわりのない内容から会話を広げていくとよいでしょう。いろいろな人と話をすることが、立食パーティーでのマナーのひとつともいえるので、多くの人と話すように心がけたいものです。

立食パーティーのマナー&タブー

動きやすい服装で参加する

立食パーティーは動きやすさを重視した服装を心がけましょう。髪もまとめておき、両手があくショルダーバッグが便利です。

デザートは食後に

デザートは食事が終わってから食べるもの。パーティーがはじまってすぐにデザートをとるのはマナー違反です。

料理をとる際には1回1皿で

他の人の分もまとめてとったり、皿を何枚も持つのはマナー違反。また、人の肩越しに料理をとるような所作も禁物です。

メインテーブルでの歓談はNG

メインテーブルのそばでの歓談は禁物です。料理をとったら、すみやかにその場を離れましょう。

イスに荷物を置かない

立食パーティー会場にはイスが設置してあるものです。これは、荷物を置くためではなく、少し体を休めたい人が腰を下ろすためのもの。ここにバッグや荷物を置いて席とりをするのは厳禁。譲り合いの精神で使うように心がけましょう。

基本メニューを美しく食べる
和食のいただき方

お造り

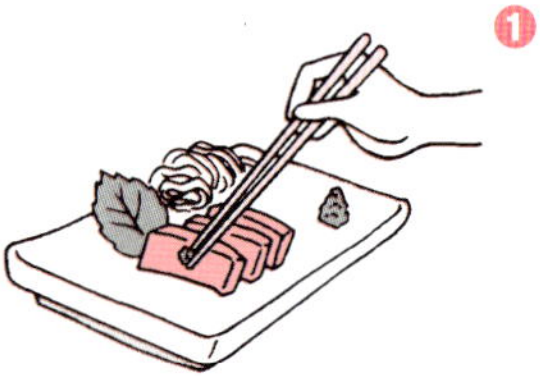

❶ わさびはしょう油と混ぜ合わせず、刺身の上にのせる。

❷ 刺身を内側に折って箸でつかみ、小皿を左手で持ち、しょう油をつける。

❸ 穂《ほ》ジソなどを入れるときは、箸でしごいてしょう油皿に入れる。

焼き魚（尾頭つきの魚）

すだちなどは左手で覆いながら、魚の上に絞る。切り身の魚は左からひと口大に切っていただく。

❶ 左手で皿の端を押さえ、上身を箸でほぐし、胸ビレから尾に向かっていただく。

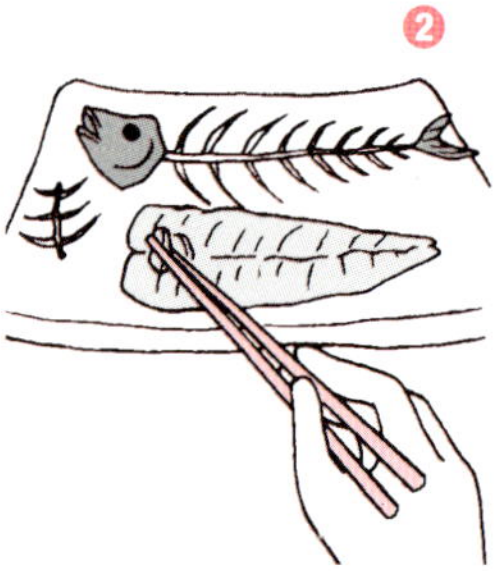

❷ 裏返さずに中骨をとりのぞいて下身を食べる。食べ終わったら、小骨などはまとめて皿の向こう側に置く。

串物

串のままいただく場合は、具をずらして間隔をあけると食べやすい。食べ終わったら、串の向きをそろえて皿の向こう側にまとめる。

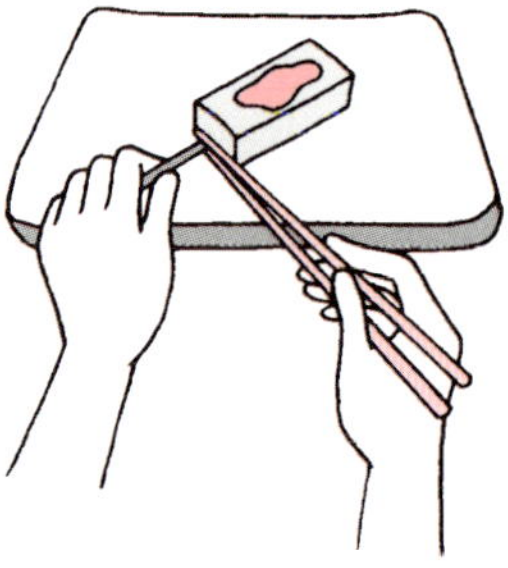

串を左手に持ち、箸で具を外す。

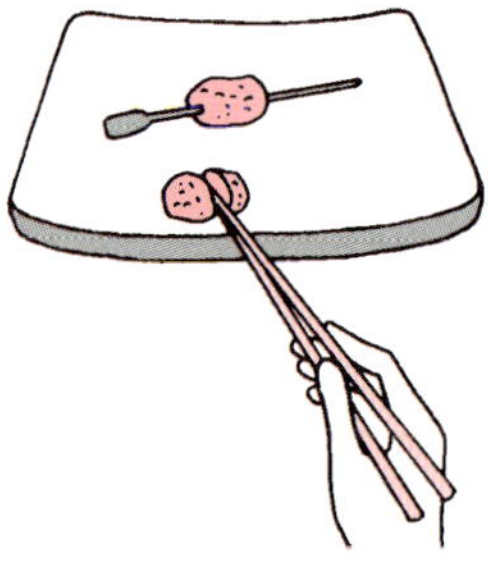

外れにくいときは、箸で具を押さえ、串をまわす。具は、ひと串ずつ外す。

POINT

会席料理での一般的なメニューであるお造りや焼き魚、煮物などは、日ごろ口にする機会も多いので、正しい食べ方を押さえておきましょう。

煮物

小鉢の場合は手に持っていただくが、大皿の場合は器を持たない。ゆずや木の芽などがある場合は一緒にいただく。

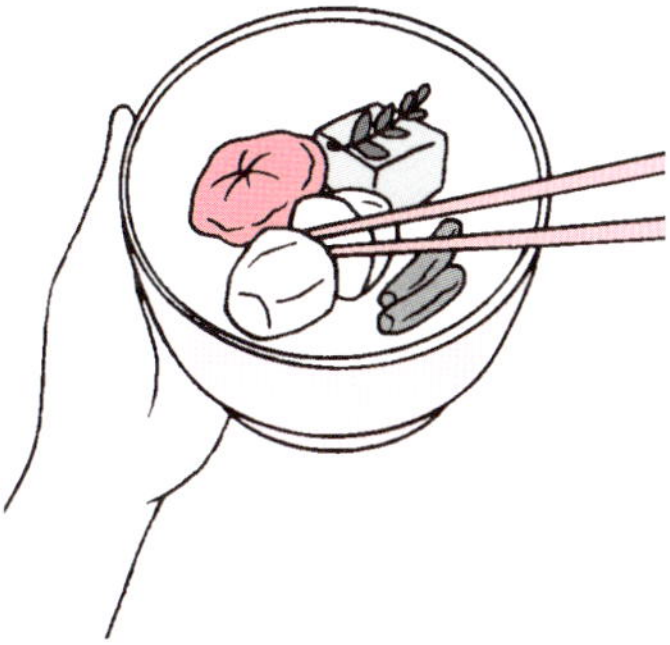

大きい具は箸で一口大に切っていただく。

煮汁を飲むときは、最後に両手で器を持って飲む。

天ぷら

天つゆに長くつけると衣がふやけるので、さっと浸していただく。えびの尾や魚の骨などは、敷紙か懐紙に包む。

大根おろしを天つゆに入れて、軽くかき混ぜる。

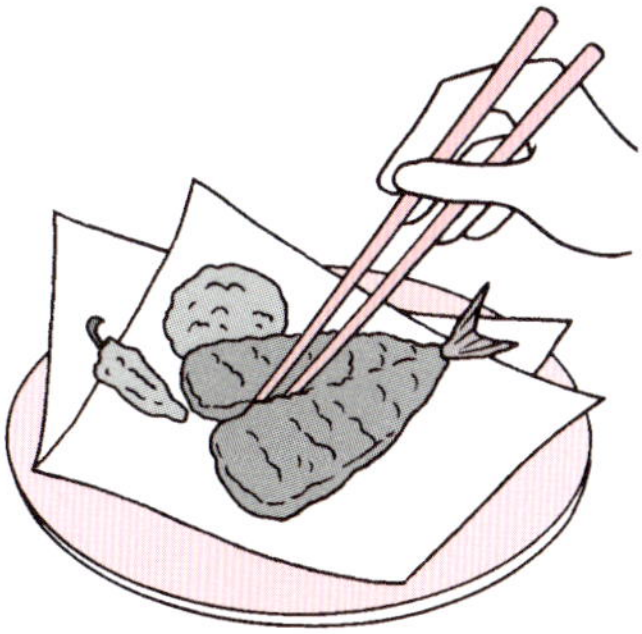

大きなものは、箸で一口大に切り、上に盛ってあるものから順にいただく。

ご飯・止め椀（汁物）・香の物

ご飯と止め椀《わん》は交互にいただき、ときどき香の物をいただく。

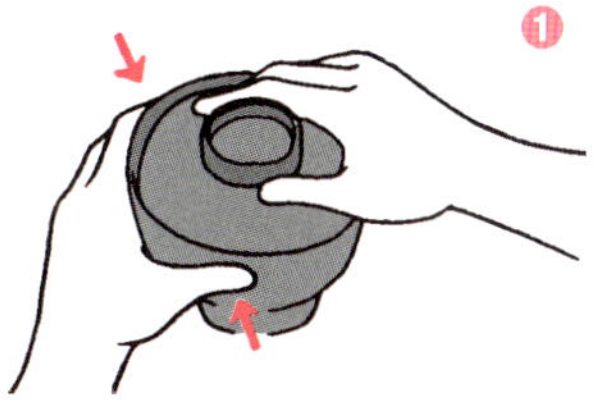

❶ ふたがとれにくいときは、お椀の両側を片手ではさみ込んで軽く押す。

❷ 最初に汁を飲み、具をいただく。汁と具は交互に。

❸ ご飯の上に香の物を置いたり、口をつけた香の物を器に戻すのはタブー。

茶席でのマナー

茶席に招かれたら

心の準備も含め、以下の点を頭の中に入れておくと安心です。

服装

必ずしも和服を着る必要はありません。正座がしやすく、清潔感のある服装がよいでしょう。靴を脱いで室内に上がりますから、素足は避けましょう。腕時計や指輪などは、器や道具を傷つけることがあるので、茶席では外すほうが無難でしょう。

懐紙《かいし》

お茶席の必需品。和食の席でも使えるので、用意しておくと重宝します。

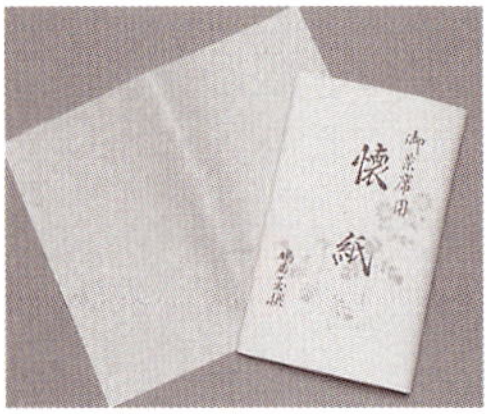

抹茶のいただき方

茶席で出される抹茶《まっちゃ》は薄茶《うすちゃ》が一般的です。飲み方がわからなければ前の人の動作をよく見ておきましょう。

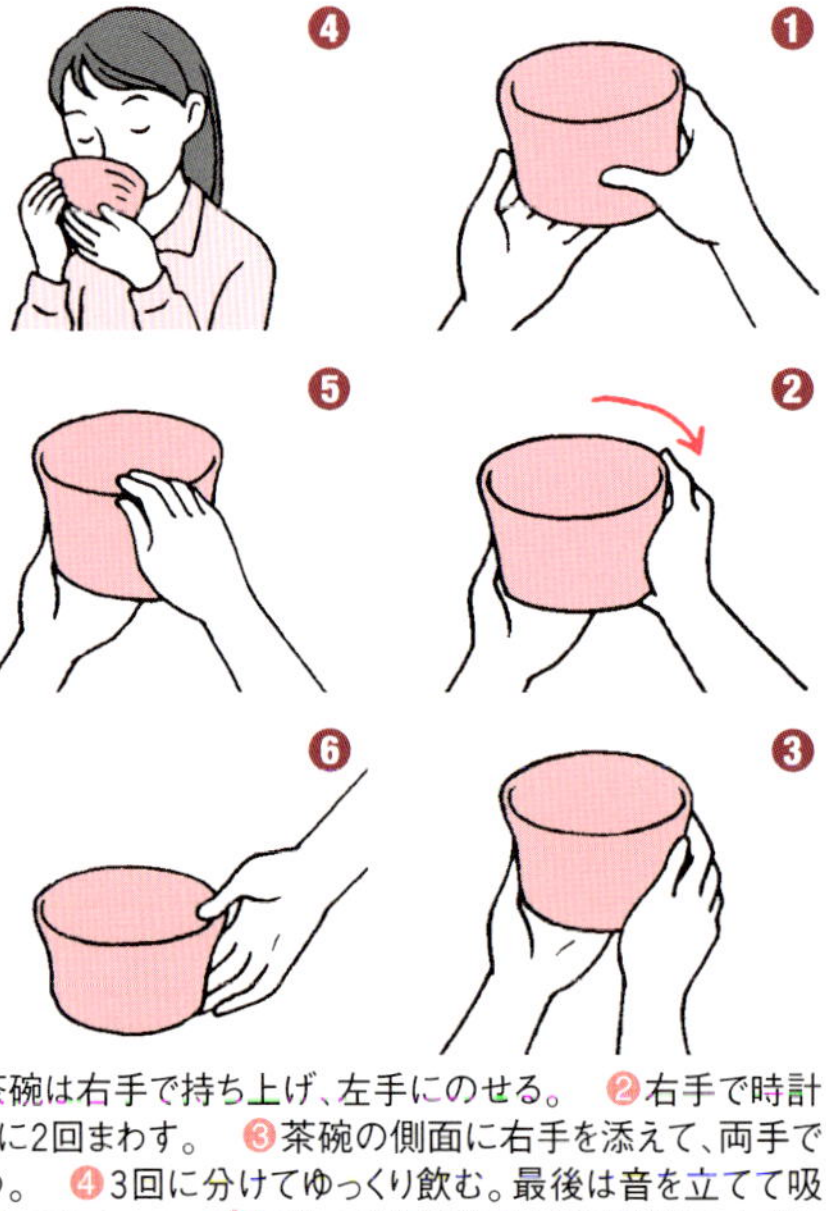

❶茶碗は右手で持ち上げ、左手にのせる。 ❷右手で時計回りに2回まわす。 ❸茶碗の側面に右手を添えて、両手で持つ。 ❹3回に分けてゆっくり飲む。最後は音を立てて吸い切ってもよい。 ❺口をつけた部分を右手の親指と人指し指でぬぐい、懐紙で指をふく。 ❻茶碗を逆にまわして正面を自分側に戻し、右手でそっと置く。

茶菓子のとり方といただき方

茶会では、最初に茶菓子が出されます。鉢がまわってきたら、菓子をとって懐紙の上に置き、次の人へ渡します。

干菓子

薄茶のときに出される。懐紙を持ち、手で割っていただく。

生菓子

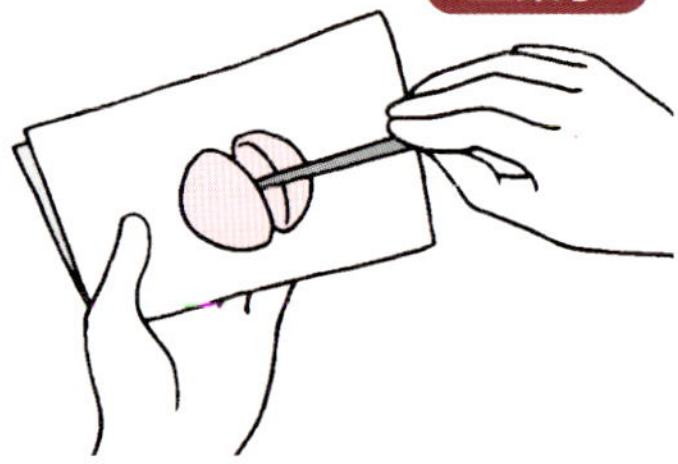

濃茶のときに出される。懐紙を手で持ち、切りながらいただく。

洋食のいただき方

コースメニューの基本をマスター

POINT

オードブルからデザートまでのコース料理の食べ方を知っておけば、たいていのメニューに対応できます。ナイフやフォークは音を立てないようていねいに扱いましょう。

オードブル

エスカルゴ

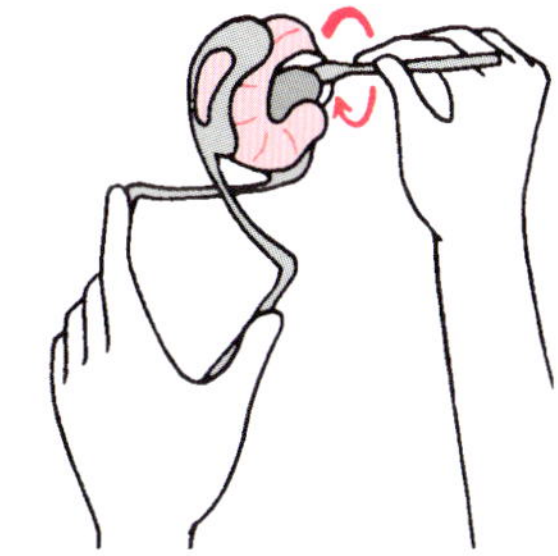

右手のフォークで身をまわしながら、ゆっくりと引き出していただく。

生ハムメロン

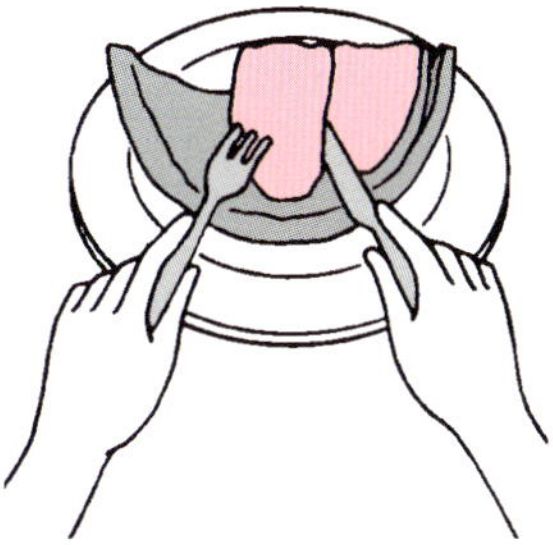

一口大に切った生ハムとメロンを一緒にいただく。

生ガキ

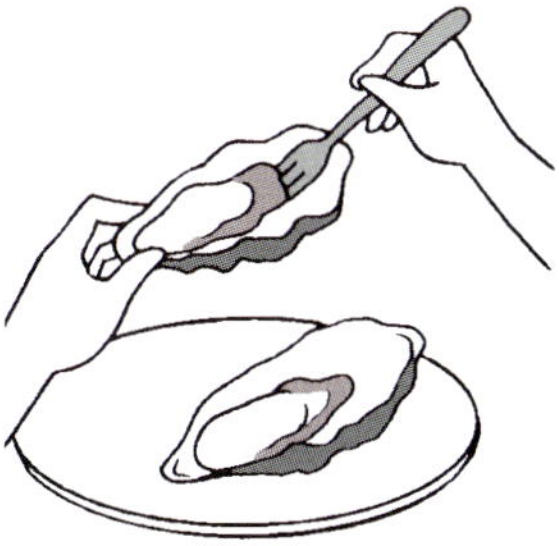

左手で殻を押さえながら、フォークで身を外す。殻に残った汁は直接口をつけて飲んでもよい。

！食前酒の選び方

食前酒は、食欲を増進させることが期待されているため、シャンパン、シェリー酒、カクテルなど、やや辛口のものがおすすめです。メニューにはなくてもビールを用意しているお店もあります。

スープ・パン

スープ

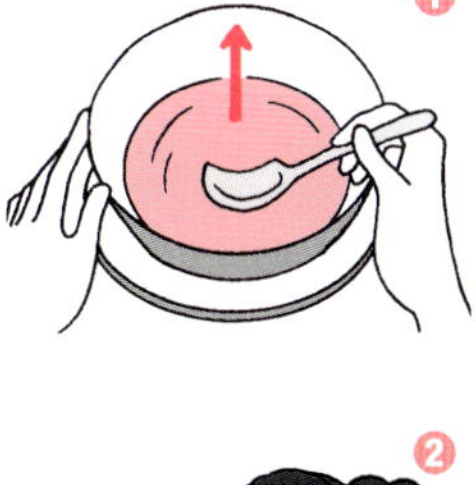

① 皿の端に軽く手を添え、スプーンで手前から奥へすくう。
② スプーンの先に口を当て、音を立てないようにして流しこむようにいただく。
③ スープが少なくなったら、左手で皿の手前を少し持ち上げ、残りのスープをすくう。

パン

スープが済んでから肉料理を食べ終わるまでの間にいただきます。食べるたびに手でちぎり、バターをつけます。パンを歯でちぎるのはタブーです。

手で一口大にちぎって口に運ぶ。

肉や魚料理のソースにつけていただいてもよい。

魚料理

ムニエル

❶

❷

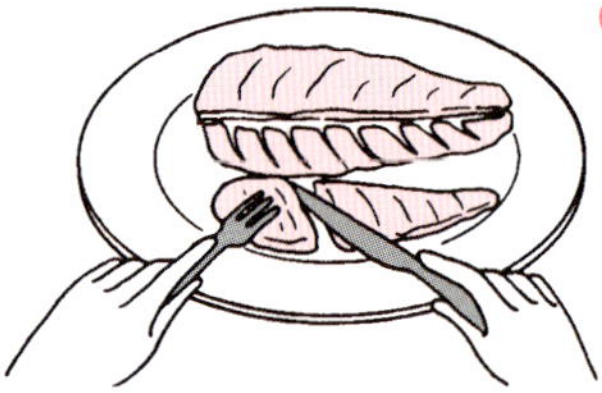

❸

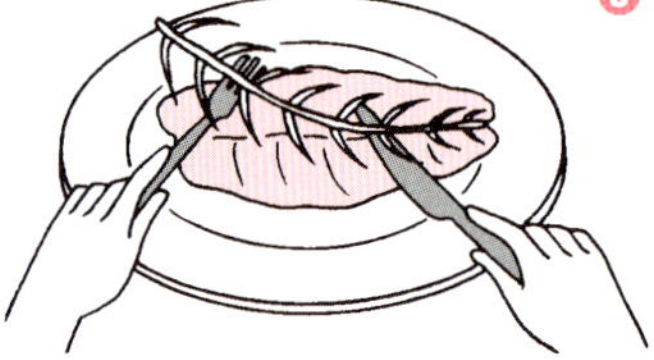

❶ 左端をフォークで押さえ、頭から中骨に沿ってナイフで身をはずす。

❷ 左側からナイフで一口大に切っていただく。

❸ 上身を食べ終えたら、フォークとナイフで中骨を外し、皿の向こう側に置く。

伊勢エビのグリル

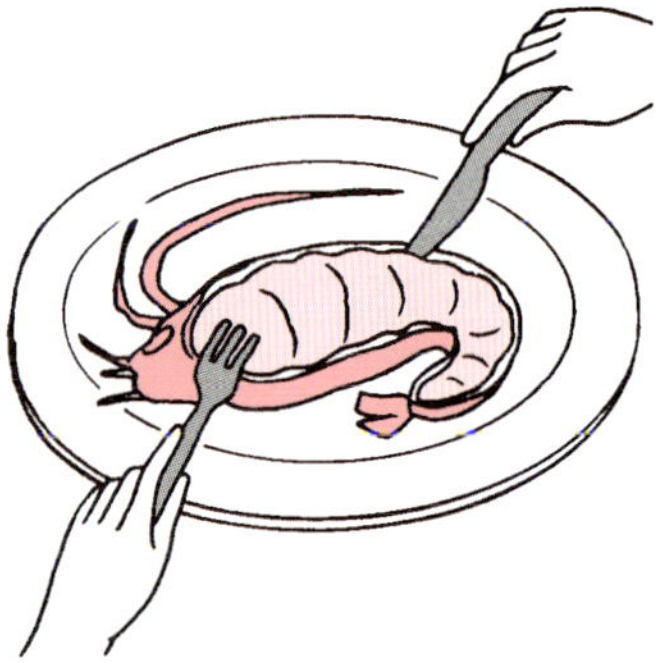

フォークで身を押さえ、ナイフを垂直に入れる。身と殻の間をすべらせながら身をはずす。

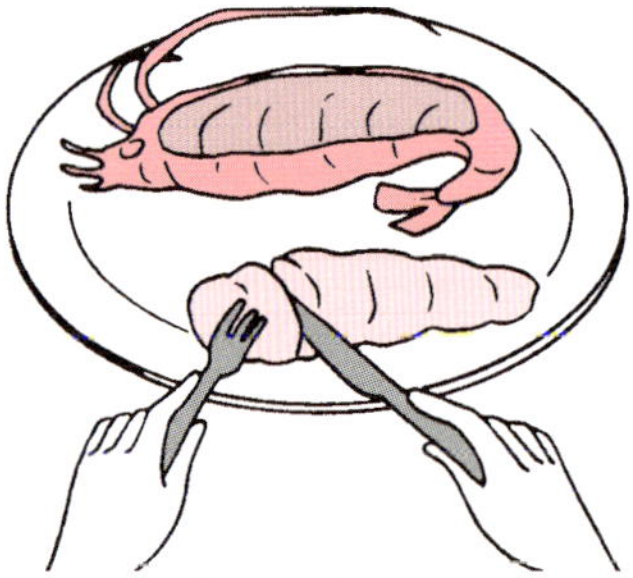

身を殻からはずしたら、手前に置いて、左側から一口分ずつ切っていただく。身の中のみそをつけてもよい。

肉料理

骨つきの肉

基本的にはナイフとフォークを使います。肉に紙が巻いてあったり、フィンガーボールが出されたら手で食べてもかまいません。

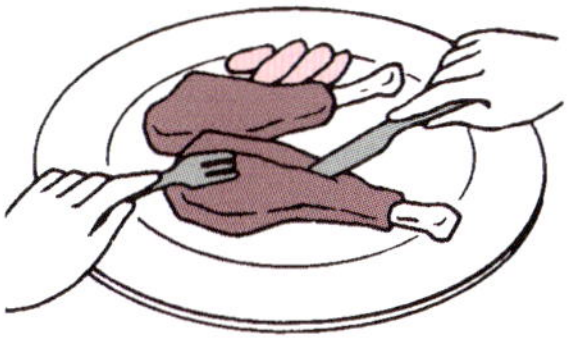

フォークで肉を押さえながら、骨に沿ってナイフで切り込みを入れる。

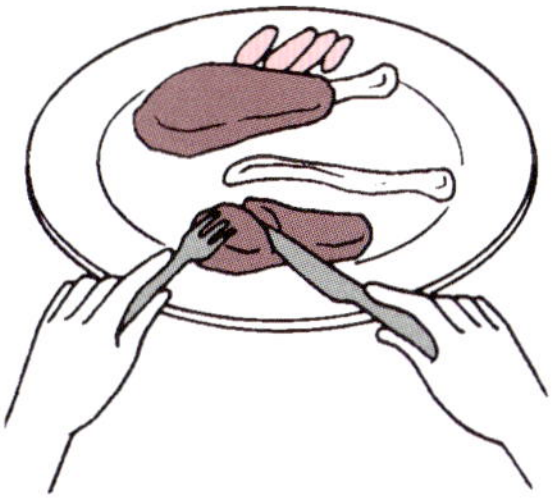

骨から肉を切り離し、手前に置き、左端から一口大に切っていただく。

ステーキ

肉は食べるときにそのつど切り分けます。付け合わせも肉と同じように一口大に切っていただきましょう。ナイフは手前に引くようにするとスムーズに切れます。

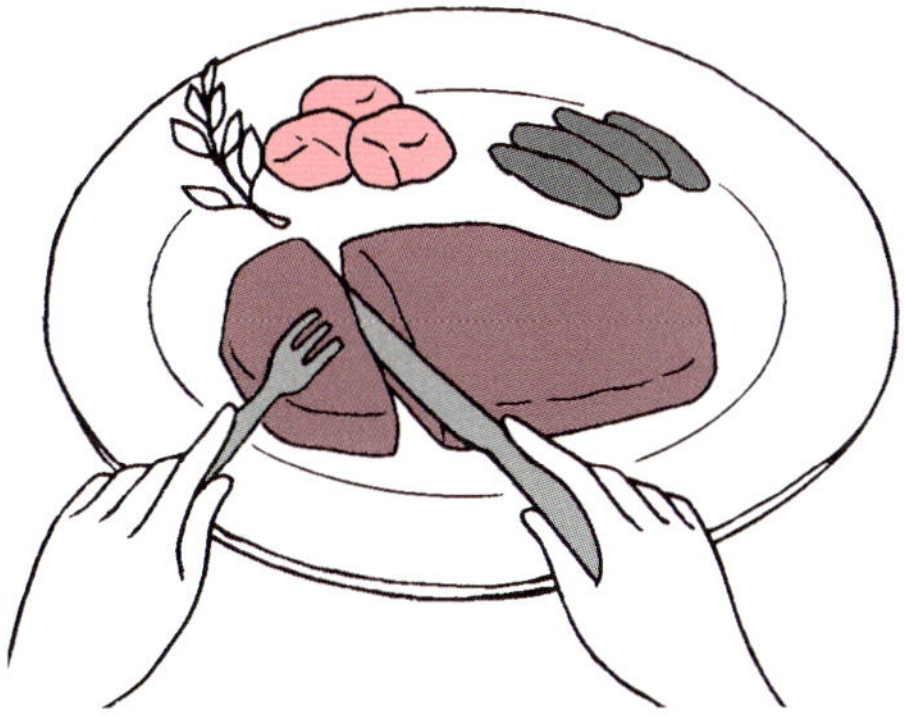

ナイフとフォークで左端から一口大に切り、ソースにからめながらいただく。

パスタ・サラダ

パスタ

フォークのみで食べるのが正式ですが、スプーンがセットされている場合は使ってもかまいません。殻つきの貝などは、殻を左手で押さえ、フォークで身をとります。身は食べる分だけそのつど外し、殻は皿の隅にまとめます。

フォークを寝かせて食べられる量だけ巻きつける。1度に巻くのは3～4本が適量。

ペンネは、フォークにのせていただく。とりにくければフォークで刺してもよい。

サラダ

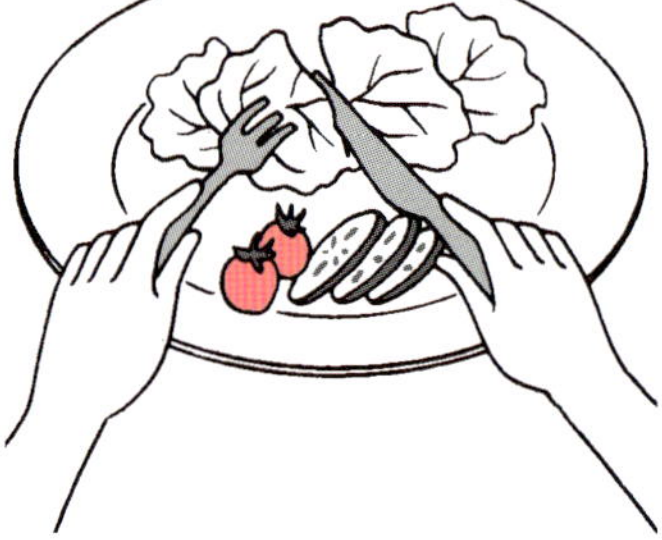

大きな具はナイフで切るか、ナイフとフォークで食べやすい大きさにたたむ。

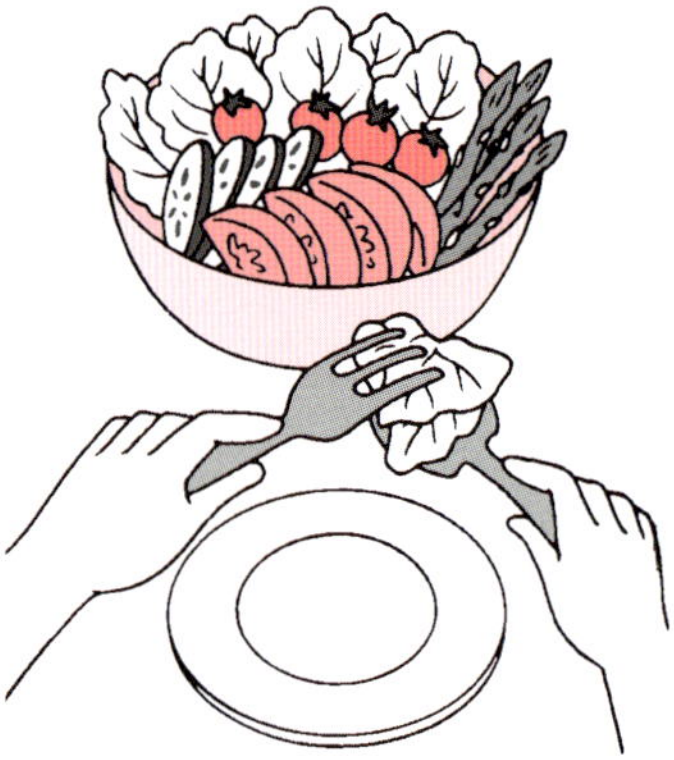

一口分の量だけ具をとり、ナイフの面に押し当てながらフォークで刺す。

デザート

ぶどう

一粒ずつとり、手で皮をむいていただく。種は手の中に出して、皿の隅に置く。

バナナ

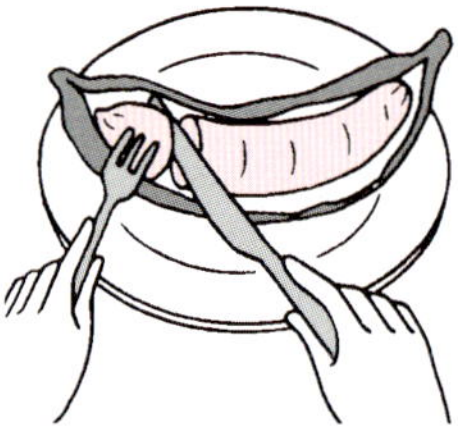

ナイフで皮に切り込みを入れて開き、左端から一口大に切っていただく。

メロン

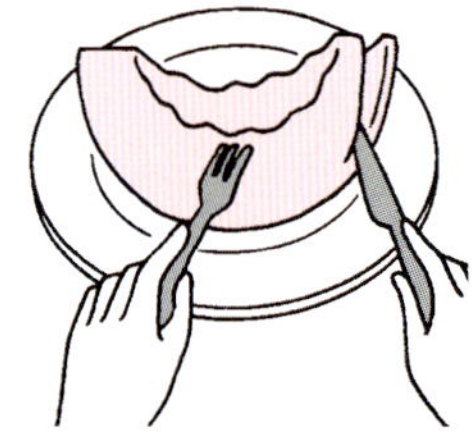

左端をフォークで押さえ、右からナイフを入れて、身と皮を離し、左端から一口大に切っていただく。

アイスクリーム

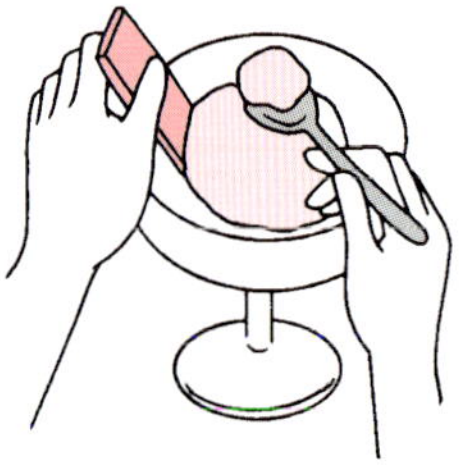

手前からスプーンですくっていただく。ウエハースやビスケットはアイスクリームと交互にいただく。

タルト

真上からフォークでタルト台を割りながらいただく。

ミルフィーユ

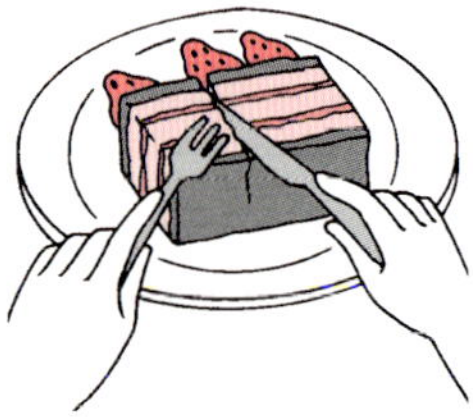

ナイフとフォークの両手でそっと倒し、層に垂直になるように切る。

作法を知って楽しく食べる

中国料理のいただき方

POINT

中国料理のマナーは和食ほど厳しくなく、楽しく食事をすることをモットーとしています。ちりれんげの使い方をマスターすると、食べやすく見た目にもスマートです。

麺類

麺をいただくときは、音を立ててすすらないようにしましょう。汁を飲むときは箸を置き、ちりれんげを右手に持ち替えます。箸で麺を食べながら、ちりれんげで汁を飲むのはマナー違反です。

一口分の麺と具を箸でとり、左手のちりれんげで受けていただく。

春巻き・ぎょうざ

一口大のぎょうざは、切らずにそのままいただきます。調味料は直接かけず、小皿に入れてつけます。しゅうまいの食べ方も同様です。

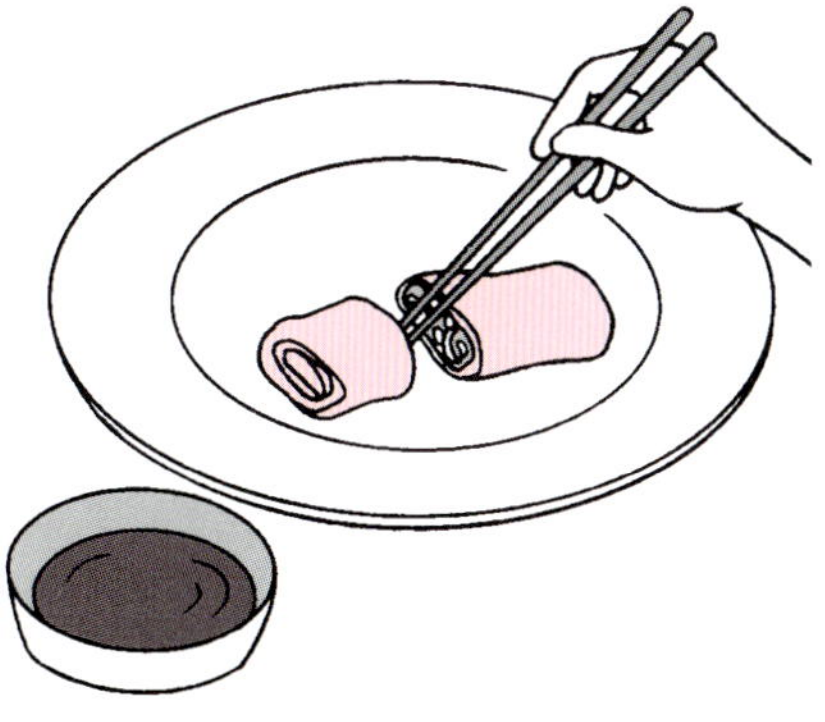

長い春巻きは箸でふたつに分け、からしやしょう油をつけていただく。

北京ダック

北京料理の看板料理でもある北京ダックは、薄い皮にダックやきゅうり、ねぎを包んでいただきます。

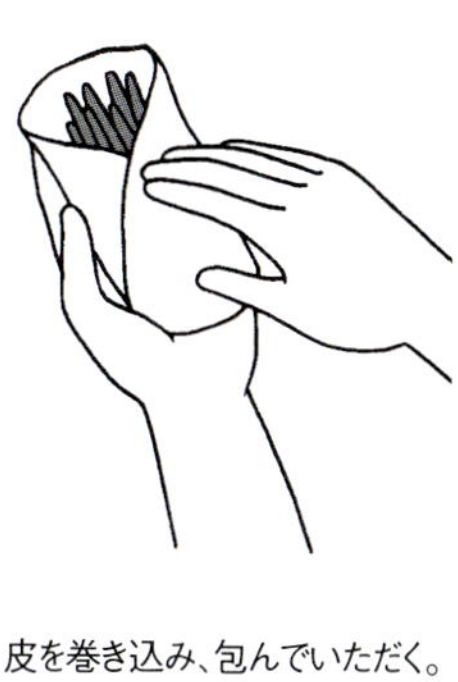

皮を巻き込み、包んでいただく。

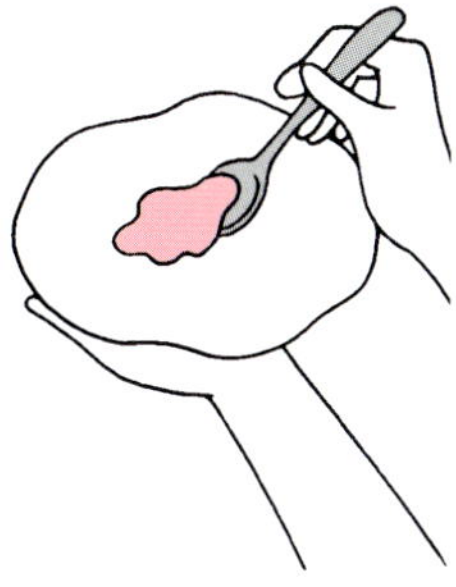

皮にみそをぬり、北京ダックと野菜などをのせる。

ワンタン

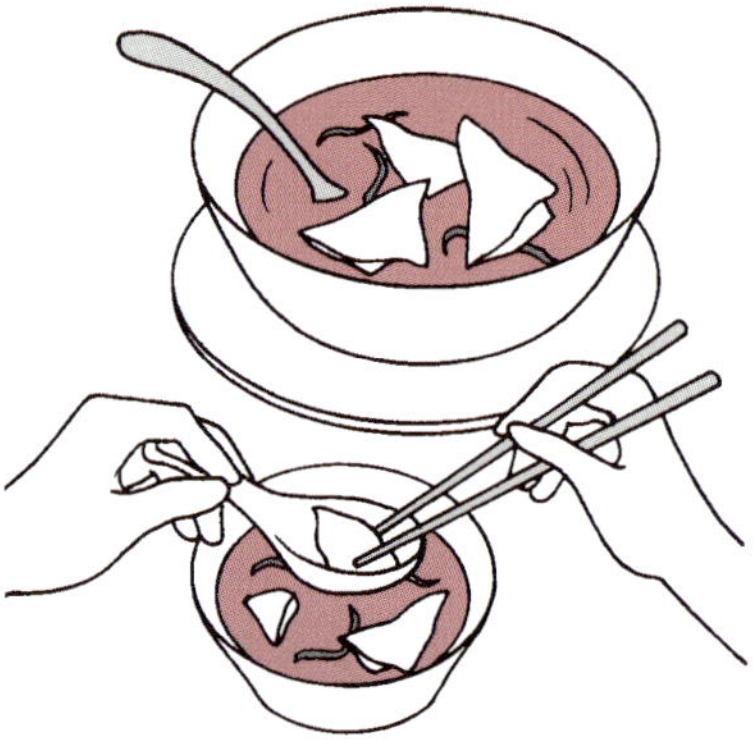

ちりれんげで、取り皿のワンタンとスープをすくい、箸を使っていただく。

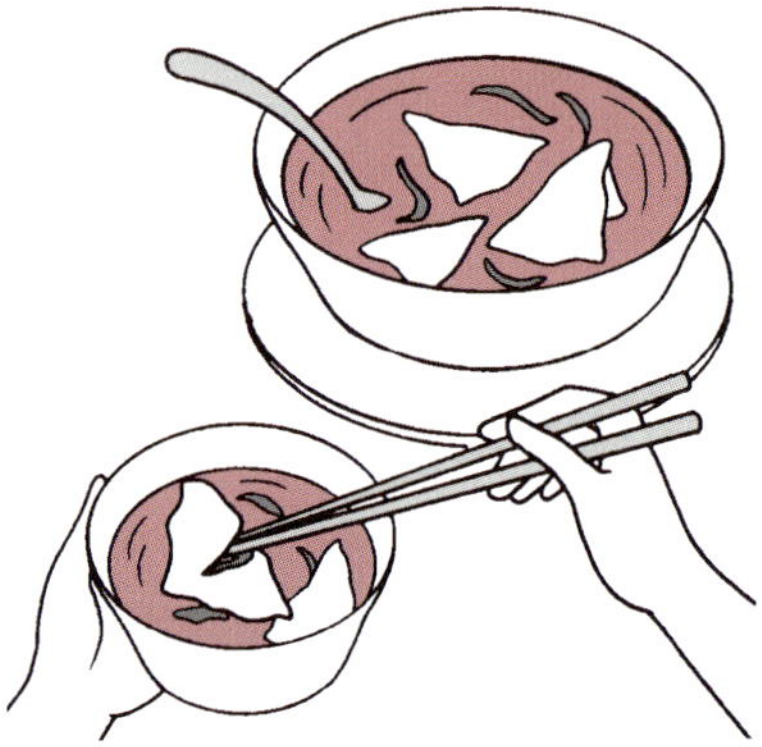

器からワンタンを取り皿にとり分け、一口大に箸で切り分ける。

チャーハン

食べづらい場合は皿を手前に傾けてもかまいませんが、取り皿に口をつけて食べるのはマナー違反です。

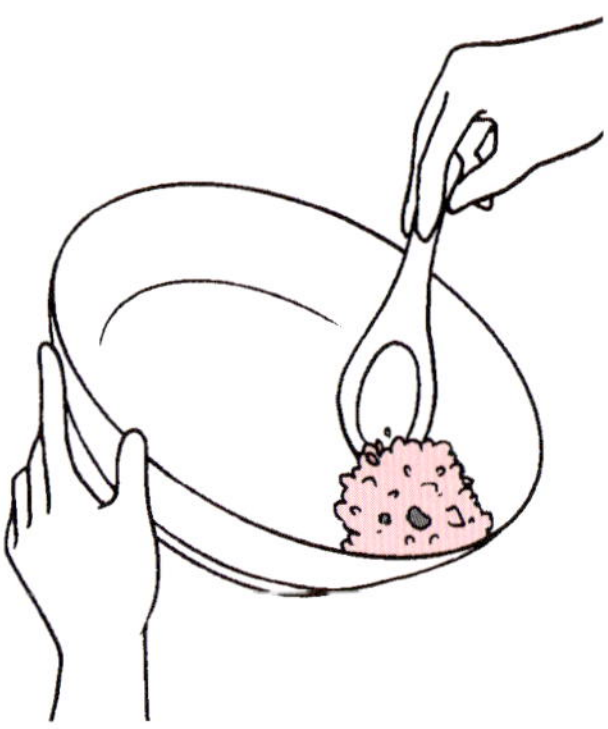

手前に傾けてちりれんげでご飯を集める。

ちりれんげの先に一口分ずつのせていただく。

中華まんじゅう

手で割って食べてかまいません。熱い場合は、箸でまんじゅうを縦に割り、一口大に切り分けていただいてもよいでしょう。しょう油やからしをつけるときは、まんじゅうを取り皿にいったん置いてつけます。

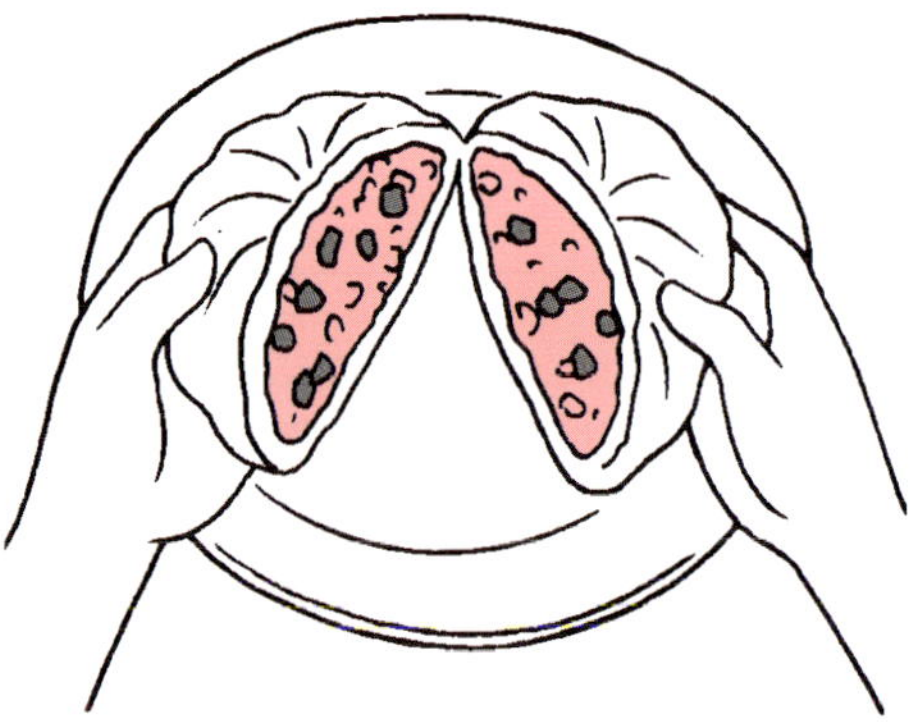

手で半分に割ってから、一口大にちぎっていただく。

中国茶

中国料理では、お茶を飲みながら食事をいただきます。ふたつきの茶托《ちゃたく》は、茶葉が口に入らないようにふたをずらして飲みます。

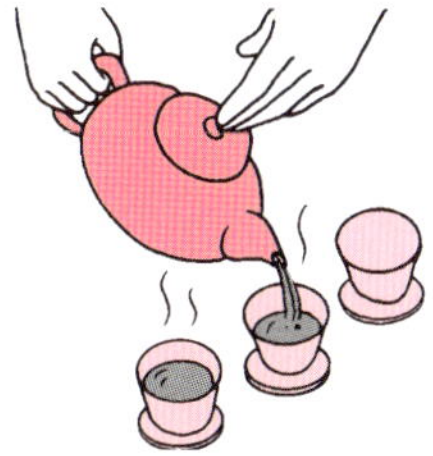

❶ 急須のふたを軽く押さえてお茶を注ぐ。隣の人の分も注いであげる。

❷ 茶碗は左手で茶托ごと持ち上げ、右手でふたを奥にずらして飲む。

❸ おかわりするときは、急須のふたを少しずらしておく。

飲茶の楽しみ方

飲茶とは？

飲茶《ヤムチャ》とは、点心《テンシン》をいただきながら、お茶を楽しむ中国独特の食文化で、広東地方や香港で広く普及しています。

ぎょうざや春巻き、中華まんじゅうなどの点心から、杏仁豆腐《アンニンドーフ》やゴマだんごなどのデザートまでを楽しめるのが飲茶の魅力です。本格的な食事よりも軽食に近いため、リーズナブルに中国料理を味わうことができます。

飲茶の種類

飲茶には、ワゴン式とメニュー式のふたつのスタイルがあります。ワゴン式とは、点心をのせたワゴンが近くを通ったら、手を上げたり呼び止めたりして料理をオーダーします。一皿500～800円と手ごろで、最近では2～3千円で食べ放題のメニューを扱う店も増えてきました。メニュー式とはオーソドックスなメニューオーダーの方式です。

中国茶のいただき方

中国茶には、油分が多くこってりとした料理を食べたあと、口中をさっぱりさせる効果があります。

飲茶は中国茶を飲みながら食べるのが基本です。食事中にはウーロン茶、香りの強いジャスミン茶は食後に飲まれることが多いようです。また、油分を洗い流してくれるプーアル茶も最近は人気を集めています。

食事のマナーQ&A

Q パンをすすめてくれたけれど、パン皿がありません。どうすればいい？

A レストランで食事中に、「パンをどうぞ」とウエイターがパンを持ってきてくれます。このとき、パン皿がテーブルにないことがありますが、慌てる必要はありません。パン皿がなければ、テーブルクロスの上にじかに置いてかまいません。料理皿の上に置くと、皿を下げるときにじゃまになりますので、置かないようにします。

なお、テーブルにパンくずが散らばっても気にする必要はありません。

Q ナプキンの使い方は？

A ナプキンはあくまでも口や手をふくためのもの。ナプキンは前掛けではありませんので、首元にぶら下げたりするのはマナー違反。食事中は二つ折りにしてひざの上に置くのが正式なマナーです。

Q お酒が飲めない私。ジュースで乾杯ではいけませんか？

A パーティーなどの宴席では、お酒が飲めなくても、乾杯だけはお酒でするのがマナー。グラスにお酒を注ぎ、乾杯の音頭に合わせて口をつけるまねをすれば、飲まなくてもかまいません。乾杯が終わったら、アルコールが飲めない旨をまわりに告げ、ソフトドリンクを飲むとよいでしょう。

Q 「手皿」は正しいマナー？

A 食べ物を口に運ぶときに、こぼさないよう左手の手のひらで受けることを「手皿」といいます。実は、これは正式なマナーにかなった行為ではありません。手皿を使うのは和食が多いようですが、和食は洋食や中国料理と違い、器を持ち上げて食べてもかまいません。小皿や椀などは胸の高さまで持っていって口に運ぶと、見た目にもスマートです。

手皿は正式なマナーではないので、汁がたれそうな食べ物をいただくときは、器を持ち上げる。

PART

4

葬儀・法要のしきたりとマナー

- 葬儀と法要のスケジュール
- 危篤・臨終を告げられたら
- 死亡の連絡・通知と死亡届の提出
- 通夜・葬儀の準備と当日の流れ
- さまざまなスタイルの葬儀の特徴
- お墓と霊園の選び方
- 日常の供養のしかた
- 法要の準備とすすめ方
- 弔問客の服装のマナー
- 香典金額の目安と供物・供花の贈り方
- 通夜・葬儀に参列する
- 法要に出席する

葬儀と法要のスケジュール

臨終から通夜、葬儀・告別式、法要への流れは、宗教や地域によって違いがあります。しかし、おおよその決まりがありますので、そのスケジュールと内容を紹介します。

遺族

危篤・臨終

○危篤の知らせを受けたら 参照 196ページ

会わせたい人に連絡をする。

○臨終を迎えたら 参照 196ページ

末期の水をとり、遺体を清め、死装束をつけて安置する。

○葬儀社に連絡し、葬儀の日程や予算などを決める 参照 198ページ

通知

○死亡を伝える 参照 199ページ

○死亡届を市区町村役所へ提出 参照 200ページ

通夜・葬儀の準備

○葬儀の形式を決める 参照 206ページ

○葬儀の日程と会場を決める 参照 208ページ

○世話役の依頼 参照 212ページ

○通夜の手配を行う 参照 216ページ

弔問客

危篤・臨終

○危篤の知らせを受けたら 参照 258ページ

知らせを受けたらすぐに駆けつける。

○臨終に立ち会う 参照 258ページ

臨終に立ち会う場合は控えめにふるまい、長居せずに引き揚げる。

通知

○死亡の通知を受けたら 参照 258ページ

弔問に伺えない場合は、すぐに弔電を打つ。

通夜・葬儀の準備

○香典と供物・供花の準備 参照 260・262ページ

相手の宗教に合った不祝儀袋を用意して香典を包む。供花や供物を贈るときは、事前に喪家の都合を伺う。

○喪服の準備 参照 264ページ

弔問客は準喪服が一般的。

通夜

○通夜当日

参照 218ページ

神式は230ページ、キリスト教式は232ページを参照。

葬儀・告別式

○葬儀・告別式

参照 222ページ

神式は230ページ、キリスト教式は232ページを参照。

出棺・火葬・遺骨迎え

○出棺から火葬まで

参照 226ページ

故人と最後の対面をし、棺のくぎを打つ。棺を運び出し、火葬場に向かう。

○遺骨を迎える

参照 228ページ

遺骨が自宅に戻ったら、還骨勤行を行う。

葬儀終了後

○葬儀後のあいさつと手続き

参照 238ページ

葬儀費用を支払い、生命保険金の請求や諸手続きを行う。僧侶や神官などにお礼を述べ、法要の打ち合わせをする。

法要

○法要の準備・法要当日

参照 250・254ページ

法要の日取りを決めたら、法要の案内状を発送する。四十九日などの法要を営む。納骨を済ませ、忌明けのあいさつをする。

通夜

○通夜に参列する

参照 266ページ

弔問客は通夜か葬儀のどちらかに参列すればよい。香典・喪服を用意して、指定の時間内に伺う。通夜ぶるまいを受ける。

（※あまり長居せずに引き揚げる）

葬儀・告別式

○葬儀・告別式に参列する

参照 268ページ

通夜に出席しない場合は、香典を持参して葬儀に参列し、焼香を行う。弔辞の依頼があったら引き受ける。

出棺・火葬・遺骨迎え

○出棺・火葬・遺骨迎え

参照 226・228ページ

出棺を見送る。

火葬場へ行くときはあらかじめ申し出ておき、骨揚げに加わる。還骨勤行と同時に初七日の法要を行う場合は、御香料を包む。

法要

○法要の知らせを受けたら

参照 271ページ

法要の案内状が届いたら、すぐに出欠の返事を出す。出席するときは、御香料か供物を持参する。欠席するときは、遺族に見舞状を出す。

まわりへの連絡は迅速に

危篤・臨終を告げられたら

遺族

弔問者

POINT

危篤《きとく》の知らせを受けたときは、早急に本人のもとに駆けつけ、親族などに伝えます。臨終《りんじゅう》を迎えたら、悲しみを抑え、落ち着いて葬儀の準備などを行います。

危篤の連絡

危篤の連絡は血族・姻族の三親等まで

本人が危篤状態に陥った場合、医師から親族にその旨が伝えられます。知らせを受けたら、家族や近親者、親しい友人、勤務先など、会わせたい人に至急連絡をとります。

近親者は三親等《さんしんとう》くらいを目安に知らせます。疎遠になっていたとしても、親や兄弟には必ず連絡しましょう。

本人の友人関係は、家族でもなかなか把握していないもの。万一に備えて、住所録の整理をしておきましょう。

電話で手短に連絡する

本来、深夜や早朝の電話はマナー違反ですが、緊急時は失礼にあたりません。危篤の連絡の際は、すみやかに用件を述べ、正確な情報を冷静に伝えます。メモなどに要点をまとめておくとよいでしょう。伝えるべき内容は、

❶ 危篤者の氏名
❷ 危篤者の所在地・電話番号・道順
❸ 病名や症状
❹ いつごろまでに来てほしいか

などです。また、不在の場合は、ファックスや留守番電話、電子メールなど、別の伝達手段で、情報を伝えます。緊急電報を打つという方法もあります。

三親等内の親族表

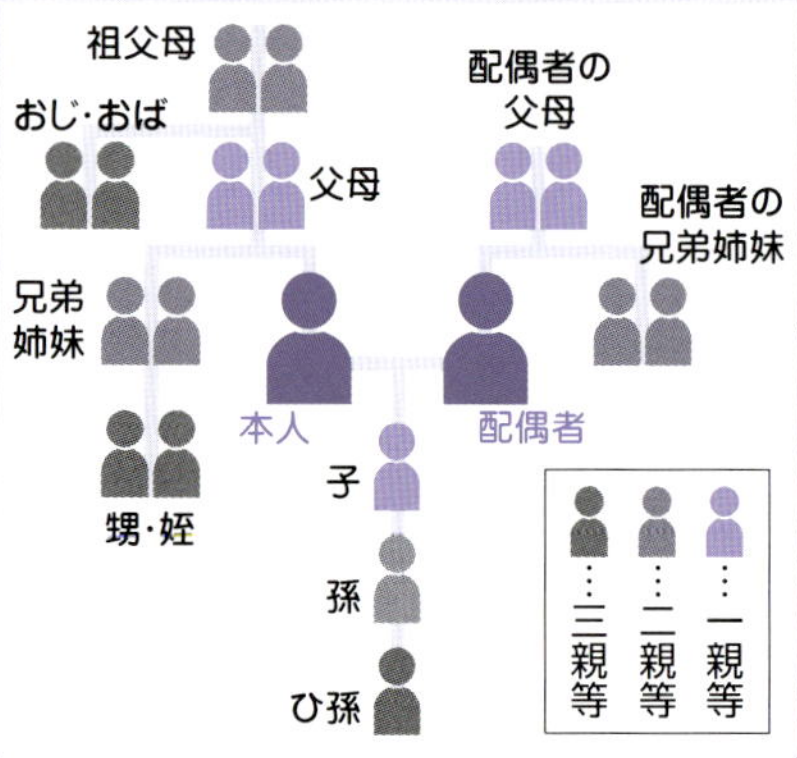

臨終を迎えたら

死を受け入れる心の準備が大切

臨終《りんじゅう》の際は、大きな衝撃と深い悲しみを受けるものですが、親族には葬儀の準備などがありますので、心の準備をし、落ち着いてふるまいましょう。

医師に死亡判定を受けたら、親族や知人、勤務先などに連絡します。遺体の処理と安置を行い、病院の精算をし、役所に死亡届を提出します。

自宅療養中に死亡した場合は、すぐに主治医に連絡をとり、死亡を確認してもらいます。医師が駆けつけるまで遺体に手を触れないようにしましょう。遺体の手入れは、医師による検死と死亡診断書の作成後に行います。

尊厳死を望む場合は

延命《えんめい》治療《ちりょう》をせず、尊厳死《そんげんし》を望む場合は、日本尊厳死協会が発行するリビング・ウィル（尊厳死の宣言書）に本人の責任で署名、捺印《なついん》し、医師に提示します。

そのおもな内容は、無意味な延命治療や植物状態に陥った際の生命維持措置の拒否、痛みをやわらげる治療の希望などです。

献体や臓器提供を申し出るとき

献体とは、研究のために遺体を病院に提供することです。生前に故人が献体登録をし、親や兄弟、配偶者、子どもの全員が署名、捺印をして、了承しなくてはなりません。その場合、葬儀を済ませてから、遺体を病院に運びます。

また、臓器提供を希望する場合は、故人が生前に「臓器提供意思表示カード」（ドナーカード）で、その意思を示していることが必要です。家族の承諾を得たあと、法律に基づいて臓器摘出の手続きが行われます。

臨終から納棺までの流れ

1. 医者から臨終の宣告
2. 葬儀社に依頼する
3. 死亡の通知・連絡をとる
4. 末期《まつご》の水を取る
5. 遺体を清め、死装束《しにしょうぞく》をまとい、死化粧《しにげしょう》をする
6. 遺体を安置する
7. 納《のう》棺《かん》

危篤を告げられたときのQ&A

Q 本人の希望で遺言を残すときは？

A 本人が残していた遺言とは別に「死亡危篤遺言書」が認められています。本人が明瞭に意思表示でき、3人以上の証人が立ち会い、ひとりが内容を口述筆記することが必要です。

Q キリスト教信者の臨終の儀式とは？

A 危篤になった人がキリスト教信者の場合は、臨終の儀式があります。

●カトリック…臨終前に神父が「病者の終《しゅう》油《ゆ》の秘跡《ひせき》」を行う。神父が病人の額と両手に聖油を塗り、ぶどう酒とパンを与える。死を前にした信者が神に罪の許しを求め、神の恩恵を受けるための儀式。

●プロテスタント…牧師が枕元で「聖餐《せいさん》式《しき》」を行う。安らかに天に召されるように祈りを込めて、信者にパンとぶどう酒を与え、聖書の一節を朗読。

葬儀社への依頼

サービス内容をしっかり確認

遺族

POINT

故人との別れは、遺族にとってつらいものですが、すぐに葬儀の準備をすすめなければなりません。経験者の意見を聞いて、信頼できる葬儀社を選びましょう。

葬儀社選びのコツ

葬儀はどこに依頼する?

地方によっては町内会などの世話人が葬儀の準備を整えてくれるところもありますが、最近では、葬儀の手続きから準備、進行のいっさいを葬儀社に任せるケースが増えてきました。

生活協同組合や農業協同組合、互助《ごじょ》会などに入会している場合は、そちらに依頼しましょう。また、役所や全国各地に組織されている葬祭協同組合に紹介してもらう方法もあります。

見積りを出してもらう

葬儀社へは、葬儀の日程・場所・形式・予算などの希望を明確に伝えます。トラブルを未然に防ぐためにも、文書で見積りを出してもらい、内容を確かめ、納得した上で依頼しましょう。

葬儀社では、葬儀の必需品をセットにした基本料金を設定しており、その上でオプションメニューを用意しています。喪家《そうか》の希望にも最大限に応えてくれますので、相談してみましょう。

◆葬儀社を選ぶポイント

1. 経験者や病院などの評判がよい
2. 対応がていねいで親身
3. 費用やサービスの説明が具体的
4. 葬祭専門のディレクターがいる

葬儀社のサービスおよび金額の目安

※葬儀社によって料金やメニューが異なるので確認をしましょう。
遺体の搬送(病院から自宅など)…1.5万円
枕飾り、納棺…5万円
祭壇の設営と後片付け…30万円
遺影の準備…2万円
通夜や葬儀、告別式の企画運営…3万円
斎場の紹介…2万円
僧侶や神父の紹介…2万円
死亡届、火葬許可申請の手続き代行…1万円
死亡広告の手配…1万円
会葬礼状、返礼品や弁当などの手配…4万円
会食用の料理の手配…15万円
喪服の準備(レンタル・借衣装)…3万円
供花や供物の手配…3万円
火葬場の手配…2万円
霊柩車やバス、ハイヤーの手配…8万円
後飾りの設営…2万円
初七日法要の設営など…10万円

情報を正確に伝える
死亡の連絡と通知

遺族

POINT
訃報《ふほう》は、危篤《きとく》のときと同じく電話で連絡をします。友人や知人、関係者への死亡通知は葬儀通知も兼ねますので、葬儀の日程が決まってからすぐに手配をしましょう。

死亡の連絡と通知のしかた

関係者への通知は電話で

死亡の際は、親戚、友人・知人、危篤を知らせた人、すぐ来てほしい人へは電話で知らせます。それ以外の人には、通夜や葬儀の日程が決まってから葬儀通知を兼ねて連絡します。危篤時と同様で、①三親等《さんしんとう》までの親族　②友人・知人　③勤務先・関係団体の順に知らせるのが適当でしょう。

電話では、情報を正確に伝えることが大切です。「突然お電話して申し訳ありません。私、○○の妻の△△と申します。本日、○時に夫が亡くなりました。通夜、葬儀の日程はのちほどお知らせいたします」といった要領です。

死亡通知状と死亡広告の出し方

故人が会社の要職者などで知名度が高い場合は、関係者に死亡通知状を出します。黒か灰色の枠つきのはがきか、封書の場合は枠つきの封筒を用います。

葬儀社に頼めば用意してくれます。

故人の交際範囲が広く、社会的な地位もあり、遺族が通知の範囲を判断しかねる場合は、新聞に死亡広告を出して通知もれを防ぐこともできます。広告は有料で、広告代理店や葬儀社を通じて申し込みます。

! 死亡の連絡方法

電話以外での連絡のしかた

相手が不在などで電話連絡ができないときは、ファックスや電子メール、電報などで連絡します。

電報の場合は、故人の姓名・死亡時刻・発信者名を正確に入れます。内容も、いきなり「○○シス」と入れると先方のショックが大きいと考えられる場合、先に危篤の電報を入れたあとに、死亡通知を送る気づかいも必要です。

菩提寺などへの連絡

死亡通知は、菩提寺《ぼだいじ》の僧侶や神官、牧師などの宗教者にも行う必要があります。

葬儀の日程を決める前に、宗教者の日程を聞いておき、葬儀通知の前に、宗教者との日程の相談を済ませておきましょう。

届け出の種類と提出先

死亡の届け出について

遺族

POINT

死亡が確認されたら、死亡届を提出します。死亡診断書とともに死亡届を市区町村役所に提出すると、火葬《かそう》許可証が交付され、火葬後に埋葬許可証が渡されます。

死亡後のさまざまな届け出

死亡届は死後7日以内に提出

死亡届の用紙は、市区町村の戸籍係《こせきがかり》、病院、葬儀社にあります。届け出は、死亡の事実を知った日から7日以内に、医師の死亡診断書とともに管轄の市区町村役場に提出することになりますが、本籍地で死亡したときは1通、それ以外なら2通用意します。

交通事故や火災などによる事故死、または変死の場合は、所轄の警察署に連絡し、死体検案書に記入捺印《なついん》を受けてから役場に死亡届を提出します。

医師が死亡診断書に記入

死亡診断書は、臨終《りんじゅう》に立ち会った医師か、死亡を確認した医師に記入、署名捺印をしてもらいましょう。死亡届と左右で一枚の用紙になっています。

死亡診断書は後日、保険金や遺族年金などの請求にも必要になるので、必要枚数を同じ医師に所定の用紙へ記入してもらい、手続きします。

火葬許可証と埋葬許可証

死亡届と同時に死体火葬許可証交付申請書を提出すると、火葬許可証が交付されます。葬儀に間に合うよう交付を受けておきましょう。

火葬許可証は、火葬の当日に持参し、火葬場に提出します。火葬が終わったら、火葬許可証に証明印をもらい、これが納骨《のうこつ》の際に必要な死体埋葬許可証になります。

故人の預金口座の利用

死亡が確認され死亡届が発行されると、故人名義の預金口座はいったんクローズの措置が取られます。このため、いくら遺族でも、口座からの引き出しが即座にはできなくなります。

死亡の際には、そのあとの葬儀費用などで何かと物入りになります。故人の預金をあてにしていて、死亡後に預金が引き出せなかったという例はめずらしくありません。

臨終を前にして、事務的な作業はなかなか難しいものですが、必要がある場合は、死亡届を出す前に、預金口座の引き出しを済ませるとよいでしょう。

最後のお世話は心を込めて

遺体の処置と安置について

遺族

POINT

臨終《りんじゅう》が告げられたら、遺族や親近者で末期《まつご》の水を与え、遺体を清めます。安らかに死後の世界に旅立つよう、しきたりに従い、心をこめてとり行いましょう。

末期の水と死化粧

末期の水は血縁の近い順に

末期の水は、死者の唇を水でうるおす、「死に水」ともいわれる儀式です。本来は臨終まぎわに行われるものでしたが、現在は息を引き取ったあとに、死後の世界で飢えや渇きに苦しむことがないようにと願って行われます。

末期の水

割り箸を脱脂綿か白いガーゼで包み、木綿糸で縛る。これに茶碗の水を含ませ、死者の唇を湿らせる。

お清めはいたわりの心をもって

末期の水のあとは、「湯かん」をします。たらいにくんだ逆さ水（水を先に入れ、あとから湯を入れる）に手拭いを浸し、遺体の全身をふき清めます。現在では、アルコールを用いる「清拭《せいしき》」が一般的です。遺体を清めたら、汚物などが出ないように、耳・鼻・口・肛門などに脱脂綿《だっしめん》を詰めます。

病院で亡くなった場合は、看護師さんが処理してくれますが、遺族が申し出て故人への最後のお世話をしてあげてもかまいません。

死装束に着替えさせ死化粧を

遺体を清めたら着替えさせます。最近では故人が生前好んでいた服を着せて死装束《しにしょうぞく》とするケースが増えています。髪や顔を整え、爪を切り、男性ならひげを剃り、女性の場合は薄く死化粧《しにげしょう》をほどこします。

仏式の死装束

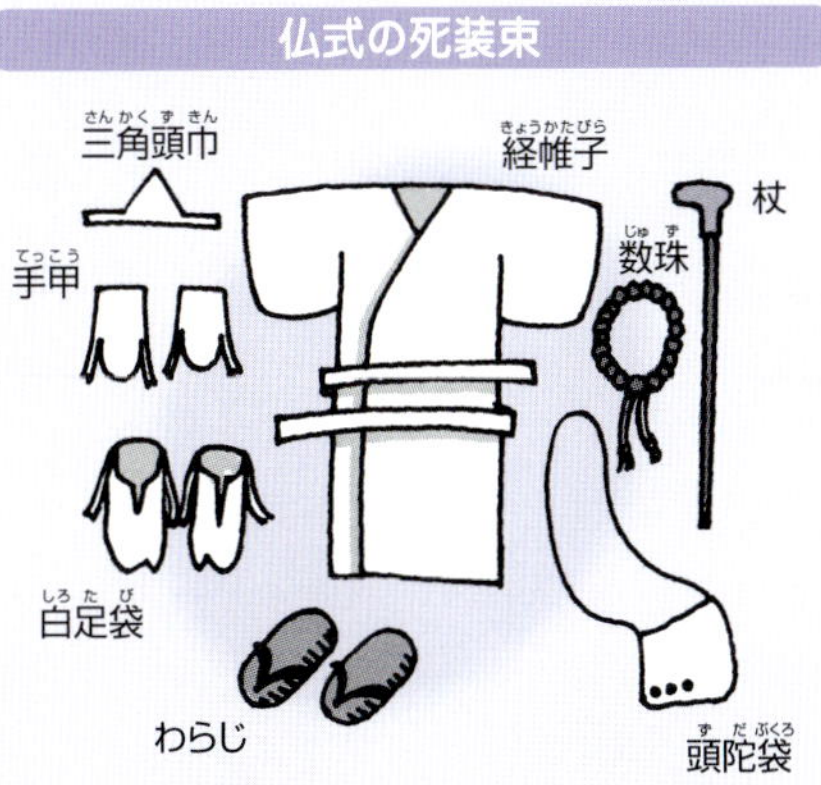

遺体の引き取りと安置

遺体は北枕に安置する

死化粧《しにげしょう》と死装束《しにしょうぞく》をほどこしたあと、仏式と神式では、遺体を仏間に「北枕《きたまくら》」の状態で安置します。北枕とは、頭を北の方向に向けて寝かせることです。北枕にできない場合は頭を西向きにしてもよいとされています。

布団は、遺体の腐敗を防ぐために、できるだけ薄いものを用います。掛布団、敷布団とも1枚とし、下には純白の清潔なシーツを敷きます。そして、上下を逆さまにして掛布団をかけます。枕は必要ありません。

顔は白い布で覆い、手を胸元で組ませ、仏式では数珠《じゅず》をかけます。仏式や神式では胸のあたりにナイフなどの刀を「守り刀」として置く場合もあります。守り刀は魔よけを意味し、刃先は必ず故人の足の方に向けます。

今どきのマナー

遺体安置（エンバーミング）

遺体の腐敗を防ぐのはドライアイスが一般的ですが、最近では遺体を長期間きれいに保つための衛生保全技術「エンバーミング」が注目されています。遺体に防腐剤をほどこしたり、事故や病気による損傷を自然な形に修復する技術で、日本では、自主基準の中でサービスを行っている葬儀業者もあります。

病院への支払いと謝礼

遺体を引き取るときに、病院への支払いを済ませ、お世話になった医師や看護師さんにお礼を述べましょう。

とくに、故人が手のかかる症状を患っていた場合は、感謝の気持ちを謝礼として表したいと思うかもしれません。しかし、お礼の金品を受け取らない病院もありますので、意向に従うようにしましょう。同室の入院患者にもお礼の気持ちを伝えます。

なぜ遺体を北枕にするの？

北枕は、お釈迦《しゃか》様が入滅《にゅうめつ》するとき、頭を北向きに、顔を西向きにしたその姿が由来とされています。

神式では仏式を取り入れて北向きにする場合がありますが、キリスト教では北枕の習慣はありません。

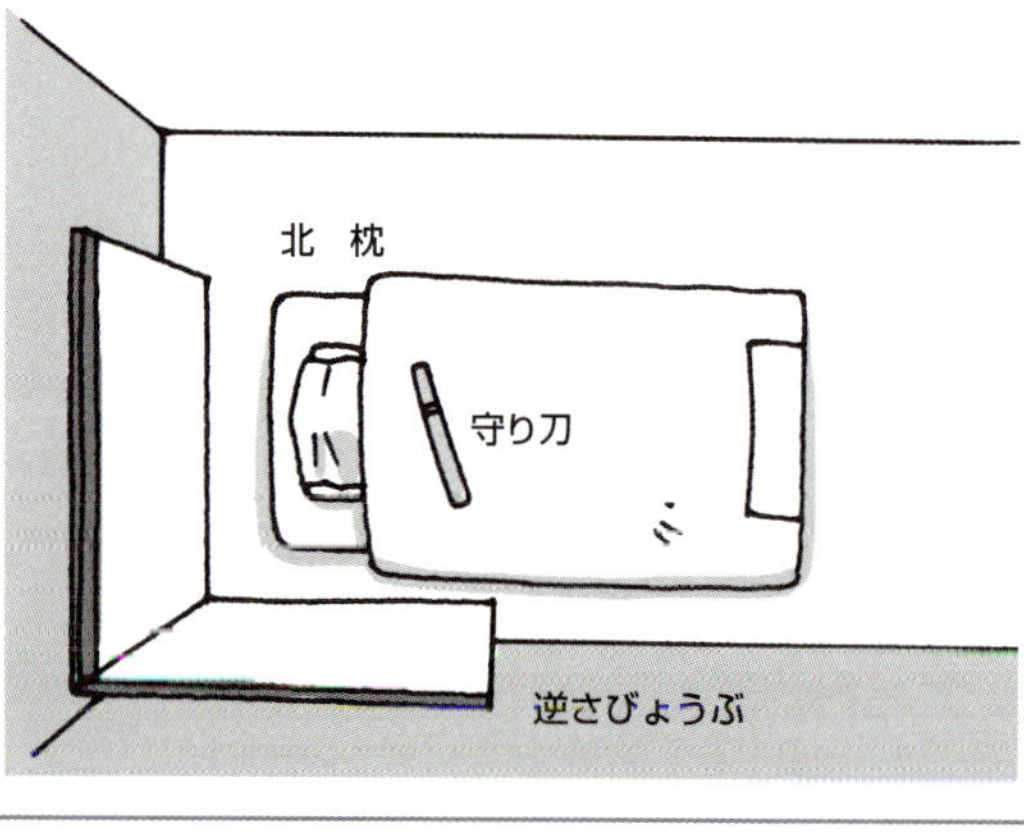

ケース別・遺体の引き取り

自宅で死亡した場合

自宅療養中に、医師立ち会いのもとで亡くなったときは、すぐに死亡診断書を書いてもらいます。

立ち会いの医師がいないときは、すぐに主治医か、近所の医師に連絡して死亡確認をしてもらいます。その場合は、歯科医でも眼科医でもよく、医師の種類は問われません。

病院で死亡した場合

すぐに医師が死亡診断書を書いてくれます。遺体はいったん霊安室《れいあんしつ》に移され、その後、自宅に運ばれることになります。

通夜《つや》や葬儀を斎場で行う場合は、直接会場に運ぶこともありますが、できれば故人の弔《とむら》いになるので、一度は自宅に連れて帰ってあげるのがよいでしょう。

事故死・変死の場合

交通事故による死亡や変死、自殺や他殺のときは、警察医による検死が必要になります。

検死のあと、警察から死体検案書が出されるまで、遺体に触れることはできません。すぐに警察に連絡して、警察医の立ち会いを待ちます。

国内の旅行先で死亡した場合

旅行先で不幸にも亡くなったときは、現地の医師に死亡診断書を書いてもらいます。

遺体を搬送《はんそう》したい場合は、現地の葬儀社に依頼すれば、納棺《のうかん》してドライアイスを詰め、自宅まで搬送してもらえますし、現地で死亡届を出し、火葬まで済ませることもできます。

海外で死亡した場合

遺体を搬送帰国させる場合は、現地で以下の書類を発行してもらう必要があります。

1. **医師の死亡証明書**
2. **大使館や領事館の埋葬許可証**
3. **葬儀社が発行した防腐処理証明書**

遺体の搬送に時間がかかる場合は、現地で火葬まで済ませ、遺骨にして持ち帰ります。最近ではこのケースが一般的になっています。

遺族が現地におもむく場合、たとえパスポートがなくても、特例措置ですぐに発行してもらえます。

死産、出産直後すぐに死亡した場合

妊娠4ケ月以降で死産、または人工妊娠中絶した場合は、医師に「死産証明書」を作成してもらい、死産した場所、あるいは居住地の市町村役場に提出する義務があります。

また、出産してから死亡した場合には、出生届を出してから死亡届を出します。

遺族が交替で故人を見守る
枕飾りと納棺の手順

遺族

POINT

遺体を安置したら、枕元に小さな祭壇をもうけます。これが枕飾《まくらかざ》りです。遺体を棺《ひつぎ》に納める納棺《のうかん》は、枕勤《まくらづと》めのあと、通夜の祭壇ができてから行います。

枕飾りの飾り方

故人を見守るための枕飾り

遺体を布団に安置したら、枕元に枕飾りを置きます。最近は業者が設置してくれるのが一般的ですが、枕飯や枕だんご、箸や茶碗、湯のみなどは遺族側で用意します。枕飯は、故人のために新たに炊きましょう。

枕飾り

枕だんご	あの世で六地蔵《ろくじぞう》に捧げるもので、半紙を敷いた三方に6個ほどのだんごを置く。
枕　飯	故人が使っていた茶碗に白飯を丸く山盛りにし、故人の箸を垂直に立てて供える。

枕経をあげて枕勤めを行う

仏式では、枕飾りをもうけたあと、遺体を棺に収める前に、枕元で僧侶に経を読んでもらう「枕経《まくらきょう》」を行います。故人を無事に仏の座に送るための儀式ですが、最近は省略されることも多いようです。

僧侶に対する謝礼は、地方や寺院のしきたりによって異なりますが、通夜や葬儀のお礼と一緒に渡すことが多いようです。ただし、お車代だけはその場で包んだほうがよいでしょう。

枕飾りをもうけてから納棺するまで、家族は交替で線香とろうそくの火を絶やさないようにします。これを「枕勤め」といい、遺族が故人を見守ります。

納棺は通夜の前に

枕経が済み、祭壇の準備ができたら、遺体を棺に納めます。本来は遺族が行いますが、葬儀社の指示に従って行うようにしましょう。

納棺したら、仏式では経帷子《きょうかたびら》をかけ、両手を組ませて数珠《じゅず》を持たせます。

棺の中に故人の生前の愛用品を納めることができますが、めがねや貴金属などの燃えにくいものや、有害物質を発生するおそれがあるものは避けたほうが無難です。わからない場合は、葬儀社の人に聞いて、判断をあおぐようにします。

結婚指輪は火葬後に遺骨と一緒に骨壷《こつつぼ》に納めるとよいでしょう。

最後に棺に生花を入れ、遺体の周囲を飾り、棺にふたをします。ただし、棺のふたには釘を打たず、棺掛けをつけて、通夜が行われる部屋の祭壇に安置します。

宗教別の枕飾り

キリスト教の枕飾り

枕飾りの習慣はなく、形式は自由。白い布をかけた小机に、燭台《しょくだい》とろうそく、花や食べものを供え、十字架《じゅうじか》や聖書などを飾ります。

キリスト教の納棺

神父が納棺の言葉を朗読し、一同が聖歌を斉唱して祈りを捧げるケースが一般的。

神式の枕飾り

「案《あん》」と呼ばれる儀式用の机か白い布をかけた小机の上に、水と塩、米、神酒《みき》や故人の好物を供え、榊《さかき》を置きます。

神式の納棺

神職を招いて「納棺の儀」を行うのが正式ですが、最近は遺族と葬儀社だけで行うのが一般的。

故人の遺志、遺族の意向を考慮

葬儀の形式を決める

遺族

POINT

喪主《もしゅ》は葬儀を主催し、遺族を代表して弔問《ちょうもん》を受ける重要な立場です。遺族は喪主を決めたら、すぐに寺院や葬儀社に連絡して、葬儀の形式や規模を調整します。

通夜・葬儀の準備の流れ

1. **喪主を決める**
故人と最も近い血縁の人が喪主を務める。

2. **世話役を決める**
親族や友人・知人の中から遺族の手伝いをする世話役を決定する。

3. **予算・形式を決める**
故人の宗派に合わせた葬儀の形式と予算を決める。

4. **日程と会場を決める**
菩提寺《ぼだいじ》などに電話連絡し、通夜と葬儀の依頼をする。遠方の場合は同じ宗派の寺を紹介してもらう。

喪主を決める

喪主は遺族の代表として葬儀を取り仕切る代表者です。故人の配偶者や親、あるいは子や兄弟など、故人と最も縁の深い人が務めるのが一般的です。

遺族が相談して決めますが、故人に近親者がいない場合は、親しい友人が喪主の「代理」として、その役割を果たすことがあります。その場合は「友人代表」や「世話役代表」と名乗るのがふつうです。

喪主は、葬儀のあと、のちの法事《ほうじ》を行う当主である「施主《せしゅ》」となります。そのため、末長く故人の供養ができる人が喪主となることが望まれます。

かつては故人の親や妻は喪主にならないしきたりでしたが、最近では一番近い血縁の人がなるのが一般的です。

葬儀形式の選び方

葬儀の形式は宗教によって異なり、仏式、神式、キリスト教式、そして無宗教式などがあります。また、仏式は宗派によってさらに違いがあります。

日本では9割を超えるのが仏式で、続いて神式、キリスト教式の順番となっています。一般的には、葬儀は故人が信仰していた宗教にのっとった形式で行われます。

最近は、無宗教による自由な形式が増えており、通常の宗教の形式にこだわらず、「お別れの会」や「偲《しの》ぶ会」といった名称で行うことが多いようです。

5 **会場の手配と準備**
最近は専門の斎場を利用するケースが多いが、自宅で行う場合はきちんと掃除をしておく。

6 **祭壇・遺影の準備**
祭壇は葬儀社が用意してくれるが、遺影は遺族が選ぶ。

7 **衣装の準備**
喪服の準備をする。亡くなった直後は正式なものでなくてもよいが、できるだけ早く準備すること。

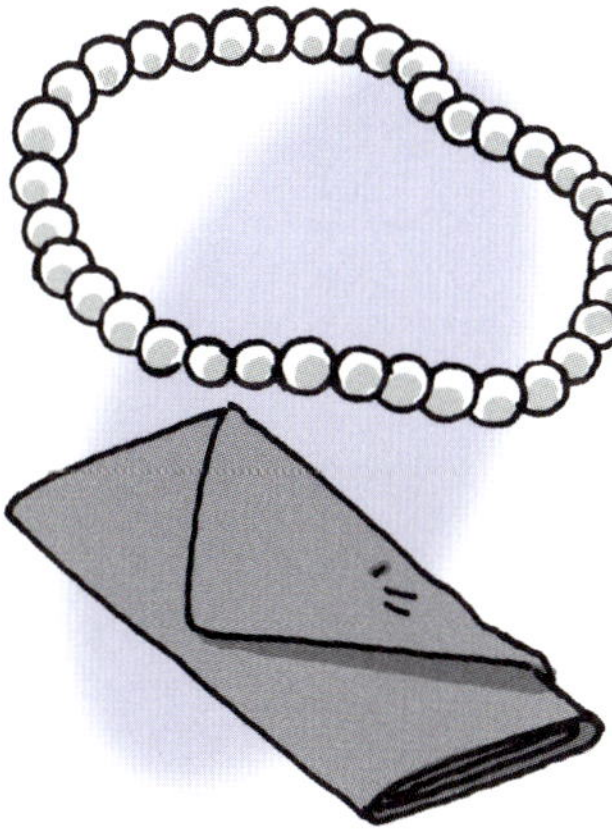

また、親しい仲間が集まって行う「友人葬」「同士葬」や音楽で弔《とむら》う「音楽葬」など、故人の生き方などを反映して独自の方法でとり行うケースも増えています。生前からの故人の指定があれば、できるかぎり希望に沿った形で葬儀を行いましょう。

また、社葬・団体葬といって、会社や団体の創立者や主要な方が亡くなったときには、社や団体の主催で葬儀を行う場合があります。業務遂行中に、不慮の死を遂げた社員のために催される場合もあります。

葬儀の形式は、故人の遺志と遺族の意向や経済状況などを考慮して決めましょう。

葬儀サービスを行う団体や会社について

互助会《ごじょかい》や共済組合などに加入している場合は、専門の葬儀サービスを受けられたり、割引価格で葬儀を行うことができます。サービスは団体によって異なるので、内容を確認してみましょう。

○冠婚葬祭互助会
毎月、冠婚葬祭用の費用を積みたてておく会員制のシステム。業者は全国に約350社あり、必要なときに契約した内容のサービスが受けられます。

○JA《ジェーエー》（農業協同組合）
農協の組合員を対象にしたサービス。従来は葬祭具の共同利用などを中心としたものでしたが、現在は一般の葬儀社と提携し、葬儀もとり行います。

○生協
生活協同組合の加入者を対象にしたサービスです。葬儀そのものは、提携している葬儀社が行います。

○自治体
自治体が住民向けサービスのひとつとして行っており、比較的安価で葬儀が行えます。自治体によってサービス内容が異なるので、事前に確認しておきましょう。

会場や火葬場の都合も考慮する

葬儀の日程と会場を決める

遺族

POINT

葬儀の形式が決まったら、日程と会場を決めます。日程は僧侶や神官、神父などの都合に合わせて決めます。葬儀社ともよく相談してアドバイスしてもらいましょう。

葬儀の日程を決める

僧侶や神父の都合を確かめる

通夜・葬儀の日程は、菩提寺《ぼだいじ》や教会などに問い合わせ、僧侶や神父などの都合を確認してから決めます。

遺体は、伝染病などの特別な場合を除いて、死後24時間は火葬ができません。そのため、一般的に亡くなった日に納棺《のうかん》、翌日に通夜《つや》、翌々日に葬儀・告別式を行います。

一般的な通夜・葬儀の日程

死亡当日	＝	納棺
2日目	＝	通夜
3日目	＝	葬儀・告別式

また、火葬場の都合も考慮に入れる必要があります。火葬場が混んでいることも多いため、亡くなってから早めに予約を入れ、火葬ができる日からさかのぼって葬儀の日程を決めることもあります。

友引を避けるのが通例

暦のうえで友引《ともびき》は、死者がほかの人を呼び寄せるという古くからの言い伝えがあります。そのため、友引の日の葬式は昔から敬遠されており、今も葬儀を行わないのが通例となっています。

また、葬儀が年末年始と重なったり、遺族が都合で不在にしているときなどには、葬儀を延ばすこともあります。夏場の暑い時期などは、遺体の状態に気を配り、亡くなったその日に通夜を行い、翌日に葬儀を済ませることも少なくありません。

通夜の時間は午後6時ごろから午後8時ごろまで、葬儀は午後1時、告別式は午後2時、出棺《しゅっかん》は午後3時から始めるという段取りが多いようです。

！ 棺の種類と費用

棺《ひつぎ》には桐やヒノキなどが使われますが、料金はその素材や板の厚み、彫刻などによって異なります。

葬儀社から提供される棺の価格は、だいたい5万円くらいから、最高級品になると100万円を超えるものまであります。もっとも利用されているのは、10〜15万円程度の棺です。

キリスト教式では、船形の棺を使うこともあります。

葬儀の会場を決める

斎場を利用する場合

以前は自宅で行うことが多かった葬儀も、今は葬儀社などが所有する専門の斎場で行うケースが増えました。

祭壇を設置するために自宅を片づける必要がないうえに、備品がそろっているため、用意の手間が省けます。民間の斎場（15～50万円くらい）のほかに、公営の専門斎場（2～10万円くらい）もありますので、葬儀社を通して申し込むとよいでしょう。

寺院や教会を利用する場合

会場は、行う葬儀と同じ宗派の施設を選びます。仏式なら、菩提寺で、キリスト教式の葬儀は、教会で行います。

菩提寺が遠方だったり、どこかわからない場合は、葬儀社に紹介してもらうとよいでしょう。また、キリスト教式の葬儀で、すでに教会との交流が途絶えてしまっている場合は、宗派を伝えると、教会を紹介してくれます。

公共施設を利用する場合

団地や集合住宅、マンションには、集会所や公民館などの公共の施設があります。式場代が不要で、自宅からも近く便利です。規模に合ったスペースがあれば利用してみるとよいでしょう。

ただし、場所を借りるだけなので、葬儀に必要な備品や用具類は葬儀社に頼むことになります。また、会場の設営や後片付けに人手が必要なことも考慮に入れておきましょう。

ホテルを利用する場合

最近増えているのが、ホテルで葬儀を行う個性的な形式です。

控え室や駐車場、レストランなどの施設や大型のホールなどがあり、会葬客が多い場合でも対応できます。専門のスタッフによるサービスも充実しているので、遺族の負担が軽減されます。また、宿泊施設もありますので、遠方からの参列でも心配がいらないところもメリットのひとつです。

自宅を利用する場合

自宅で葬儀を行う場合は、人や車の出入りや花輪《はなわ》の設置などで近所に迷惑をかけることがあります。日時が決まったらあいさつに伺いましょう。また、手伝いをしてくれる人が必要になりますので、隣近所や友人にお願いします。

◆自宅での葬儀で必要なスペース

- 祭壇を飾ることができる
- 出棺できる
- 通夜ぶるまいが可能
- 受付や焼香が可能
- 僧侶と遺族が座れる
- 自宅近辺に駐車場がある
- 遺族や近親者・参列者が休憩できる

費用の内訳を頭に入れておく

葬儀の予算を決める

遺族

POINT

葬儀を準備するうえで、費用はやはり気になるものでしょう。故人の遺志や、弔問客《ちょうもんきゃく》の人数、香典《こうでん》などを考えて、無理のない予算を立てるようにしましょう。

葬儀費用の内訳

葬儀は無理のない予算内で

葬儀にかかる費用は、故人の遺志や遺族の経済状況、予想される弔問客の人数と香典の収入などを考えたうえで、無理のない範囲で決めましょう。一般的な葬儀にかかる費用の内訳は、次の通りです。

▼**葬儀の費用**（葬儀社への支払い）…棺・祭壇・霊柩車・火葬・会場費など（30％）

▼**僧侶（寺院）へのお布施**…寺院・神社・教会へのお礼など（15％）

▼**飲食費**…通夜ぶるまい・精進落としなどの飲食代（12％）

▼**香典返し費用**（20％）

▼**式場の使用料**（8％）

▼**交通費や心づけなど**（10％）

葬儀費用の例

一般的な葬儀社の費用の例

基本セット料金

20万～300万円

枕飾《まくらかざ》り・死装束《しにしょうぞく》・棺《ひつぎ》・祭壇・位牌《いはい》・焼香具《しょうこうぐ》・受付準備など会場手配・僧侶の紹介、式次第作成・葬儀進行などのサービス

オプション料金

20万～100万円

式場使用料・火葬料・霊柩車《れいきゅうしゃ》料・遺影・ドライアイスの用意・装飾花・会葬礼状・供《く》物《もつ》料・通夜《つや》、精進落としでの飲食費など

※費用や葬儀の進行について細かく打ち合わせができ、柔軟性があるのが葬儀社の特徴。必需品をセット料金にし、そのうえでさまざまなオプションが用意されています。

自治体での葬儀料金の例（東京都区民葬の場合）

葬祭料金（税別）

9万1000円～23万6000円

霊柩車運送料金（税込）

1万920円～2万6670円（10キロまでの場合）

火葬料金（非課税）

大人…4万3400円
小人…2万3600円

遺骨収納容器代（税別）

大人…9800円～1万900円
小人…2300円

戒名・法名・法号の料金

※戒名《かいみょう》をいただく際の謝礼は、通夜や葬儀の読経《どきょう》料と合わせて、葬儀後にお布施《ふせ》としてまとめて僧侶や寺院に渡します。戒名料は一律に決まっているわけではなく、院号や位号によって相場があり、それぞれ金額が違ってきます。

おおよその相場は、信士《しんじ》(信女《しんにょ》)が10万円、居士《こじ》(大姉《だいし》)が25万円、院居士《いんこじ》(院大姉《いんだいし》)が60万円といわれています。金額がはっきりわからないときは、菩提寺《ぼだいじ》に聞くと教えてくれますので確認してみましょう。

仏名《ぶつみょう》は、宗派によって呼び名が異なります。天台宗《てんだいしゅう》や真言宗《しんごんしゅう》、曹洞宗《そうとうしゅう》は戒名《かいみょう》といい、浄土真宗《じょうどしんしゅう》は法名《ほうみょう》、また日蓮宗《にちれんしゅう》は法号《ほうごう》と呼んでいます。

今どきのマナー

葬儀費用の相場

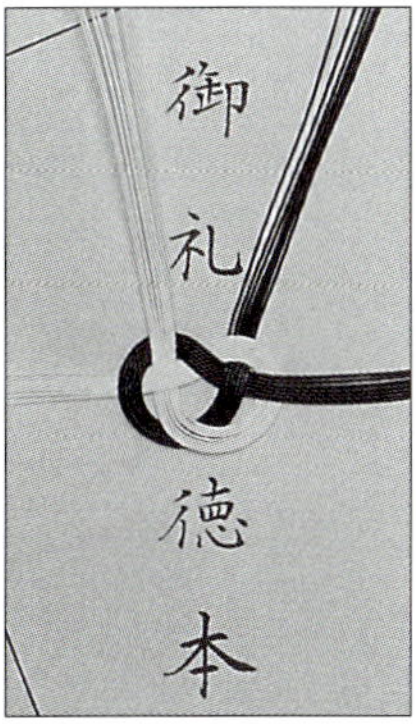

葬儀費用の平均額

葬儀費用総額	
全国平均	203万9000円

各個別費用の平均	
葬儀一式	117万1000円
寺院費用	53万0000円
飲食接待費用	44万5000円
香典返し費用	72万2000円
戒名料の平均	40万2000円

(全日本葬祭業協同組合連合会調べ)

各種心づけの目安

各個別費用の平均	
世話役	5000円～2万円
近所の手伝い人	2000円～3000円
病院関係者	(短期入院)主治医・担当看護師・看護師長…各1万円 (長期入院)主治医・担当看護師・看護師長…各2万円
神父・牧師	3000円
火葬作業員	3000円～5000円
運転手	2000円～5000円
仲居さん	(斎場で通夜をした場合)…5000円

世話になる方には心づけを

葬儀当日、お世話になる人たちに、心づけを渡します。火葬作業員や霊柩車、ハイヤーやマイクロバスの運転手などに渡すのが一般的です。

通夜からいろいろとお世話になった世話役やお手伝いをしてくれた方にも、葬儀が終わった夜に食事などでもてなし、きちんとしたお礼をします。「寸志《すんし》」や「御礼《おんれい》」と表書きをし、現金を包むのが一般的です。金額は、状況によって異なる場合がありますから、葬儀社の人に相談するとよいでしょう。

※ 戒名って何？…本来は厳しい戒律を守り、仏の弟子になった僧侶につけられる名前のこと。現在は仏式の葬儀を行うことで、死者は仏の弟子になるという意味で与えられる。

葬儀を指揮する協力者
世話役の依頼をする

遺族

POINT

世話役《せわやく》とは、葬儀をスムーズに進行させるために中心になって指揮をとってくれる存在です。悲しみにくれる喪主《もしゅ》や遺族の代わりに、葬儀をとり仕切ってくれます。

世話役を立てる

親戚や知人に依頼する

葬儀にはさまざまな人の協力が必要です。喪主や遺族は弔問客《ちょうもんきゃく》への対応をし、実際の葬儀は世話役が仕切ります。

世話役は、近親者や長い付き合いの友人、会社の関係者や近所の人などに依頼します。世話役代表を決めて喪主が依頼したら、受付、会計、進行などの世話役を選んで、お願いします。

世話役の組織図

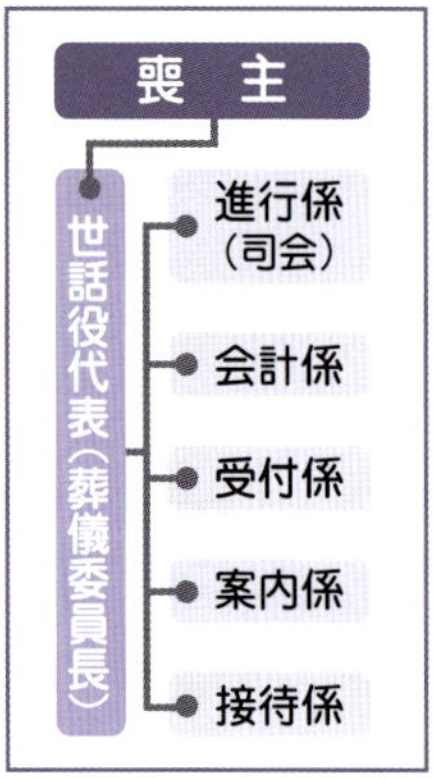

さまざまな世話役の仕事

▼世話役代表(葬儀委員長)…遺族や葬儀社と打ち合わせをし、通夜、葬儀・告別式の準備から進行までを指揮する。喪家《そうか》とつながりが深く、葬儀の経験者が適任。

▼進行係(司会)…通夜や葬儀・告別式の進行をサポート。弔電《ちょうでん》を整理したり、世話役の補佐的な役割を果たす。

▼会計係…喪主から預かった現金を管理し、葬儀に関する出納《すいとう》を担当する。香典の管理や心づけの用意も行う。親族から1名、そのほかの関係者から1名選出することが多い。

▼受付係…受付で弔問客に記帳してもらう役割。香典や供物の整理をする。

▼案内係…弔問客の誘導や車両の整理を担当。

▼接待係…通夜ぶるまいなどの手配や配膳《はいぜん》、弔問客や僧侶の接待を行う。親類や近隣の女性に依頼することが多い。

弔辞を依頼する

弔辞《ちょうじ》は、故人が生前に親しくしていた友人などにお願いします。また、仕事上で付き合いの深かった人や、故人の恩人や特別な関係にあった人などに依頼してもよいでしょう。

依頼するときは、あらかじめ弔辞にとれる時間を葬儀の進行係に確認してお
き、どの程度の話の長さでまとめてほし
いかを伝えます。

葬儀社に相談して選ぶ

祭壇と遺影の準備

遺族

POINT

祭壇は葬儀の形式の違いによって形がさまざまです。宗教に合ったものを葬儀社に依頼しましょう。自宅で葬儀を行う場合は、会葬者《かいそうしゃ》が出入りしやすい場所に設置します。

葬儀の顔となる祭壇と遺影

葬儀の形式に合わせた祭壇を

祭壇は、宗教によって様式はさまざまですので、世話役代表や葬儀社に相談して決めましょう。祭壇には遺影《いえい》、位牌《いはい》、枕飾り一式、供物《くもつ》、供花《くげ》などを並べ、祭壇の前に棺を置きます。祭壇は葬儀社が調えてくれるのが一般的です。

仏式では、香典や弔電は、祭壇の前に台を置き、棺のほうに正面を向けて並べます。また故人の愛用品や勲章、生前の賞状などを飾るときは、遺影の下に並べるのが一般的です。花や供物は、故人と縁の深い人に贈られたものから順に祭壇の近くに置きます。

遺影には生前の元気な姿を

通夜、葬儀・告別式と、故人の面影をしのぶ象徴が遺影です。遺影は故人の写真を引き伸ばして使います。

遺影には、生前の元気だった姿や、故人の人となりがうかがわれるものを選んであげましょう。暗い表情や堅苦しい表情のものは避けましょう。

故人が気に入っていた写真があれば、それを遺影に使ってあげるのもよいでしょう。ただし、できるだけ最近撮影したものから選びます。

遺影は白黒写真が一般的でしたが、最近ではカラー写真も増えています。また、数人で写っているものや集合写真を遺影に使うこともあるようです。

背景を変更したり、服装を違うものに加工することも可能ですので、葬儀社に相談してみましょう。

伝統的な白木の祭壇

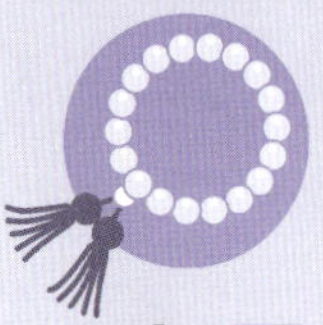

正式な装いで葬儀に臨む

遺族の装い

遺族

POINT

故人に対する礼儀や、悲しみの気持ちを表すうえで、通夜《つや》・葬儀では喪服《もふく》を着用します。喪装には正礼装《せいれいそう》と略礼装《りゃくれいそう》があり、遺族は正礼装か準礼装《じゅんれいそう》で装います。

正礼装と準礼装

遺族や近親者は正礼装で

男女とも、遺族（喪家《そうか》）側の人は、通夜・葬儀・告別式を通して、正礼装を着用するのが基本です。

喪服を持っていない場合や、準備が間に合わないときは、葬儀社に依頼すれば貸衣装を手配してくれますので、相談してみましょう。

世話役の服装は遺族と同格に

和装と洋装では格の上下の違いはありません。最近は遺族もブラックスーツを着用するのが一般的です。

喪主が準礼装で、世話役代表が和装の正礼装というスタイルではバランスが悪いので、世話役と相談し、同格の装いを心がけましょう。

女性の装い

女性の場合、和装の正礼装は、染め抜き五つ紋付きの黒羽二重《くろはぶたえ》に黒帯を合わせます。

洋装の場合は、黒のワンピース、アンサンブル、スーツなどが一般的です。夏でも襟《えり》の詰まった長袖が原則で、スカート丈はひざが隠れるものを選びます。光沢のある生地や派手なものは控えましょう。

アクセサリーは結婚指輪を除いて基本的につけません。ただし、パールの一連のネックレス、イヤリングはつけてもかまいません。また、メイクはできるだけ薄くシンプルに心がけます。

男性の装い

男性の和装の正礼装は、黒地の染め抜き五つ紋の着物と羽織、袴《はかま》です。

洋装は、黒のモーニングが正式礼装ですが、モーニングは昼間の礼服ですので、通夜や夜の葬儀では準礼装のブラックスーツを着用します。

また、最近では昼間の式でもブラックスーツを着用するのが一般的です。

喪章は遺族のしるし

喪主や遺族、世話役など、遺族側の人は「喪章《もしょう》」をつけます。弔問客《ちょうもんきゃく》から見て、喪章を身につけている人が遺族側だというしるしになります。

喪章には腕章型のものとリボン型があります。

葬儀での遺族の装い

女性

洋装

黒無地のワンピースやスーツ、アンサンブル。長袖でスカートはひざ丈が基本。バッグや靴などは光沢のあるものを避ける。

和装

黒無地染め抜き五つ紋付きの着物。帯、帯締め、帯揚げ、草履《ぞうり》、バッグは黒。長襦袢《ながじゅばん》、足袋《たび》、半襟《はんえり》以外は黒を用いる。

男性

洋装

黒のモーニングコートが正式。葬儀の日の喪主が着用する正礼装だが、最近では準礼装にあたるブラックスーツが一般的。その場合、ネクタイ、靴下、靴は黒で統一。

和装

黒地の染め抜き五つ紋の着物と羽織に袴を着けた黒紋服。袴は黒とグレーの縞柄《しまがら》で帯は角帯《かくおび》。足袋は白か黒で、草履の鼻緒《はなお》は黒にする。

仏式の通夜と葬儀のマナー①

通夜の準備

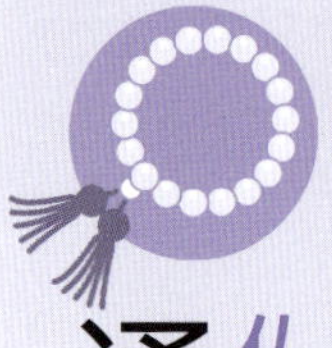

遺族

POINT

死亡が確認されたら、なるべく早く寺院に連絡して通夜《つや》の手配を行います。菩提寺《ぼだいじ》がない場合には、葬儀社に相談して近くの寺院を紹介してもらいましょう。

寺院への手配

菩提寺に連絡して通夜の日程を決める

菩提寺とは、先祖代々のお墓がある寺院のことです。死亡が確認されたら、菩提寺に電話連絡し、亡くなった人の名前や死亡日時を知らせます。

同時に、通夜や葬儀の日程や、僧侶の人数なども相談しましょう。通夜や葬儀についての疑問点は確認しておきましょう。

菩提寺が遠方の場合は、電話で報告したあと、近くにある同じ宗派のお寺を紹介してもらうとよいでしょう。菩提寺がわからなければ、葬儀社に相談してお寺や僧侶を紹介してもらいます。

戒名は葬儀までに授かる

亡くなったあと、葬儀までの間に戒《かい》名《みょう》をいただきます。菩提寺の僧侶に、位牌《いはい》に俗名《ぞくみょう》と没年月日、戒名を書いてもらいます（P211参照）。菩提寺が遠方の場合は、電話で戒名のみいただき、通夜・葬儀は近くのお寺で行ってもかまいません。菩提寺がすぐにわからなければ、俗名のまま葬儀を行い、あとで戒名を授かることもできます。

なお、故人が仏名《ぶつみょう》を希望していなかった場合は、遺志を尊重して俗名で通すことも可能です。

お布施の用意も忘れずに

通夜や葬儀での読経や、戒名を授かる僧侶へのお礼は、「お布施《ふせ》」といい、現金が一般的です。

お布施は、葬儀後に、喪主と親族の代表とであらためて寺に持参します。僧侶が遠方から来ている場合や、お寺に持参するのが難しい場合には、葬儀当日までに渡しておきましょう。

ただし、最近では、通夜を終えたあとに、葬儀まで含めたお布施を一緒に渡すことが多くなっています。

僧侶が通夜ぶるまいを欠席するときには、御膳料《おぜんりょう》として、食事代をお布施と一緒に渡します。なお、自宅や会場へ出向いていただいたお礼として、お車代も渡しましょう（P221参照）。

金額はとくに決まりはありませんので、喪家《そうか》側でよく相談して決めますが、決めかねるときは、お寺に金額の目安を伺っても失礼にはなりません。

仏式の通夜の流れ

1 菩提寺に連絡して葬儀の日程を決める
2 葬儀までに戒名を授かる
3 僧侶へのお布施を用意する
4 通夜会場の準備をする
5 通夜ぶるまいの準備をする

通夜の会場を準備する

祭壇は出入りしやすい場所に

自宅で通夜や葬儀を行う場合は、それなりの準備が必要です。まず、祭壇を置く式場はできるだけ広く、会葬者が出入りしやすい部屋を選びましょう。そして、壁には白黒のくじら幕を張ります。

果物や菓子などの供物《くもつ》は、祭壇のまわりに飾ります。誰からいただいたものなのか、あとでわかるように供物帳に記入しておきましょう。故人と縁の深い人ほど棺《ひつぎ》に近いところに置き、祭壇の左右にふりわけていきます。

弔問客を迎え入れるために、玄関先には「受付」の表示紙を貼り、受付台を設置します。そのほか、駐車場の確保や、道案内などの準備も必要です。

商店街の一角などで行う場合は、周囲になにかと迷惑をかけるので、世話役代表と一緒に出向き、あいさつをしておきましょう。また、マンションなどでは1階入り口に受付を設置させてもらうことになりますが、そのときは、自治会の役員に相談したうえで、同じ階段を使用する方々に、その旨を伝えておきます。

通夜ぶるまいの準備

通夜のあと、別室にて弔問客に酒と肴のおもてなしをします。これを「通夜ぶるまい」といいます。

事前に弔問客のおおよその人数を見越し、どのくらいの料理が必要かを考えておきます。本来は精進料理《しょうじんりょうり》を出しますが、最近では、寿司やサンドイッチなどの軽食を出すことも多いようです。ただし、酒は必ずふるまうようにしましょう。事情があって通夜ぶるまいができない場合には、折り詰めと日本酒の一合びんなどを用意し、弔問客に持ち帰ってもらうこともあります。

通夜の進行について

遺族

弔問者

POINT

通夜《つや》は故人をしのぶ儀式。縁の深かった人や遺族が集まり、時間をともにしながら、語り合う場です。最近では時間をかぎって行う半《はん》通夜が増えています。

仏式の通夜の進行

① 一同着席

開式5分前には、血縁の濃い順に並んで席に着く。開始後に到着した人は到着順に座る。

② 僧侶入場・読経《どきょう》

参列者一同が席に着くと僧侶が入場し、読経が始まる。読経は30～40分ほど。冥福を祈り、静かに聞く。

③ 焼《しょう》　香《こう》

僧侶が焼香の指示をし、喪主から席次に従い、順番に焼香する。読経の途中から始めることも。

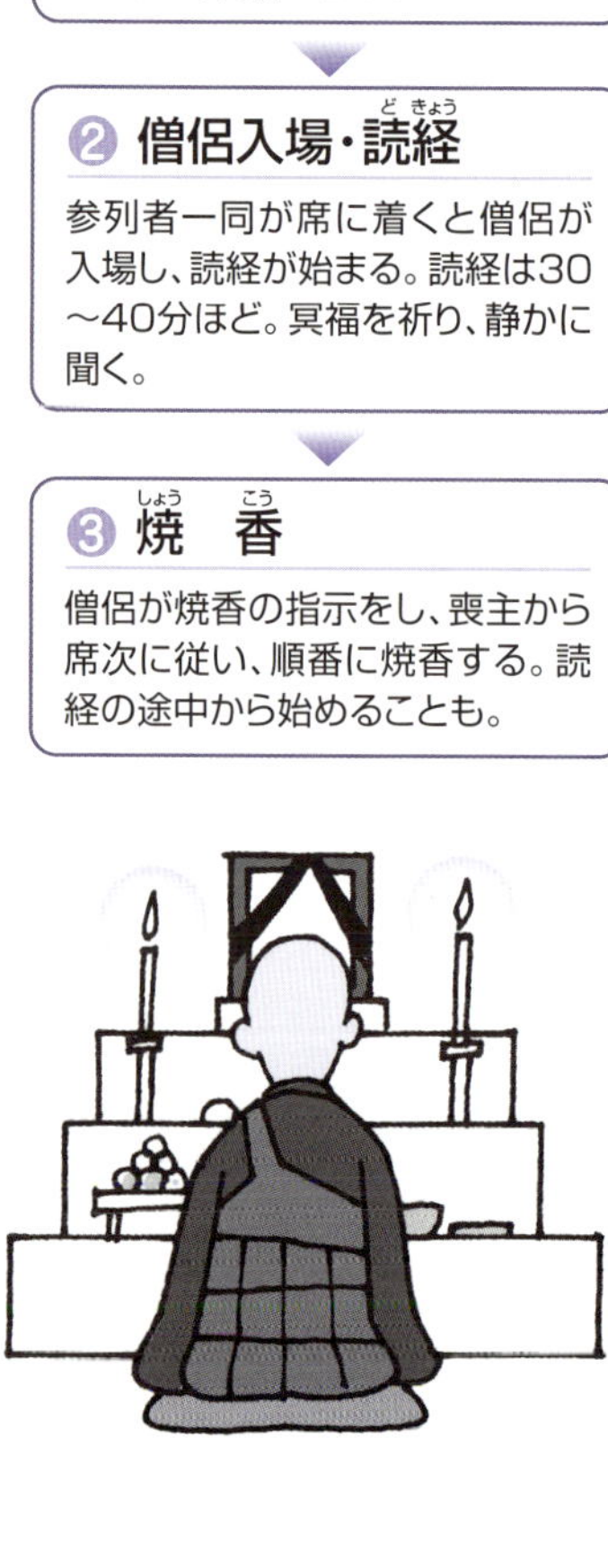

④ 説教・法話《ほうわ》

全員の焼香が終わると、僧侶が説教や法話を行う。

⑤ 僧侶退場

僧侶が法要が終わった旨を告げ、退席。

⑥ 喪主《もしゅ》あいさつ

僧侶の退席後、ころ合いをみて喪主があいさつと参列へのお礼を述べ、通夜ぶるまいへの案内をする。

⑦ 通夜ぶるまい

弔問客《ちょうもんきゃく》を通夜ぶるまいの席に案内。故人への供養と参列への感謝をする。車で来場している参列者には、お酒をすすめない。

⑧ お開き

会葬者には礼状とお清《きよ》めの塩を渡す。地方によっては香典返《こうでんがえ》しを渡すことも。喪主は見送りには立たない。

通夜の式

僧侶と弔問客を迎える

通夜が始まる1時間前には僧侶をお迎えします。到着後、控え室に案内し、お茶とお菓子でもてなします。通夜から葬儀にかけての打ち合わせをし、ここで位牌に戒名《かいみょう》も書いてもらいます。

会場が寺院以外の場合は、世話役が僧侶を迎えに行った場合でも、通夜ぶるまい後にお車代を渡します。

弔問客の受付は、通夜が始まる30分前ごろから始めます。受付と弔問客への対応は世話役に任せ、喪主や遺族は席に座ったままで弔問を受けます。これは、弔問客が目上の人であっても、失礼にはあたりません。

血縁の濃い順に座る

遺族や親類など身内だけで行われる通夜では、席次について厳密な決まりはありませんが、通常は喪主が棺に最も近いところに座ります。

祭壇に向かって右側に喪主と遺族が座り、近親者の血縁の濃い順に前から座ります。祭壇の左側に世話役代表、世話役、友人、知人が座ります。一般の弔問客は、祭壇の後方に到着順に座っていきますが、故人の上司や先輩など目上にあたる人は、世話役が上座《かみざ》に案内しましょう。

席次がわからず、席につけない弔問客がいれば、会場係が「こちらへどうぞ」と声をかけ案内してあげると親切です。

通夜での一般的な席次

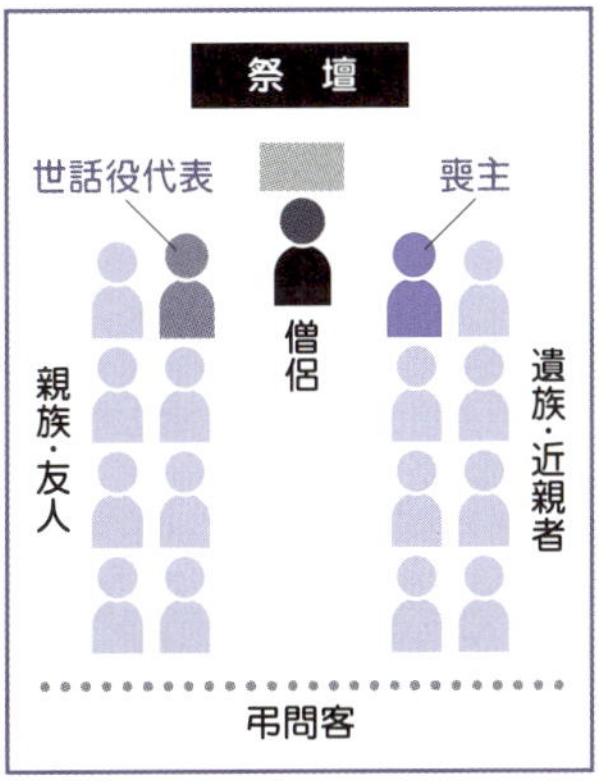

焼香の順番

焼香は、香気により霊前を清めるために行います。焼香する順序は、席次同様に、血縁の濃い順番で行います。①喪主、②故人の配偶者・子ども、③故人の両親、④故人の孫、⑤故人の兄弟姉妹、⑥親族、⑦友人・知人、⑧一般参列者の順です。

僧侶の法話と退場

読経が終わると、僧侶が法話を行います。生前の故人の人となりを紹介しながら、故人をしのぶ話を僧侶が粛々《しゅくしゅく》と説きます。この法話は読経と異なり、僧侶にとって独自性のある時間で、僧侶の人間的な魅力が表れます。

焼香が続いていたら、焼香が終わるころを見計らって、僧侶が法話を終えます。僧侶が退席し、通夜は一区切りとなります。そのあと、僧侶を通夜ぶるまいの席へと案内しましょう。

あいさつと通夜ぶるまい

会葬へのお礼を込めた喪主のあいさつ

通夜が終わり、僧侶が退席したあと、喪主《もしゅ》が弔問客《ちょうもんきゃく》にあいさつをします。弔問に対するお礼と、生前に故人に寄せられた厚情への感謝を述べます。

喪主の心労が大きかったり、高齢であいさつが難しい状況のときは、親族の年長者や世話役代表などが代わってあいさつすることがあります。

あいさつの最後に、通夜ぶるまいへの誘いと、葬儀・告別式の案内を添えて締めくくります。

また、葬儀・告別式でのあいさつも、通夜のあいさつと基本的には変わりません。通夜のときとは言い回しを変えたり、通夜のときとは違う故人のエピソードを添えたりして、内容を若干違ったものにするとよいでしょう。

弔問客へのお礼の言葉・喪主のあいさつ例

一般的な弔問客へのお礼の言葉

「お忙しいなかをお運びいただきまして、恐れ入ります。

故人も感謝申し上げていることでございましょう」

「生前は何かとお世話になりまして、故人になり代わりましてお礼申し上げます」

母を亡くした場合

▼**母の友人へのお礼の言葉**

「ごていねいなお悔やみをいただき、恐れ入ります。生前は、母と仲よくしていただいたようで、ありがとうございます。趣味の踊りもご一緒していただき、母もずいぶんと喜んでおりました。

寂しくなりますが、私どもも母の分まで生きようと思っております。

本日はありがとうございました」

通夜ぶるまいの席で

▼**喪主（妻）からのあいさつ**

「本日はお忙しいなか、夫・○○の通夜にご参列いただき、厚くお礼申し上げます。ずっと仕事一筋だった夫も、定年を間近に控え、そろそろ夫婦で旅行でもしようなどと話していた矢先のことでございました。

残念ではございますが、夫としましても、楽しい夢を胸に抱いたまま旅立てたと思うと、慰められる気もいたします。

別室に簡単な料理と粗酒を用意してございますので、召し上がりながら故人をしのんでいただければと思います。

なお、明日の葬儀・告別式は午前○○時より、○○にてとり行います。本日は誠にありがとうございました」

通夜ぶるまいは軽食でもよい

通夜ぶるまいは、故人に対する供養《くよう》と弔問客への感謝の意味を込めて行うものです。

本来は精進《しょうじん》料理ということで、肉類や魚類は避けられていましたが、最近はあまりこだわらず、寿司やサンドイッチなどを出すことも多くなってきました。

酒は、「汚れを清める」という意味もあり、必ず出しますが、たくさんの量を出す必要はなく、弔問客にひと通り行き渡る程度でかまいません。

通夜ぶるまいでは、故人の思い出話などを互いに交わしながら、故人をしのぶひとときを過ごします。

だいたい、夜の10時ごろまでに終わりにするのがマナーでしょう。予定の時間がきたら、喪主か世話役代表が弔問客にお礼のあいさつを述べて、締めくくります。

僧侶へのおもてなし

通夜ぶるまいでは、僧侶には最上席《さいじょうせき》に座ってふるまいを受けてもらいます。

読経後に僧侶の着替えが済んだら、席までご案内しましょう。

僧侶の都合が悪く、通夜ぶるまいを辞退する場合には、御膳料を用意し、手渡します。

僧侶が退席するときには、遺族は立って見送りはせず、席に着いたままでかまいません。ただし、お車代を渡し忘れないようにしましょう。

お寺以外の場所まで出向いていただいたら、喪家が送迎用の車を用意した場合にも、別途お車代を渡すのが通例になっています。

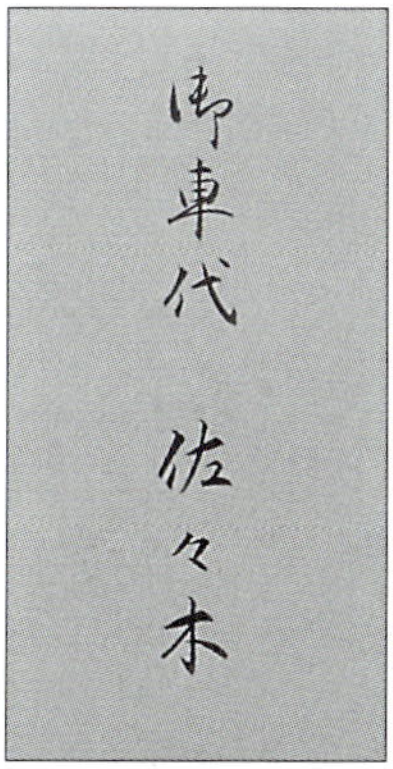

白無地の封筒に御車代と表書きをする。

僧侶へのお礼の金額の目安

通夜と葬儀が済んだら、僧侶へのお礼としてお布施《ふせ》を渡します。金額については個人差があり、定額はありません。世話役代表や葬儀社と相談して決めますが、わからなければお寺に直接聞いても失礼ではありません。

御膳料　5000〜1万円が目安

僧侶が通夜ぶるまいの席を辞退したときに手渡す。式が始まるまでに通夜ぶるまいを受けてもらえるかどうかを確認。

御車代　近くの場合は3000〜5000円が目安

来てもらうのにかかる時間や距離などで事情が異なるので、遺族で相談して決める。

仏式の通夜と葬儀のマナー③
葬儀・告別式

遺族　弔問者

POINT

葬儀は遺族や親族が故人の冥福《めいふく》を祈るために営む儀式で、告別式は故人と親交のあった人たちが最後の別れをする社会的な儀式です。これらを合わせて葬式と呼びます。

葬儀・告別式の打ち合わせ

葬儀・告別式の準備は念入りに

葬儀と告別式を円滑に進行させるためには、事前の綿密な打ち合わせが必要になります。

突然のことですので、打ち合わせにとれるのもかぎられた時間しかありません。通常、通夜のあとに、喪主《もしゅ》や僧侶、葬儀社、世話役などが集まり、打ち合わせの場をもうけます。

葬儀〜告別式の時間は、1時間〜1時間30分程度が適当です。その中で、当日のスケジュールをきちんと把握し、式場の飾りつけなども僧侶や葬儀社にしっかりと確認しておきましょう。

葬儀・告別式の準備は葬儀社が中心となって取り仕切ってくれますが、任せ切りにするのではなく、遺族側も進行などについてきちんと把握しておきましょう。

葬式を円滑に進行させる事前のチェックポイント

- □進行の確認
- □祭壇の設置など、会場の確認
- □葬儀・告別式の司会者
- □葬儀・告別式の席次
- □世話役代表のあいさつ
- □弔辞の依頼先と内容
- □弔電の紹介範囲・名前の確認
- □焼香の順序
- □会葬礼状の数
- □火葬場同行の人数
- □精進落としの数
- □心づけの用意

専門斎場で行う場合のメリット&デメリット

最近は、自宅で葬儀・告別式を行うよりも、専門斎場でとり行うケースが増えてきています。そのため、葬儀の専門業者もずいぶんと増えてきました。

専門斎場のメリット・デメリット

メリット

必要なものや備品が斎場に備えてあり、準備が楽。駐車場も完備されており、弔問客の駐車場の心配がいらない。会場の後片づけも含め、遺族や世話役にかかる負担が軽い。

デメリット

経費がかさむ。儀式が画一的になりがち。

葬儀・告別式の進行

葬儀

① 参列者着席

喪主をはじめ遺族、親族は開始時刻の15分～20分前に式場に入り、着席。参列者は定刻の5分前には着席。

② 僧侶が入場

参列者が全員着席したら、進行係が僧侶を招き入れる。遺族や親族は、座ったまま僧侶に軽く一礼。

③ 開会のあいさつ

僧侶が着席したら、進行係が「ただいまより○○様の葬儀をとり行います」とあいさつを述べる。

④ 読《ど》経《きょう》と引《いん》導《どう》※

僧侶による読経は、30分～40分が目安。読経中、僧侶から故人に「引導」が渡される。

⑤ 弔《ちょう》辞《じ》と弔《ちょう》電《でん》

弔辞を拝受し、その後、弔電を披露。通常2～5通を代読し、残りは名前だけを読み上げる。

※引導…死者の霊が迷わず浄土へ行けるように、僧侶が唱える経文。

⑦ 焼《しょう》 香《こう》

まず僧侶が焼香をし、再び読経を行う。進行役から焼香が促される。①喪主②遺族・親族③友人・知人の順に焼香。

⑦ 閉式の辞

葬儀と告別式を別に行うときは、焼香が終わると一度僧侶が退場。進行係は葬儀の終了を告げ、続けて告別式に入る旨を知らせる。

告別式

⑧ 僧侶入場

再び僧侶が入場。進行係が告別式開会のあいさつ。僧侶が読経を開始する。

⑨ 一般会葬者焼香

一般参列者の焼香が開始。遺族側は、告別式では焼香をしない。参列者が焼香前後に遺族に一礼するので、必ず礼を返す。

⑩ 閉式の辞

一般参列者の焼香が終わったら、僧侶は読経を終え、退場。進行役が閉式の辞を述べ、告別式が終了。

*葬儀と告別式をはっきりと区分けしない場合は、遺族・親族の焼香のあと、僧侶が退場せずにそのまま一般参列者の焼香に移ります。

席次と焼香

席次は血縁の濃い順に

葬儀での席次は、通夜と大差はありません。祭壇に向かって右側に喪主《もしゅ》や遺族・近親者が座り、左側に世話役代表・世話役、友人・知人が座ります。その後方に、一般会葬客が座るのが一般的です。告別式の場合も同様ですが、葬儀と告別式を区別して行うときは、少し異なります。葬儀終了後に、僧侶が退場し、再入場して告別式が始まります。このとき、右側の遺族側と左側の世話役代表側は、双方が向き合うように座り直します。

葬儀と告別式を通しで行う場合は、終始祭壇のほうを向いたまま座ります。

仏式葬儀のQ&A

Q 火葬場に行くときの車の順番は?

A 棺を乗せた霊柩車《れいきゅうしゃ》を先頭に車に分乗します。喪主は位牌《いはい》を持って霊柩車に乗ります。続いて、遺影を持った遺族と僧侶を乗せたハイヤーまたはタクシーが続き、そのあとに親族、友人、知人が乗り込むマイクロバスが続きます。移動用の車は、葬儀社が手配してくれますので、相談しておきましょう。

Q 火葬場に行くとき、家には誰が残るべき?

A 喪家《そうか》の事情をよくわかっている人を留守番として残します。残った人は、香典《こうでん》の整理や遺骨を迎える準備をし、同時に式場の掃除や後飾り、精進落《しょうじんお》としの準備に入ります。火葬場から帰る人たちのために、お清めの塩と手洗いの水なども用意しておきましょう。

Q 部屋の間取りの関係で、遺体を北枕にできないときは?

A 部屋の間取りなどの事情で、どうしても北枕が難しいときは、北枕にこだわる必要はありません。その場合、遺体の向きは西向きでもよいとされています。

遺族側と世話役側は向かい合って座り、焼香する会葬客に返礼する。

焼香は席次の順で行う

僧侶がまず焼香《しょうこう》を行い、再び読経《どきょう》を始めると、進行係から焼香の開始が告げられます。

焼香は喪主からはじまり、席順と同じ順番で、遺族・親族→友人・知人→一般参列者へと続きます。

また、葬儀と告別式を分けて行う場合には、遺族側は葬儀で焼香をし、告別式では焼香をしません。一般参列者は、告別式で焼香を行います。

遺族は会葬者の焼香に返礼

喪主や遺族、近親者は、会葬者が焼香をしたら、目礼《もくれい》で返礼します。世話役代表も同様に返礼します。

焼香を済ませた一般会葬者には、喪主のあいさつが書かれた会葬礼状とともに、お清めの塩のセットを渡します。最近では、これにハンカチなど簡単な品を添えることがあります。

葬儀の打ち合わせのチェックポイント

当日の進行と時間配分

葬儀・告別式のスケジュールなどを把握し、全体の所要時間を確認しておきます。

焼香客が多く、予定の時間より長引きそうな場合は、弔電の紹介を短くしたり、回し焼香にするなどして時間調整をします。

司会者の選定

葬儀・告別式は司会者が進行管理を担当します。式の進行に伴う時間管理や、参列者に失礼のないスムーズな進行は、司会者のノウハウによるところが大きいため、そうした資質をよく見極めたうえで、お願いするべきでしょう。

弔辞の順番

弔辞を拝受する順番は、とくに明確な決まりごとはありませんが、多くの参列者がいるので、バランスを考えて順番を決めましょう。とくに会社関係者は上下関係や対人関係を考慮しながら決定します。

紹介する弔電

代読として紹介する弔電は、一般的に3〜5通程度で、そのほかは名前だけを読み上げます。どの弔電を紹介するかは遺族の判断によりますが、故人が生前、もっとも親しくしていた方か、特別な存在だった方など、故人本位での選択を重視します。

火葬場への同行人数

火葬場には、故人ととくに親しかった友人などが同行します。

葬儀後、車で移動するのがふつうですから、人数を確定させ、車の手配をしておきます。

また、火葬場で僧侶に読経をお願いする場合は、事前に確認して、あらかじめ人数に加えておきましょう。

仏式の通夜と葬儀のマナー④

出棺と火葬

遺族

弔問者

POINT

故人との最後のお別れとなるのが、出棺《しゅっかん》と火葬です。葬式後、別れ花を棺《ひつぎ》に入れ、釘打ちを行い、出棺して火葬場《かそうば》に向かいます。火葬場では納めの式が行われます。

出棺の儀

別れ花で飾り最後の対面を

告別式終了後、祭壇から棺を運び出し、ふたを開けて故人と対面します。

このとき、棺を遺族全員で取り囲み、祭壇に供えられた生花の花の部分を皆で棺に入れ、故人を飾ってあげます。これを「別れ花」といい、遺族から故人と縁の深かった順番に、供花《くげ》を飾って合掌《がっしょう》します。この儀式には、友人や知人も参加してかまいません。ただ最近では、遺族の代表が花を一輪だけ添えるという方法も増えています。

このとき、生前故人が愛用していた身のまわりの品などを一緒に棺に入れてあげます。ただ最近は、火葬での環境への配慮から、副葬品を入れることを遠慮することもあるようです。

小石で行う棺の釘打ち

「別れ花」の儀式が済んだら、棺にふたをし、「釘打ちの儀」を行います。小石で2回程度、釘の頭を打ち込む動作をする儀式です。この石は三途《さんず》の川にある河原の石を意味し、故人が無事に極楽浄土《ごくらくじょうど》にたどりつけるようにと祈りが込められたものです。ただし、最近では省略されることもあります。

近親者の男性が棺を運び出す

釘打ちが終わると、棺を霊柩車《れいきゅうしゃ》に運び入れ、出棺となります。棺は故人にお世話になった近親者や友人など、男性6人の手で運ぶのが一般的です。出棺時には通常、喪主が位牌《いはい》を、遺族代表が遺影《いえい》を持ち、棺に続きます。

運び出すとき遺体の足のほうを先頭にして出すようにし、霊柩車にも足から納めます。棺を霊柩車に運んだら、喪主《もしゅ》または遺族代表が会葬者に出棺に向けてのお礼のあいさつをします。

位牌と遺影を抱いている人は、喪主のあいさつの間、会葬者のほうを向いて立ち、あいさつが終わったら深く一礼します。遺族もそろって一礼します。

あいさつ後、棺を乗せた霊柩車を先頭に、火葬場に向かいます。

火葬の儀

火葬許可証を忘れずに

火葬場には、位牌と遺影、そして死

出棺から遺骨迎えまでの流れ

○葬式後

お別れの儀と釘打ち
↓
喪主のあいさつ
↓
出棺
↓
納めの式
↓
火葬
↓
拾《しゅう》骨《こつ》
↓

○直後儀礼

後飾りの準備
↓
お清《きよ》め
↓
遺骨迎え・初《しょ》七日《なのか》法《ほう》要《よう》
↓
精進落《しょうじんお》とし

体火葬許可証を持っていきます。

火葬の前には、棺を安置して位牌や遺影を飾り、故人と最後のお別れをする「納めの式」を行います。僧侶が同行した場合は、読経《どきょう》、焼香《しょうこう》をしてもらい、続けて同行者も焼香します。

火葬にはだいたい40分から2時間くらいかかるので、その間、同行者は火葬場の控え室で待機します。

喪家《そうか》や世話役代表は、待機中のもてなしのことも考えて、茶菓やお酒、おつまみなどを、時間帯によっては弁当などの準備をします。

またこのとき、運転手、火葬場の係や休憩所の係への心づけを渡しますが、金額の目安は2千～3千円で、白いポチ袋に「お礼」と表書きを入れます。

骨揚げはふたり一組で行う

遺体を荼毘《だび》にふした(火葬した)あと、遺骨を火葬台から骨壷《こつつぼ》に納めます。これを「骨揚《こつあ》げ」といい、地方によっては「骨拾い」、「灰寄せ」とも呼ばれます。

ふたり一組となって、それぞれが長い箸を持ち、ふたりでひとつの骨を骨壷に運びます。これには、この世からあの世へ三途の川を渡る橋渡しの意味があります。骨揚げには竹の箸を使うのが一般的で、一組で1、2片を納めたところで、次の人に箸を渡します。

喪主から遺族、友人・知人と順に行い、最後に喪主がその形が、仏が合掌《がっしょう》した姿に似ている「のど仏」を納めます。骨揚げは一般的に、歯からはじまり、足から順に上半身に移っていきます。

骨揚げの儀式

ふたり一組になり、1、2片の骨を骨壷に納める。

遺骨迎え

遺族

POINT

出棺《しゅっかん》後の留守宅では、祭壇を片づけ、後飾《あとかざ》りの祭壇《さいだん》の準備をして遺骨を迎えます。四十九《しじゅうく》日《にち》の忌明《いみあ》けまで遺骨や位牌《いはい》を安置するための祭壇です。

遺骨迎えと初七日

後飾りの祭壇を設ける

火葬場に同行せず家に残った人は、遺骨が戻ってくる前に部屋を掃除し、「後飾り」の祭壇を設置します。最近では、ある程度の準備を、葬儀社に任せる場合が多いようです。家に残る人は、喪家《そうか》の事情を把握している人を含めた数人が望ましいでしょう。

仏式の場合、四十九日の忌明けまで納骨せず、一度自宅に遺骨を持ち帰るのが一般的です。そのため、後飾りの祭壇を設けて、そこに位牌・遺骨を安置しておきます。後飾りの祭壇は、小机に白い布をかけたものに、線香立て、燭台《しょくだい》などを載せます。

仏壇があるときは、祭壇は仏壇の前に置き、仏壇の扉は閉めておきます。また、仏壇がない場合は、祭壇は部屋の北か西に置くとよいでしょう。

後飾りの祭壇は、四十九日の忌明けまで飾っておきます。弔問《ちょうもん》に訪れる方にも、それまではここで拝礼してもらうことになります。

仏式の祭壇後飾り

白い机に線香立て、燭台、花立ての仏具を置き、供物《くもつ》をして位牌と遺影、遺骨を安置。

遅れてきた弔問客への対応

葬儀や告別式に間に合わず、出棺後に到着した弔問客には、留守を預かる人がていねいに対応して、遺骨が戻ってくるまで待っていただきましょう。

出棺してすぐの場合は、火葬場の所在地を伝えて直接そちらへ行ってもらってもよいでしょう。骨揚《こつあ》げに間に合わない時間なら、遺骨迎えの予定時間を告げて待ってもらうとよいでしょう。

また、通夜や葬儀に参列できなかった人が四十九日の忌明けまでに弔問に訪れた場合は、後飾りの祭壇にお参りしていただきます。

あとから葬儀を知って駆けつける方もいるので、後飾りの祭壇を設置してある部屋はきちんと片づけ、常に線香を用意しておきましょう。

火葬場から帰ったら身を清める

後飾りの準備ができたら、遺骨が帰ってくるまでに、「お清《きよ》め」の準備をしましょう。玄関先に、手洗い用の水を入れたひしゃく、手ぬぐい、タオル、そして小皿に入れた塩を用意します。

そして、火葬場から帰ってきた参列者に対して「お清め」の儀式をします。正式には、喪家の家族ではない手伝いの人が、戻ってきたひとり一人の手にひしゃくで水を注ぎ、胸や背中に塩をかけて身を清めるというものです。

地方によっては、水と塩のほか、酒やみそ、米粒などを口にふくんで、身を清める場合もあります。最近では、お清めの塩のみで済ませたり、戻ってきた人同士や自分自身で清めるケースが増えています。

また、死をけがれだとするのは故人に失礼だという思いから、お清めの儀式を行わないこともあります。

還骨勤行は初七日を兼ねる

遺骨が戻ってきたら、留守番をしていた人たちは合掌《がっしょう》して迎えます。そして、喪主が遺骨を後飾りの祭壇に安置し、遺影を飾り、位牌を立てます。僧侶に火葬場まで付き添ってもらったときは、ここでお経をあげてもらい、遺族が焼香をします。

このお経を「還骨勤行《かんこつごんぎょう》」といいます。葬式を締めくくる儀式ですが、僧侶による読経でなく、遺族による焼香のみでもかまいません。遺族一同の焼香によって、葬式はすべて終了したことになります。

最近は、還骨勤行に続けて、初七日《しょなのか》の法要を済ませるのが一般的になってきました。遠方からの参列者のことも考え、七日を繰り上げる形で行うことが多くなっています。還骨勤行を初七日の法要と兼ねて行うのも今では一般的になっています。

！後飾りの祭壇は火災に注意！

後飾りの祭壇は、ダンボール箱を組み立てる簡易祭壇にする場合があります。これは、四十九日が終わって遺骨を埋葬したらすぐに片づけることができるためです。

しかし、簡易祭壇は燃えやすいのが弱点です。お参りするときには、ろうそくや線香に火をつけますので、火災を起こす心配があります。祭壇を常に監視できない場合は、ろうそくの火はつけっぱなしにせず、焼香後しばらくしたら、消すようにしましょう。

四十九日以降、仏壇に位牌を納めたときも同様です。火元には十分注意が必要です。

故人を守護神として祀る
神式の通夜と葬儀

遺族
弔問者

POINT
神式の葬儀は「神葬祭《しんそうさい》」と呼ばれ、故人の御霊《みたま》を一家の守護神として祀《まつ》るものです。正式なものには数多くの儀式やしきたりがありますが、最近では簡略化されつつあります。

神式葬儀のしきたり

故人を家の守護神にする
通夜祭と遷霊祭

神道では、死を忌《い》むために、神社では通夜や葬儀などの儀式は行いません。自宅か斎場に神官《しんかん》を迎えます。

通夜祭《つやさい》とは、仏式の通夜にあたるもので、これは葬儀（葬場祭《そうじょうさい》、神葬祭）の前夜、遺族や近親者が集まり、遺体に礼を尽くし、奉仕する儀式です。通夜祭の進行は、手水《ちょうず》の儀《ぎ》によって身を清《きよ》めることから始まり、玉串奉奠《たまぐしほうてん》などの儀式が行われます。

この通夜祭に続いて行われるのが、遷霊祭《せんれいさい》です。これは、故人の霊魂を、遺体から霊璽《れいじ》（仏式の位牌《いはい》）に遷すための儀式で、斎主（葬儀を司る神職）が暗闇のなかで遷霊詞《ことば》を奏上したあと、霊が移った霊璽を祭壇に安置した仮霊舎《かりみたまのや》に納めます。

通夜祭・遷霊祭のあとは、「直会《なおらい》」と呼ばれる宴席を弔問客《ちょうもんきゃく》にもうけます。仏式の通夜ぶるまいにあたるもので、酒と肴《さかな》でもてなし、生前の故人をしのぶひとときにします。

ただし、神式の場合は喪家《そうか》で火を使うのはタブーとなっているため、仕出し料理や寿司などの出前を利用するのが一般的です。

仏式の葬儀にあたる葬場祭

葬場祭は、死者を先祖の神々とともに子孫を見守る守護神として祀るための儀式です。

一般的な式の進行は、手水で身を清めてから会場に入り、お祓《はら》いを受け（修祓《しゅうばつ》の儀）、神に供物や玉串を捧げます（途中、斎主が故人の略歴や人柄を表した誄《しのび》言葉を述べるので、あらかじめ故人の資料を渡しておきます）。ついで弔辞《ちょうじ》、弔電《ちょうでん》の披露、玉串奉奠および撤饌《てっせん》（供物を下げる）が行われ、世話役代表か司会者による閉会の言葉で式は終了します。

その後、火葬場へと遺体を移して、火葬祭を行います。仏式同様、ふたり一組で骨揚《こつあ》げを行い、遺骨を持ち帰りますが、家に入る前に手水の儀とお祓い（帰家修祓の儀）をしてから、「帰家祭《きかさい》」を行います。斎主による葬儀終了の祭詞が述べられ、一同が玉串を奉奠して終了します。

神式の通夜と葬儀の流れ

葬場祭の進行

① 手水の儀・一同着席
水で手と口を清めたら着席する。

② 斎主入場・開会の辞
斎主の入場。全員起立して迎える。

③ 修祓の儀
斎主のお祓いを会葬者一同が頭を下げて受ける。

④ 献饌・奉幣
副斎主が神饌、幣帛を供える。

⑤ 祭詞奏上・誄歌奏上
霊を慰める楽を奏でる。

⑥ 弔辞朗読
弔辞の朗読や弔電の披露が行われる。

⑦ 玉串奉奠・撤饌
斎主、喪主、遺族、近親者、会葬者の順に玉串を奉り、拝礼。

⑧ 閉会の辞
葬儀司会者が閉式のあいさつをして、神職が退場。

通夜祭・遷霊祭の進行

① 手水の儀
参列者は手と口を水で清め、着席して斎主の到着を待つ。

② 斎主入場・礼拝・開会の辞
斎主が入場。斎主が一礼したら、参列者一同も礼をする。

③ 献饌《けんせん》・奉幣《ほうへい》
斎主が会場や参列者、神饌を祓《はら》い清《きよ》め、斎主による献饌・奉幣を行う。

④ 祭詞《さいし》奏上《そうじょう》・誄歌《るいか》奏上《そうじょう》
斎主による祭詞の奏上。その後、楽師が誄歌を奏上。

⑤ 玉串奉奠・撤饌
斎主、喪主、遺族、参列者の順に玉串を奉奠。斎主による撤饌、一礼に続き参列者一同礼。

⑥ 御霊移しの儀
室内の灯りを消し、霊璽に故人の霊が移るよう斎主が詞を唱える。

⑦ 献　饌
室内の灯りをつけ、斎主が御霊の移った仮霊舎に拝礼して献饌。

⑧ 直　会
酒と肴でもてなし、生前の故人をしのぶ。

祈りが中心になる儀式

キリスト教式の通夜と葬儀

遺族
弔問者

POINT

キリスト教式の通夜《つや》や葬儀には、仏式とは異なる独自のしきたりがあります。プロテスタントとカトリックの宗派があり、それぞれ葬儀の慣習にも相違点があります。

プロテスタントの葬儀の進行

◆前夜式の進行

1. 前夜式開式の宣言
2. 賛美歌斉唱《さんびかせいしょう》
3. 聖書の朗読
4. 牧師による祈祷
5. 聖書朗読
6. 祈祷《きとう》
7. 賛美歌斉唱
8. 説教・故人をしのぶ話
9. 献花
10. 遺族のあいさつ

◆告別式の進行

1. 入堂《にゅうどう》 参列者▼棺
2. 牧師の入堂・開会の辞
3. 聖書朗読・祈祷
4. 故人の略歴朗読
5. 牧師の説教・祈祷
6. 一同賛美歌合唱
7. 弔辞・弔電の朗読
8. 一同賛美歌合唱 グロリア
9. 献花
10. 閉会の辞

プロテスタントの葬儀

プロテスタントでは、人の死は魂が神に召《め》されることを意味します。葬儀では、故人が生前に神に受けた恵みに感謝し、神の国での再会を祈ります。

プロテスタントの葬儀の特徴

▼**会場**…500以上の教派があり、儀式の手順や形式が異なる。故人が通っていた教会に相談するとよい。

▼**葬儀・告別式**…通夜にあたる「前夜式」を行う。自宅や教会に棺《ひつぎ》を安置し、牧師とともに聖書の朗読や祈り、賛美歌《さんびか》の合唱、献花《けんか》を行う。

▼**葬儀後**…牧師により出棺《しゅっかん》の祈りが捧げられる。一部の教会墓地以外は土

カトリックの葬儀の進行

◆祈祷式の進行

1. はじめの言葉
2. 聖歌斉唱・聖書朗読
3. 神父の説教
4. 一同の祈り
5. 献香または献花（聖水を棺に注ぐことも）
6. 結びの祈り
7. 遺族のあいさつ

◆告別式の進行

1. **入堂式**
   参列者入堂▼棺が到着▼神父が聖水を注ぎ、祈りを捧げる▼棺を安置
2. **ことばの典礼《てんれい》**
   開会のあいさつ▼参列者の祈祷▼神父と一同、聖書朗読▼神父の説教▼一同祈祷
3. **感謝の典礼**
   パン・ぶどう酒の奉納▼聖体《せいたい》拝領《はいりょう》
4. **赦祷《しゃとう》式**
   神父による追悼説教▼神父の献香▼祈祷▼一同聖歌斉唱▼神父退堂
5. **告別式**
   遺族代表あいさつ▼聖歌隊の合唱、告別の祈り、弔辞《ちょうじ》、弔電《ちょうでん》披露、会葬者の献花
6. **遺族代表あいさつ・閉会**

葬は認められていないので火葬する。

カトリックの葬儀

カトリックは歴史が古いだけに、葬儀に際しては伝統を重んじる傾向があります。聖水を用い、聖歌を歌うのが特徴です。

また、カトリックでは、故人が天国で永遠の安息を得られるよう、罪の許しを神に請い、祈りを捧げます。

カトリックの葬儀の特徴

▼**会場**…自宅か教会。

▼**葬儀・告別式の進行**…「通夜の集い」や「祈祷式」などの形で故人をしのぶ。葬儀は神父の先導により、告別式は遺族側で行う。

▼**葬儀後**…最後の対面をし、棺に献花する。神父が祈りを捧げ、聖書の朗読、聖歌の斉唱を行い、出棺。その後、火葬される。

密葬や生前葬、自由葬etc.
さまざまなスタイルの葬儀

遺族

POINT

日本では大部分の葬儀が仏式《ぶっしき》によるものです。しかし現在では、自分らしい葬儀をしたいと考える人が増えてきました。いろいろな葬儀のスタイルを知っておきましょう。

遺族や近親者で営む密葬

遺族や近親者やごく親しい友人のみで、小規模な葬儀を行うのが密葬《みっそう》で、最近では家族葬とも呼ばれています。新聞への死亡通知などを出さず、故人の死を公に公表しないのが、密葬の特徴です。密葬は内輪で行うため、会葬者への接待や香典返しなど、本来の葬儀でかかる遺族の負担を軽減できるというメリットがあります。

葬儀の形式に特別な決まりはありませんが、通常の葬儀と同じように宗派別に行うことが多いようです。葬儀社に相談してみましょう。

なお、トラブルを防ぐため、葬儀後に密葬を行った旨を添えた死亡通知を出しましょう。

◆密葬にする理由

- 故人の遺志や、遺族の希望
- 死亡原因を公にしたくないとき
- 海外や旅先で亡くなったとき
- あとで本葬を行う場合

①遺族や喪主が看病疲れなどで体調を崩し、葬儀まで日数がかかるとき
②年末年始などですぐに葬儀ができないとき
③企業のトップなどで、のちに社葬や団体葬を行う予定のとき

皆に感謝を伝える生前葬

自分がまだ元気なうちに、お世話になった人たちへの感謝を表したいという意味で、最近は「生前葬《せいぜんそう》」として生前に葬儀を行うケースもあります。

亡くなってしまってからでは、自分の本当にしたい方法で葬儀ができるかどうかわからないため、生前に自分の手で満足できる旅立ちをしておきたい、という趣旨のものです。

葬儀の方法を自分でアレンジできるので、その意味では、葬儀というより、「感謝会」「お別れ会」に近い性質のものになるようです。

主催者《しゅさいしゃ》（本人）による感謝とお別れの言葉を参列者に伝えることが、式の趣旨になります。

宗教とは無縁な自由葬

故人が従来の葬儀のスタイルが好み

でなかったときや遺族にあまり負担をかけたくないときなどに催されるのが自由葬です。

自由葬は、宗教とは無縁ですから、特別な形式はありません。祭壇に遺影をそなえ、自由な形式で故人をしのびます。

また、生前に自分でプランを立てて、業者に形式や内容を依頼しておく「生前予約」という方法もあります。

自分の葬儀を自由葬で行いたい場合は、その旨を書き記し、家族や信頼できる人に預けておくと安心です。周囲に協力してもらえるよう、生前に自分の意思を伝えておきましょう。

自由葬の種類

自然葬

故人の希望によって、遺灰を自然にかえす葬儀のやり方です。遺骨を粉末状にして、海や山にまく葬法で、「海洋葬」や「山岳《さんがく》葬」と呼ばれます。

また、アメリカで行われている「宇宙葬」は、7グラムの遺骨を小さなカプセルに納め、宇宙に打ち上げるというものです。

音楽葬・フラワー葬

「音楽葬」では、故人が好きだった音楽を流して葬送《そうそう》を進行し、故人をしのびます。また、生演奏での葬儀を行う葬儀社もあります。

「フラワー葬」は、故人が好んだ花で祭壇を飾り、葬儀の中心に花をすえて行います。

本人が希望すれば散骨も可能

散骨《さんこつ》とは、荼毘《だび》にふされた骨を自然の中にまくことです。そうすることで、人は自然に還《かえ》るという趣旨で行われます。最近は故人の希望に沿って、様々な散骨による自然葬が行われるようになってきました。

料金やコース内容は葬儀社によって様々ですが、参考までに一例を紹介しておきましょう。

◆**海洋葬**＝費用約35万円
（遺骨の粉末化処理・船舶料ほか）

◆**宇宙葬**＝費用約１００万円
（遺骨の一部を人工衛星に乗せて地球軌道上へ打ち上げるサービス）

◆**空の散骨**＝費用約50万円
（上空から遺灰をまく儀式）

◆**山の散骨**＝費用約55万円
（海外の山々に赴いての散骨）

葬儀後の遺族のもてなし

精進落とし

遺族

POINT

精進落《しょうじんお》としとは、本来、肉類や魚類などを断っていた遺族が、通常の食事に戻る最初の機会です。宴席をもうけ、葬儀でお世話になった人を遺族がもてなします。

葬儀後の流れ

1 **後飾《あとかざ》りの準備**
火葬の間の留守番役が行う

2 **お清《きよ》め**
火葬から戻ってきた人を塩と水で清める

3 **遺骨迎《いこつむか》え・初七日《しょなのか》の法要《ほうよう》**
遺骨が自宅に戻る。初七日法要も同時に行うのが一般的

4 **精進落とし**

精進落としの意味

お世話になった人の労をねぎらう宴席

精進落としは、本来は忌明《いみあ》けとなる四十九日《しじゅうくにち》後に行うべきものでした。しかし、最近は葬儀の当日、遺骨迎えのあと、初七日の法要を済ませてから行うのが一般的になっています。

かつて、不幸があった家庭では、四十九日までを忌中《きちゅう》として、魚や肉などの生臭いものを避け、精進料理で過ごしました。しかし、現在では、そのしきたりは薄れ、通夜《つや》ぶるまいでも、魚類や肉類が並びます。

今では、精進落としという名前だけが残り、僧侶や手伝ってくれた人たちの労をねぎらう宴席としての意味合いが強くなっています。

精進落としの宴席では、お世話になった人たちへのお礼の気持ちを込めることから、僧侶や世話役代表、世話役が上座《かみざ》に、喪主《もしゅ》や遺族は末席《まっせき》に着きます。一同が着席したら、喪主は葬儀が無事終了したことを報告し、お礼の言葉を述べます。

精進落としの一般的な席次

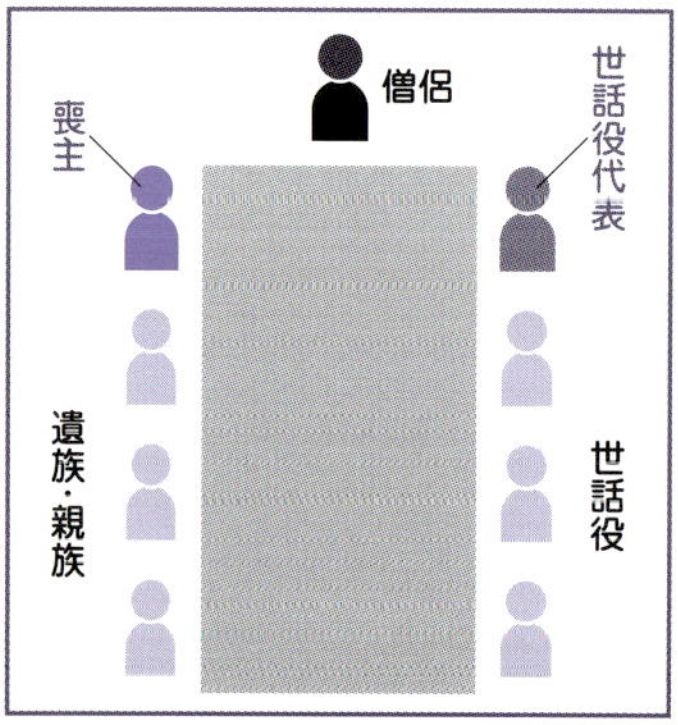

僧侶がいないときは世話役を最上席に。

喪主・遺族代表による精進落としのあいさつの例

◆宴に先立つあいさつ

本日は亡き○○のために、お心づかいをいただき、ありがとうございました。通夜から本日まで、皆様には本当にお世話になりました。おかげさまで無事に葬儀も終わり、故人も安らかに旅立っていったことと思います。

ささやかではございますが、精進落としの膳を用意いたしました。ゆっくりと召し上がってください。本日はどうもありがとうございました。

◆閉めるときのあいさつ

本日は誠にありがとうございました。もっとごゆっくりしていただきたいのですが、あまり長くお引き止めしてもかえってご迷惑かと存じ、この辺で閉めさせていただきます。

これからも、お世話になるかと存じますが、よろしくお願い申し上げます。

宴は1～2時間程度を目安に

宴席では、喪主や遺族はお世話になった関係者の席をまわって料理や酒をすすめ、感謝の気持ちとともにもてなします。

ただし、通夜から葬儀を通して、厳しいスケジュールで手伝ってくれた人もいるので、あまり時間をかけずに終了するのもマナーです。およそ1～2時間程度で切り上げるようにしましょう。ころ合いを見計らって終わりのあいさつをします。

精進落としが終わると、通夜からの一連の儀式は、ようやく終了です。親族が集まっている席なので、喪主は今後の法事《ほうじ》などの日程について相談しておくとよいでしょう。

また、遺族は世話役にお礼を述べたあと、会計や香典《こうでん》、会葬者名簿などの事務的な手続きを引き継いでおくのを忘れないようにします。

精進落とし Q&A

Q 僧侶が精進落としを辞退したら?

A 僧侶が精進落としを辞退して、先にお寺に帰ってしまう場合には、御膳料《おぜんりょう》を渡します。

御膳料は一般的には5千～1万円程度が目安となり、「御膳料」の表書きで、白い無地の封筒に入れます。僧侶が帰るタイミングに渡すのがスマートでしょう。

Q 精進落としを開かないときは?

A 住宅事情などで精進落としが開けないこともあります。その場合には、折り詰めとお酒を世話役やお手伝いの人などに配って、宴に代えることもあります。そのときも、お世話になった人たちへのお礼の気持ちは言葉にしてしっかり伝えましょう。

なお、仕出屋などに折り詰めを依頼する際は、予定の人数分より少し多めに手配しておくと安心です。

葬儀の謝礼から諸手続きまで

葬儀後のあいさつと手続き

遺族

POINT

葬儀が終わっても、遺族にはするべきことがまだ残されています。お世話になった人へのお礼や、各方面への支払いなど、怠《おこた》りのないようきちんと済ませましょう。

事務の引き継ぎと謝礼

事務の引き継ぎは葬儀の翌日までに

葬儀中の事務的な処理や作業は、会計係をはじめ世話役の各担当者がすすめてくれました。トラブルを防ぐためにも、喪家《そうか》はできるだけ早く事務を引き継ぎましょう。葬儀後、精進落としが終わって遅くとも翌日までには、事務引き継ぎを済ませます。

引き継ぐべき内容は、香典《こうでん》、香典帳、供物《くもつ》帳、会葬者名簿、弔電《ちょうでん》、納品書や領収書、請求書などの伝票類、名刺、立て替え払いの精算などです。

葬儀後の作業

- 世話役からの事務の引き継ぎ
- 葬儀代金の支払い
- あいさつまわり
- 会葬の礼状の手配
- 香典返しの発送
- 各種事務手続き
- 遺品の整理、形見分け

葬儀における謝礼は?

喪主《もしゅ》と遺族代表は、葬儀の翌日か翌々日までに、お世話になった寺院、神社、教会に出向いてお礼をします。

謝礼は、遺族の感謝の気持ちの表れですから、金額についての決まりごとはありません。金額に迷ったら、世話役代表や葬儀社、寺院などに相談して決めるのがよいでしょう。

僧侶への謝礼の表書きは「御布施《おふせ》」「御法礼《ごほうれい》」、神式の場合は「御祭祀料《おんさいしりょう》」「御礼《おんれい》」、キリスト教式の場合は「献金《けんきん》」「感謝献金《かんしゃけんきん》」「御礼《おんれい》」などになります。

また、世話人など、葬儀でお世話になった人には心づけを渡します。白無地の封筒に「御礼」「志《こころざし》」などの表書きになります。

支払いとあいさつ回り

葬儀代金は請求書をよくチェック

通常、葬儀代金に関しては、葬儀が終わって2~3日後に、葬儀社から請求書が届きます。

まず、見積書との照合をして間違いがないか確かめましょう。葬儀中に見積書にはないサービスを依頼した場合、見積額を超えることもありますので、1項目ずつ照合し、不明な点は説明を求めましょう。

このほか、葬儀費用は、祭壇や棺、火葬料など業者に支払うものと、寺院や神社などへの謝礼、そして通夜ぶるまいや精進落としなどの飲食代の3つに分けられます。これらは相続税の控除対象になりますから、領収書は必ずもらっておきます。

あいさつ回りは初七日までに

喪主は、葬儀の翌日または翌々日のうちに、あいさつ回りに出向きます。僧侶や弔辞をいただいた人、世話役代表などのところに出向いてお礼を述べます。遅くとも初七日《しょなのか》までには済ませるべきです。その際は準喪服か地味な平服を着用します。

あいさつの際には、お礼の品物として商品券や菓子折りなどを持参するとよいでしょう。2千～1万円程度の間で贈るのが妥当です。

葬儀後に行いたい故人に関する各種手続き

◆保険・年金・税金

	申請事項	期限	申請先	適用・必要書類
保険	国民健康保険	2年以内	市町村役場	金額や名称は自治体によって異なる
保険	生命保険（民間会社）	3年以内	生命保険会社	死亡保険金・保険証券、死亡診断書など
保険	簡易保険（郵便局）	5年以内	郵便局	
年金	国民年金	死亡一時金は2年以内、その他は5年以内	自治体の年金課	死亡一時金、遺族基礎年金、母子年金など
年金	厚生年金・共済年金	5年以内	社会保険事務所	年金手帳、被保険者証、戸籍謄本、遺族年金、死亡診断書など
税金	所得税の確定申告	4ヶ月以内	税務署	会社員の場合は会社で手続きをする
税金	相続税の申告	10ヶ月以内	税務署	遺産相続分割協議書の写し、遺言書の写しなど

◆そのほかの手続き

申請事項	申請先	適用・必要書類
電気・ガス・水道	各担当会社	電話で知らせる
電話	NTTなど	戸籍謄本、除籍謄本が必要
不動産の名義変更	法務局・登記所	戸籍謄本、印鑑証明などは相続人全員分が必要
預貯金・株券・債券	銀行・証券会社	戸籍謄本、印鑑証明などは相続人全員分が必要
自動車	陸運局	自動車検査証
運転免許証	警察署	免許証の返却
パスポート	自治体の旅券課	返却か無効手続き
クレジットカード	発行会社	解約手続き
住宅ローン	契約会社・関係金融会社	残額と生命保険による精算の確認を

葬儀が終わったら、故人に関係する各種の諸手続きを行いましょう。電気・ガス・水道などの公共料金や不動産、銀行口座などは名義変更が必要になります。

手続きの期限が決められているものもありますので、必要な書類をそろえ、早めに済ませるようにしましょう。

法にのっとり早めに整理を

遺言と遺産相続

遺族

POINT

遺産相続《いさんそうぞく》は、原則として遺言《ゆいごん》に従います。遺言がない場合は、法定相続人が一定の割合で遺産を相続します。トラブルに発展しないよう、法にのっとって行いましょう。

遺品と遺産の整理

遺品目録、遺産目録の作成を

葬儀が終わったら、故人の遺産や遺品を整理します。遺品は、形見分けするもの、とっておくもの、処分するものの3つに分類しておきましょう。

また、田畑や宅地、山林などの土地、家屋、預貯金、現金、生命保険金、退職金、年金、貴金属・宝石類、家財道具、有価証券、借地借家権などは、遺産とみなされます。

なお、これらの遺産だけでなく、故人に借財《しゃくざい》があった場合など、負債も遺産となります。これらを整理するためにも、遺品目録、遺産目録を早めに作成しておくことが必要です。

遺産を相続したくない場合は、相続を放棄することもできます。相続について知ってから3ヶ月以内に、故人の最後の住居地の家庭裁判所に申し立てをします。ただし、放棄はすべての遺産におよぶので、一部だけを相続することはできません。また、一度申し立をすると取り消すことはできません。

遺産相続と相続税

遺言書がない場合は法律に従う

相続は、遺言書があればそれに従うのが原則です。ただし、どのような遺言の内容であっても、民法で定められた法定相続人は、一定の割合で相続分を確保できるという規定があります。

遺言がない場合は、法定相続人が相続します。故人の配偶者は必ず相続人となりますが、それ以外については、法で定められた順位※があります。

相続したすべての財産には、相続税が課せられます。ただし、先祖代々からの墓や仏壇、死亡の翌日から半年以内に国や地方公共団体などに寄付した財産、葬儀にかかった費用は相続税の対象外となり、控除《こうじょ》されます。

遺産相続の範囲

相続人	配分
配偶者＋子（孫）	それぞれ2分の1
配偶者＋父母（祖父母）	配偶者が3分の2、父母（祖父母）が3分の1
配偶者＋兄弟姉妹	配偶者が4分の3、兄弟姉妹が4分の1

※ 遺産は故人の配偶者は必ず相続し、それ以外については、子（孫）→父母（祖父母）→兄弟姉妹の順で相続される。

遺言書の種類と作成方法

		証人・立会人	遺言を書く人	特　徴
普通方式	自筆証書	不要	本人	本人の直筆が条件で、日記などでもよい。手軽だが第三者による隠匿《いんとく》のおそれも。
	公正証書	2人以上の証人	公証人	役場に保管されるため紛失のおそれがないが、公証人に遺言の内容を知られてしまう。
	秘密証書	公証人1人と証人2人	本人または代理人	内容を秘密にできるが、紛失や隠匿のおそれがある。
特別方式	緊急（臨終）時	3人以上の証人	本人の口述を筆記	遺言の日から20日以内に家庭裁判所に提出。
	伝染病で隔離	警察官1人、証人1人以上	だれでもよい	家庭裁判所に提出しなくてよい。
	船舶内	船長か事務員1人、証人2人以上	だれでもよい	家庭裁判所に提出しなくてよい。

自筆証書遺言の文例

遺言者長田健二は、この遺言書により左のとおり遺言する。

一 妻△△美には、次の財産を相続させる。
東京都豊島区○町×番地
宅地○平方メートル

二 長男○○○太には、△△株式会社の株式六万株を相続させる。

三 長女△△子には、△△株式会社の株式六万株を相続させる。

四 東京都豊島区×町×番地
弁護士山口修氏を遺言の執行者として指定する。

この遺言書は、長田健二が全文を直筆し、日付および氏名を直筆し、押印した。

平成○年○月○日

東京都豊島区○町×番地
遺言者　長田健二　印

形見分けのマナー

故人が生前、大事にしていた品々を、遺族や親しかった友人などで分けることを「形見分《かたみわ》け」といいます。

形見分けは、昔から四十九日《しじゅうくにち》の法要《ほうよう》が済んだあとに行っていました。最近はあまり時期にこだわらず、遺族が集まった機会に早めに行われるようになっています。

形見をどう分けるかは、遺言があればそれに従いますが、なければ遺族で相談して決めます。

人によっては形見分けを辞退する人もいますが、品物は相手の受け取る意思を確認したうえで、由来《ゆらい》などを調べ、包装せずにそのまま渡します。

本来、故人の目上の人に形見分けをするのは失礼とされていますが、先方が望むのであればかまいません。

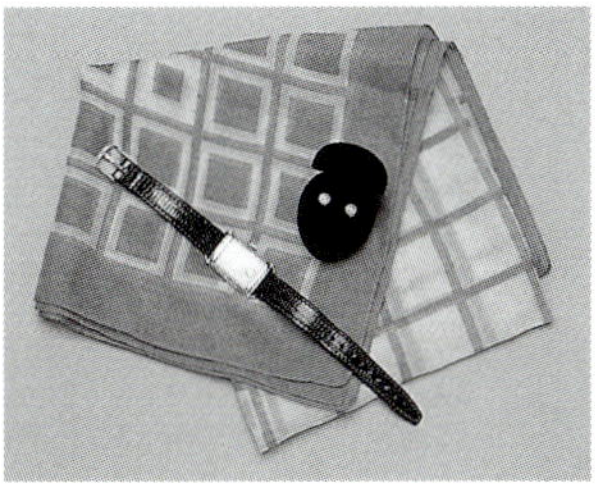

香典返しのマナー

香典の半額程度を目安に

遺族

POINT

いただいた香典《こうでん》へのお礼として、品物を贈るのが香典返しですが、供物《くもつ》や供花《くげ》をいただいた場合も同様です。香典返しは、忌明《いみあ》けに半返《はんがえ》しするのが基本です。

香典返しの時期と金額

香典返しは忌明けに行う

香典返しは、あいさつ状を添えて、後日送るのが一般的ですが、最近では、香典返しを告別式の際に渡してしまう「即日返し」も多くなってきました。

この場合、相手の香典の額がわからない段階でお返しの品物を用意することになりますので、一律2～3千円のものを用意しておき、多くいただいた人には、後日改めて別のお礼の品を届けるようにします。

◆香典返しを送る時期と表書き

▼仏式

表書き……志《こころざし》・忌明志《きめいし》・満中陰志《まんちゅういんし》

送る時期……三十五日《さんじゅうごにち》か四十九日《しじゅうくにち》の忌明け後。

▼神式

表書き……偲草《しのびぐさ》・志

送る時期……三十日祭か五十日祭に。

▼キリスト教式

表書き……志・粗品・感謝

送る時期……プロテスタントは1ヶ月目の昇天《しょうてん》記念日のころ。カトリックは30日目の追悼《ついとう》ミサに合わせて。

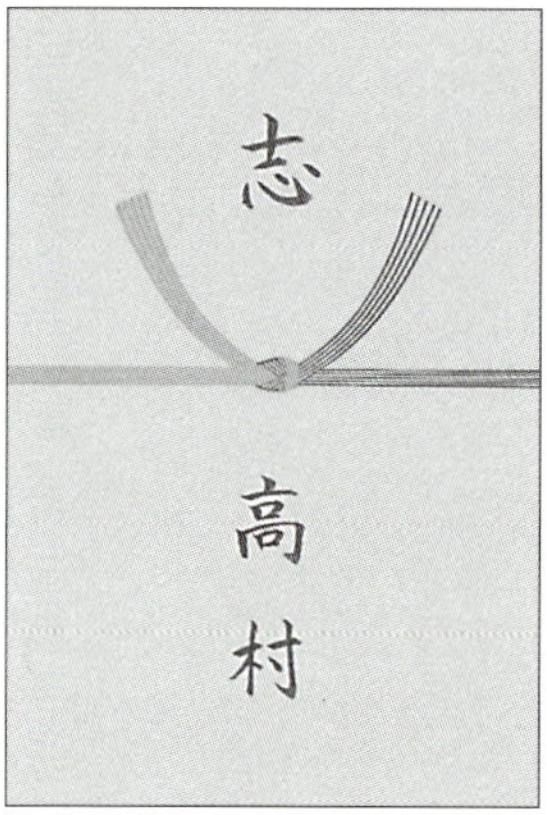

香典返しの表書きは薄墨で書く。

今どきのマナー

香典返しサービス

弔事用カタログギフトの利用

香典返しは、お中元やお歳暮などの贈り物とは違いますから、相手の好みを必要以上に考えたり、気にする必要はありません。

最近では会葬者に好きなものを選んでもらうカタログ式の香典返しサービスを利用するケースも増えてきています。

カタログには衣服や電化製品、雑貨や食器などの家庭日用品から、趣味に応じた嗜好品などあらゆるジャンルの品物が200点程度揃っているものが一般的で、幅広い年齢層に対応することが可能です。

また価格も2500円～5万円を超えるコースなど多岐に富み、予算に合ったカタログを選ぶことが可能になっています。

香典の半額程度の消耗品を

香典返しは「半返し」といわれ、いただいた香典の金額の半分程度の品物を選びます。

ただし、そもそも香典は、葬儀にかかる経済的な負担を軽くするという、助け合いの気持ちから生まれた風習です。亡くなった人が世帯主だった場合はなおさらで、香典の3分の1程度のお返しでもかまいません。

香典はひとり一人に対して品物を選んでいては大変ですので、香典が5千円までだったら一律2千円相当の品物、1万円までなら5千円相当という形で品物をそろえて選ぶようにしましょう。

品物は、見るたびに故人を思い出さないようにと、お茶や石けんなどの消耗品を送ることが多いようです。また「土に帰る」という意味で陶器を送ることもあります。

香典返しにはあいさつ状を添える

香典返しに添えるあいさつ状には、三十五日または四十九日の法要を無事に終えた報告と、香典返しを送る旨、そして会葬のお礼を添えます。葬儀社やデパートの香典返しセットには、文面が印刷されたあいさつ状がついており、用意された文面に故人の名前を書き添えるケースが一般的です。

忌明けのあいさつ状の例

肅啓　先般、父　○○永眠の際には、ご丁重なお弔詞をいただき、まことにありがたく、厚く御礼申しあげます。

本日○○○○居士の四十九日法要を営みました。つきましては供養のしるしまでに、心ばかりの品をお届けいたしました。どうぞご受納くださいますようお願い申し上げます。

先ずは略儀ながら書中を以ってごあいさつ申し上げます。

敬具

年賀欠礼状を忘れずに

身内の死後1年間は喪中《もちゅう》といい、翌年の年賀は欠礼するのがしきたりです。その場合、年賀状の受付シーズンよりも早めに、年賀欠礼状を出します。遅くとも12月初旬までには相手に届くように手配しましょう。

年賀欠礼状は、専用の薄墨枠《うすずみわく》のはがきに喪中である旨を記し、故人の名前と自分との続柄を入れます。

年賀欠礼状の例

喪中につき年末年始のごあいさつをご遠慮申しあげます

本年四月　父○○が八十歳にて永眠いたしました。

ここに本年中に賜りましたご厚情にお礼を申しあげますとともに、明年も変わらぬご厚誼のほどお願い申しあげます。

平成○年十一月

東京都台東区○○○-×××

小林さやか

四十九日の忌明け後に行う

納骨と埋葬

遺族

POINT

納骨《のうこつ》とは、遺骨《いこつ》を墓に納めることで、埋葬は遺体を墓地に葬《ほうむ》ることをいいます。遺骨は遅くても1年以内、一般的には四十九日《しじゅうくにち》の忌明《いみあ》け後に納骨《のうこつ》、埋骨《まいこつ》します。

納骨の時期と方法

葬儀後、遺骨はいったん自宅に安置され、その後、納骨や埋骨を行います。納骨の時期は、仏式であれば四十九日などの法要に合わせて行うのが一般的です。墓の用意ができていない場合は、一周忌までの納骨を目安に建墓《けんぼ》するようにします。

すぐに納骨できない場合、寺や霊園の納骨堂で、一時的に遺骨を預かってくれますが、三回忌までには納骨を済ませましょう。

郷里の墓地など、遠い場所に納骨するときなどは、遺族全員で出かける必要はありません。縁の深い人がふたり以上で出向けば問題ないでしょう。

また、分骨《ぶんこつ》の意思があるときには、火葬場で分骨することができるので、事前に葬儀社に相談しておきましょう。遺骨を自宅に安置したあと、納骨前に分けたいときは、菩提寺《ぼだいじ》に相談し、僧侶にお経をあげてもらいながら分骨します。

納骨後に分骨する際は、墓地管理者に分骨証明書をもらいましょう。

忌引き休暇の期間の目安

配偶者	10日
父母	7日
子ども	5日
祖父母	3日
兄弟姉妹	3日
孫	1日
おじ・おば	1日
配偶者の父母	3日
配偶者の祖父母	1日
配偶者の兄弟姉妹	1日

！ 納骨式の僧侶へのお礼

仏式の納骨式のあとは、飲食の席で僧侶と参列者をもてなします。

僧侶への謝礼は、「御布施《おふせ》」として渡しますが、金額は3～5万円が目安です。白無地の封筒に「御布施」と表書きします。墓がお寺から遠かったときには、「お車代」も用意しましょう。

僧侶が会食を辞退するときは、食事代に相当する「御膳料《おぜんりょう》」も渡します。

納骨の方法

［仏式の納骨］

時期……初七日《しょなのか》から四十九日の法要後。

持ち物…線香・ろうそくなどの焼香の道具、花、手桶、ひしゃく。

◆仏式の納骨の流れ

1. 遺骨を墓石の下の納骨室に納める
2. 墓石の後ろに卒塔婆《そとば》を立てる
3. 墓前に生花や線香を供える
4. 僧侶にお経をあげてもらう
5. 参列者が焼香《しょうこう》し、一同合掌《がっしょう》礼拝《れいはい》

［神式の納骨］

時期……火葬後すぐに納骨するのが正式だが、最近は忌明けとなる五十日後に行う。十日祭から五十日祭までの霊祭の日で都合のよい日。

持ち物…榊《さかき》、銘旗《めいき》、玉串《たまぐし》、花

◆神式の納骨の流れ

1. 遺骨を墓石の前に安置
2. 墓所の左右に銘旗、榊、花を対称に飾り、神饌《しんせん》を供える
3. 神職によるお祓《はら》い
4. 祭詞を奏上し玉串《たまぐし》を奉奠《ほうてん》する
5. 参列者が拝礼し、玉串を捧げる

［キリスト教式の納骨］

時期……カトリックは七日目か1ヶ月後の追悼ミサ。プロテスタントは1ヶ月後の昇天記念日。

持ち物…白い花（ゆり、カーネーションなど）

◆キリスト教式の納骨の流れ

1. 神父（牧師）による聖書の朗読
2. 参列者による聖歌《せいか》（賛美歌《さんびか》）斉唱《せいしょう》
3. 神父（牧師）が祈りを捧げる

＊納骨式の流れは、教会によって多少異なる場合があり、参列者による献花が行われることもある。

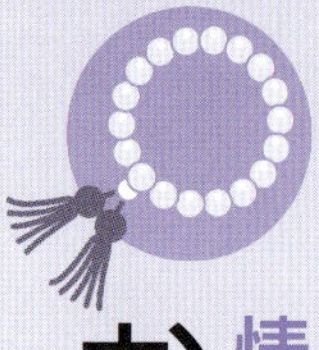

情報を集めて慎重に選びたい

お墓と霊園について

遺族

POINT

お墓にもいろいろな種類があり、時代の流れとともに、お墓事情は多様化しています。墓地は一周忌《いっしゅうき》までに準備し、新しく建てた場合は、開眼供養《かいげんくよう》を行います。

墓地購入のポイント

墓地は一周忌までに準備する

墓地を購入する時期には、とくに決まりはありません。最近は、生前から自分用の墓地を購入しておく人も増えていますし、亡くなったあと遺骨が戻ってから購入を考えてもかまいません。

一般的には、四十九日《しじゅうくにち》や一周忌の法要に合わせて墓石を建てて、同時に埋葬を済ませることが多いようです。

お墓を買うというのは、土地の購入とは違い、墓の使用権を取得するという意味です。一般的には、半永久的に続く永代《えいたい》使用権を取得することになりますが、原則として継承者がいる間にかぎり、存続する権利です。墓地によって異なりますが、毎年、2千～2万円程度の年間管理料が必要になります。

墓地や墓石の種類

墓地は管理運営の主体によって、公営墓地、民営墓地、寺院・教会墓地の3種類に分類されます。また、お墓には家墓《いえはか》のほか、個人墓、永代供養墓《えいたいくようぼ》などの形式があります。

墓所を選ぶときは、交通の利便性などを考えての立地条件や環境面、墓地の管理状態、宗教宗派の規制、事業主の経営状態、墓地の使用規定などをチェックして慎重に選びましょう。

次に、墓地面積を決めたら、その永代使用料や墓地使用料、墓石代、外柵《がいさく》工事費などの総額を出し、予算と比較検討します。

墓地の種類

	教会・寺院墓地	民営墓地	公営墓地
メリット	教会や寺院が管理・運営。管理が行き届いており、立地条件のよいところが多い。住職と交流をもったり葬儀や法要に施設を利用できる。	民間の宗教法人や公益法人などが管理・運営。宗教や宗派を問わないので、購入しやすい。区画や墓石などの規格が柔軟。	都道府県などの自治体が管理・運営。その多くが大型霊園で、宗教や宗派を問わない。都市部に立地していることが多い。
デメリット	購入する際、同じ宗派でなくてはならない。費用が高いことが多く、都市部では空きが少ない。	場所は郊外が多く、墓地によって経営状態や管理面での差がある。	購入の競争倍率が高く、墓石の大きさなどに規制がある場合が多い。
使用料の目安	一区画60万円程度から300万円程度。宗派によっても幅がある。	一区画80万円程度から400万円以上など、立地条件などによって幅がある。	使用料は一区画20万円程度からと比較的安め。

お墓の種類と特徴

家　墓	正面に「〇〇家」「〇〇家之墓」と家名の刻まれた主流派の墓。一家代々の遺骨が納められている。墓石や墓誌には、故人の戒名や俗名、没年月日が刻まれる。
個人墓、夫婦墓《ふうふばか》	一代かぎりで個人が自分のために建てたり、夫婦でふたりだけのために建てる墓。独身者で跡継ぎがいなかったり、子どものいない夫婦が建てるケースが多い。
永代供養墓	寺や寺院に永代供養料を払い、そこで永続的に管理・供養してもらう墓。寺院が管理してくれるため、承継者の問題を考えなくてよい。
合葬墓《がっそうぼ》	永代供養墓の一種で、承継者がいない人や、家制度にしばられたくない人などが一緒に納められる墓。他人同士が一緒に納められ、一般的に使用料は安い。
有期限の墓	使用権に30～50年単位の期限が設けられた墓。期限のたびに、承継者の有無を確認し、誰もいない場合は合葬墓などに移される。寺院や霊園が管理し、空いた墓所を有効に活用するために生まれた方法。

新しく墓を建てたら

開眼供養を行う

墓が完成したら、墓に魂を入れるための儀式として、「開眼供養」を行います。「入魂式《にゅうこんしき》」「魂入《たまい》れ」とも呼ばれ、忌《いみ》明《あ》けや一周忌の法要または納骨式と一緒に行うことが多いようです。

僧侶を迎えて読経《どきょう》してもらい、参列者による焼香《しょうこう》を行います。

なお、墓を建て直したり、移動させたりしたときも、開眼供養を行います。

僧侶への謝礼は、表書きを「入魂《にゅうこん》御《お》礼《れい》」や「御礼」とし、白封筒に入れて渡します。通常は3万円程度が謝礼の目安です。しかし、新規に墓地を購入し、納骨が重なるときは、開眼供養料と埋葬のお礼を合わせ5万円程度が目安となります。

なお、神式やキリスト教式の墓は開眼供養の必要はありません。

墓地・墓石のQ&A

Q 墓をつくらずに納骨する方法は？

A 最近注目されているのが、寺院に付属していたり、霊園などにつくられた専用の納骨堂に納骨する「永代納骨」という方法です。仏壇型、ロッカー型など、その規模や形状はさまざまですが、遺骨を入れるスペースがロッカーのように並んでいるものが多いようです。墓地によって異なりますが、期限は永久的で、価格は50万円程度のものからあります。

Q 神式やキリスト教の墓地は？

A 神道では死をけがれと考えるため、神社内に墓地を持ちません。そのため、宗教宗派を問わない公営墓地や民営墓地に入るのが一般的です。

キリスト教のプロテスタントは、日本キリスト教団に、カトリックは、各教会に申し込みます。十字架を建てたり、墓石に十字架を彫ったりします。

ご本尊と成仏した故人を祀る

仏壇の購入と日常の供養

遺族

POINT

仏壇《ぶつだん》は本来、その宗派の本尊《ほんぞん》を祀《まつ》るものです。仏教の本尊をそこに安置し、先祖や故人の位《い》牌《はい》を置いて、日常の供養《くよう》をします。各宗派ごとに追悼の方法が異なります。

仏壇の購入と安置

仏壇は忌明けまでに用意

仏壇は高価なので、無理に用意しなくとも、故人の遺影と位牌に手を合わせるだけでも立派な供養になります。

購入する場合は、四十九日《しじゅうくにち》の忌明《いみあ》けまでに用意するのが一般的です。忌明けの法要《ほうよう》が済んでから位牌を仏壇に納めますが、その際、仏壇に祀る本尊や仏具も一緒に購入します。これらは宗派によって区別がありますので、わからない場合は、仏具店や菩提寺《ぼだいじ》に相談します。

新しい仏壇や本尊は、僧侶を迎えて開眼供養《かいげんくよう》（仏壇開き）をしてもらうとよいでしょう。

仏壇の種類と価格の目安

台つき仏壇

仏間などに置かれる大型のもので、大きさによって値段も幅があり、30〜50万円が主流です。大きく立派な仏壇は100万円以上するものもあります。

上置き仏壇

最近の住宅事情に合わせたコンパクトな平づくりのもので、タンスやリビングボードの上などに設置することができます。価格も4〜5万円からあり、比較的リーズナブルです。

仏壇のサイズは、引き戸がついた大型のものから棚の上に設置する上置き型のものがあります。

また、素材としては金箔《きんぱく》を使った華やかな塗り仏壇と、黒檀《こくたん》などの木目を生かしてつくった唐木《からき》仏壇の2タイプがあります。最近は洋風家具に調和するシンプルな木目素材の仏壇もあります。置き場所などを考え、故人に適したものを選ぶようにしましょう。

家具調仏壇

洋風のインテリアにも合わせやすいナチュラルな木目を生かした仏壇。20〜50万円程度が主流です。

仏壇は家族が毎日拝める場所に

かつて仏壇は仏間に安置するものでした。しかし、今では仏間をもたない家がほとんどで、どこに置いてよいのか迷うところです。

まずは、家族が毎日拝《おが》める場所で、落ち着いた雰囲気の部屋に安置するとよいでしょう。

また、仏壇は神棚《かみだな》と向かい合わないように設置します。目線よりやや上に置くようにしましょう。

仏壇を購入するまでの間や、住宅事情で仏壇を置けないときは、専用のスペースを設けて遺影と位牌を置き、線香立てや花立て、燭台《しょくだい》などをまわりに配してお供えをします。

日常の供養

仏壇の拝みかた

本来、供養は朝起きて、洗顔を済ませてから朝食前に行うものとされています。日ごろ、旬のものや、いただきものがあった際には、そのつど仏壇にお供えするようにしましょう。

日常のお参りのしかた

❶仏飯器《ぶっぱんき》に炊きたてのご飯を盛り、お茶とともに供えます。花立ての水を替えます。

❷ろうそくに火をつけてから、火を線香に移して供えます。

❸仏壇の前に正座し、鈴をふたつ鳴らし、両手に数珠をかけて合掌《がっしょう》します。宗派に合ったお経を唱えます。

❹朝の礼拝後はろうそくを消し、二重扉であれば内側だけ閉めます。

仏壇の掃除のしかた

仏壇はほこりがたまりやすいので、定期的に掃除をするようにしましょう。掃除をする際には、まず拝礼《はいれい》してから行います。

本尊や位牌は手あかがつかないように薄手の手袋をして扱うとよいでしょう。仏具類はやわらかい布でからぶきし、花立ては水洗いして、日陰でよく乾かします。仏壇の内部は、毛ばたきなどで、周囲のほこりを払い、やわらかい布で汚れをふきます。

香炉《こうろ》は灰の中に残った線香の燃えかすを取り除くため、ふるいにかけるとよいでしょう。

また、金属製の仏具は年月が経つと、徐々にさびつきがちです。この場合、市販の金属クリーナーなどを使って磨くと、美しい光沢がよみがえります。このほか、仏具店には専用のクリーナーや掃除用のキットを扱っているところもありますので、利用するのも方法です。

掃除が終わったら、線香をあげて、供養しましょう。

命日や年忌の節目に行う行事
法要のしきたりと準備

遺族

POINT

葬儀後、命日《めいにち》や年忌《ねんき》の節目に、故人をしのんで行う行事を法要《ほうよう》といいます。故人をていねいに供養《くよう》し、参列者に失礼のないように準備を万全にすすめましょう。

法要の準備の流れ

1. 施主を決める
2. 日取り・会場の決定
3. 案内状を送る
4. 引き出物・会食の手配
5. 法要の服装を準備
6. 法要当日

忌日や命日の法要

7日目ごとの追善供養

法要は法事《ほうじ》とも呼ばれ、命日に故人の霊を慰《なぐさ》め、冥福《めいふく》を祈る行事です。

亡くなった日から数えて7日目ごとの日が「忌日《きじつ》」です。それぞれ、初《しょ》七日《なのか》・二七日《ふたなのか》・三七日《みなのか》・四七日《よなのか》・五《いつ》七日《なのか》・六《む》七日《なのか》・七七日《なななのか》と呼びます。七日の巡りの数を刻んだもので、それぞれの日に法要を行います。

七七日は「四十九日《しじゅうくにち》」とも呼ばれ、この49日間が「中陰《ちゅういん》」、最後の四十九日を「満中陰《まんちゅういん》」といいます。四十九日のあと、亡くなってから100日目に行う供養を「百《ひゃっ》か日《にち》」といい、忌日法要が終わる区切りの日になります。

法要での僧侶へのお礼

僧侶への謝礼は「御経料《おきょうりょう》」や「御布施《おふせ》」など表書きした白封筒に入れ、読経《どきょう》後に手渡します。

お礼の金額については、お寺の格式などによって違いもあり、一概にはいえませんが、3万円程度を目安と考えるとよいでしょう。わからなければ、寺院に率直に聞いても失礼ではありません。

僧侶が法要後の会食を辞退したときは1万円程度を「御膳料《おぜんりょう》」として手渡します。また、自宅やお寺以外の会場に出向いてもらった場合には、5千～1万円程度の「お車代」も準備します。施主《せしゅ》側が車を用意した場合でも、同様に用意するのがマナーです。

仏式の法要の時期と供養のしかた

	法要名	時期	参加者	法要のしかた
追悼法要	初七日	死後7日目	遺族・僧侶・近親者・友人・知人	現在では、葬儀当日に行うことが多い。葬儀当日以外で行う場合は、僧侶にお経をあげてもらい、お茶などでもてなす。
	二七日 三七日 四七日 五七日 六七日	死後14日目 死後21日目 死後28日目 死後35日目 死後42日目	遺族	僧侶は招かず、お供えをして、遺族だけで法要を行うのが一般的。宗派によっては、五七日を忌明《いみあ》けとし、初七日同様に供養することもある。
	七七日	死後49日	遺族・僧侶・近親者・友人・知人	忌中最後の日で、満中陰。僧侶を迎え、盛大に法要を営み、参列者を会食でもてなす。
	百か日	死後100日目	遺族	現在は、七七日（四十九日）の法要と合わせて遺族だけで行う場合もある。
	初盆	死後初めてのお盆	遺族・僧侶・近親者・友人・知人	僧侶に読経をあげてもらい、精進料理でもてなす。仏を供養する法要。
年忌法要	一周忌	死後満1年	遺族・僧侶・近親者・友人・知人	僧侶に読経をあげてもらう。僧侶と参列者をお茶などでもてなす。
	三回忌 七回忌 十三回忌 十七回忌 二十三回忌 三十三回忌	死後満2年 死後満6年 死後満12年 死後満16年 死後満22年 死後満32年	遺族・僧侶・近親者・とくに関係の深かった人	僧侶に読経をあげてもらう。僧侶と参列者をお茶などでもてなす。
	三十七回忌 五十回忌 百回忌	死後満36年 死後満49年 死後満99年	遺族・僧侶・近親者・友人・知人	三十三回忌をもって「弔《とむら》い上げ」とし、三十七回忌からは省略することが多い。

月忌法要と年忌法要

亡くなった、同じ月の同じ日のことを祥月命日《しょうつきめいにち》といいます。一周忌や三回忌など、祥月命日に行う法要が「年忌《ねんき》法要《ほうよう》」です。この年忌法要は、一周忌にはじまり、三回忌、七回忌、十三回忌と続き、正式には百回忌まであります。

また、故人が亡くなった日と同じ日を月忌《がっき》といいます。遺族はふだんよりていねいに拝礼して心のこもった供養《くよう》を行いましょう。

法要の準備

施主は葬儀の喪主が務める

まず、法要の主催者となる施主《せしゅ》を決めます。親の法要ならば長男・長女、夫の法要ならば妻というように、故人に最も近い人が務めます。一般的には、葬儀のときの喪主《もしゅ》が務めるのがほとんどです。

法要を行うときは、寺院や僧侶の都合もあるので、1ヶ月ほど前に連絡をとり、日取りや方法の打ち合わせを行います。

日取りを決める

法要は、必ずしも命日などに行う必要はありません。ただし、忌日《きじつ》や命日よりも前に行うのがしきたりです。

最近では、出席者が集まりやすいように休日を選び、忌日や命日より前の都合のよい日に設定することが多くなっています。

また、1年以内にふたつの年忌法要が重なる場合は、一周忌と三回忌以外は「併修《へいしゅう》」または「合斎《がっさい》」といって、一緒に行ってもかまいません。この場合、命日の早いほうに合わせます。

会場を決める

法要を行う場所は、とくに決まりはなく、自宅や寺院など、招待する人の数に合わせて考えます。

自宅で行うときは、仏壇をととのえ、祭壇を準備します。祭壇の上段に遺影と位牌《いはい》を飾り、下段に供物《くもつ》をして、法要を行います。

寺院で行う場合は、菩提寺《ぼだいじ》または、葬儀のときにお世話になったお寺にお願いするとよいでしょう。ひと月前にはお寺に出向き、打ち合わせをします。

また、最近では法要後の会食のことも考え、ホテルや一般会場で行うケースも増えています。

案内状は早めに出す

日時と会場が決まったら、参列してほしい人に案内状を出します。

一周忌までは、広く参列を呼びかけますが、三回忌からは家族と親戚で行うのが一般的です。出欠の返事は2週間前にはもらえるように出しましょう。案内状の文面はとくに決まった書き方はありませんが、日時と場所を明記し、返信用のはがきを同封し、封書で送るケースが多いようです。

案内状の文例

拝啓　春暖の候　皆様ますますご清祥のこととお慶び申し上げます。早いもので母・友枝が他界しましてから一年が経ち、○月○日で一周忌を迎えます。つきましては、左記のとおり法要を営みたいと存じます。ぜひ、ご出席くださいますようお願い申し上げます。

敬具

記

日時　三月○日　午後二時～四時
会場　△△会館

ただし、人数が少ない場合は電話での案内でもかまいません。

卒塔婆を依頼する

宗派によっては、年忌法要の際に、墓石の後ろに卒塔婆《そとば》を立てて供養することがあります。

卒塔婆とは、供養のために戒名《かいみょう》やお経文を書いた板で、年忌法要以外にもお盆やお彼岸《ひがん》のときにも立てます。

卒塔婆供養を行いたい場合は、あらかじめ寺院に申し出ておきます。立てるには「卒塔婆料」が必要で、金額は宗派によって異なりますので、申し込む際に確認しておきましょう。

お斎と引き出物の準備

法要が終わったら「お斎《とき》」と呼ばれる会食の席を設け、僧侶や出席者に食事をふるまいます。仏壇に供えるものは精進料理にしますが、出席者には肉や魚を使った料理を出してもかまいません。

法要の出席者には、先祖からの心づくしという意味で、引き出物を用意します。タオルやお茶など、かさばらない軽めのもので、2～3千円程度の品が一般的です。表書きは「粗供養《そくよう》」「志《こころざし》」とし、施主名を書きます。

会食を行わない場合は、折り詰めの料理とお酒を用意して、引き出物とともに渡します。なお、会食を省くことは失礼にはあたりません。

法要の服装

施主は三回忌までは正式な喪服を着用しますが、年忌法要の回を重ねるに従って、喪服にこだわる必要はなくなります。とはいえ、華美な服装は避け、地味な色合いを保ち、一般の出席者よりも軽い服装にならないように気をつけましょう。男性はダークスーツ、女性は地味な色合いのスーツやワンピースが一般的です。

故人をしのび供養する
法要のすすめ方

遺族

仏式法要の進行

① 僧侶の入場

僧侶の入場を施主と参列者一同が座って迎え、法要を開始する。

② 施主のあいさつ

「ただ今より○○（故人の戒名）の○回法要を務めさせていただきます」などと始めのあいさつをする。年忌《ねんき》法要の種類によって、あいさつが多少異なるので、事前に内容を考えておく。遠方からの参列者も多いので、感謝の気持ちを込めて、お礼の言葉を述べる。

③ 僧侶による読経

自宅の場合は仏壇の前で、お寺で行う場合は、寺の本堂かお墓の前で読経してもらう

④ 焼　香

僧侶の合図によって、施主から焼香する。法要での席次は、それほど細かくこだわらないため、席次順ではなく故人と関係の深かった順に焼香する。

⑤ 僧侶による法話《ほうわ》

葬儀の際にお願いした僧侶であれば、当時を振り返っての話や、故人の生前の人となりを盛り込んだ話をしていただくのが一般的。

⑥ 施主のあいさつ

「おかげさまで滞りなく○回法要を務めることができ、故人も感謝していることと思います。本日はまことにありがとうございました」などと、参列者に法要終了の簡単なあいさつと参列のお礼を述べる。

⑦ 一同でお墓参り

寺院で法要を営む場合は、参列者一同で墓前にお参りをする。自宅で法要を営む場合は、日をあらためて身内で行う。

⑧ 会　食

自宅または寺院の施設や料亭、ホテルなどで法要後の会食を行う。

POINT

法要《ほうよう》には、葬儀・告別式のような、特別な決まったしきたりはありません。僧侶の読経《どきょう》と参列者の焼香《しょうこう》が基本です。僧侶と施主《せしゅ》で打ち合わせを行い、進行について決めましょう。

法要当日の流れ

法要の所要時間は30分~1時間程度が一般的です。法要後は会食を行い参列者や僧侶をもてなしますが、会食を省く場合は、法要のご案内状で「都合により会食はできかねます」などとお詫びしておきましょう。

一周忌の施主のあいさつ例

本日はご多忙のところ、父の一周忌法要にお越しくださいまして、まことにありがとうございます。
　このように多くの方にお集まりいただき、故人もさぞかし喜んでいると思います。
　心ばかりのものではございますが、お膳を用意いたしました。どうぞ、時間の許すかぎり、ごゆっくりとお過ごしください。父の思い出話などをお聞かせいただければ幸いです。
　本日はまことにありがとうございました。

神式とキリスト教式の法要

神式の法要

神道で、仏教の法要にあたるものが「霊祭《れいさい》」です。霊祭を行う日である「斎日《いみび》」は10日ごとに定められていますが、とくに人を招いて行う霊祭は次の通りです。

十日祭
仏式の初七日《しょなのか》にあたります。親族や友人を招いて祭儀が行われます。

五十日祭
仏式の七七日《なななのか》（四十九日《しじゅうくにち》）にあたり、忌明けとされる霊祭です。

百日祭
死後100日目に行われます。

式年祭
仏式の年忌法要《ねんきほうよう》にあたる霊祭です。1年目を一年祭とし、三年祭・五年祭・十年祭から五十年祭までは10年ごとに行い百年祭と続きます。

キリスト教式の法要

キリスト教の法要については、決まりごとはほとんどなく、仏式や神式に比べてかなり簡略化されています。

プロテスタント
亡くなって1ヶ月後の昇天《しょうてん》記念日に記念式が行われます。教会か自宅に親族や友人・知人を招いて、牧師を迎えて行います。その後は1年目、3年目、7年目の昇天記念日に追《つい》悼式《とうしき》を行います。

カトリック
亡くなって3日目、7日目、30日目に教会の聖堂に親族や友人・知人が集まり、司祭による追悼ミサが行われます。その後は1年ごとの昇天記念日に集まって、追悼会が開かれます。ちなみに毎年11月2日は「万霊《ばんれい》節《せつ》」と呼ばれ、追悼のためのミサが行われます。

故人に対するその後の供養

お盆とお彼岸のしきたり

遺族

POINT

葬儀や大切な法要《ほうよう》が終わっても、毎年、命日《めいにち》やお盆《ぼん》、お彼岸《ひがん》と、故人や先祖の供養《くよう》をする機会があります。毎年、故人をしのび、心を込めてお墓に手を合わせたいものです。

新盆の供養

家族全員で供養する

亡くなって、初めて迎えるお盆のことを、「新盆《にいぼん》」、または「初盆《はつぼん》」といいます。

新盆は、家族全員が顔をそろえて、故人のためだけに、とくに丁重な供養を行います。加えて、親族や特別に親しかった人などを招き、僧侶を迎え読《ど》経《きょう》してもらい、焼香《しょうこう》します。

お盆はお寺の僧侶にとって忙しい時期ですので、僧侶を迎えるときには、早めに都合を確認し、依頼を済ませておきましょう。

お盆の供養では、仏前にしつらえた精霊棚《しょうりょうだな》に、初物《はつもの》の農作物を供えたり、生前故人の好きだったものなどをたくさん飾って霊を迎えます。

親族は、新盆のときに、遺族の家族に盆提灯《ぼんちょうちん》を贈るしきたりがありますが、最近は現金を贈ることも多くなりました。その際は、不祝儀袋《ぶしゅうぎぶくろ》に「御《お》提灯代《ちょうちんだい》」と表書きして、1～2万円程度を包むとよいでしょう。

なお、四十九日《しじゅうくにち》の前にお盆を迎える場合には、新盆の法要を翌年に持ち越すのが一般的です。

精霊棚にお供えをして霊を迎える。

今どきのマナー

ペットの葬儀と供養のしかた

❶民間の業者に依頼

動物病院や市町村の役場に聞けば、ペット専門の葬儀社や霊園などを紹介してくれます。ペット霊園では、葬儀・供養から火葬・納骨までを請け負うところが多く、対象は、犬やネコはもちろん、小鳥やハムスターなどの小さな動物などあらゆるものです。ペットの大きさによっても異なりますが、葬儀費用は1～5万円程度が多いようです。

❷自治体に依頼

ペットの遺体の引き取りや火葬を行う自治体もありますので、市町村の役場に問い合わせてみましょう。担当部署は清掃局、環境衛生局、衛生局などで、費用は自治体によって異なりますが、1千～5千円程度が一般的です。

お彼岸の供養

墓参りの前にご本尊に拝礼

お彼岸とは、春分・秋分の日（3月21日・9月23日ごろ）とその前後の3日間を合わせた7日間のことをいいます。春と秋のお彼岸には、きちんとお墓参りをしたいものです。

墓参りをするときは、まず墓石と墓のまわりの掃除からはじめます。

それから供花《くげ》や供物《くもつ》を供え、線香立てに、束のまま火をつけた線香を立てます。そして、墓前の全員がひとりずつ墓石にひしゃくで水をかけて合掌《がっしょう》します。故人の冥福《めいふく》を祈り、近況報告や、感謝の気持ちを伝えることで、供養としましょう。本来はしゃがんで拝むものですが、墓地がせまいときなどは、立ったままでもかまいません。

なお、お寺に墓があるときには、お墓にお参りする前に、本堂のご本尊《ほんぞん》に拝礼《はいれい》するとよいでしょう。

食べ物をお供えする場合には、注意が必要。お寺の住職が管理してくれますが、ハトやカラスが食べてしまうこともあり、お墓が汚れるもとにもなりますので、持ち帰るのが無難でしょう。

法要に関するQ&A

Q 同じ年に祖父と母の法要が重なりました。同時に行ってもかまわない？

A 法要をそれぞれ行うとなると、経済的にもたいへんですし、参列者にも負担をかけることになります。その場合はどちらか早い方の命日に合わせて、一緒に法要を営んでもかまいません。これを「併修《へいしゅう》」または「合斎《がっさい》」と呼びます。ただし、一周忌と三回忌は一緒にすることはせず、独立して行います。

Q 祖父が亡くなり、服喪《ふくも》中なのですが、お中元やお歳暮は贈ってもよいのでしょうか？

A ふだんどおりに贈答品を贈ってかまいません。ただし、紅白の水引をやめて、白無地の短冊に変えるなどの配慮をしたほうがよいでしょう。また、正月の年賀は欠礼しますが、お年玉は子どもが楽しみにしていることでもあり、「文具代」や「書籍代」などと名目を変えて渡すようにするとよいでしょう。

Q 新しい仏壇を買おうと思いますが、古い仏壇はどうすればよいでしょうか？

A 新しい仏壇を購入する際には、仏具店で古い仏壇を引きとってもらうのが一般的です。また、お寺では、1年の終わりに卒塔婆《そとば》や白木の位牌《いはい》などを焼きますから、相談してみてもよいでしょう。

Q 仏滅の日の墓参りはタブー？

A 仏滅だからといって、お墓参りをしてはいけないということはありません。仏滅とは、仏教と関連しているものではありませんので、とくに気にする必要はありません。

ご不幸の知らせを受けたら

弔問のマナーとしきたり

弔問者

POINT

危篤《きとく》の知らせを受けたら、何より落ち着いて行動することが大切。できるだけ早く相手のもとに伺いますが、訃報《ふほう》に際しては、故人との関係の深さなどを考慮して行動します。

弔問の心得

危篤の知らせを受けたとき

近親者や友人・知人などの危篤の知らせを受けたら、夜中であっても、可能なかぎり早急に駆けつけましょう。

遠方から駆けつける場合は、万一のことを考え、喪服《もふく》の用意をしておくことも肝心です。ただし、先方への気づかいを忘れないように。宅配便ですぐ送れるように手配して出かけたり、駅のロッカーに預けておくなど、喪服の用意をことさらに気づかせることのないようにしたいものです。

容体などはあえて聞かず、入院先などの必要な情報のみを伺い、地味な平服で駆けつけるようにします。

訃報を受けたとき

死亡の知らせを受けたら、まず、落ちついて必要な情報を整理します。通《つ》夜《や》と葬儀の日時と場所などを正確に聞きましょう。ただし、遺族の家に、折り返しの電話や問い合わせなどはしないのがマナーです。

身内や近親者の場合、訃報を受けたら、すぐに駆けつけます。地味な平服を着用し、通夜や葬儀を手伝うつもりで出向きます。

親しい隣人の場合は、隣近所で相談し、すぐに出向いてお悔やみを述べます。親しい間柄なら通夜や葬儀などの手伝いを申し出るとよいでしょう。

会社関係者の場合は、死亡直後に駆けつけるのは避け、通夜に弔問《ちょうもん》します。

ケース別・お悔やみの言葉

○一般的なお悔やみ

「このたびはご愁傷《しゅうしょう》さまでございます。心よりお悔《く》やみ申し上げます」

「悲しいお知らせに信じられない思いでございます。心からご冥福《めいふく》をお祈り申し上げます」

○長患いの場合

「この度はご愁傷さまです。ご看病のかいなく、本当に残念でなりません」

○急死の場合

「あまりに突然なことで、何とお慰め申し上げればよいか言葉が見つかりません。心からお悔やみ申し上げます」

○老衰の場合

「天寿をまっとうされたとはいえ、ご家族の悲しみは、計り知れないことでしょう。心からお悔やみ申し上げます」

弔問のQ&A

Q 通夜と葬儀のどちらに出席すればいいの？

A 通夜は故人と親しい人たちが最後の一夜をともに過ごし、冥福を祈るものでした。そのため、親しい人たちは通夜、葬儀を通して参加します。故人とのかかわりがあまり深くない場合は、葬儀のみに参列すればよいでしょう。

会社関係の場合は、代表者が通夜と告別式に出席し、ほかの人は葬儀のみに参列します。

Q 弔事《ちょうじ》と慶事《けいじ》が重なったときは？

A 時間に都合がつけば両方出席してもかまいませんが、結婚式と葬儀が重なったときは、一般的には弔事を優先させます。ただし、あまり付き合いのない方の葬儀と身内の結婚式が重なった場合は、弔事を欠席してもかまいません。

弔問と対面のしかた

訃報を受けてとりあえず駆けつけた際は、玄関先でお悔やみを述べます。とくに故人と親しい間柄の場合は、遺族から最後の対面をすすめられることがあります。このようなときには、慎んで受けるようにしたいものですが、どうしてもつらいときは、辞退してもかまいません。

なお、遺族からの申し出がない場合は、自分から対面を申し出ることは避けましょう。

対面のしかた

❶遺体の枕元に近づき、軽く両手をついて一礼します。

❷遺族が白布《しろぬの》を上げてくれたら、故人の顔をのぞくようにして対面し、そのまま合掌《がっしょう》して冥福を祈ります。

❸少し下がって軽く両手をつき、遺族に一礼して、静かに退席します。

弔問できない場合は弔電を

出産間近の場合や体調が悪い場合、高齢で弔問が困難な場合などは、無理に弔問に伺う必要はありません。遺族の方にかえって気をつかわせてしまうことになるので控えるのが無難です。

また、事情があって通夜や葬儀に参列できないときは、電話でのお悔やみは控え、弔電《ちょうでん》を利用しましょう。

弔電は故人の冥福を祈り、遺族へお悔やみの心を伝えるものです。告別式で紹介されることもありますので、わかりやすい言葉を選ぶようにしたいものです。

宛名は喪主にしますが、わからない場合は、「故○○様ご遺族様」とします。差出人の名前は、電文中にフルネームで入れます。弔電は、局番なしの115番か、NTTの営業所で受けつけていますので、早めに手配しましょう。（P330参照）

弔問者

POINT

香典《こうでん》は故人への弔意を表すとともに、遺族に対しては葬儀費用の一部にあててもらうためのお金です。通夜《つや》か葬儀に参列する際に、ふくさに包んで持参します。

香典のマナー

香典の金額と持参のしかた

香典の金額と表書き

香典の金額と不祝儀袋の選びかた

香典を包む不祝儀袋《ぶしゅうぎぶくろ》は、宗教や宗派によって用いるものが違ってきます。一般には市販の香典袋を利用しますが、香典の額や、先方の宗教に添ったものを選ぶとよいでしょう。(P8参照)

表書きは、仏式では「御霊前《ごれいぜん》」「御香《ごこう》料《りょう》」「御香典《おこうでん》」など、神式は「玉串料《たまぐしりょう》」、キリスト教式は「お花料《はなりょう》」となります。

香典を包む金額は故人との関係によって変化します。ただし、金額で4(死)や9(苦)のつく数字や偶数は基本的にタブーとされています。偶数でも2万円は差し支えありません。香典の金額は迷うことの多いものですが、迷ったときは、同じような立場の人に相談するとよいでしょう。最初に想定した金額よりも多めにしておくと後悔せずに済むものです。

宗教別・不祝儀袋の表書き

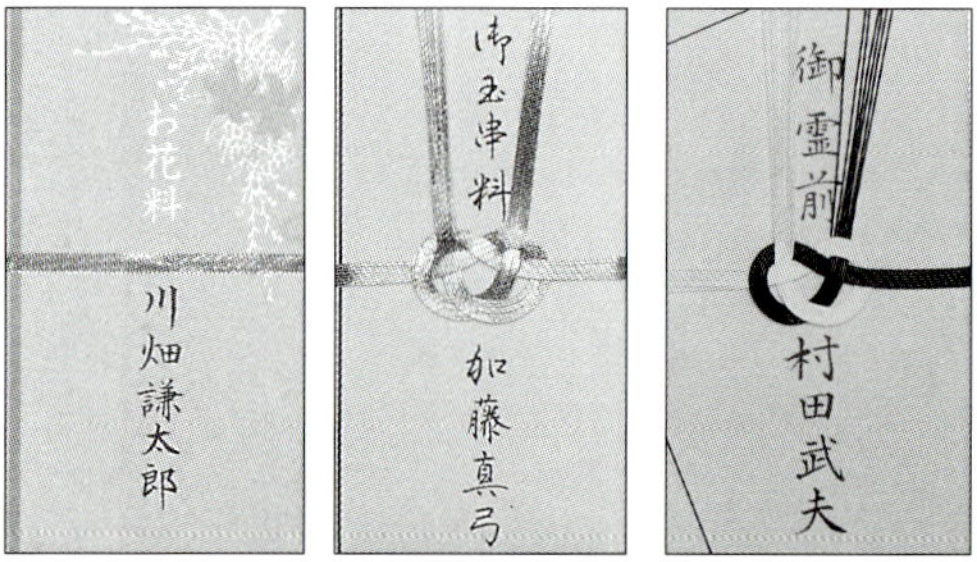

キリスト教式　神　式　仏　式

宗教ごとに表書きが異なる。相手の宗教がわからない場合は、どの宗教でも使える「御霊前」が無難。

香典マナーのQ&A

Q 遠方の場合、香典を現金書留で郵送してもいい？

A 通夜や告別式にどうしても出席できないときは、香典を郵送しても失礼にはなりません。その場合は、現金書留を利用します。現金を、不祝儀袋に入れて、お悔やみと参列できないお詫びを述べた手紙を同封しましょう。

Q 「ご厚志《こうし》ご辞退」という場合はどうする？

A 故人や喪主《もしゅ》、遺族側の遺志や事情で「ご厚志はお断り申し上げます」などという通知がされる場合があります。このような場合は、供物《くもつ》や香典を辞退するという意味なので、無理に贈らずそれに従うのがマナーです。

香典は通夜か葬儀に持参する

香典は、通夜か葬儀のときに持参します。通夜と葬儀の両方に参列する場合は、どちらも持参するという必要はありません。通夜のときに渡し、葬儀では受付での記帳だけでかまいません。

弔事用のふくさに包む

香典をむき出しで持参するのはマナー違反です。弔事《ちょうじ》用のふくさか、グレーや紺などの地味な色の小さな風呂敷に包んで持参します。紫色のふくさであれば、慶弔《けいちょう》用の両方に使えます。（P14参照）

慶事では新札を用意しますが、弔事の場合は手元にあるお札を使ってかまいません。新札でもかまいませんが、抵抗がある場合は、一度折り目をつけてから包むとよいでしょう。

ふくさの包みかた

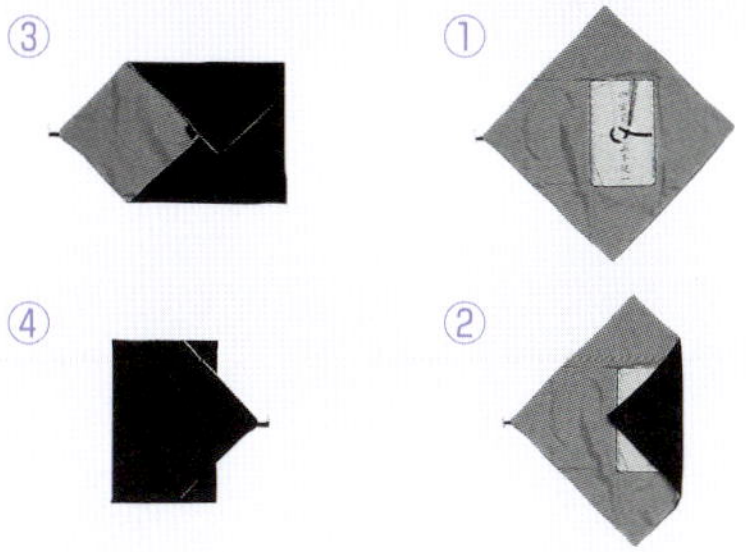

❶ふくさを斜めにして右中央に香典袋を表向きにして置く。❷右側からたたむ。❸下側、上側の順にたたむ。❹左側をたたみ、端を裏側にまわす。

お香典の金額の目安

【単位:円】

	最多回答額	平均額※
祖父母	10,000	19,945
親	100,000	64,649
兄弟姉妹	50,000	40,654
おじ・おば	10,000	17,145
上記以外の親戚	10,000	13,484
職場関係	5,000	5,697
勤務先社員の家族	5,000	4,631
取引先関係	10,000	8,083
友人・その家族	5,000	5,905
隣人・近所	5,000	5,058
その他	5,000	6,357

※平均値は各回答データの最高値と最低値を含めずに計算しています。
（2006年　冠婚葬祭互助協会調べ）

弔問者

供物や供花を贈る

喪家の意向を確認する

POINT

通夜《つや》や葬儀のときに霊前《れいぜん》に供物《くもつ》や供花《くげ》を供《そな》えます。飾り方は宗教や宗派によって異なりますので、贈る際には、必ず喪家《そうか》の都合や意向を確認しましょう。

供物・供花のマナー

喪主の意向をたずねる

霊前に供える品物のことを供物、花輪や生花を供花といいます。

供物や供花を贈る際は、通夜の場合は当日の午前中までに、葬儀の場合は前日までに会場に届くように手配しましょう。

宗教や宗派によって、通夜や葬儀のしきたりが異なり、供物や供花の飾り方もさまざまです。

また、受け取りを辞退する喪家もありますから、供物や供花を贈る場合は、喪主側の意向を確認してから行うとよいでしょう。

花輪や生花は葬儀社に依頼

花輪や祭壇に飾る生花は、式場または葬儀社に予算を伝えて依頼すると、用意して運んでくれます。供物も祭壇に飾るものですから、弔事《ちょうじ》用の不祝儀《ぶしゅうぎ》のかけ紙をかけてもらいます。表書きは「御霊前《ごれいぜん》」とします。

花輪や生花などの供花は、思いのほか場所をとるものですので、贈る前に喪家への確認をしましょう。

▼生花を贈る場合

祭壇に飾る生花は白をベースにし、ほかの色を交ぜる場合は、紫か青などにしましょう。菊、ゆり、カーネーション、胡蝶蘭《こちょうらん》などを選ぶのが一般的です。子どもの葬儀には、薄い暖色系の花を供える場合もあります。

！ 遠方から供花を贈る場合

遠方から花を贈りたい場合は、弔電と一緒に花を贈れる「フラワー電報」を利用すると便利です。NTTの115番で受け付けています。

フラワー電報には弔電《ちょうでん》の料金＋供花の料金＋手数料525円がかかります。供花はアレンジ、花かご、スタンド式があり1万～3万円まで予算に合わせて選べます。

電話での申し込みは午前8時～午後10時までで、午前中に申し込めば当日の午後には先方に届きます。それ以降の申し込みの場合は、翌日の午前の到着になります。

料金やメニューは変更することもありますので、詳しくは115番へ問い合わせましょう。

なお、キリスト教の場合は、白一色の生花にかぎられています。
生花は通夜当日か、葬儀の早い時間に届くように手配します。

▼花輪を贈る場合

花輪は葬儀社に依頼するのが一般的です。スペースをとりますから、喪家の都合を確認しましょう。
花輪は会社関係や団体からの贈り物が通例で、個人で贈ることはあまりありません。

供物は宗派や地域で異なる

供物は、宗教や宗派、地域などによって、品物の種類や飾り方などに決まりごとがありますので、事前に確認しておきましょう。
供物でも、線香や抹香《まっこう》、菓子などあまりかさばらないものは、通夜や葬儀の当日に持参して、受付に渡します。
供物は、地味な色のふくさに包んで、「ご霊前にお供えください」などの言葉を添えて渡しましょう。

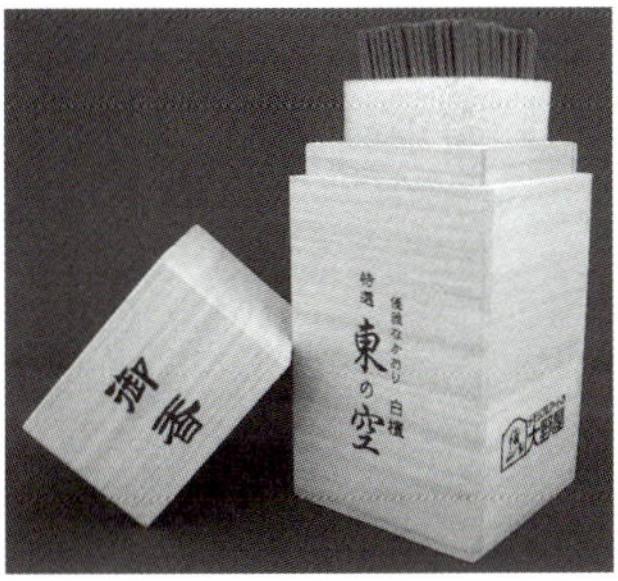

仏式の供物には線香もよく選ばれる。バラやすずらん、ラベンダーなどの花の香りがするものや、煙が少ないタイプの線香もある。香りがよく高級感のあるものを贈るとよい。

宗教別の供物と供花

	供物	供花
仏式	線香、抹香、ろうそく、干菓子、果物、五穀などを供えます。	花輪、生花の盛花、花束を供えます。花の種類に決まりはありませんが、菊、ゆり、カーネーションなどが一般的です。故人の好んだ花を入れてもよいでしょう。
神式	酒、ろうそく、干菓子、五穀、海産物などを供えます。線香や抹香は供えません。	花輪、生花の盛花、花束を供えます。白か黄色の質素な花を選ぶとよいでしょう。
キリスト教式	祭壇へは供物を供えません。	生花のかご盛り、花束などを供えます。白い花を選びましょう。

供物・供花のQ&A

Q 香典を贈ったら供物や供花は贈らなくてよい？

A 香典と供物、供花は同じ意味合いのものですから、どれかひとつを贈ればよいとされています。香典を包んでいても、お花を贈りたい場合は、相手の負担にならない範囲で贈りましょう。

Q 供物や供花を辞退されたら？

A 「供物・供花の類はご遠慮させていただきます」という場合は、無理に贈るのはマナー違反になります。代わりに同額の香典を持参しましょう。

Q 供物を渡すときは何と言う？

A 供物は不祝儀用のふろしきに包んで持参します。渡す際は、「このたびはご愁傷《しゅうしょう》様です」などというお悔《く》やみの言葉に「ご霊前にお供えください」というひと言を添えるとよいでしょう。

弔問客の装い

準喪服か地味な平服を着用

弔問者

POINT

遺族よりも大げさにならない服装をするのが弔問《ちょうもん》客の装いのマナーです。女性はブラックフォーマルウェア、男性はブラックスーツを着用するのが一般的です。

弔問の服装と身だしなみ

女性は地味な色合いの平服も可

弔問客は、遺族よりも控えめな服装ということで、準喪服《もふく》を着用するのが一般的です。

女性の場合は、ブラックフォーマルウェアとなります。ストッキング、靴、バッグも黒でそろえましょう。

通夜《つや》は地味な平服《へいふく》か、黒またはダークグレーや濃紺、濃い茶などのスーツやワンピース、アンサンブルなどでもかまいません。ただし、レースなどの透ける素材や、華美なデザインの服は避けます。スカートの丈は、ひざが隠れれば問題ありません。

冬場ならば、その上にコートなどを着て防寒対策をしますが、室内では脱ぐものですから、黒でなくとも、グレーや濃紺などであれば問題ありません。

男性はダークスーツが一般的

男性は、ブラックスーツかグレーや紺のダークスーツに白無地のワイシャツが一般的です。ネクタイは黒または紺などを着用します。

靴は底の浅い黒が基本で、靴下も黒をはきます。靴は飾りの少ないプレーンなものなら、スリップオンやローファーでもかまいません。

出勤先から、急な通夜に出向く場合などは、地味なスーツやネクタイであれば問題ありません。ただし、ネクタイピンや金時計など、光るものは事前にはずしましょう。

アクセサリーとメイクのマナー

弔事《ちょうじ》では、光る素材のものやおしゃれを意識させる装いは避けるのがならわしです。

アクセサリーは、結婚指輪のほかに、悲しみの涙を表すパールやオニキス、黒曜石のネックレス、イヤリングならつけてよいとされています。ただし、「重なる」ことを嫌う葬儀では、二連のネックレスは身につけませんので注意しましょう。

メイクは薄い色の口紅とファンデーション程度に留め、派手な色合いのアイメイクはできるだけ避けましょう。長い髪は小さくまとめ、髪飾りは光沢のない地味なものにします。

また、鮮やかな色のマニキュアや匂いの強い香水なども避けたいものです。

弔問客の服装のマナー

黒のワンピースやスーツが一般的。アクセサリーやメイクは控えめに。

ブラックスーツかダークスーツに白いワイシャツを。ネクタイ、靴、靴下は黒で統一。

故人との関係による弔問客の服装

男性	通夜	告別式
	洋装	洋装
同僚・親しい友人	ブラックスーツか濃紺、ダークグレーの無地のスーツ。シングルでもダブルでも可。ワイシャツは白でネクタイ、靴、靴下は黒。	ブラックスーツに白無地のワイシャツ。黒のネクタイに靴・靴下も黒。
近隣・知人	ブラックスーツが無難だが、地味な色のスーツでも可。ネクタイは黒。	ブラックスーツに白のワイシャツ、ネクタイ・靴・靴下も黒で。

女性	通夜		告別式	
	和装	洋装	和装	洋装
同僚・親しい友人	黒喪服または色無地の一つ紋か、地味な小紋に黒の一つ紋付きの着物、黒喪帯、黒の小物の略喪服。	略喪服か、地味な平服で可。	通夜と同様。布製のバッグとぞうりを合わせる。	黒のワンピースかスーツに黒ストッキング。黒の靴、バッグ。
近隣・知人	色無地の紋付きの着物、黒喪帯。地味な普段着の着物でも可。小物は地味な色のものに。	地味でシンプルな色合いのものであれば平服でも可。	通夜と同様。	略喪服か、地味な平服。

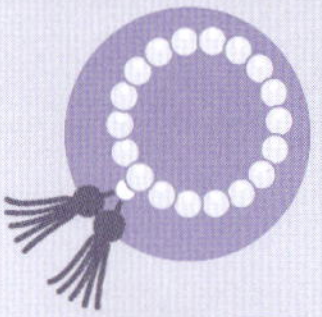

正しいマナーで故人を弔う

通夜に参列する

弔問者

POINT

本来、通夜《つや》は遺族や近親者などで故人の冥福《めいふく》を祈る儀式でしたが、最近は、昼間の告別式に参列できない一般の弔問客《ちょうもんきゃく》が増えています。正しいマナーで参列しましょう。

香典の渡し方と焼香のしかた

香典は受付に差し出す

通夜は一般的に午後6時か7時ごろから始まります。あまり早く行くと先方の準備がととのっていないこともあるので、開始時刻の10分過ぎぐらいに到着するようにしましょう。

会場に到着したら、受付で記帳を行いますが、その際に持参した香典《こうでん》を差し出します。

香典はふくさからていねいに取り出し、相手から見て、表書きが正面になるように注意して、両手を添えて受付の人に手渡します。

受付では、「このたびはご愁傷様《しゅうしょう》です」「ご霊前《れいぜん》にお供えください」などの言葉を添えましょう。

通夜での焼香のしかた

僧侶による読経《どきょう》が終わったら、焼香《しょうこう》が行われます。参列した順に焼香の順番がまわってきますが、一般的な焼香の流れは次のとおりです。

①遺族に一礼し、次に祭壇に向かって拝礼します。

②焼香を終え、合掌したら、一歩後ろへ下がって、もう一度祭壇に拝礼します。

③最後に遺族に一礼します。

焼香は、宗派や地方のしきたりによって、方法が異なる場合があります。喪主や周囲の人の動作を見ておき、同じように行うとよいでしょう。

また、回し焼香の場合も、基本的な手順は祭壇での焼香と変わりません。

①香炉《こうろ》がまわってきたら一礼し、自分の正面に置いて、遺影に黙礼《もくれい》します。

②合掌し、右手で抹香《まっこう》をつまみ、目の高さに押しいただき、香炉の中に静かに落とします。合掌して一礼し、香炉を両手でしっかりと持ち、次の方にまわします。

通夜ぶるまいの席でのマナー

焼香のあと、通夜ぶるまいの席に案内されます。故人とあまり親しくないと思う場合には、焼香後、すぐに退出してもかまいません。ただし、遺族から直接すすめられた場合には、席に着き、料理をいただくのがマナーです。通夜ぶるまいの席では長居をせず、ころ合いを見て退出しましょう。

数珠の持ち方

数珠《じゅず》を持つときは、左手で房の部分を下にして持つ。

合掌のときは、両手の人指し指の上にかける。親指で軽く押さえるような感覚で、手を合わせる。

焼香のしかた

①僧侶と遺族に一礼して焼香台に進み、祭壇の遺影を仰ぎ、一礼。

②抹香を親指と人指し指、中指の三本でつまみ、目の高さに押しいただく。

③抹香を香炉の中に静かに落とす。これを1～3回繰り返す。

④数珠をかけて合掌し、故人の冥福を祈る。

遺族へのお悔やみの言葉

▼夫を亡くした方へ

「ご主人様がご急逝《きゅうせい》との悲しい知らせをいただき、申し上げる言葉もございません。さぞ、お力落としのことでしょう。どうぞ、お気を強く持たれますよう、お祈り申し上げます」

▼妻を亡くした方へ

「このたびは、まことにご愁傷様です。突然のことで、ただ信じられない思いです。もしお手伝いできることがあれば、どうぞ何でもお申し付けください」

▼親を亡くした方へ

「ご存命中はお世話になりっぱなしで、感謝の申し上げようもございません。○○様はじめ、ご家族の皆様は、さぞかし、ご心痛でいらっしゃるでしょう。心よりご冥福《めいふく》をお祈り申し上げます」

▼子どもを亡くした方へ

「○○ちゃんが亡くなられたと聞いて、急いで駆けつけてまいりました。御両親の心中をお察しすると、お慰《なぐさ》めの言葉もありません。心からお悔やみ申し上げます」

静粛な態度で最後のお別れを

葬儀・告別式に参列する

弔問者

POINT

故人との最後のお別れとなるのが、葬儀・告別式です。定刻に遅れないように到着し、故人の冥福《めいふく》を祈ります。できるだけ出棺《しゅっかん》の見送りをするのがマナーです。

葬儀・告別式への出席

参列には遅れずに伺う

葬儀に参列するときは、開始予定時刻より10分前には到着するようにします。読経《どきょう》に遅れないようにし、開始後に会場に着いた場合には、終わるまで待って入場します。

読経の最中は、きょろきょろしたり話をするのは禁物。中座も厳禁です。故人の冥福を祈りながら、静かにお経を拝聴《はいちょう》します。

葬儀参列中は、携帯電話は切っておくのが原則。マナーモードでも、静かな葬儀中では振動が耳障りになることがあるので気をつけましょう。緊急の電話は、式場を出てかけ直しましょう。

弔辞を頼まれたら

弔辞《ちょうじ》は、遺族が故人と親しくしていた人へ、別れの言葉を依頼するものです。よほどの理由がないかぎり、快く引き受けるのが礼儀です。

弔辞は、故人の死に対する悲しみの気持ちを素直に表現するものです。あまりに形式ばった表現をせず、自分の言葉で、心を込めて読むようにしましょう。

弔辞の構成

1. 故人への呼びかけ
2. 故人への哀悼《あいとう》の意
3. 故人と自分との関係
4. 故人の人柄や経歴、業績
5. 故人の冥福を祈る言葉で結ぶ

弔辞の文例

山下智代さん。突然の訃報に信じられない気持ちでいっぱいです。

高校以来、困ったときはいつでも相談にのってくれましたね。そのやさしさに、どれだけ救われたことでしょう。

あなたを失った悲しみに打ちのめされるばかりですが、今までの楽しかった思い出を胸に、これからの人生を私なりに生きていこうと思います。

智代さん、本当にありがとうございました。どうぞ安らかにお眠りください。

出棺の見送りはできるだけ行う

告別式のあと、喪主《もしゅ》または遺族代表のあいさつがあり、それから出棺となります。やむを得ない理由で時間がとれない場合以外は、できるだけ出棺を見送りましょう。

棺《ひつぎ》が霊柩車《れいきゅうしゃ》に納められるときには黙礼し、霊柩車が走り出したら合掌《がっしょう》して冥福を祈ります。この際、コートなどは脱いで手に持っておきます。

その後、火葬場へは遺族と近親者などごく親しい人のみが向かいます。同行を希望する場合は、事前に親族か世話役に相談しましょう。

帰宅後にはお清めを

通夜や葬儀・告別式から帰宅したら、「お清《きよ》め」をします。

通夜や告別式に参列すると、会葬礼状といっしょに小さな袋に入った塩を渡されますので、それを使います。

自宅に戻ったら、門の前か玄関先に立ち、家の人に塩の小袋を渡して、胸元、背中、両足元の順に振りかけてもらいます。家に誰もいない場合は、同じ順序で、自分で塩を振りかけます。

告別式から仕事先に向かうときは、式後、足元にまく方法で行います。

なお、最近では、お清めは故人に失礼との理由から、行わない場合も増えています。

葬儀参列のQ&A

Q 遺族にあいさつしたほうがいい?

A 通夜や葬儀の最中は、遺族は慌ただしい気分でいっぱいのはず。無理に話しかけたりするのは避けましょう。どうしてもお悔やみを伝えたい場合は、葬儀後に、世話役に頼んで案内してもらいます。その際にも、長話は遠慮しましょう。

Q 妊娠時の弔問は避けるべき?

A 妊娠中だからいけないということはありません。遺族に気をつかわせないためにも、弔問先で具合が悪くならないよう体調を考えて判断しましょう。

Q 香典返しに対するお礼は必要?

A 忌明《いみあ》けのあと、遺族からあいさつ状と香典返しが送られてきます。「不幸が二度と起こらないように」という意味で、礼状は控えるのが一般的です。しかし、「ご芳志《ほうし》の品、拝受《はいじゅ》いたしました」と品物を受け取った旨の通知の手紙を書くとていねいです。

Q 葬儀のあとに不幸を知った場合は?

A 通夜や葬儀後に、遅れて不幸を知ったときには、訃報《ふほう》を知った時点で先方に連絡を入れ、できるだけ早く弔問《ちょうもん》に訪れましょう。ただし、遺族があえて連絡を控えたと思われる場合には、お悔やみの手紙に香典《こうでん》を添えて送るのが無難です。

神式とキリスト教式の葬儀のマナー

○神式

神式の葬儀は葬場祭《そうじょうさい》といいます。葬儀に出席した際には「手水《ちょうず》の儀《ぎ》」「玉串奉奠《たまぐしほうてん》」など特殊な作法があります。（葬儀の流れは230〜231ページを参照。玉串奉奠の作法は、94ページを参照）

手水の作法

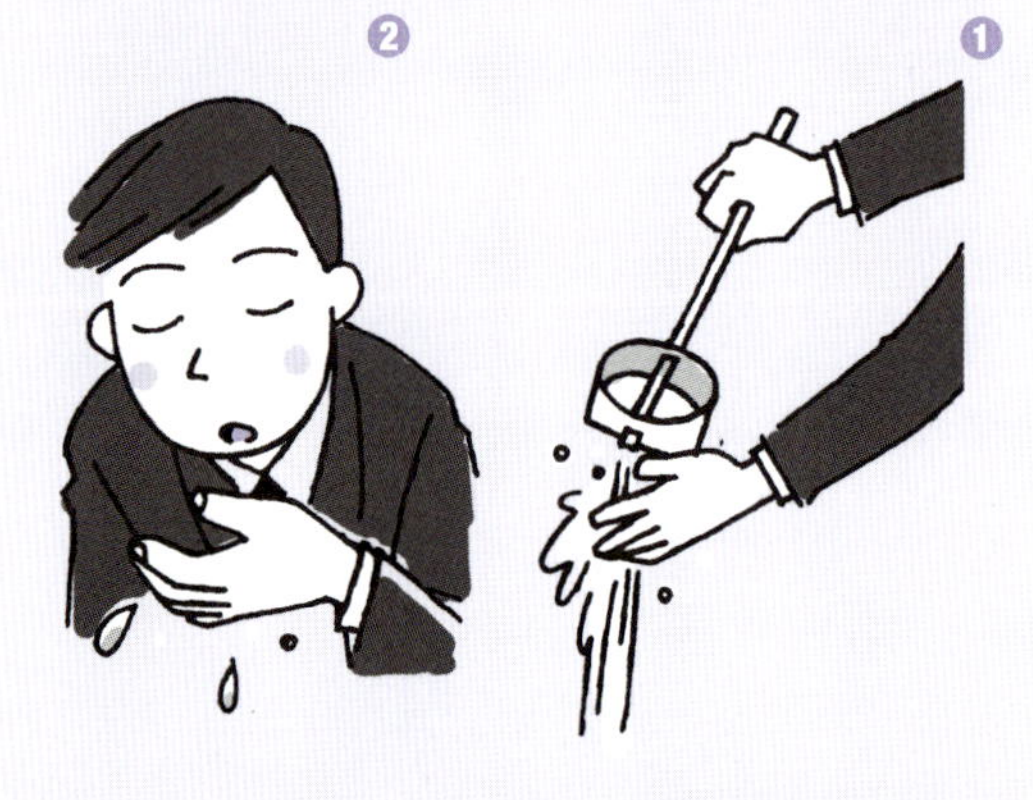

❶ひしゃくで水を汲み、左手にかける。ひしゃくを持ち替えて右手にかける。

❷ひしゃくを右手に持ち、左手に水を受けて口を注ぎ、懐《かい》紙《し》で口をふく。

○キリスト教式

キリスト教式の葬儀には、仏式での焼《しょう》香《こう》にあたる「献花の儀式」があります。（葬儀の流れは232〜233ページを参照）

献花の作法

❶花を両手で受け取る。

❷献花台の前で茎を自分のほうに向ける。

❸そのまま時計回りに180度回転させ、献花台に供える。

❹黙《もく》祷《とう》したら、遺族と神父（牧師）に一礼する。

遺族とともに故人をしのぶ
法要に出席する

弔問者

POINT
葬儀・告別式が終わると、遺族は故人が安らかに成仏《じょうぶつ》できるように追善供養《ついぜんくよう》を行います。施主《せしゅ》から案内を受けたらできるかぎり出席しましょう。

法要に招かれたら

案内を受けたら速やかに返信する

葬儀・告別式が終わり、歳月の節目に応じて遺族や親族、近親者が集まり、故人をしのぶのが法要《ほうよう》です。法要の案内を受け取ったら、できるだけ都合をつけて出席するようにしましょう。

案内状には、たいてい返信用のはがきが同封されています。先方の準備の都合もありますから、すぐに返事を出しましょう。返事には、初七日《しょなのか》や四十九《しじゅうく》日《にち》などの追悼《ついとう》法要には遺族への慰《なぐさ》めの言葉を、一周忌《いっしゅうき》や三回忌《さんかいき》などの年忌《ねんき》法要の際には故人をしのぶ言葉を添えるとよいでしょう。

欠席するときはお詫びを

やむを得ない理由で欠席しなければならないときは、お詫びの言葉を添えて早めに返事を出します。さらに電話でフォローするとていねいです。

供物料《くもつりょう》を送る場合は、不祝儀《ぶしゅうぎ》袋に現金を入れて、現金書留で送ります。その際、欠席のお詫びを記した手紙を添えます。なお、法要当日よりも前に届くように手配しましょう。

また、先方の都合や意向を聞いたうえで、後日あらためて仏前にお参りさせてもらってもよいでしょう。

法要当日には供物料を持参する

法要に招かれたときは、当日に線香

法要欠席時のあいさつの文例

叔父様の一周忌へのお招きをいただき、まことに恐れ入ります。せっかくのお招きをいただきながら、御法要に出席できないことを心苦しく存じております。

仕事の都合でどうしても出張に出かけなくてはいけない状況になってしまいました。どうかお許しください。

近いうちにあらためてお伺いし、お焼香させていただきたいと存じております。

なお、心ばかりのものではございますが、別便にてお送りした御仏前をお供えください。陰ながら皆様とともに合掌させていただきます。

まずはお詫びまで。

やろうそく、菓子などの供物《くもつ》や供花《くげ》を持参します。しかし、最近では「御供《おく》物料《もつりょう》」として現金を持参するほうが多くなってきました。

金額の目安は香典《こうでん》の半額程度とされています。ただし、法要《ほうよう》後に食事などの宴席がもたれる場合には、食事代を含む1～2万円程度を贈るのが一般的です。

当日、持参した供物料は、法要の始まる前に施主《せしゅ》に渡しましょう。法要が自宅などでなく、寺で行われるときも同様です。

供物料の表書きは、仏式の場合は「御供物料《おくもつりょう》」「御仏前《ごぶつぜん》」「御香料《ごこうりょう》」とします。神式の場合では「御玉串料《おたまぐしりょう》」「御神饌料《おんしんせんりょう》」、キリスト教式の場合では「御《お》花料《はなりょう》」とします。

法要には地味な平服で出席する

忌明《いみあ》けまでは喪服《もふく》を着用しますが、法要の回を重ねるごとに略式化するのが一般的です。

一周忌、三回忌までは喪服に準じた地味なもので、男性は黒のスーツに白いシャツと黒ネクタイを着用します。また女性は、和装の場合は無地の着物に黒い帯、洋装は地味なワンピースやスーツなどが一般的です。アクセサリーやメイクは控えめにするのがよいでしょう。

法要ではまず遺族にあいさつする

法要は、施主が心を込めて催す大切な儀式です。当日は時間を厳守して、早めに出かけ、余裕を持って会場に到着しましょう。出席するのは、故人と関係の深かった近親者ばかりですから、ゆっくりと故人の思い出話などをしながら、しのびたいものです。

会場に到着したら、まず施主や家族にあいさつをして、持参した供物や供物料を「ご仏前《ぶつぜん》にお供えください」という言葉を添えて差し出します。

法要に関するQ&A

Q 招かれなかった身内の法要に、供物料は贈る?

A 原則として、供物料を包まなくてもよいでしょう。

法要も一周忌を過ぎると、関係のあまり深くない親族には出席の案内を控えるようになります。日ごろのお付き合いの状況を見て、供物料を包むかどうかは判断します。

それでも故人に追悼《ついとう》の気持ちを伝えたいときは、5千～1万円を目安に、「御仏前」として贈るか、花やお菓子などの供物を贈るとよいでしょう。

Q 新盆に招かれたときは?

A かつて近親者は、新盆《にいぼん》に盆提灯《ぼんちょうちん》を贈るならわしがありました。

盆提灯は、新盆となる一週間前には届くように送りますが、最近では、「御《お》提灯代《ちょうちんだい》」として1～2万円の現金を贈るのが主流です。

PART 5

日常のお付き合いのマナー

人間関係をスムーズにする

美しいあいさつのマナー

POINT

社会人としての最低限のマナーがあいさつです。正しく美しいあいさつは、その人の信頼感にもつながります。相手に好印象を与える、スマートなあいさつを身につけましょう。

あいさつの基本

あいさつは、人間関係の基本となり、素敵な出会いもよいあいさつから始まることが多いものです。

ビジネスや近所付き合い、友人関係など、日常生活のさまざまな場面で守るべきマナーがありますが、その中でも、あいさつは第一印象を決める大切なものです。

初対面の人だけでなく、日ごろから親しくしている人にも、よい印象を与えるために、以下の点に気をつけてあいさつをしましょう。

好感を持たれるあいさつ

▼**明るく笑顔で…**あいさつは表情が基本。暗い顔では相手にはマイナスイメージを与えてしまいます。笑顔で気持ちよくあいさつしましょう。

▼**言葉は元気よくはっきりと…**ぼそぼそと言葉を発したのでは、せっかくのあいさつも台無しです。はっきりと聞きとりやすい発声を心がけましょう。

▼**自分から積極的に…**相手からあいさつされると嬉しいものです。相手が目上でも目下でも、自分から積極的にあいさつしましょう。

▼**相手の目を見る…**いくら頭を下げるといっても、相手の目も見ずにおじぎをするのは、好感を持たれません。相手の目をきちんと見てアイコンタクトをしっかりとってからあいさつをしましょう。

！初対面の人を紹介するときのマナー

初対面の人同士を紹介するときは、基本的に「自分に親しい人から先に相手に紹介する」のがルールです。

身内と他人
先に身内を他人に紹介。

男性と女性
先に男性を女性に紹介。

年下と年上
先に年下を年上に紹介。

ちなみに、初対面同士で行われる名刺交換は、目下の人から目上の人に先に名刺を差し出すのがルールです。目上にもかかわらず、先に相手が出したときには、「お先にちょうだいします」とひと言添えて受け取るのがスマートでしょう。

おじぎの基本

同じおじぎでも、あいさつを交わす場所や相手によって変わります。おじぎには会釈《えしゃく》と敬礼《けいれい》、最敬礼の3種類があります。

おじぎをする際は、動作に気持ちを込めることが大切です。おじぎの前後には相手とアイコンタクトをとるようにしましょう。

おじぎをするときに、首だけを下げるようにしたり、何度も頭を下げるようにするのでは、相手によい印象を与えません。

正しいおじぎは、体の中心線をまっすぐに保ち、腰を基点に背筋を伸ばして折り曲げることです。このとき、背中が曲がったり、顔が不自然に上がったままでは美しくありません。正しい動作を身につけ、美しいおじぎができるように心がけましょう。

正しいおじぎのしかた

最敬礼
感謝や謝罪の気持ちを伝えるとき。

敬　礼
お客様の送迎など。

会　釈
相手とすれ違ったときなど、軽いあいさつをするとき。

上体を70〜75度ほど傾ける。

上体を45度ほど傾ける。

上体を15度ほど傾ける。

敬語の正しい使い方

美しい言葉づかい

POINT

コミュニケーションに必要不可欠なのが、会話です。言葉の行き違いがときとして人間関係をこじらせることもあります。正しく美しい言葉づかいを身につけましょう。

敬語の基本

敬語は相手を敬《うやま》う言葉です。正しい使い方を整理しておきましょう

◆**尊敬語**……**相手を敬う表現。**

①名詞の前に「お」や「ご」をつける

例「お話」「お仕事」「ご指導」など。

②「れる」「られる」をつける

例「話す」▼「話される」など。

◆**謙譲語《けんじょうご》**……**自分をへりくだって、間接的に相手を高める表現。**

①特別な言葉に変化する

例「言う」▼「申し上げる」など。

②自分の動作に「いただく」をつける

例「行く」▼「行かせていただきます」など。

◆**ていねい語**……**相手への尊敬の念を表現。**

①語尾に「〜です」や「〜でございます」をつける

例「花です」「あちらでございます」など。

よく使われる尊敬・謙譲表現

基本形	尊敬語	謙譲語
言う	おっしゃる	申し上げる
行く・来る	いらっしゃる	参る
いる	いらっしゃる	おる
思う	思われる	存じる
聞く	聞かれる	伺う
する	なさる	いたす
食べる	召し上がる	いただく
話す	お話しになる	申し上げる
持つ	お持ちになる	お持ちする

間違った敬語の使い方をチェック!

敬語は、使い方を間違いやすい言葉でもあります。ていねいな表現をしようと思うあまり、不適切な表現になってしまうこともあるでしょう。

間違いやすい敬語表現

❶「二重敬語」…「お話しになられる」や「おいでになられる」「召し上がられる」など敬語が重なる表現は誤り。

❷「ご苦労様」は目下に…「ご苦労様」は目上から目下の人に使われる言葉。目上の人には「お疲れ様」が正解。

❸外来語に「お」はつけない…「おコーヒー」「おビール」などの表現は誤り。

話し方や口調に注意する

会話は、相手との直接的なコミュニケーションの手段です。

同じ内容でも、話し方や声の調子によって、伝わり方が変わってきます。

語尾を伸ばしたり、ぶっきらぼうで投げやりな口調、高圧的、挑戦的、否定的なものの言い方などは、相手に不快感を与えます。また、流行語の多用も相手によい印象を与えません。落ち着いたていねいな物腰で言葉を発するように日ごろから気をつけましょう。

相手側と自分側の呼び方の違い

とくに間違えやすいのが、相手側と自分側の呼び方の違いです。

身内の話をするときには、相手に対して謙譲語を使うのが基本です。

○ 父が申しております。
× 父がおっしゃっています。

! 知っていると便利な断るときの言い回し

○ 宗教に勧誘されたら

相手の宗教を否定せず、やんわり断るのがポイント。

▶「ほかに信仰している宗教があるので…」
▶「夫が宗教嫌いで…」

○ 新聞・保険の勧誘

すでに加入している新聞・保険がある旨を伝える。

▶「長年、愛読している新聞があるので…」
▶「会社の保険に加入しているので…」

○ 訪問販売

玄関先で応対する場合は、話を聞く意思がないことを表現して引き取ってもらう。

▶「家のものがいないので…」
▶「ただ今来客中でして…」

相手側と自分側の呼び方の一覧

基本形	尊称	謙称
本人	あなた様	私・私ども・当方
家族	ご一同様・皆様	家族一同
父親・母親	お父(母)様・父(母)上	父(母)
祖父母	ご祖父(母)様・おじい(おばあ)様	祖父(母)
息子・娘	ご子息・ご令嬢	息子・せがれ・娘
夫	ご主人様・だんな様	夫・主人
妻	奥様・ご令室様	妻・家内
会社	貴社《きしゃ》・御社《おんしゃ》	弊社《へいしゃ》・小社《しょうしゃ》・当社《とうしゃ》
品物	佳品《かひん》	粗品《そしな》

先方へは必ず事前連絡を
訪問前の気配りとマナー

POINT

親しい間柄でも、突然の訪問はやはり非常識。必ず事前に日時を確認して、訪問するのがマナーです。訪問の日時が決まったら服装や手みやげの準備をしましょう。

訪問日時の確認

先方の都合を聞く

突然の訪問はマナー違反ですので、先方の都合を聞いてから訪問しましょう。電話で訪問したい旨を告げ、相手の都合を聞きます。訪問の1週間くらい前をめどにするとよいでしょう。

訪問時間のマナー

食事の時間帯や深夜、早朝は避けます。午前中なら10時～11時ごろ、午後なら2時～4時ごろがよいでしょう。

お宅を訪問する場合には、約束の時間ぴったりに伺うのがベストです。先方の準備の都合もありますので、あまり早く到着するのは避けましょう。

失礼にならない服装で

相手に不快感を与えないような服装であれば問題ありません。清潔感が大切ですから、汚れやしわがないよう、前日から準備しておきましょう。

訪問の目的や訪問相手との関係にもよりますが、派手すぎたり、くだけ過ぎたりする服装は避けましょう。靴を脱ぐことになりますから、靴下やストッキングなどはきちんとチェックしておくことが大切です。

◆訪問にふさわしい服装

女性 ワンピースかツーピースで、髪や化粧は清楚に。

男性 スーツかジャケットにネクタイを着用するのがベター。

喜ばれる手みやげの選び方

訪問先には、手みやげを持参します。先方の家族構成を目安に選びましょう。

菓子折りや果物が一般的ですが、好みによってはお酒や花なども喜ばれる品物です。いずれにせよ、相手の負担にならない程度のもので、金額の目安は千五百～三千円前後です。

手みやげは、事前に準備し、当日はふろしきに包んで持参するのが正式ですが、お店の紙袋に入れて持参してもかまいませ

訪問の流れとポイント

❶ **訪問の準備**
服装と手みやげの用意を。

❷ **玄関先でのマナー**
チャイムを鳴らす前に身だしなみを整える。玄関先では簡単なあいさつを。

❸ **客間に通されたら**
あらためてあいさつをする。もてなしは遠慮せずにいただく。お茶をいただいてから用件を切り出す。

❹ **おいとまとお礼**
長居はせず、おいとまする。

❺ **後日**
お礼の電話かお礼状を出す。

ん。ただし、訪問先の近くで買うと、相手に「間に合わせ」の印象を与えるので、避けましょう。

訪問先でのマナー

玄関先で

チャイムを鳴らす前に髪や服の乱れを正し、コートは脱いで手に持ちます。

ドアを開けてもらったら、あいさつをして玄関に入ります。

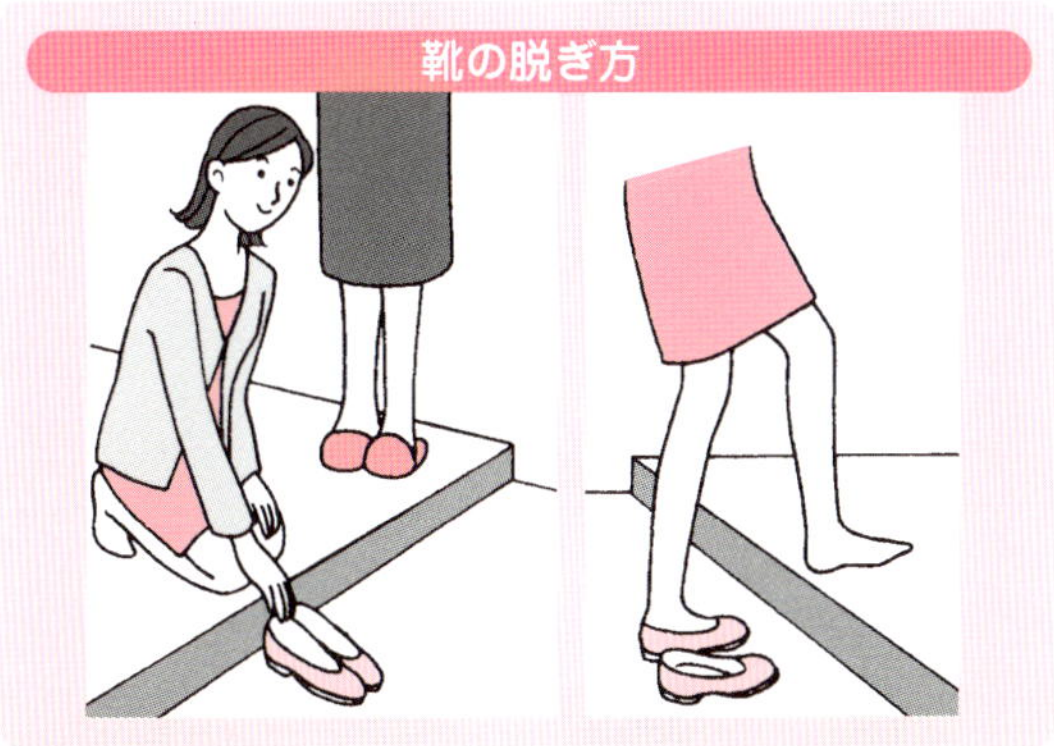

❶前を向いたまま靴を脱いで上がる。

❷相手にお尻を向けないようにして靴をそろえる。

❗ 玄関先で失礼する場合

訪問の際、客室に上がることなく、玄関先で失礼する場合があります。時間がないときや、それほどの用件でない場合などですが、その際は、理由をきちんと説明しましょう。

長居することなく、用件を手早く済ませて失礼します。ドアを開け閉めするときは、相手にお尻を向けることのないよう気をつけます。

ドアの開閉の際、相手にお尻を向けない。

静かでゆったりとした動きが基本

和室での礼儀とマナー

POINT

客室に通されたら、気をつけなければいけない礼儀やマナーがあります。あいさつや手みやげの渡し方、立ち居ふるまいなど、スマートなしぐさで、失礼のないようにしましょう。

部屋でのあいさつの手順

和室では、座ったままでの動作が基本になります。立ったり座ったりという動作は避け、静かなふるまいで低い姿勢を心がけます。

指をそろえて両方の手のひらを畳につけ、背筋を伸ばしたまま腰を深く折りゆっくりとおじぎする。

部屋に通されても、すぐに座布団に座りません。入り口近くの下座《しもざ》（P286参照）に荷物を置いて正座をし、相手が来るのを待ちます。

相手が来たら、目を見て「お招きいただきありがとうございます」「お忙しいところ、お時間をいただきまして、ありがとうございます」などとあいさつし、両手をついて深くおじぎをします。おじぎをしたら、そのままひと呼吸置き、ゆっくり体を戻します。

手みやげの渡し方

あいさつが終わったら、持参した手みやげを渡します。手みやげは、あいさつのとき、いったん自分のわきに置きます。あいさつを済ませたら、手みやげをとり出して下に置き、ふろしき（P278参照）や紙袋は手早くたたんでわきに置きます。相手を正面に見て、手みやげを自分のひざの前に置き、両手で押すようにして差し出します。

そのとき、「ほんの気持ちですが」「おいしいと評判でしたので」などの言葉を添えるとよいでしょう。

手で持ち上げず、両手で畳の上をすべらすように押し出すのが正式。

和室のマナーとタブー

敷居や畳のへりを踏まない

和室では、畳のへりや敷居を踏まない。

座布団をまたいだり、踏んだりするのもタブー。

座布団にはドスンと座らない

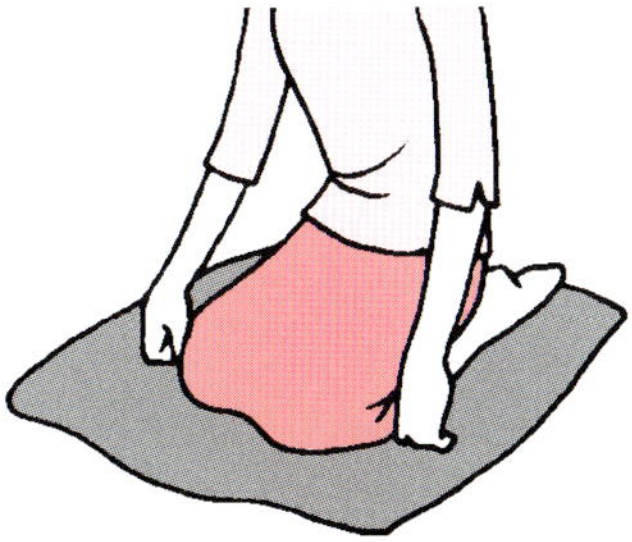

❷ 押さえた手を前にずらし、ひざから座布団ににじり上がる。

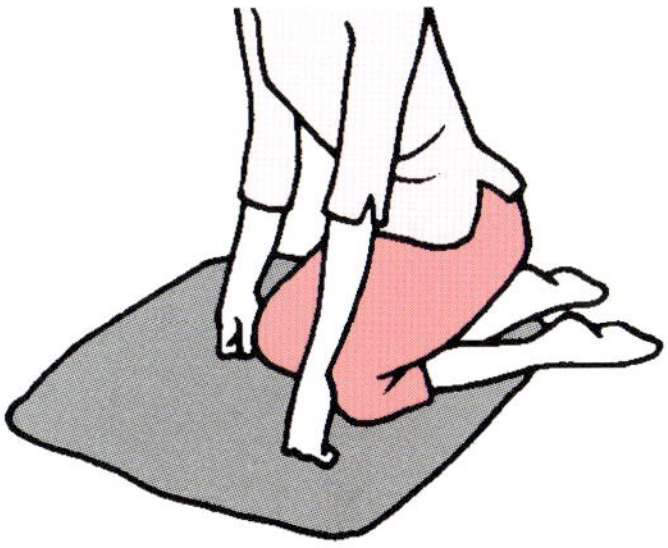

❶ 座布団の後ろに座り、両手のこぶしで座布団を押さえる。

正座がつらいときは

▼相手が声をかけてくれたら

「どうぞ楽になさってください」などと言われたら、ひざをくずしましょう。

▼相手が何も言わないときは

「ひざをくずしてもよろしいでしょうか」と断ってひざをくずします。和室に招かれる際は、正座することを考慮に入れ、ゆったりした服装やフレアースカートなどがおすすめです。

正座が基本

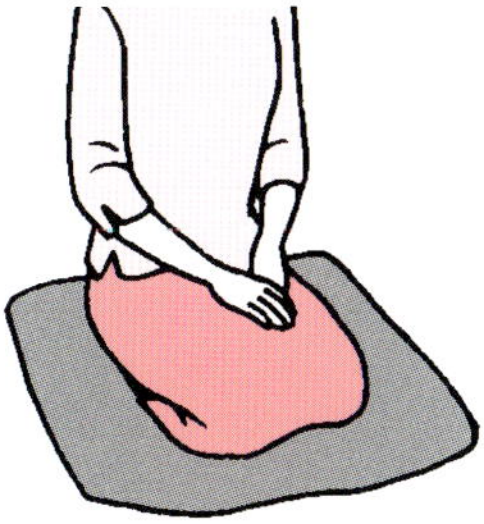

和室では正座の姿勢が基本。背筋を伸ばし、両手は軽く重ねてももの上に置く。

あいさつと正しいイスの座り方

洋室での礼儀とマナー

POINT

最近は訪問の際も、リビングでお茶を楽しむなど、洋室でのもてなしが多くなっています。イスへの座り方やあいさつのしかたなどマナーの基本を覚えましょう。

部屋でのあいさつの手順

部屋に入る際には、手前に引いて開けるドアの場合、先方が開けてくれたら、こちらが先に入ります。押して開けるドアの場合は、先方が開けて部屋に入ったあとに続けて入ります。

部屋に入って、席をすすめられたら、腰かける前に、立ったままであいさつをします。部屋に通され、すすめられた席か、下座《しもざ》（P286参照）に座って待っている場合も、あいさつをするときは必ず立ち上がります。

「いつもお世話になっております」「お忙しいところおそれいります」など、訪問の目的に応じたあいさつの言葉を述べ、深くおじぎをします。

手みやげの渡し方

手みやげは、あいさつを済ませて、席に座る前に相手に渡します。立ったままで、ふろしきや紙袋から出し、品物の正面を相手に向けて、両手で差し出します。

お菓子などの場合は「お口に合うとよいのですが」、また名産品や特産品などの場合は「お好きだとお聞きしましたので」などの言葉を添えるとよいでしょう。

ただし、手みやげでも、アイスクリーム、ケーキなどの生菓子、生花などの場合は、玄関先で手渡します。その際は、「冷蔵庫に入れてください」また「水に差してください」などとひと言告げ

紙袋に入れて渡すとき

ひもの手前寄りを持ち、袋の底に手を添えて手渡す。

袋から出して渡すとき

品物の正面を相手に向けて両手で渡す。

て、到着後すぐに手渡しします。

手みやげは袋から出して渡すのが基本ですが、親しい間柄の場合は、紙袋に入れたままで渡すこともあります。

雨の日の訪問のマナー

雨の日の訪問は、何かと大変なもの。気をつけるべきマナーが自然と増えます。

❶ タオルや替えのストッキング、靴下などを持参しておく。レインコートを着ると安心。
❷ 約束の時間よりも少し早めに行って、玄関先で身支度を整える。
❸ 濡れたカサや雨具、手袋などは室内に持ち込まず、玄関の外に置くか、カサ立てなどに入れる。
❹ 先方のカーペットや床が濡れてしまった場合は、ていねいにふきとる。
❺ ストッキングや靴下を替えたほうがよければ、トイレを借りてはき替える。

イスへの座り方

すすめられてから座る

部屋に通され、あいさつが終わって手みやげを渡したあと、「どうぞおかけください」とすすめられてから、イスに腰かけます。

座り方は、背筋を伸ばして浅めに腰掛け、ひざを閉じます。脚はななめに流すときれいに見え、両手を軽く重ねてもものの上に置きます。

持参していたハンドバッグなどがあれば、足元に置いておきます。

背筋を伸ばして浅めに腰かけ、脚をななめに流すようにすると上品。

脚を組むのはNG！

イスに腰かけたあと、どうしてもいつものクセが出て、脚を組んでしまうことがあります。

楽だからといって、訪問先で脚を組むのは遠慮しましょう。また、イスは浅くかけると上品に見えます。深くかけるとだらしない印象を与えてしまいますので、気をつけましょう。

脚を組んだり、深く腰かけたりすると、だらしない印象を与えがち。

もてなしは遠慮せずにいただく

飲み物とお菓子のいただき方

POINT

お茶やお菓子のもてなしは、相手の心づかいを尊重して、遠慮なくいただくのがよいでしょう。訪問の用件を切り出す前に、お茶をいただいて、ひと息つきましょう。

遠慮せずに心づかいに応える

コーヒーと紅茶、また日本茶、抹茶などお茶の種類にもいろいろあります。

先方に「コーヒーと紅茶、どちらになさいます？」などと聞かれたら、遠慮せずに好みを伝えましょう。「どちらでもけっこうです」といった答えは、もてなす側を困らせてしまいます。

お茶とお菓子をいっしょにすすめられたら、お茶をひと口いただいてから、お菓子をいただくのが順序です。

自分側の用件で訪問したときは、緊急のお詫びなどの場合を除き、会話とともにお茶をいただく時間を楽しみましょう。ころ合いを見て、用件を切り出します。

飲み物のいただき方

コーヒー・紅茶

❶砂糖やミルクを入れたら、左手をソーサーに添えて、スプーンでゆっくりとかき混ぜる。❷混ぜ終えたスプーンは、カップの向こう側にななめに置く。❸カップを人さし指と親指で支えていただく。テーブルが低いときは、ソーサーを左手で持ち上げる。

日本茶

❶左手を茶碗に添え、右手でふたのつまみを持つ。❷ふたの手前を持ち上げ、茶碗の縁でふたのしずくを切る。❸左手を添えてふたを裏返し、茶碗の右側にあお向けに置く。❹左手を茶碗の底に添えていただく。

お菓子のいただき方

ケーキ・洋菓子

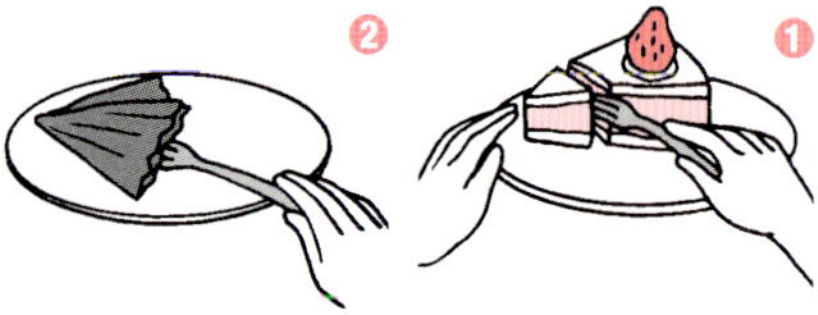

❶左から切っていただく。❷セロファンやアルミ箔をたたんだら、フォークをその下に置き、先を包んで汚れを隠す。

和菓子

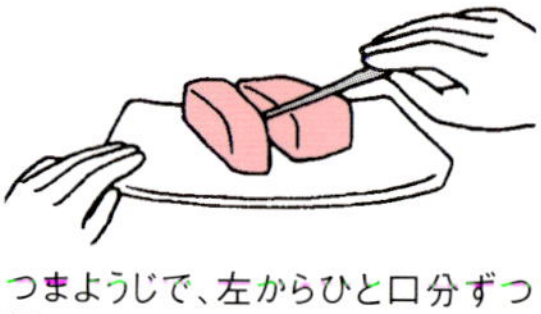

つまようじで、左からひと口分ずつ切っていただく。器は手で持ってもOK。

訪問して1～2時間を目安に
おいとまの切り出し方

POINT

1時間くらいを目安に、訪問した側からおいとまを切り出しましょう。長居《ながい》は相手にとっても負担になるので、タイミングをみはからって、上手に切り出しましょう。

訪問した側から切り出す

おいとまは、必ず訪問した側から切り出すのがマナーです。

訪問してから1～2時間を目安に、タイミングを見て切り出したいものです。たとえ、話が弾んでいても、約束した時間内で切り上げるようにしましょう。

おいとまを切り出したら、洋室なら立ちあがり、和室ならば座布団をわきにはずしてあいさつをし、ていねいにおじぎをします。

相手に引きとめられても、社交辞令《しゃこうじれい》と受けとめて、丁重に断り、長居は避けましょう。

おいとまのタイミング

▼用件が済み、話題が一段落したとき

「もうこんな時間ですか。すっかり長居をしてしまいました…」

▼お茶を入れかえるとき…お茶のおかわりを辞退する。

「もうけっこうです。そろそろ失礼いたしますから」

▼相手が中座するとき…電話などで先方が席を立ったとき。ただし、相手が戻ってから切り出すのは失礼。

「お忙しいところ、長居してしまい、申し訳ありませんでした」

帰り支度と訪問後のお礼

玄関でもう一度あいさつをし、スリッパを脱いで靴をはきます。脱いだスリッパはそろえて、相手側につま先が向くように、向きを変えます。収納ラックや箱などがあっても、そのままにしてかまいません。

コートや手袋は、玄関を出てから身につけますが、相手から「ここでお召しになって……」とすすめられたら、遠慮せずに身につけましょう。

親しい間柄であれば、帰宅後、電話で到着を知らせてお礼を述べましょう。目上の人には、3日以内にはがきや文面でお礼状を出します。

席次のパターン

番号が小さいほど上座となります。

和室の場合

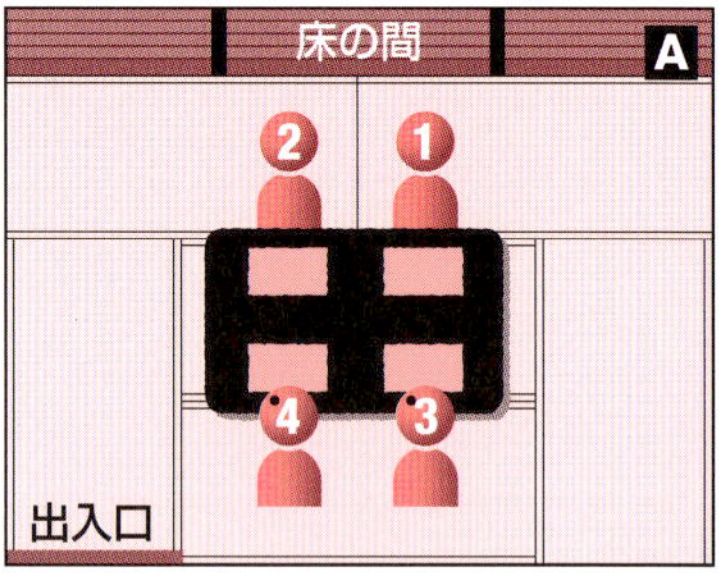

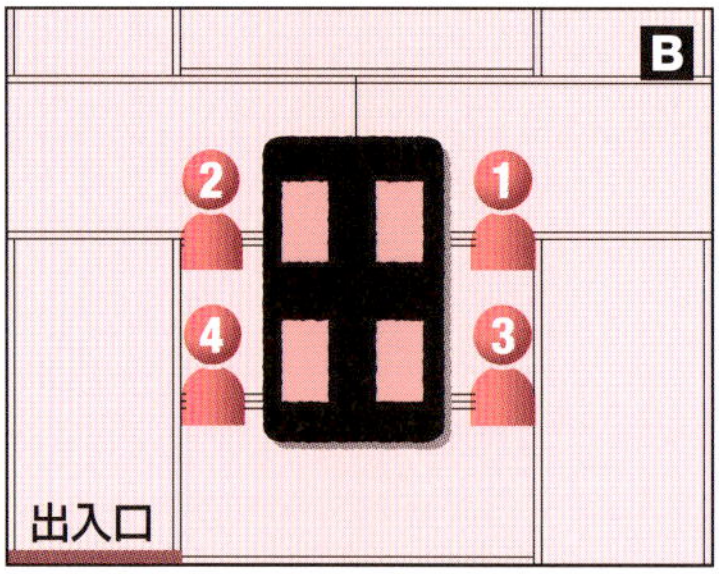

A 出入口から遠くて、床の間に近いほうが上座《かみざ》。
B 床の間がない場合、出入口に近いほうが下座《しもざ》。

洋室の場合

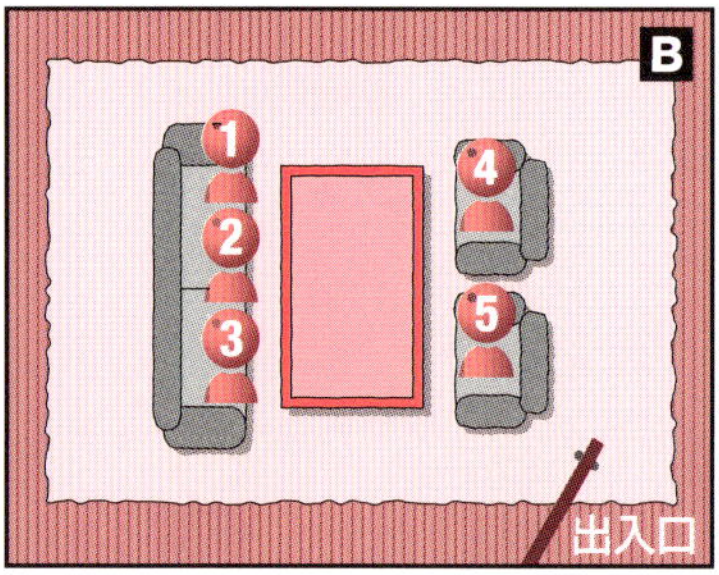

A 出入口から遠い順に上座。
B 応接セットの場合は、ソファー（長イス）が上席。その中でも出入口から遠いほうが上座。

乗り物（列車）

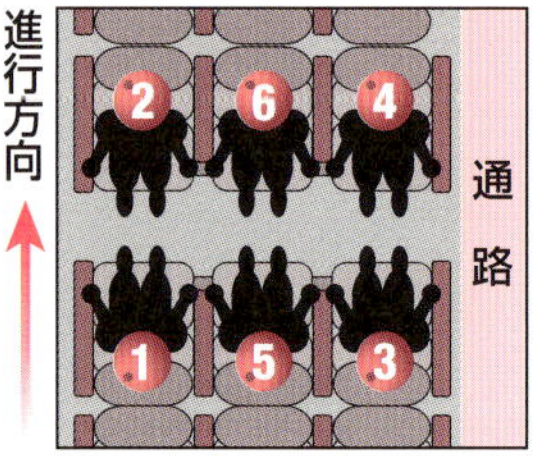

進行方向に向かって窓側が上席、2番目が通路側、真ん中が末席。

エレベーターの場合

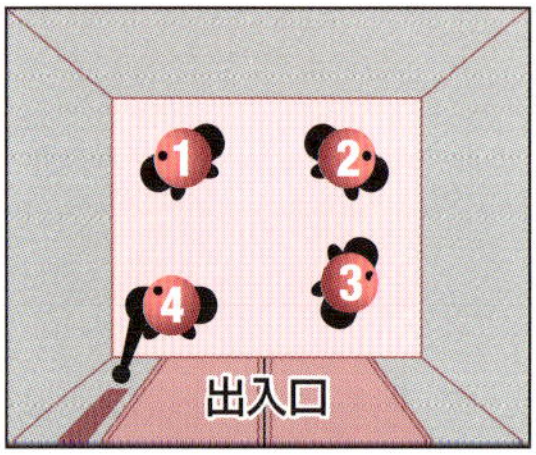

開閉ボタンの操作をしやすいよう目下の人が④の位置に立つ。

乗り物（車）

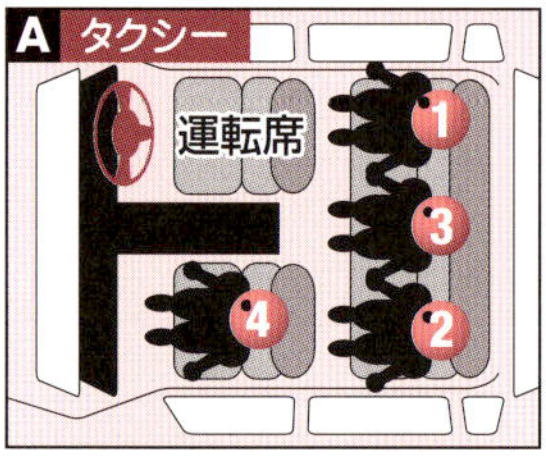

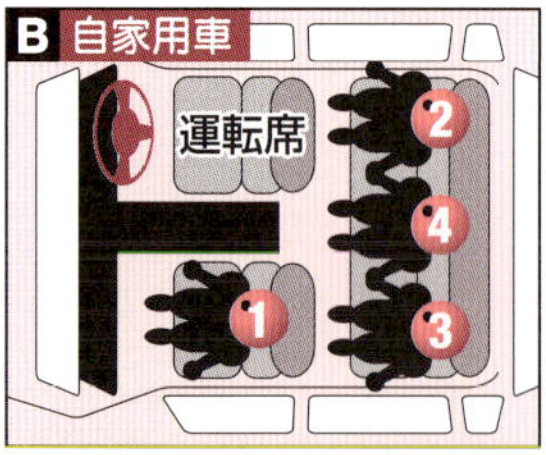

A 運転手の真後ろが上席。2番目が後部座席の反対のドア側。3番目が後部座席の中央。末席が助手席。
B 助手席が上席。運転席の真後ろが2番目、3番目が後部座席の反対のドア側。中央が末席。

会議室の場合

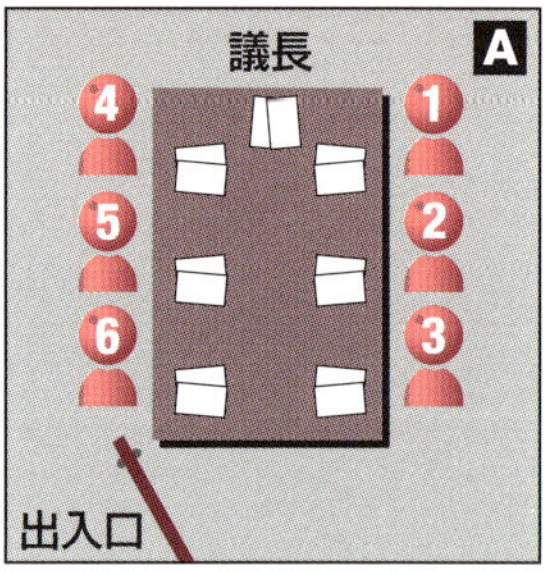

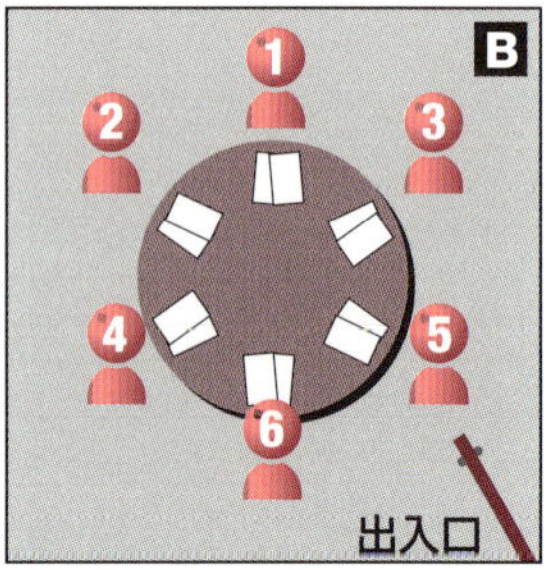

A 出入口から遠い、奥側が上座。
B 円テーブルの場合も同様。

訪問のQ&A

Q 先方に「手ぶらで…」と言われたら？

A あらたまった訪問の場合は、やはり手みやげを持参するのが無難でしょう。親しい間柄の場合は、あまり高価ではないお菓子や生花など、簡単なものを渡すとよいでしょう。

Q 客室で待っているときに、出されたお茶を飲んでもかまわない？

A 飲んでもかまいません。お茶やお菓子を出された場合には、心づかいを遠慮せずにいただくのが礼儀です。お茶などは、熱いうちにいただくのがマナー。

Q トイレに行きたくなったら？

A 訪問中は、できればトイレは借りずに済ませたいものですが、借りるときは、「手を洗わせていただけますか？」などと申し出ます。勝手に借りるのはタブーです。

Q 部屋が寒い（暑い）ときはそれを言ってもいい？

A 暑い中、または寒い中を訪ねてきてくれたことに気をつかって、通常より高め・低めに温度設定をしてくれていることが多く、しばらくすると暑すぎ、寒すぎになる場合があります。その旨を伝えても問題はありませんが、短い時間でおいとまするつもりなら、多少の暑さ・寒さはがまんしましょう。たいていは先方が気づいてくれます。

いずれにしろ、がまんできない場合は、早めに退散するべきでしょう。

Q 帰りぎわ、後片付けは手伝ったほうがいい？

A 数人で訪れたときなど、お茶や食事をすると、食器の数はけっこうな数になります。そんなときは、テーブル上の器をそろえて渡す、あるいはそれを流しまで運ぶ程度のことはしたほうがいいでしょう。ただし、台所に入られることを嫌がる場合もあるので、親しいお宅以外では、テーブル周囲の整頓ぐらいに留めておいたほうが無難です。

Q 訪問先での喫煙は？

A 訪問先では、タバコは控えるのが礼儀です。たとえ部屋に灰皿があっても、慎むのがよいでしょう。ただし、テーブルに灰皿が出されていて、相手が吸っている場合、すすめられれば吸ってもかまいません。

Q 食事やお酒をすすめられたら？

A 社交辞令《しゃこうじれい》ですすめられている場合がありますから、一度は丁重に辞退します。それでもすすめてくれる場合は、厚意《こうい》と受けとめて、お礼を述べて素直に受けたほうがよいでしょう。

くつろいでいただくために
お客様を迎える準備

POINT

おもてなしは、心地よく過ごしていただくために、お客様の立場に立って準備しましょう。家の中だけでなく、玄関先まわりも整えると好感度がアップします。

掃除を済ませて迎える

玄関まわり

お客様をお迎えして、真っ先に目に入るのが玄関の内側です。日ごろ行き届かないところも隅々まで掃除しておきます。下駄箱の上や、出しっぱなしの靴などは片付け、整然とした状態に整えましょう。

スリッパはお客様用のきれいなものを用意し、スリッパケースからあらかじめ出して、お客様がすぐにはけるように用意しておきます。

お客様を迎えるときのチェックポイント

玄関まわり

- □ 玄関の内と外の清掃
- □ 上がり口の清掃
- □ 靴の整頓《せいとん》
- □ スリッパを用意

客　間

- □ 全体の清掃
- □ ゴミ箱をきれいにしておく
- □ 灰皿を用意しておく

トイレ

- □ 全体の清掃
- □ 芳香に気をつける
- □ トイレットペーパーの補充
- □ 手ふきタオルを新しく

洗面所

- □ 流し台の洗浄
- □ コップをきれいに
- □ タオルを新しいものに

客間

ひととおり掃除を済ませ、ゴミ箱は空の状態にしておきます。家の人がタバコを吸わない場合でも、テーブルには灰皿を用意しておいたほうがよいでしょう。

室内に花や植物を飾っておくと、部屋の雰囲気も明るいものになり、お客さまも心地よさが増すでしょう。

気をつけたいのが部屋の匂いです。家や部屋には独特の匂いがあるものですので、換気を十分にしたり、芳香剤を使うなどしましょう。

トイレ

トイレの印象は、あとあとまで記憶に残るものです。汚れや匂いに注意して、きれいに掃除しておきましょう。タオルは新調し、トイレットペーパーのチェックも忘れずにしましょう。

お客様への心配り

お茶やお菓子の準備

お茶とお菓子は、お客様が到着したらすぐに出せるように準備しておきます。日本茶と紅茶、コーヒーを準備しておくとよいでしょう。

事前に相手の好みがわからなければ、お客様がいらしてから聞いて、好みのものを出してあげましょう。

また、訪問者に子どもがいる場合は、オレンジジュースなど、子ども用の飲み物を用意すると喜ばれます。

おしぼりの準備

お茶とお菓子を召しあがっていただく前に、おしぼりを出します。おしぼりは、お茶と同時に出してもかまいません。夏は冷たいものに、冬は温かいものにすると喜ばれます。春や秋も、冷たいものがよいでしょう。

室内の雰囲気

室内は、明るい雰囲気にするのが一番です。照明や、日光を入れて室内の明るさを保つことはもちろんですが、花などを飾って雰囲気づくりをするのも大切な心づかいです。

テーブルに花を飾るときは、圧迫感が出ないように低いところに置くようにします。洗面所やトイレにもさりげなく飾っておくといいでしょう。

家に泊める場合

あらかじめお客様が泊まる予定になっているときは、トイレや洗面所、浴室の掃除も済ませておきます。

浴室は、石けんやタオル、シャンプーなどの使い方などを、入る直前に教えてあげましょう。

また、洗面所や浴室の位置を、あらかじめ伝えておくと、相手に気をつかわせずに済みます。慣れない家ですから、夜中は廊下の明りをつけておくとよいでしょう。

雨の日に備える

雨の日には、カサ立てと、お客様用のタオルを何枚か用意します。できるだけ濡れた衣服が乾きやすいよう、室内の換気にも気をつかいましょう。

細やかな気配りを心がけたい

お客様を迎えるマナー

POINT

お客様を迎えるときには、笑顔で気持ちよく玄関に出ていきましょう。部屋の中だけでなく、身だしなみも清潔にして出迎え、お客様をスムーズに案内しましょう。

玄関で

約束の時間になり、玄関のチャイムが鳴ったら、お待たせせずに出迎えます。玄関のドアを開け、「お待ちしておりました」と明るく笑顔であいさつをしましょう。

玄関では、お客さまが靴を脱ぐ前に、コートを預かり、スリッパをすすめます。コートは「お預かりしましょう」とひと言添えて預かり、玄関の近くの部屋にかけておきます。

雨の日の場合は、カサ立てにカサを入れ、「雨の中大変でしたね」と、タオルを差し出します。コートやバッグなどが濡れている場合は、ていねいにふいてあげましょう。

お客様を部屋に案内する

お客様を客間に案内するときは、数歩先に立って、「こちらへどうぞ」と半身をお客様に向けるようにして歩きます。お尻を向ける体勢にならないように気をつけましょう。

客間が和室の場合には、ひざをついてふすまを開け、先に中に入ってもらいます。ただ最近は、立ったままか低い姿勢でふすまを開け、中に入ってもらうことが多くなってきたようです。

洋室の場合は、押すドアなら自分が先に入ってドアを押さえてお客様を招き入れ、引くドアならば、ドアを引いて先にお客様を通したあと、後ろに続きます。

ふすまの開け方

ひざをついてふすまを開け、お客様を通す。

ドアの開け方

①引くドア　②押すドア

①ドアを引いてお客様を先に通す。

②先に入ってドアを押さえ、お客様を通す。

あいさつとおもてなし

部屋にお客様を通したら、すぐに「どうぞお座りください」と席をすすめます。和室の場合は、座布団《ざぶとん》をすすめます。お客様に上座《かみざ》に座っていただくようにしますが、上座に座ることを辞退されたら、無理にすすめないようにしましょう。

席に着く前に、お客様があいさつをした場合は、それに対応してから、再び着席を促します。

お客様が席に座ったら、「少しお待ちください」と席を立って、お茶の用意をしてもよいでしょう。

あいさつやお茶を出す順番に特別な決まりごとはありません。自然な流れで臨機応変に、おもてなししましょう。お客様を不自然に待たせたり、不快感を与えるようなふるまいをしないことが大切です。

手みやげの受け取り方

部屋に通して席をすすめるとき、またはお茶を出したときに、あいさつを交わします。「本日はようこそおいでくださいました」などと言葉を添えるとよいでしょう。

お客様が手みやげを差し出したら、ていねいにお礼を述べて、両手で受け取ります。その際、品物を少し上に持ち上げて「ありがたくちょうだいいたします」と言葉を添えます。

和室の場合は、座ったままで品物を受け取り、両手をついてお礼を述べ、おじぎをします。

いただいた手みやげは、その場に置いたままにしておくと失礼です。床の間やテーブルの上に置いておきます。最近では、床の間のない家も多いので、お茶の用意などで席を立った際に別室に移すとよいでしょう。

洋室での受け取り方

立ったまま両手で品物を受け取る。

和室での受け取り方

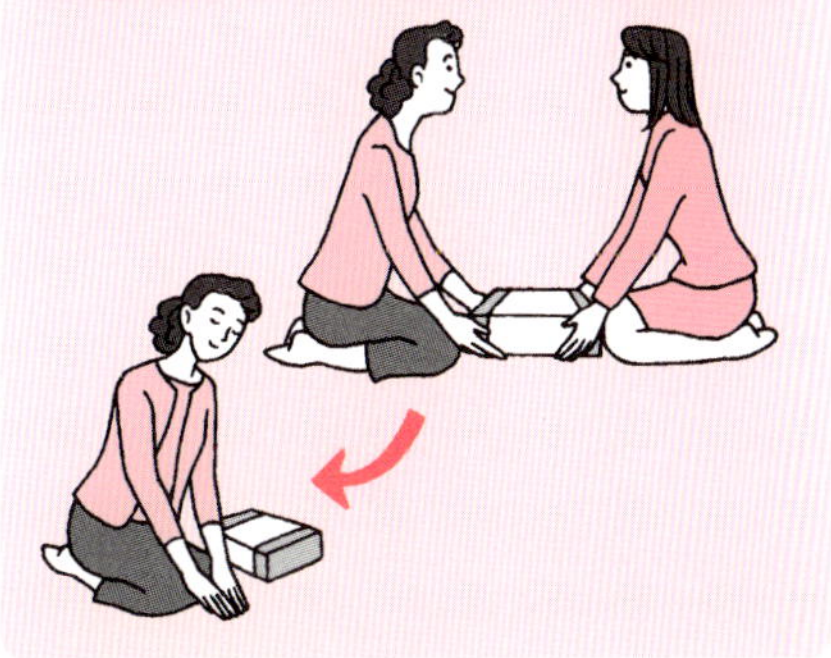

両手をついておじぎをし、お礼を述べて手みやげを受け取り、両手で上座側のわきに置き換える。

おもてなしの重要ポイント

飲み物とお菓子の出し方

POINT

ふだん何気なくいただくお茶やお菓子も、お客様への出し方にはマナーがありますのできちんとおさえましょう。お出しするときはお菓子が先でお茶があとになります。

器はお盆に乗せて運ぶ

お茶やお菓子をお客様にお出しする際には、器を直接手に持って運ぶのではなく、お盆に乗せて運びます。お出しする順番は、①お菓子、②お茶です。おしぼりがあれば、先にお出しします。また、お客様から見てお菓子が左に、お茶が右にくるように並べます。その際、お客様の右側からお出しするとよいでしょう。

日本茶を出すときは、ふたつきの茶碗で茶托《ちゃたく》をつけて出します。紅茶やコーヒーの場合、カップの持ち手やスプーンは、お客様が飲みやすいように右側に向けて出しましょう。

また、いただいたお菓子は、お出ししないのがマナーですが、親しい人ならば、「お持たせですけど」と言って、一緒にいただいてかまいません。

和室での出し方

お盆を畳に置き、正座をして両手で出す。お茶やお菓子は右手で持ち、左手を添える。

洋室での出し方

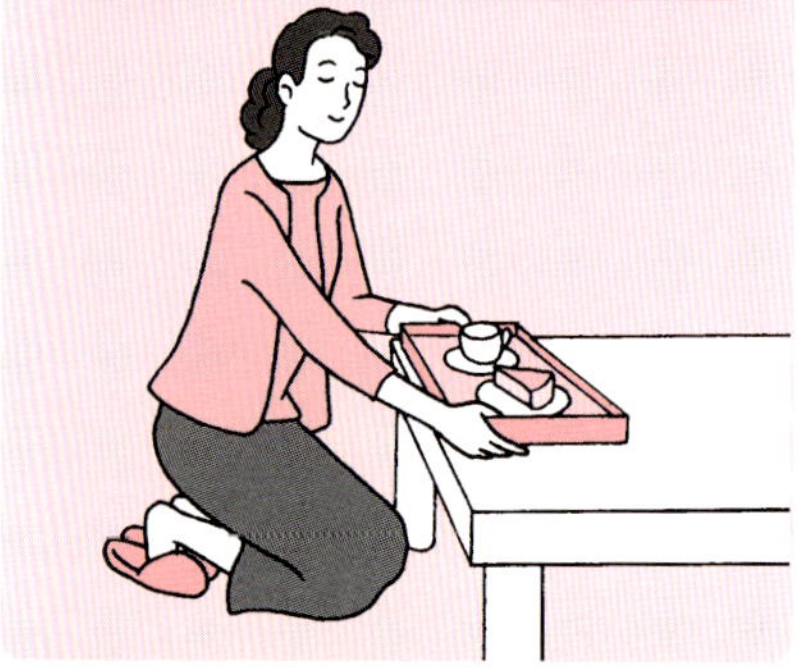

サイドテーブルか、テーブルの端にお盆を置く。お出しする際は器を右手で持ち、左手を添える。

お茶とお菓子の並べ方

お客様側から見て、右側にお茶、左側にお菓子を。和菓子・洋菓子いずれの場合も共通。

無理に引きとめるのはNG
お見送りのマナー

POINT

お客様をお見送りするまで、気を抜かずしっかりとおもてなししましょう。お客様が帰る意思を示したら、一度は引きとめるのがマナーですが、無理じいはタブーです。

お茶のおかわり

お茶のおかわりは、あまりに頻繁だと、帰りを催促しているようにも受け取られますので注意しましょう。1～2時間程度の訪問なら、1～2回が適当でしょう。おかわりの際は、「お茶を入れ替えましょう」と言って食器を下げ、新しく入れて運んできます。

お客様がおいとまを切り出したら、一度は引きとめますが、無理に引きとめるのは避けます。

気持ちのよい見送り方

お客様がお帰りの際は、玄関までご一緒し、コートや手荷物があれば、お客様が靴をはき終わってから手渡します。コートは広げて渡し、その場で着てもらうようにしましょう。

見送りは、「相手の姿が見えなくなるまで」が基本です。通常は玄関までですが、門の外やエレベーター前まで見送ることもあります。また、見送ったあと、すぐに鍵をかけたり、明かりを消すのは失礼なので気をつけましょう。

コートの渡し方

相手が着やすいように広げて渡す。

！ 知っていると便利な言い回し

① 食事時間になったら

「お食事をいかがですか?」と、目上の人には食事をすすめます。用意していなければ店屋物《てんやもの》でもOK。

② 相手がなかなか帰らないとき

「お時間は大丈夫ですか?」と、それとなく時間について触れ、長居《ながい》に気づいてもらうようにするとよいでしょう。

気持ちを品物に託して
贈り物をする側のマナー

POINT
贈り物は、気持ちを相手に贈るものです。日ごろの感謝やお見舞いなど、目的に合わせた贈り物を選びましょう。相手の負担にならない範囲で贈るのがスマートです。

贈り物の目的

贈り物は、単に品物を相手に贈るというものではなく、相手に対する自分の気持ちを贈るものです。

贈答品《ぞうとうひん》は、贈る側が先方に出向いて直接渡すのが基本です。遠方だったり、時間がとれなかったりして、持参するのが難しい場合もありますが、できるだけ伺うようにしましょう。

その場合は、必ず事前に先方の都合を伺い、日時を約束します。お祝い事なら大安《たいあん》を選び、弔事《ちょうじ》の贈り物なら友《とも》引《びき》を避けます。

先方と都合が合わないときは配送にしますが、あいさつ状は必ず添えましょう。

喜ばれる品物選び

相手の好みに合ったものを

贈り物は誰でももらうとうれしいものです。自分の欲しかったものだったり、趣味や生活観に添うものであれば、うれしさも倍増するはず。贈り物を選ぶ際には、相手の好みや趣味を調べたり、欲しい物がないかを間接的に聞いてみるのもよいでしょう。

あまりに高額なものは避ける

常識を超えるほどの高額な贈り物は、相手の負担になってしまうことがあります。個人によって金銭感覚も異なりますが、贈られた相手の立場に立って考えてみるとよいでしょう。

今どきのマナー

送り状の気配り

カードメッセージの効果的な送り方

贈り物に、ちょっとしたメッセージを書いた送り状を添えると、より丁寧で、相手に気持ちがいっそう伝わります。メッセージをしたためる送り状をカードスタイルにすると、スマートでおしゃれ度が増し、印象的なメッセージになります。

グリーティングカードと呼ばれるものが一般的で、個性あるオリジナルのカードを用意すると贈る側も楽しめます。

最近では、インターネットを使ってカードメッセージを送る方法も主流になってきました。メッセージにイラストや写真、動画、音楽などを添えて送ったり、メッセージの到着日時を指定できるサービスもありますので、誕生日や記念日などに利用するのもよいでしょう。

花言葉を上手に使おう

一般に花言葉は、地域柄や故事・伝説、言い伝えなどから引用され、今に伝わっています。そのため、世界各国で花言葉はさまざまなものが存在しています。

ただ、相手に贈り物をしたいときに、その思いを花に託すのはとてもいい方法で、特に女性にはとても喜ばれるに違いありません。季節に応じた花で、その花の「花言葉」を理解して、贈り物にそっと添えると、とてもロマンチックな贈り物となるでしょう。

主な花と花言葉には、次のようなものがあります。

かすみ草＝清い心
桜＝優れた美人
チューリップ＝美しい瞳
カーネーション＝熱愛・情熱
スイートピー＝優しい思い出
バラ＝愛
月見草＝自由な心

相手の年齢や立場を考慮して

最近では、現金や商品券、ギフト券も喜ばれますが、目上の人に現金を贈るのは失礼にあたることもあります。相手の年齢や立場を考えて、贈り物を選ぶようにしましょう。

▼**年配者への贈り物**…量より質を重視します。また、気をつかって地味になりすぎないように。

▼**家族への贈り物**…家族構成に配慮し、小人数の家庭には日持ちのいいものや小分けできるもの、大家族には石けんや洗剤などの消耗品も喜ばれます。

▼**外国人への贈り物**…食文化や習慣が異なる場合、食料品を贈るのは避けたほうが無難です。

配送するときの気配り

留守がちのお宅や、夫婦共働きのお宅など、訪問の都合がつきづらい、あるいは相手に気をつかわせず負担にさせたくない場合は、無理に訪問するよりも、配送サービスを利用したほうがよいでしょう。

宅配便や郵便などで贈り物を送るときは、前もって通知状を出します。

通知状には、
①贈答品を送る旨の知らせ
②持参できなかったお詫びの言葉
③品物がいつごろ届くか
を明記します。

土地の名産品や生鮮食品を送る場合は、食べ方や調理方法などについて、一筆添えると親切です。

年始のごあいさつ

年賀・お年玉のマナー

POINT

お正月には、お世話になった人たちへのお年賀や、子どもたちへのお年玉を贈る機会も多いでしょう。年賀のあいさつは、慌しい元日《がんじつ》を避けて伺うのが無難です。

年賀の意味と贈り方

元日から小正月《こしょうがつ》(1月15日)までの間に、新年祝賀の意味を込めて、年始のごあいさつに出向きます。

あいさつの範囲は、一般的に実家や親戚、仲人《なこうど》、上司など、お世話になっている方々です。

最近では年末年始は旅行や帰省などで留守の場合も多いので、訪問日は事前に連絡しておきましょう。

年賀のあいさつのマナー

年賀のあいさつに伺う際には、元日はなるべく避けて、※松《まつ》の内《うち》の7日ぐらいまでに伺うのがマナーです。

また、子どもを連れていくのは、お年玉などで相手に気をつかわせることになりますから、ごく親しい親戚だけにするほうが無難です。連れていく場合は長居せず早めに失礼しましょう。

訪問する時間は、午前中は避け、午後1～2時ごろがよいでしょう。

お歳暮を贈っている場合は、手ぶらでもかまいませんが、菓子などのちょっとした手みやげを持参すると喜ばれます。お歳暮を贈っていなければ、年賀の品を持参しましょう。手みやげにはのし紙をかけます。表書きは、「御年賀《おねんが》」とし、中央下にやや小さく名前を書きます。品物は、2～3千円のお酒や日持ちのする食品がよいでしょう。

お年玉と年賀の金額の目安（編集部調べ）

お年玉の金額の目安

小学校低学年（1～3年生）	1000～3000円
小学校高学年（4～6年生）	3000～5000円
中学生以上	5000～1万円

年賀の金額の目安

全体の平均	3000円
親・親類	3000円
友人・知人	3000円
勤務先の上司	5000円
取引先関係	5000円

※松の内…正月の松飾りのある間（元旦に迎えた神様がいる期間）のことで、元旦から7日、あるいは15日まで。

季節の節目のごあいさつ

お中元・お歳暮のマナー

POINT

お中元《ちゅうげん》は夏に、お歳暮《せいぼ》は冬に、半年間の心づくしを贈る、季節の節目のごあいさつです。デパートなどの店先から発送する場合は、品物の送り状を出しましょう。

お中元・お歳暮の由来

お中元とお歳暮は、1年を半年ごとに区切って贈答品を贈る季節のあいさつで、日本独特の風習です。

親戚や仲人、恩師や仕事の取引先など、日ごろお世話になっている人や感謝したい人、義理のある人などに贈り物をします。

お中元・お歳暮を贈る時期

お中元

7月初旬～15日ごろ。最近は、6月中旬ごろから贈ることも。また、旧盆を迎える地方には、8月15日までに。

- 7月初旬～15日ごろ
  表書き 「お中元」
- 7月16日～立秋（8月8日ごろ）
  表書き 「暑中御伺」や「暑中御見舞」
- 立秋以降
  表書き 「残暑御見舞」や「残暑御伺」

お歳暮

12月13日～20日ごろ。最近では11月中旬～12月上旬に贈るのが一般的。

- 年内
  表書き 「お歳暮」
- 年明け～松の内（関東1月7日／関西1月15日）
  表書き 「御年賀」「御年始」
- 松の内以降
  表書き 「寒中御見舞」

お中元・お歳暮の贈り先

▼**親・親戚**……両親や義父母へ。親戚へは結婚式でお世話になった年には贈るなど、付き合いに応じて。

▼**仲人**……付き合いに応じて。挙式だけの媒酌人《ばいしゃくにん》なら3年間が目安。

▼**勤務先の上司・取引先**……会社の慣例に従って。最近は負担を少なくするという流れが主流に。

▼**先生**……習い事の先生へ。学校の先生には贈らないのがふつう。

贈り方のマナー

お中元《ちゅうげん》やお歳暮《せいぼ》を贈るときに大切なのは、相手が喜ぶものを、誠意を込めて選ぶことです。

先方の家族構成や住んでいる土地、好みなどを考え、役に立ったり喜んでもらえそうなものを選びます。

相手の好みがわからない場合、品物選びに頭を悩ませることでしょう。そんなときはジュース・ビールセットなどの飲食物やタオル・石けんなどの実用品がおすすめです。季節感のあるものや日持ちのするものを選ぶなどの配慮をしたいものです。

気をつけたいマナー

▼**現金は贈らない。**

▼**近しい間柄でなければ、「下着」や「靴下」などの肌着類は避ける。**

▼**踏みつけることを連想させるマットやスリッパは贈らない。**

▼**お中元を贈ったら、必ずお歳暮も贈る。お中元のみ贈ることはしない。**

▼**お中元を一度でやめるのは失礼。一度だけ贈るのであれば、「お礼」とする。**

ギフト券を贈るときのプラスα《アルファ》の気づかい

お中元・お歳暮の贈答品の主流は名産品、清涼飲料などですが、最近、人気を集めてきたのが、商品券などのギフト券です。

相手の好みやこだわりなどがわからない場合、ギフト券は実用的な贈り物として重宝します。ビール券やお米券から、好みの産地直送品を選べるグルメギフトやフラワーギフトなど、ギフト券の種類もさまざまです。金額の目安としては3千〜5千円程度が一般的です。

なお、商品券やギフト券を、とくに目上の方に贈りたいときには、お菓子などを添えて贈るのがスマートです。

お歳暮の送り状の文例

拝啓　歳晩の候、皆様にはますますご清祥のこととお喜び申し上げます。

日ごろは大変お世話になり、ありがとうございます。本日、別便にて、お歳暮のごあいさつまでに心ばかりの品を送りました。ご笑納ください。

寒さが厳しいときゆえ、どうぞご自愛ください。

敬具

お中元の金額の目安（アンケートによる最多回答額）

（単位：円）　（1998年旧三和銀行調べ）

贈り先	20歳代	30歳代	40歳代	50歳以上
勤務先の上司	5,000	5,000	5,000	5,000
勤務先の同僚	—	＊	＊	3,000
勤務先の部下	—	＊	5,000	5,000
取引先関係	(1)	5,000	5,000	5,000
親・親類	5,000	5,000	5,000	5,000
友人・知人	(2)	3,000	5,000	5,000
隣・近所	—	＊	3,000	5,000
自分の仲人	5,000	5,000	5,000	5,000
子供の学校の先生	—	＊	5,000	＊
習い事の先生	(3)	3,000	3,000	5,000
医師・看護婦	＊	(2)	5,000	3,000
その他	3,000	5,000	5,000	5,000

〈注〉(1) 3,000円、3,001～4,999円　(2) 3,000円、5,000円　(3) 2,000円、3,000円、3,001～4,999円、5,000円
—は該当するサンプルがないもの　＊はサンプル数が少ないためクロス集計していない

お歳暮の金額の目安（アンケートによる最多回答額）

（単位：円）　（1998年旧三和銀行調べ）

贈り先	20歳代	30歳代	40歳代	50歳以上
勤務先の上司	5,000	5,000	5,000	5,000
勤務先の同僚	—	(1)	＊	3,000
勤務先の部下	—	＊	5,000	5,000
取引先関係	(2)	5,000	5,000	5,000
親・親類	3,000	5,000	5,000	5,000
友人・知人	5,000	3,000	5,000	5,000
隣・近所	—	＊	3,000	5,000
自分の仲人	5,000	5,000	5,000	5,000
子供の学校の先生	—	＊	5,000	＊
習い事の先生	3,000	3,000	5,000	5,000
医師・看護婦	＊	3,000	5,000	3,000
その他	(1)	(1)	5,000	5,000

〈注〉(1) 3,000円、5,000円　(2) 3,000円、3,001～4,999円
—は該当するサンプルがないもの　＊はサンプル数が少ないためクロス集計していない

お中元・お歳暮Q&A

Q お中元・お歳暮は両方贈らなくてはだめ？

A お中元を贈った相手には、ふつうはお歳暮も贈ります。一方だけなら、お歳暮のみを贈ります。

Q 自分が贈っていない人からいただいたら？

A お中元・お歳暮は目下から贈るのが基本なので、お返しは必要ありませんが、お礼状を出しましょう。

Q 喪中の人にも贈る？

A 贈る側、受け取る側のどちらかが喪中《もちゅう》であっても、贈ってかまいません。ただし、四十九日《しじゅうくにち》が過ぎていないときには、相手の心情を気づかい、時期をずらすとよいでしょう。

お礼の気持ちを素直に表現する
贈り物をいただく側のマナー

POINT

贈り物には、贈る相手の感謝の気持ちが込められています。いただいたことへの感謝の意を、素直に表しましょう。お礼状は2〜3日以内に贈るのがマナーです。

贈り物をいただいたら

お礼状はすぐに出す

贈り物をいただいたら、すぐにお礼状を出します。お礼状は、品物を確かに受け取ったという報告も兼ねていますので、できるだけ早く送るのが礼儀です。いただいた日のうちに書いて、ポストに投函《とうかん》するのが理想です。先方に2〜3日以内には届くようにしましょう。

ただし、親しい間柄であれば、電話でお礼を述べてもよいでしょう。

お返しは必要？

お中元《ちゅうげん》・お歳暮《せいぼ》は、基本的にお返しは必要ありません。

ただし、お互いにお世話になっている方や、もらいすぎだと感じたときは、いただいた金額の半額〜3分の1程度のお返しをするとよいでしょう。

品物を受け取りたくないとき

お中元やお歳暮を受け取る理由が見つからないときや、明らかに不自然なとき、贈答品をいただくべき立場にない場合などは、いったん品物を受け取り、そのうえで、同額程度のものをお中元・お歳暮として贈り返すのがよいでしょう。

！ その場でいただいたときのマナー

贈り物をその場でいただいたときは、ていねいにお礼を述べます。

贈り物を差し出されたら、一度は遠慮する謙虚な姿勢を示すことも大切です。そのうえで、相手がさらにすすめてくれる場合には、「遠慮なくいただきます」と素直に受け取りましょう。

後日、あらためてお礼状を書いて、感謝の気持ちを伝えましょう。

相手からの贈り物を受け取りたくない場合は、「今後はどうぞお気づかいないようにお願いします」などと記した手紙を同封し、相手にこちらの意思を伝えます。

贈答品で難しいのは、明らかに「わいろ」的な性格であることがはっきりしているもの。配送時に受け取らないのがベストですが、受け取ってしまったときは、開封せずに即座に送り返すのが賢明です。この場合は、マナー違反にはなりません。

お返しに関するQ&A

Q お返しのタイミングは？

A この場合のお返しとは、贈り物をもらったお礼に、別の品物を贈ることをいいます。お返しがあまりにも早すぎると、形式的すぎて失礼なので、贈り物をいただいてから、10日後から遅くとも1ヶ月以内が適当でしょう。

Q お返しの目安は？

A お返しは昔から、慶事は倍返し、または全返《ぜんがえ》し、弔事《ちょうじ》は半返しなどと言われていますが、それにこだわる必要はありません。目安として、慶事のお返しは贈られたものの半額程度、弔事の場合は半額から3分の1程度と考えるとよいでしょう。

Q 内祝いとお返しの違いは？

A 結婚・出産・新築祝いなどへのお返しが、「内祝《うちいわ》い」にあたります。

これは、お祝いをいただいたお礼とは意味合いが少し異なります。内祝いは、自分の喜びを分かち合うために、自ら配るものです。そのため本来は、お祝いを贈られたかどうかにかかわらず、親しい方やお世話になった方に贈るのがマナーです。

Q いただいた品物が不良品だったら？

A 品物が破損していたり、食料品の傷みが気になるときなどは、販売店に連絡すれば、交換してもらえます。こういった場合、よほどの事情がないかぎり、贈ってくださった方に知らせる必要はありません。

患者を励まし元気づける
病気見舞いのマナー

POINT

病気のときには誰でも気分が沈むものです。病床の患者を明るく励ましてあげるのがお見舞いの目的です。病名や病状についてしつこく聞いたりするのはマナー違反です。

病気見舞いのマナー&タブー

容態（病状）の確認

お見舞いでは、相手の立場に立って常識的な行動をすることが求められます。身内以外の場合は、入院直後や、手術の前後は避けるべきです。病状が重い場合のお見舞いは、かえって迷惑になります。事前に病状やようすを家族や入院先の病院に聞いてから出かけるほうがよいでしょう。

事前に連絡してから伺う

病状が重いときや、気分がすぐれないときなどは、病人にとって見舞い客はかえって迷惑なこともあります。そのため、事前に容態を確認することももちろんですが、自分で勝手に判断せず、お見舞いの予定と意思を伝え、いいかどうかを相談しましょう。

また、女性の場合は、化粧をしていない状態で人と会うことはストレスに感じることもありますので、付き添いの家族や本人に予定を伝えたうえで、見舞うようにしましょう。

お見舞いは15分程度に

お見舞いは、長居しないのがマナーです。15分程度がちょうどよいでしょう。病人の気分がよいときでも、長い時間の滞在は避け、長くても20～30分までにしましょう。面会時間に制限のある病院もあるので、事前に確認しておくことも大切です。

また、病室で騒いだり大きな声を出

そのほかのお見舞い

陣中見舞い…選挙運動やスポーツの合宿、受験勉強などへのねぎらいと激励の気持ちを込めて。器がなくてもその場ですぐに食べられるお菓子や果物、飲み物などが喜ばれるでしょう。

贈り物…現金、食料品、花束。
表書き…「陣中御見舞い」「祈必勝」「祈合格」

楽屋見舞い…歌手や俳優、役者、習い事の発表会に呼ばれたときに激励の気持ちを込めて。金額は、入場料と同等かやや多めが目安です。

贈り物…花束、お菓子、食品、現金。
表書き…「楽屋御見舞」「御祝」

さないのは当然のことです。服装も清潔感のあるものを心がけ、派手な化粧や強い香水は控えましょう。

なお、事故やけがによる入院の場合は、そのときの状況を聞くのはあまり神経質にならなくてもかまいませんが、病気の場合は、病名や病状をしつこく聞くのはマナー違反です。相手から持ち出されないかぎり、その話題は避けるのが無難です。

お見舞い品の選び方

病人を元気づけるのがお見舞いの目的ですから、本人の好きなものや欲しいものがわかっている場合は、金額にこだわらず、用意してあげましょう。

相手の好みがわからなかったり、食事に制限があったりするときは、現金が一番喜ばれるでしょう。付き合いの程度によって異なりますが、お見舞い金の目安は、5千～1万円程度です。

なお、お見舞いの際には、付添いで看護している家族の方への配慮も必要です。最近では、病人へのお見舞いとは別に、看護の苦労をねぎらう意味で、付添いの家族に「看護お見舞い」を差し上げることも増えています。金額はだいたい3千～1万円で、心づかいとして用意しましょう。

快気祝いの贈り方

本来、快気祝《かいき》いは、全快したときの報告のためや、お見舞いのお礼という意味で行われていましたが、現在ではお見舞いのお返しという意味合いで贈ることが多いようです。

快気祝いは、退院してから、2週間以内を目安に贈ります。金額の目安としては、いただいたお見舞いの半額程度を贈る「半返《はんがえ》し」でよいでしょう。お返しの品はお菓子やタオル、ティーセットなどがよく選ばれています。

お見舞い品のマナー&タブー

おすすめのお見舞い品

▼生花・アレンジメントフラワー。
▼タオル・スリッパ・テレホンカードなどの実用品。
▼本やCDなどの趣味の品。
▼商品券・現金などすぐ役立つもの。

お見舞いに向かない品

▼**鉢植えの花**…「根づく」ということから、病気が長引くことを連想させ、お見舞いには敬遠されます。
また、葬儀をイメージさせる菊や、花がポトリと落ちる椿《つばき》、シクラメンなどはふさわしくありません。
▼**飲食物**…食事制限がある場合もありますので、事前にわからなければ避けたほうが無難でしょう。
▼**贈る数**…四＝死、六＝無、九＝苦につながるとして避けるのがふつうです。

病気や事故、災害など……相手を励ますお見舞いの手紙例

お見舞いの手紙は、病気や事故、災害などの不幸にあってしまった相手を励ますのが目的です。

一般的にお見舞いの手紙の書き方としては、急を要する場合は前文を省略して、驚きと安否を問う言葉から書き、急を要さないものは時候のあいさつと、経過をたずねる書き出しになります。

また注意が必要なのは、お見舞いの手紙には、「倒れる」「死」などの忌み言葉や「またまた」といった重ね言葉は使わないことです。基本的には色つきの便せんや、模様つきの封筒は避けましょう。

◆お見舞いの手紙の基本構成

1. 驚きの気持ちと相手の安否を問う
2. 相手の立場を考えて、心配や助力などを示す
3. もう一度見舞いの言葉で相手を気づかう

◆交通事故のケース

交通事故に巻き込まれてご入院とのこと、その後のおかげんはいかがでしょうか?

詳細を伺うと、大きな事故だったようで、とても心配いたしました。幸い軽傷とのことで安心いたしました。

やはりふだんから体を鍛えていらっしゃるたまものでしょうか。いろいろと気がかりなこともおありでしょうが、この機会に十分静養なさってください。

いずれあらためてお見舞いに参上いたしますが、まずは書面にてお見舞い申し上げます。

◆病気のケース

前略　ご病気にてご入院と承りまして驚いております。その後経過はいかがでしょうか。

早速お見舞いにお伺いしたいのでございますが、今しばらくはご安静が大事かと拝察いたし、まずは書中をもってお見舞い申し上げます。

機会を見てお見舞いにあがりますが、まずはお見舞いの品を別便にてお送りいたしました。ご受納ください。

草々

できる範囲で手助けをする
災害見舞いのマナー

POINT

火災や台風、水害、震災など不意の災害には誰もが落ち込むものです。相手の立場になり、少しでも助けになれるよう気持ちを込めてお見舞いをします。

迅速に状況を確認

親戚や友人・知人が何らかの災害にあったら、自宅が先方と近い場合は、すぐに駆けつけて、手伝いを申し出ましょう。でしゃばり過ぎは禁物ですが、できる範囲で相手に協力したいものです。

遠方で、すぐに伺うのが不可能なら、まずは電話で状況を確認しましょう。ファックスやメールを利用する手もあります。交通手段が絶たれたり、電話が不通になっていることもありますから、ラジオや新聞、テレビなどの正しい情報をもとに、どのような形でお見舞いするかを判断します。

お見舞いは、食品や実用品が一般的です。また、現金でもかまいません。

お見舞いのお返し

災害見舞いをいただいても、お返しをする必要はありません。一段落したところに、お礼状を書きます。

！ 災害見舞いとお見舞い金の目安

▼お見舞い金…「お見舞い」の表書きで5千～1万円。被害状況によっては5万～10万円。

▼品物…水、ビニール袋、インスタント食品、日持ちのする食料、ウェットティッシュ、タオル、下着、衣類など。

！ 災害用伝言ダイヤルってどうやって使うの？

大災害が起こり、電話がつながらないときの対策としてNTTが行っているサービスのひとつに、『災害用伝言ダイヤル』があります。一般加入電話、公衆電話、携帯電話から利用でき（有料）、声の伝言板として活用できます。

初めに「171」をダイヤルし、あとは案内に沿って操作していけば、録音された伝言を聞いたり、メッセージを伝えたりすることができます。

たとえば、被災地にいる家族や友人の安否を知りたいときや、逆に被災地から家族へ自分の無事を知らせるとき、あるいは、被災地で家族と別れてしまったときに、集合場所を録音しておくなど、ありがたい通信手段となります。

気持ちよく暮らすために

近所付き合いのマナー

POINT

日常生活の中で、身近な関係になるのが「ご近所」。以前よりもお付き合いの機会は減っているとはいえ、マナーを守って、上手なお付き合いを心がけましょう。

近所付き合いのコツ

住宅事情や生活環境の多様化もあり、とくに都会では近隣との付き合いが減っていますが、地域の一員として安心して生活するためには、隣近所と、できるだけ交流を持つようにしたいものです。

そのための基本は、まずはあいさつです。引越しの際の近所へのあいさつ回りもそうですが、日ごろ顔を合わせたときにも、明るくあいさつを交わすようにしましょう。

また、守りたいマナーとしては、「よけいなことは聞かない・話さない」「干渉しない」「うわさ話をしない」「不愉快なことはしない」などでしょう。

守りたい日常のマナー

ゴミ出し

ゴミは、地域で決まった場所・曜日に分別して出します。ゴミ出しは、共同生活の中での大切な作業のひとつですし、ゴミ問題は、近隣とのトラブルに最もつながりやすいので注意しましょう。

◆注意する点…**生ゴミは、ネコやカラスに荒らされないよう水を切り、新聞紙や袋で何重かに包むとよい。**

騒音

深夜の楽器の練習やカラオケなどはできるだけ控えましょう。テレビやステレオを深夜に楽しみたいときはヘッドホンをつけることも大切です。また、電化製品の立てる生活騒音は自分では気づきにくいものなので、使う際には配慮が必要です。

◆注意する点…**夜10時～朝7時までは洗濯機や掃除機の使用は避け、テレビ・ステレオのボリュームは下げる。**

近所付き合いのQ&A

Q「寸志」や「粗品」はどんな場合に使うの？

A「寸志《すんし》」とは、さまざまな場面でその日お世話になる人に渡すもので、目下の人に対する御礼・心づけのときに使われる表現です。逆に目上の人に渡すときには失礼になりますので、「御礼」と書きます。また女性が使うことの多い「まつのは」も寸志の意味があります。平仮名なら目下の人向け、「松の葉」と漢字で書けば目上に向けたものです。

「粗品」は、贈り物をする際のへりくだった言い方です。目上の人への贈り物をする際に「粗品ではございますが」と付け加えて渡すのが一般的です。

Q実家との上手な付き合い方は？

A季節のあいさつや贈答など、けっこう気をつかうのが実家とのお付き合い。その意味でも、結婚の際に、その後の付き合い方を両家対面で話し合い、しっかりと決めておくのも方法です。たとえば「お中元・お歳暮のやり取りはやめましょう」といったマニュアル的なものをつくっておくといいかもしれません。

Qマンションでの近所付き合いで注意することは？

Aマンションで注意したいのは、生活騒音です。足音や水を流す音、物を落とすなどの振動は下階に、話し声やテレビの音などは上階に響くと意識しておくといいでしょう。

そのほか、意外と気をつかうのがベランダやバルコニー。ここは共有部扱いなので、勝手に改装したり非常口を塞ぐように物を置いたりするのはNGです。また、隣との境界はもちろん、ベランダで鉢植えに水やりをする際は、上下階にも気を使う必要があります。

Q社宅内のお付き合いで配慮すべきことは？

A社宅内では、お互いのご主人・奥さんの会社内での地位とは関係なく接することが大切です。社内での上下関係や人事異動などの噂話はしないのがマナーです。また、子どもに対しても、平等に接するように心がけましょう。

Q町内会の行事にはどの程度参加すればいいの？

Aお祭りなど、自由参加の場合はさておき、町内の掃除や公園の草むしりなどは、仕事や家庭の都合で参加できないなら、ちょっとしたお茶菓子などを差し入れて「ご協力できなくてすみません」とひと言あいさつしておくといいでしょう。そのぶん、都合がつくときは、積極的に参加するようにします。

Q留守を頼まれたときの注意点は？

A不都合がなければ、なるべく引き受けましょう。ときどき外から先方の家の様子を窺ったり、新聞・郵便物を取り込む、届いた荷物を預かる程度で十分です。ただし、自分も留守がちで要望に応えられない場合は、中途半端に引き受けず、はっきりと伝えて断ります。

近所への心配りを忘れずに
引越しのマナー

POINT

新たな生活のスタートとなるのが引越しです。引越しの前後に必要な事務手続きなどは早めに済ませたいものです。隣近所へのあいさつ回りも忘れずにしましょう。

準備と引越し後の手続き

引越しの準備

引越しの日が決まったら、毎日少しずつ準備を始めます。必要なものと不要なものを分けて、段ボール箱などに収納していきます。

ゴミはきちんと分別して捨てます。粗大ゴミの回収は申し込み制なので、事前に清掃局などに連絡をしておきましょう。自治体によりますが、回収まで1～2週間かかることもあります。

引越し前に、電話や電気、水道・ガス料金などの精算を忘れないよう管轄の営業所に連絡しておきましょう。

お世話になった人へのあいさつ

お世話になった人へのあいさつは、前日までに終わらせておきます。ただし、あまり早すぎると、お餞別の気づかいをさせてしまうので、引越しの数日前からが適当です。

既婚者の場合は、夫婦そろってあいさつしたほうがていねいです。

引越しの際は、車や人の出入りがあり、騒々しくなりがちですから、そのお詫びもつけ加えましょう。

お餞別をいただいたら？

お餞別をいただいた場合は、基本的にお返しは不要とされています。落ち着いてから、近況報告を交えたお礼状を書くとていねいです。

一方的にいただくのが心苦しいときには、お礼状に新天地の名産品を添えて贈ってもよいでしょう。

手伝ってくれた人へのお礼

引越しは何かと人手が必要になるものです。友人や知人に手伝いを頼むこともありますが、その場合には、きちんとお礼をするべきでしょう。

引越しの当日はなにかと慌しいものですから、その日は3千～5千円程度の食事代を負担するとよいでしょう。その場合、近況報告を交え、後日あらためて電話でお礼を述べます。

また、新天地での生活をスタートさせてから2～3週間目ころに、土地の名産品などを贈るのもスマートなお礼の方法です。

引越し先でのあいさつはスマートに

最近は、マンション住まいが増えて、都会などでは、引越し先で、手みやげを持って隣近所へあいさつをする習慣も薄れてきました。しかし、今後のお付き合いのことも考え、初めにきちんとあいさつをしておくことが肝心です。家族の場合は、できるだけそろってあいさつに出向くとよいでしょう。

あいさつ回りには、500～2千円程度の品物（タオルや石けん、お菓子など）を持参しましょう。

引越し先でのあいさつの範囲は「向こう3軒両隣」が原則です。

▼**マンション・社宅…同じフロア、上下階のお宅、大家・管理人**
▼**一戸建て…隣近所と町内会長など**

引越し前後の各種手続き

届け出るもの	届け出先
転出届	旧住所の市町村役所
転入届	新住所の市町村役所（転入後14日以内）
郵便物の転送届	郵便局（旧住所に届いた郵便物を1年間転送してくれる）
ガス・電気・水道	旧住所と新住所の管轄営業所
運転免許証の住所変更	所轄の警察署または運転免許試験場
自動車登録	新住所の管轄陸運支局
郵便貯金 銀行預金	郵便局、各銀行窓口
クレジットカード	カード会社
生命保険 損害保険	契約している各保険会社

転居通知はがきの一例

拝啓　新緑の美しい季節になりましたが、皆さまお変わりなくお過ごしのこととお喜び申し上げます。

さて、このたび都合により、下記の住所まで移転いたしました。都心に近く、交通の便もよいので、お近くへお越しの際は、ぜひお寄りください。

敬具

○月○日

新住所　新宿区百人町○○―××

電話　（○三）―一二三四―○○○○

田辺幸一

子どもを介してのお付き合い
学校行事での父母のマナー

POINT

子どもが大きくなると、学校生活を通じてのお付き合いが生じてきます。先生に対するマナーや父母同士でのマナーなど、気をつけておきたいことは多くあります。

おもな学校行事

4月
- 入学式・始業式
- 新入生歓迎会
- 健康診断

5月
- 家庭訪問（二者面談）
- 生徒総会
- 修学旅行

7・8月
- 夏休み
- 林間学校
- 夏期講習

10月
- 運動会（体育祭）

11月
- 文化祭

12・1月
- 冬休み

3月
- 春休み
- 卒業式

※そのほか、父母参観や保護者会、PTAの役員会などがある。

先生に対するマナー

日ごろ子どもがお世話になっている学校の先生とのお付き合いでは守りたいマナーがいくつかあります。

基本的には学校の先生にお中元《ちゅうげん》・お歳暮《せいぼ》を贈る必要はありません。公立の場合は、わいろと受け取られることもありますので注意しましょう。

子どものことで、個人的に迷惑をかけてしまったりした場合で、どうしてもお礼や感謝の贈り物をしたいときには、事前に贈る理由をはっきりと伝えたうえで、先生の承諾を得てから贈ります。あまり高価なものは贈らず、ほかの先生方と一緒に食べられるようなお菓子などが無難でしょう。

！ 学校行事での父母の服装

○父母参観日や保護者会

子どもの学校でのようすを見ることが目的なので、見苦しくない程度にととのった服装であればよいでしょう。堅苦しいスーツなどは窮屈に感じさせますので、父親の場合もある程度ラフなスタイルがよいでしょう。また運動場や体育館での参観の場合もありますから、動きやすい服装が無難です。

○親子レクリエーション、運動会

Tシャツやラフなシャツなど、動きやすい服装が第一です。母親は短いスカートは避け、長めのスカートかパンツが無難です。

○入学式・卒業式

子どもの晴れの舞台ですので、父親はスーツ、母親も外出着やワンピース、スーツなどがよいでしょう。

ほかの父母との付き合い方

子どもの友達の父母との付き合いは、子ども同士の付き合いの延長線上にあると考えればよいでしょう。

たとえば、子どもの誕生会をお互いに開いて招待しあうとか、クリスマス会を毎年持ちまわりで開いてあげるなど、時節に応じたイベントごとをうまく活用しながら、お付き合いを深めていくのも方法です。

ほかに、ピアノやバイオリンなどのおけいこごとの発表会に、仲のよい友達と親御さんを招待するというケースも最近は多くなっています。招待するときは、相手の都合を伺ってからチケットを渡します。チケットは家族の分も用意しておきましょう。

逆に招待されたときなどは、都合をつけて行ってあげるのが最高のお祝いであり、お付き合いのマナーでもあります。

子どもの学校生活でのトラブルQ&A

Q 子どもがいじめにあったら？

A いじめは子どもの学校生活の中でのもっとも深刻な問題です。家庭の中で、子どもが示すサインやシグナルを決して見落とすことなく、いじめにあっていることを素早く発見し、親のほうから、子どもに話してくれるように諭すことです。

いじめにあっていることが分かったら、やはり担任の先生にまず相談するのがよいでしょう。学校の中で具体的な対策を講じてもらうことが先決ですが、家庭では親がしっかりと子どもの味方になって一緒に解決法を考えてあげることが大切です。

場合によっては、相手の親のところに相談に出かけることも必要でしょう。何よりも、いじめられている子どもを決して孤立させないこと。ひとりでしょいこんで思い悩ませるような状況を決してつくらないことです。

Q 子どもが友達にけがをさせてしまったときは？

A まず、けがをさせた相手のお宅に、子どもと一緒に謝りに伺います。ただしその際に、親が謝罪を代弁するのではなく、子ども自身の口からも謝罪させることが大切です。いざこざの原因が、たとえ相手にあったとしても、相手の子を責めるような発言は控え、けがをさせたことをお詫びします。また、病院にかかるようなけがの場合は、治療費とお見舞いの品を持参したほうがよいでしょう。

Q 家に遊びに来ていた子どもが、家の貴重品を壊してしまいました。どう対処すれば？

A まず、家に帰ってそのことを親に報告するように子どもに諭しましょう。その後、相手の親から連絡がなければ、こちらから連絡をとりましょう。そのときの状況を説明し、弁済《べんさい》の必要があれば、そのこともきちんと話します。

日常のお付き合い 番外編 マナー＆タブー

電車・乗り物編

お年寄りに席を譲るときは年寄り扱いしない気配りを

見知らぬ人に年寄り扱いされることを嫌う方も多いので、お年寄りに声をかけるときに「おじいちゃん」「おばあちゃん」などと呼ぶのは、避けたほうが無難でしょう。

そんなときは、「失礼ですが」「すみません」などと話しかけ、「よろしければお座りください」などと席をすすめるとスマートです。

座席を倒すときは後ろの人に断る

突然座席を倒すと、相手を驚かせてしまうこともあるので、やはり後ろを確認して、ひと言断るのが正しいマナーといえるでしょう。

また、飛行機などでは、機内食が出る場合もあるので、その時間帯は避けるのが無難です。

旅先編

ホテルの備品は持ち帰らない

各部屋に用意されているシャンプーや石けん、ローションなどのアメニティグッズは、宿泊客のために用意されたものなので、持ち帰ってもかまいません。

当然のことながら、タオル、灰皿、浴衣やガウンなど、ホテルの備品を持ち帰るのはマナー違反です。

チップはあらかじめ用意しておく

海外旅行では、お世話になったときにチップを渡すのがマナーです。1ドル札を5枚程度と5ドル札を1～2枚ほど、ポケットに入れるか、マネークリップなどに留めておき、いつでも出せるようにしておくとよいでしょう。スマートさのポイントは、チップの際に財布を出さないことです。

国内旅行の際、日本旅館などでチップを渡したい場合は、ポチ袋に「松の葉」などと表書きをして2～3千円程度を包むとよいでしょう。チェックインの際などに部屋係に「お世話になります」との言葉を添えて手渡します。

オフィス編

名刺交換の正しいマナー

❶名刺は目下、訪問者から先に差し出すのが原則。なお、上司が一緒の場合は上司のあとに行う。

❷テーブルがある場合はテーブル越しに渡さず、相手の正面に立って渡す。

❸相手に名刺の正面を向けて差し出す。

❹手渡すときに社名、部署名、氏名をはっきりと名乗る。

❺相手の名刺を受け取る際は「ちょうだいいたします」などの言葉を添えて両手で受け取る。

❻受け取った名刺に目を通して相手の社名、肩書き、名前などを確認する。

PART 6

手紙・電話・ファックス・Eメールのマナー

- 美しい手紙を書くための基本ルール
- お祝いの手紙の書き方
- お礼の手紙の書き方
- 季節の手紙の書き方
- お知らせの手紙書き方
- お見舞い・お悔やみの手紙の書き方
- 電話のかけ方と受け方のマナー
- ファックスのマナー
- Eメールのマナー

基本形式をマスターする
手紙の基本スタイル

POINT

正式な手紙には決められた形式があります。「頭語《とうご》」「結語《けつご》」などの手紙特有の表現や手紙の構成をおさえましょう。基本さえ覚えれば、どんな手紙にも応用できます。

手紙の基本構成

前文　主文

①拝啓
②春めいてきましたが、③お元気でいらっしゃいますか。おかげさまでこちらは家族皆、元気に暮らしております。
④このたびは、⑤お坊ちゃまの小学校ご入学おめでとうございます。利発なお子さまですから、今後が楽しみですね。
お祝いとして○○デパートより心ばかりの品をお贈りいたしました。どうぞご笑納ください。

前文

頭語（「拝啓《はいけい》」や「前略《ぜんりゃく》」など）に始まり、時候《じこう》のあいさつ、安否のあいさつと続きます。そのあとに、日ごろの感謝やご無沙汰のお詫びなどを書くこともあります。

主文

起語《きご》を書き、本題に入ります。

末文

先方の健康や活躍を祈る言葉や、今後のお付き合いを願う言葉を書きます。頭語に対応する結語で締めくくります。

後付

手紙の発信日を入れ、差出人氏名、宛名を書きます。お祝いの手紙などで発信日を、「○月吉日」とすることもあります。

後付　末文

⑥お坊ちゃまのつつがないご成長と皆さまのご健康をお祈り申し上げます。

取り急ぎお祝いまで。

⑦敬具

⑧平成○○年三月二十日

⑨豊沢めぐみ

⑩藤野祐子様

美しい手紙を書くための
字配りのマナー

「字配り」とは、便せんに文章を書くときの文字の配置です。字配りを意識して美しい手紙を書きましょう。

行末に使ってはいけない言葉

①相手をさす言葉（あなた）
②ていねい語の冠詞（お話の「お」）
▼改行して次の行の頭に持ってくる。

行頭に使ってはいけない言葉

①自分をさす言葉（私・当方）
②助詞（が・を）・助動詞（です・ます）
▼行の半ばか行末にくるようにする。

ひとつの単語は2行にまたがらない

▼数字・人名・地名・単語は1行で収める。

①頭語	手紙独特の表現。一般的なのは「拝啓」。（P320参照）
②時候のあいさつ	頭語のあとに、季節を表すあいさつを続ける。（P321参照）
③安否のあいさつ	相手の安否をたずねる書き出しの言葉。このあとに自分の近況を知らせる表現を入れることも。（P320参照）
④起語	「さて」「ところで」などの言葉を用い、本題に入ることを知らせる。
⑤用件	手紙の本題を簡潔にまとめる。
⑥結びのあいさつ	相手の健康や活躍を祈る言葉を添える。（P320参照）
⑦結語	結びの言葉。頭語に対応して使う表現が決まる。（P320参照）
⑧日付	年号を入れるときも、日付のみの場合も1～2文字下げる。
⑨署名	主文の行末にそろえ、差出人の姓名を入れる。
⑩宛名	敬称をつけて署名よりも大きめに書く。日付より上の位置から書き出す。

※追伸…主文で書き忘れたことや、つけ加えたいことを書き添える。つけ足しの意味があるので、目上の人へは使わない。

住所と宛名、切手の貼り方etc.

封筒とはがきの書き方

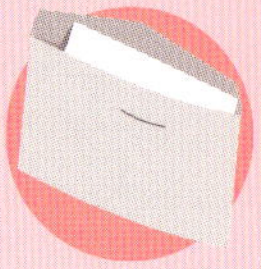

POINT

封筒もはがきも表書きと裏書きには、正式なスタイルや決まりごとがあります。切手の貼り方や住所と宛名《あてな》のバランスなど、知っておくと便利なマナーがあります。

和封筒

表面

封筒の色は目上の人やあらたまった手紙には白地のものを使用するのが基本。

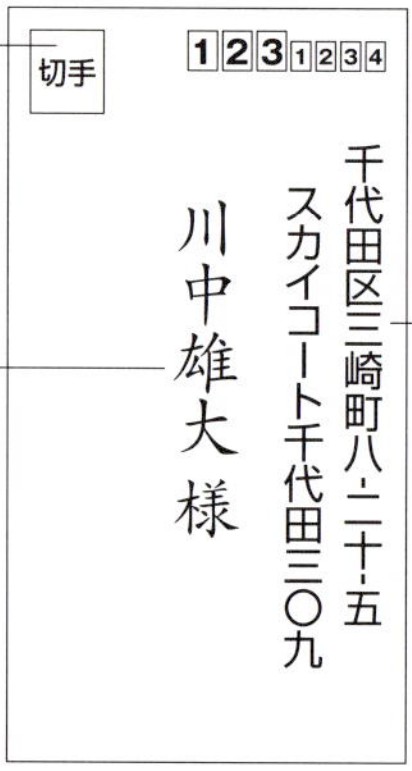

切手
1枚が理想。多くても3枚までにまとめる。

宛先
郵便番号から2文字分ほど下げて、住所は1～2行で収める。2行目は1行目よりも下げて書く。漢数字が基本。

宛名
封筒の中央になるように。住所より1～2文字分ほど下げて書く。「様」「先生」などの敬称をつける。

裏面

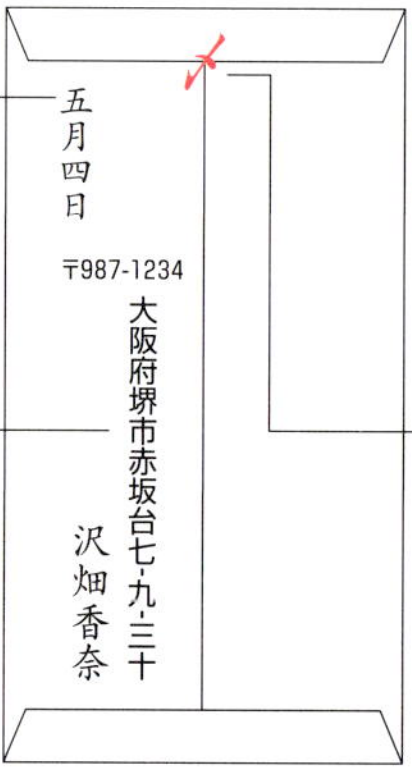

日付
封筒の左上に入れるのが一般的。差出人氏名・住所の上に書く。

差出人氏名・住所
封筒の中央か左下に書くのが一般的。行末をそろえてバランスよく書く。

封じ目
縦書きには「〆」や「封」「緘」などの封じ目を必ず入れる。シールやテープは使用せずきちんと糊づけする。

封筒の表書き

住所と宛名を書く表書きは、その位置やバランスによって、見た目の美しさが変わってきます。一般的に、郵便番号7桁の縦位置のところまでに宛名を収めるとバランスがよくなります。

住所や名前を書く際には、上手な字であるよりも、読みやすくていねいに書くことのほうが大事です。

最近は、洋封筒も日常的に使うようになって、横書きの習慣も一般的になってきました。ただし、目上の方やあらたまった内容には、縦書きが無難です。表書きが縦書きなら、裏書きも縦、表書きが横なら裏書きも横、というように統一しましょう。

洋封筒

表面

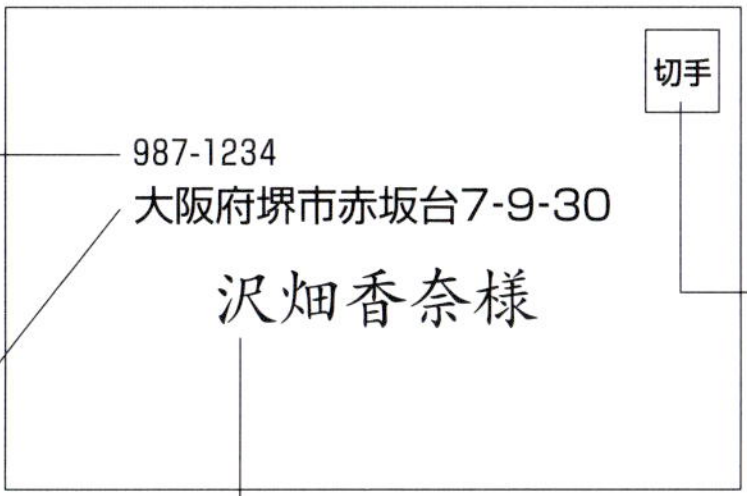

郵便番号
住所の左上に書くが、〒マークは入れなくてよい。

宛先
数字は算用数字が基本。住所は1～2行で書く。

切手
右上に貼る。2枚以上になる場合は左横に続ける。

宛名
相手の氏名と敬称は、封筒の中央になるように。住所から1～2文字下げる。

裏面

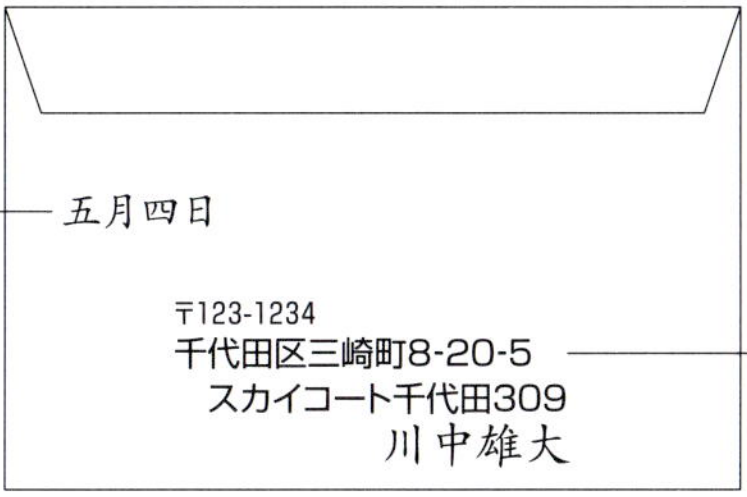

日付
住所の左上に書く。洋封筒の場合、封じ目は必要ない。

差出人氏名・住所
氏名はやや大きめの文字で書き、住所と行末をそろえる。

便せんの折り方と入れ方

洋封筒の場合

❶右から縦半分に二つ折りにし、もう半分に折りたたむ。
❷便せんの折り山（中心部分）が封筒の表に対して左下にくるように入れる。

和封筒の場合

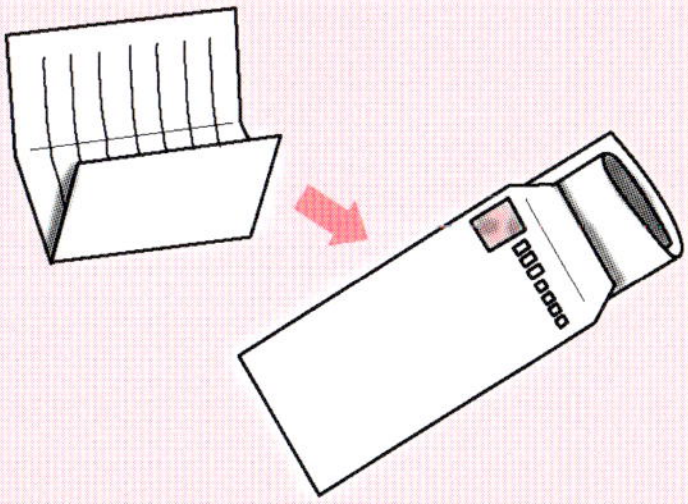

❶便せんの下から３分の１を折り、上の３分の１をかぶせて、三つ折りにする。
❷封筒の表に対して、便せんを重ねて輪になった方が右側になるように入れる。

はがきの書き方

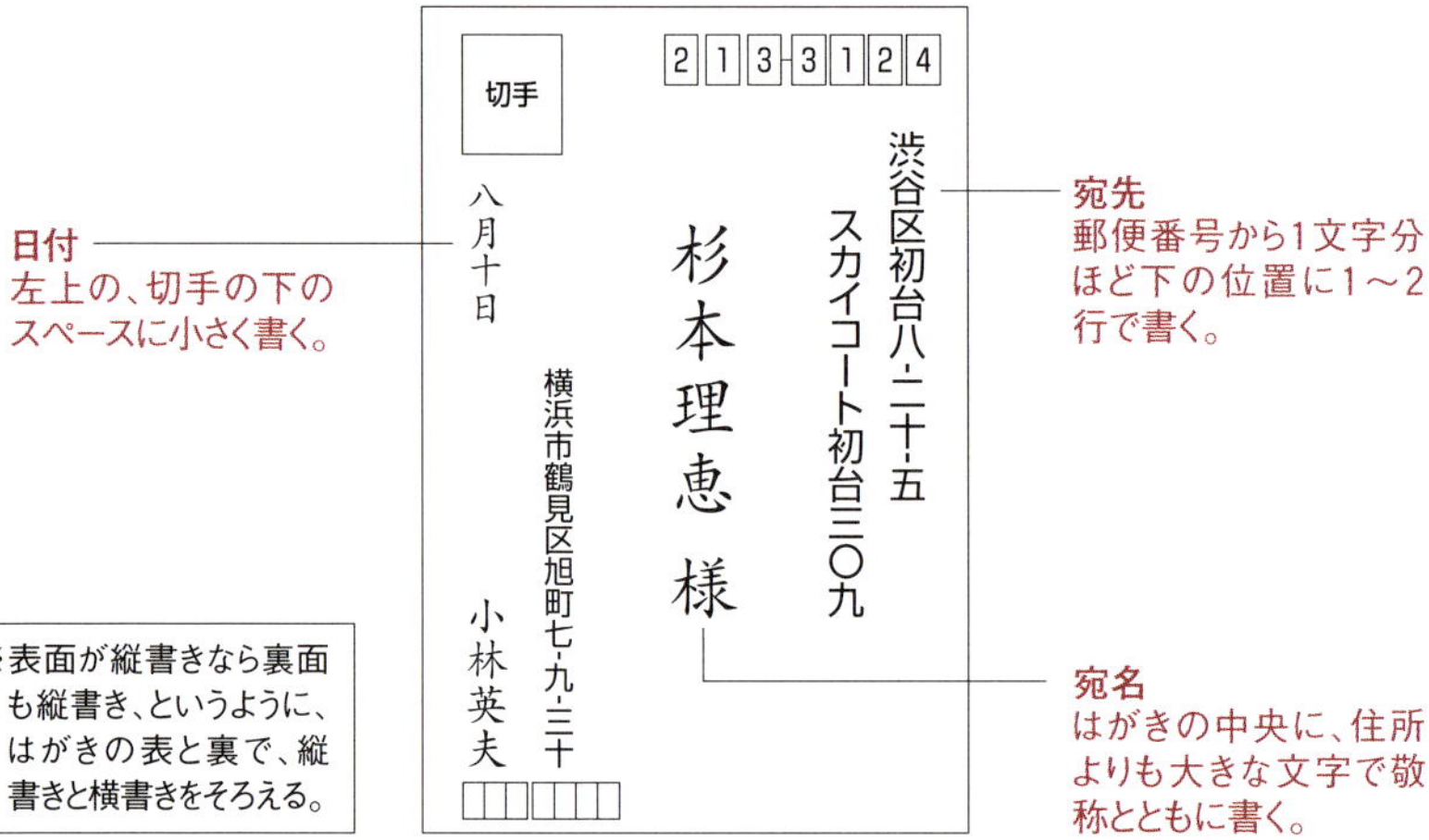

※表面が縦書きなら裏面も縦書き、というように、はがきの表と裏で、縦書きと横書きをそろえる。

往復はがきの書き方

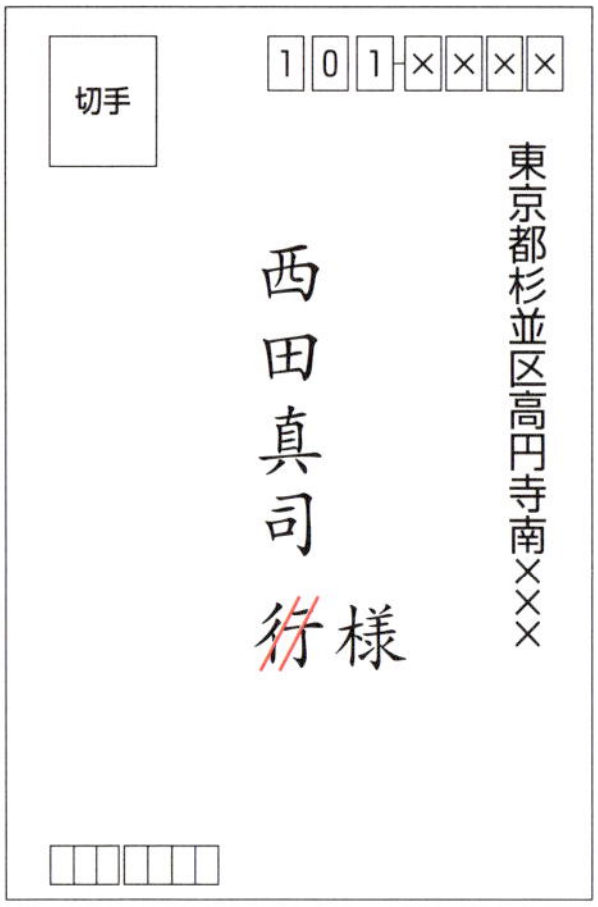

往復はがきの場合、宛名の下の「行」を線で消し、「様」「御中」と書きかえることを忘れないように。

絵はがきの書き方

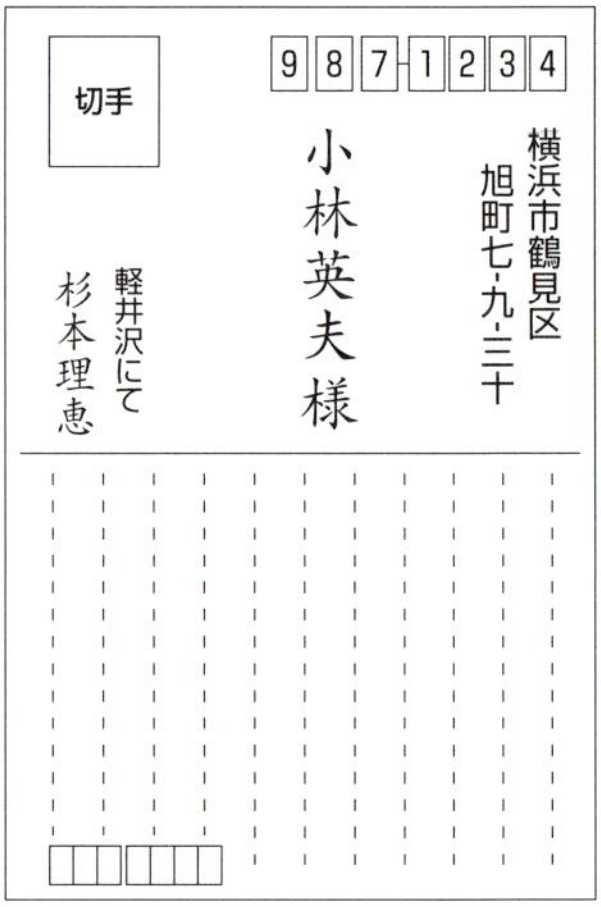

裏面に写真やイラストの入った絵はがきは、表側に文章を書くスペースがあることが多い。縦書きか横書きかは、絵柄の向きに合わせて決めるとよい。

表書きは一般のはがきとほぼ同じ。差出人の住所と氏名を、通信文の最後などに書く場合は、住所の代わりに旅先の地名を入れることも。

エアメールの書き方

差出人の住所・氏名は左上に。英文表記の場合、1行目に名前、2行目から住所を。①番地②町村名③市区名④都道府県名の順に書く。郵便番号と国名を書き、国名にはアンダーラインを引く。国名以外は日本語でもOK。

宛名と宛先は中央よりやや右に大きめに書く。宛先は、①番地②町名、通り名③市名④州名の順に。郵便番号と国名を書き、国名にアンダーラインを引く。

今どきのマナー

手紙とはがきの使い分け

封書（手紙）とはがきは、その内容と出す相手によって使い分けます。

手紙は、本来ならば会ってあいさつするところを略式化したもの。はがきは、それをさらに簡略化したものなので、こちらの誠意を伝えたいときは、封書のほうがていねいです。とくに目上の人には、便せんに縦書き文面を書き、封書にして送るのがマナーです。

はがきは、季節のあいさつや贈答のお礼状によく用います。この場合は、目上の人に送っても失礼ではありません。はがきの場合、裏面が人の目に触れることもあるので、その点も考慮に入れましょう。

最近は、通信文の上にシールを貼り、文面が見えないようにするはがきも市販されています。

手紙用語と季節のあいさつ

手紙には、決まった用語があります。たとえば、頭語《とうご》と結語《けつご》は、日常会話の「こんにちは」と「さようなら」にあたるものです。また、手紙の書き出しには、季節のあいさつや相手の安否をたずねる言葉を入れます。ここではその一般的な例を紹介しましょう。

よく使う頭語と結語

手紙の種類	頭　語	結　語
一般的な手紙	拝啓・一筆申し上げます	敬具・敬白・かしこ
あらたまった手紙	謹啓・謹んで申し上げます	謹言・謹白・かしこ
急用の手紙	急啓・とり急ぎ申し上げます	早々・草々・かしこ
前文を省略する手紙	前略・冠省	草々・不尽・かしこ
返信の手紙	拝復・敬復	敬具・敬白
初めて出す手紙	初めてお便り差し上げます	敬具・拝具・かしこ
重ねて出す手紙	再啓・再呈	敬具・敬白・拝具

※かしこは女性専用の結語。

書き出しと結びの文例

書き出し

本題に入る前に相手の安否をたずねたり、ご無沙汰のお詫びをします。

● 相手の安否をたずねる
▼ 皆様お変わりございませんか／○○様には、いかがお過ごしでしょうか

● こちらの安否を知らせる
▼ おかげさまで私ども一同元気に暮らしております／家族一同無事に過ごしております

● お礼とお詫び
▼ 先日はお世話いただきまして、まことにありがとうございます／このたびは、ご迷惑をおかけいたしまして、申し訳ございませんでした

● ご無沙汰のお詫び
▼ 長い間ご無沙汰を重ねまして、失礼の段お許しください／日ごろはご無沙汰ばかりで、申し訳ございません

結び

本題のあとは、相手の健康や活躍を祈るあいさつの言葉で締めくくります。

● 相手の健康や発展を祈る
▼ どうぞご自愛のほどお祈り申し上げます／皆様のさらなるご発展をお祈りいたします

● 今後のお付き合いをお願いする
▼ 今後とも変わらぬお付き合いのほどをお願い申しあげます／なにぶんご指導くださいますようお願いいたします

● 返信をお願いする
▼ ご返事いただけますようお願いいたします／お手数ですが、ご返事をいただけますと幸いです

● 用件をとりまとめる
▼ お礼かたがた、ごあいさつ申し上げます／とり急ぎお詫び申し上げます／まずはご連絡のみにて失礼いたします

時候のあいさつ例（12ヶ月）

1月
新春の候／寒さ厳しい今日このごろですが／春がしみじみ待たれるこのごろ／初《しょ》春《しゅん》のみぎり／真冬の候

2月
余寒《よかん》の候／残寒《ざんかん》の候／向春《こうしゅん》のみぎり／梅花《ばいか》の候／立春《りっしゅん》の候／厳しい寒さが続きます／梅のつぼみもふくらんでまいりました

3月
早春《そうしゅん》の候／浅香《あさか》の候／春色《しゅんしょく》の候／春暖《しゅんだん》の候／初春の候／桜のつぼみもふくらみ／春とはいえ寒さがまだ残り

4月
陽春《ようしゅん》の候／桜花《おうか》の候／春暖の候／花冷えのころ／春日の候／春たけなわの折／花の便りも聞かれる今日このごろ

5月
新緑の候／薫風《くんぷう》の候／惜春《せきしゅん》の候／立夏《りっか》の候／若葉の候／若葉の緑も清々しいこのごろ／風薫る五月となりました

6月
初夏の候／入梅《にゅうばい》の候／向暑《こうしょ》の候／長雨《ながあめ》の候／短夜《たんや》の候／梅雨《ばいう》の折から／いよいよ田植えの時期となりました

7月
盛夏《せいか》の候／炎暑《えんしょ》の候／酷暑《こくしょ》の候／猛暑《もうしょ》の候／大暑《たいしょ》の候／暑さ厳しき折／睡蓮《すいれん》の花が涼しそうに咲いています

8月
晩夏《ばんか》の候／立秋《りっしゅう》の候／残暑の候／暮夏《ぼか》の候／秋暑《しゅうしょ》の候／残暑厳しき折から／今年は格別に残暑が厳しいようです

9月
初秋の候／新涼《しんりょう》の候／秋涼《しゅうりょう》の候／新秋《しんしゅう》の候／新秋快適のみぎり／朝晩はいくぶんしのぎやすくなってまいりました

10月
秋冷《しゅうれい》の候／清秋《せいしゅう》の候／仲秋《ちゅうしゅう》の候／日増しに秋も深まり／はや虫たちの声も消え入るような季節になりました

11月
晩秋《ばんしゅう》の候／落葉の候／暮秋《ぼしゅう》の候／霜秋《そうしゅう》のみぎり／夕風《ゆうかぜ》肌寒く身にしむ／朝晩めっきり冷え込むようになりました

12月
初冬《しょとう》の候／師走《しわす》の候／寒冷《かんれい》の候／寒さ厳しい今日このごろですが／すす払いの音に心せかれるような毎日です

相手と喜びを共有する

お祝いの手紙の書き方

POINT

人生にはいろいろなお祝い事がつきものです。吉報《きっぽう》を聞いたら、できるだけ早くにお祝いの気持ちを伝えましょう。早ければ早いほど喜ばれます。

お祝いの手紙のマナー

吉報を知ったらすぐに送る

お祝いの手紙は、祝福の気持ちを相手に伝えることが大切ですので、知らせを受けたらすぐに送りましょう。

親しい相手には、堅苦しいあいさつは抜きにして、「○○さん、おめでとう!」と、お祝いを率直に述べてもよいでしょう。また、市販されているメッセージカードを利用するのも方法です。

目上の人へは封書で送るのが無難ですが、形式にとらわれすぎず、明るい言葉でお祝いの気持ちを伝えましょう。

最近では気にする人も少なくなりましたが、お祝いの手紙では避けたい忌《い》み言葉があるので、注意しましょう。

◆お祝いの手紙での忌み言葉

結婚祝い	出る・戻る・帰る・切れる・離れる・分かれる・壊れる・冷める・終わる・飽きる・破れる・嫌う・割れる・裂ける・再び・重ね重ねなど
出産祝い	流れる・落ちる・消える・弱い・欠ける・崩れるなど
新築・改築祝い	落ちる・壊れる・崩れる・流れる・砕ける・破れる・朽ちる・傾く・燃える・火・煙・炎など
開業・開店祝い	閉める・さびれる・つぶれる・倒れる・消える・下がる・逃げる・すたれる・滅びるなど

■お祝いの手紙の構成とポイント

①**お祝いの言葉。**
②**感謝や喜びを具体的に伝える。**
③**将来への期待や希望など。**
④**あらためてお祝いを述べる。**

※別便でお祝いを送った場合は、その旨を記す。どこから何を送ったかを明記すると親切。

一筆せんの使い方

時候のあいさつや形式にとらわれず、気軽に利用できるのが一筆せんです。

簡単なメッセージを伝えたいときや写真、プレゼントの添え書きなど、使い方はさまざまです。便せんに比べてサイズも小さいので、バッグに入れておいても邪魔にならず、出先での急な書き置きや店頭から贈り物を発送する際の添え書きなどにも活躍します。

あらたまった礼状などには向きませんが、一筆せんなら、手紙を書くのが苦手な人でも気軽に利用できるでしょう。

結婚祝い

本人たちへの祝福を述べ、また、両親の喜びにも触れるとよいでしょう。

拝啓
　このたびはおめでとうございます。結婚式の幸せそうなお写真を拝見し、私も胸がいっぱいになりました。ご両親様ならびにご家族の皆様も、さぞお喜びのことと拝察いたします。

　いずれ参上いたしまして、お祝いを述べたく存じますが、とりあえず手紙にてお祝い申し上げます。

　なお、別便にて心ばかりのお祝いの品をお送り申し上げました。どうぞお納めくださいませ。

　おふたりの末永い幸福をお祈りいたしております。

敬具

出産祝い

母体の産後の体調を気づかい、赤ちゃんが健康に育つように祈りましょう。

拝啓
　○○さん、ご無事のご出産おめでとうございます。
　ご家族の皆様もさぞかしお喜びのことと拝察いたします。初めてのお産で案じておりましたが、母子ともに健全とのことで、当方も安心している次第です。

　お祝いのしるしに、ベビー服をお送りいたします。どうぞお受け取りください。

　産後のお体、くれぐれもご養生くださいますようお祈りいたしております。

　近々、お祝いに参上する所存ですが、とりあえず書面にてお祝い申し上げます。

かしこ

入学祝い

これまでの両親の苦労をねぎらい、子どもの成長を祝いましょう。

拝啓
　めっきり春らしくなってまいりました。

　さて、ご子息博様の□□高校ご入学、まことにけっこうなことと心からお祝い申し上げます。

　中学時代から大変優秀でいらしたので当然とは存じましたが、私どもも安心いたしました。

　ご両親様のお喜びもさぞかしと拝察申し上げます。

　つきましては、お祝いとして××デパートより心ばかりの品を贈らせていただきました。どうぞご笑納ください。

　まずはとり急ぎ、お祝い申しあげます。

敬具

すぐに送るのが最大のマナー

お礼の手紙の書き方

POINT

手紙の中でも最も出す機会の多いのが、お礼状です。お礼状には、感謝の気持ちを素直にしたためましょう。贈答のお礼などは、3日以内に出すようにします。

お礼の手紙のマナー

お世話になったり、贈り物をいただいたら、お礼状を書きます。お礼状は、早く出すことが最大のポイントですので、気軽に書けるはがきを使うとよいでしょう。

お中元やお歳暮、入学・卒業祝いなどをいただいた場合は、品物が届いてから3日以内にお礼状を出すのがベターです。遅くとも1週間以内には送りましょう。

やむを得ず遅れた場合は、「遅れて申し訳ありません」「遅ればせながら」などのお詫びの言葉を添えるとていねいです。

お礼の手紙では、美辞麗句《びじれいく》を並べたりせず、相手への感謝を自分の言葉で率直に述べましょう。

品物をいただいた場合は、「すてきな時計を」などと、さりげなく品物を誉めると感謝の気持ちが伝わります。お金をいただいた場合は、「本を買いました」などと、用途を明記するとよいでしょう。

■お礼の手紙の構成

①お礼のあいさつ。
②感謝や喜びを具体的に伝える。
③あらためてお礼を述べる。

いただきもののほめ言葉

●食べ物（お菓子・果物・珍味・お酒・お茶・鮮魚・のり・ハムなど）をいただいたとき

▼「誠に結構なお品を賜り、恐縮でございます」「○○のあまりのおいしさに舌鼓を打ちました」「○○の風土が香るようなおいしさです」「甘いものに目がない私には、何よりの品です」

●日用品（石鹸・タオル・洗剤など）衣料品などをいただいたとき

▼「毎日使うものなので、とても重宝しております」「今年もまたご挨拶とともにお心づくしのお品を賜り、ありがとうございます」

●ビール・ワイン・日本酒などをいただいたとき

▼「ビールは絶好の暑気払いとなります」「夫とともに、晩酌を楽しんでおります」

出産祝いのお礼状

母親が出す場合は、退院して体調が落ち着いてからでもかまいません。

前略
皆様にはお変わりもなく、何よりと存じます。

このたびはお心のこもったご祝詞と、かわいいお祝いの品をいただきまして、厚くお礼申しあげます。

おかげさまで母子ともに元気ですので、ご安心ください。

子どもはエリと命名いたしました。国際化の時代となって、外国でも通用するようにという願いを託したつもりです。

そのうちにお伺いしてお礼申しあげる所存でございますが、とりあえず書中をもってお礼申し上げます。

草々

入学祝いのお礼状

子どもが小学生以上なら、本人に礼状を書かせてもよいでしょう。

拝啓
若草もえる季節となりましたが、皆様お変わりなくお過ごしのことと思います。

本日、愚息○○の入学祝いをちょうだいいたしました。上等な時計で、お心づかいを恐縮に存じます。当人も入学の喜びが実感となったと申して、胸をふくらませております。本当にありがとうございました。

近々、○○ともどもごあいさつに伺いますが、とりあえず書面にてお礼申しあげます。

末筆ながら、ご家族ご一同様によろしくお伝えくださいますようお願い申し上げます。

敬具

お中元のお礼状

お中元《ちゅうげん》やお歳暮《せいぼ》のお礼状には、季節感のある言葉を盛り込みます。


暑中お見舞い申し上げます。

うだるような暑さが続く今日このごろですが、皆様にはますますご健勝のこととお喜び申しあげます。

さて、本日は大変けっこうなお品をご恵贈いただきまして、ありがとうございました。○○のお菓子は家族一同の大好物で、早速いただきました。

大変おいしく、お心づかいうれしく存じました。

暑い毎日が続きます。ご自愛のほどお祈り申し上げます。

まずはとり急ぎ、お礼申しあげます。

かしこ

お礼状のQ&A

Q お礼状のポイントは？

A 品物に対するお礼だけでなく、その品物を選んでくれた相手への感謝を伝えるようにしましょう。また、送り主が男性でも、品物を選んだのは奥さんの場合もあります。「奥様にもくれぐれもよろしくお伝えください」などのひと言を添えるとていねいです。

Q 都合で本人がお礼状を書けないときは？

A 例えば、お見舞いをいただいた際のお礼状などで、本人の病状によっては直接書けない場合もあるかもしれません。その場合は、妻などの代理人が書いて送ってもかまいません。その際、当人の名前のわきに「代《だい》」「内《うち》」と添えて、代理の者が書いた旨を相手に知らせます。本人が書けない理由は簡潔に述べましょう。

病気の場合は、現在の病状や今後の見通しについて触れますが、相手を心配させるような内容は避けましょう。

Q お礼状を年賀状や暑中見舞いと兼ねてもよい？

A お礼状と年賀状や暑中見舞いなどの季節のあいさつ状は性質が異なります。たとえ時期が近くても兼用するのは避けましょう。

品物をいただいた場合、送った相手は品物が到着したかどうかを気にしていることもありますので、お礼状はすぐに出しましょう。

Q お中元やお歳暮のお礼状で気をつけたいことは？

A お中元《ちゅうげん》やお歳暮《せいぼ》は、季節のあいさつ状を兼ねるものです。お中元・お歳暮のお礼状を送るときにも、時候のあいさつを入れて、季節感を盛り込むことが大事です。

言い回し例

▼お中元の場合

- 暑い日が続いていますが、皆様にはお変わりなくお過ごしのことと思います。
- お心尽くしの品を頂戴し……
- このたびは心のこもったお中元の品をお贈りいただき……
- ごていねいなお中元のごあいさつを賜り……

▼お歳暮の場合

- 今年も残すところあとわずかになりました。
- 結構なお歳暮の品をご恵贈《けいぞう》いただき……
- 過分なお歳暮のご芳志《ほうし》を賜りまして……
- いつもお心にかけていただき、恐縮に存じます。

年賀状や暑中見舞いetc.
季節の手紙の書き方

POINT

四季の移り変わりの中で、季節に応じたあいさつ状があります。あいさつ状では日ごろお世話になっている人の安否《あんぴ》をたずね、自分の近況を知らせましょう。

季節の手紙のマナー

年賀状

年賀状は、親しい人やお世話になった人への近況報告やあいさつ状としては欠かせないものです。結婚や出産などのおめでたい報告があれば書き添えるとよいでしょう。

いただいた年賀状には必ず返事を出しましょう。喪中《もちゅう》の場合は、服喪《ふくも》中の旨を述べ、「寒中見舞い」として返信します。

また、最近では年賀状を電子メールで済ますケースも増えています。そもそも、年賀状自体が、本来なら直接年賀のあいさつに伺うところを、略して1枚のはがきに託したわけですから、それをさらに簡略化しても、問題はないでしょう。

■送る時期

▼元旦《がんたん》に届くよう12月中旬までに投函。

▼喪中の年賀欠礼状は、先方が年賀状を準備する前の12月初旬までに投函する。

▼年賀状の返信が小寒《しょうかん》(1月5日ごろ)を過ぎたら「寒中見舞い」とする。

寒中見舞い

寒さが最も厳しい時期に、相手の安否を気づかう意味で送ります。

また、喪中に年賀状をいただいた場合や、年賀状の返信が遅れた場合のあいさつ状としても用いられます。

■送る時期

▼小寒（1月5日ごろ）～節分（2月3日ごろ）まで。

暑中見舞い・残暑見舞い

お世話になった人や友人・知人で、疎遠《そえん》になってしまっている人に、そのお詫びと近況報告を兼ねて、安否のお伺いを立てるのが暑中見舞いや残暑見舞いです。

■送る時期

▼暑中見舞い…7月中旬～立秋《りっしゅう》（8月8日ごろ）まで。

▼残暑見舞い…立秋（8月8日ごろ）過ぎ～9月上旬まで。

内容を的確にまとめる
お知らせの手紙の書き方

POINT

引越しの際の転居通知や同窓会、会合への案内など、必要な内容を伝えるのが、お知らせの手紙です。伝えるべき内容を簡潔にまとめることがポイントです。

お知らせの手紙の種類

お知らせの手紙には、転居・移転通知状や結婚・出産通知状、パーティー・クラス会・同窓会などへの案内状があります。

■転居・移転通知の構成とポイント

①新住所や連絡先を記載。

②来訪を願う言葉。

「お近くにお越しの際はお立ち寄りください」

※周辺の略図を入れると親切。

※引越し先に移った直後に届くよう事前に手配する。

■結婚通知の構成とポイント

①結婚の報告。

②挙式の日にち・媒酌人《ばいしゃくにん》名などを記載する。

③新居の住所や連絡先を記載。

④今後のお付き合いのお願い。

「今後ともよろしくお願いします」

※周辺の略図を入れると親切。

※引越し先に移った直後に届くよう事前に手配する。

■出産通知の構成とポイント

①出産の報告。

②子どもの名前・性別・生年月日を明記。

■会合への案内状の構成とポイント

①日時・場所・会費・主催者名を明記。

②会の趣旨や目的を具体的に記す。

③会場への地図を同封する。

※はがきで出欠を問う場合は、返信用はがきを同封し、返事の締め切りを明記。

クラス会の案内状

頭語と結語は省き、形式ばらず、さらりと書き出してもよいでしょう。

皆さんお元気ですか？

早いもので、卒業して5度目の夏を迎えることになり、旧交を温めるにもよいころかなと思い、○○高校3年1組のクラス会を開催することにいたしました。

ふるってご参加くださいますよう、ご案内申し上げます。

記

一、日時　平成○年七月二十日（日）
　　　　　午後七時

一、場所　○○会館三階
　　　　　（JR○○駅徒歩五分）

一、会費　五千円（当日申し受けます）

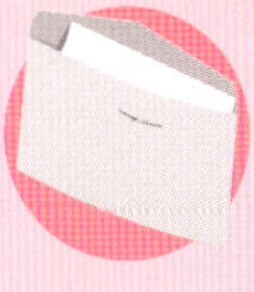

相手を気づかう表現を心がける
お見舞いの手紙の書き方

POINT

入院や災害などの際に書くお見舞いの手紙は、事実を知ったらすぐに出すのが礼儀です。病人やけが人を励ますような内容を心がけましょう。

お見舞いの手紙のマナー

お見舞いの手紙は、病気や事故、災害などの不幸に見舞われた相手を励ますのが目的です。

お見舞いの手紙では、時候のあいさつは省き、「前略」から書き出すのがふつうです。また、プライベートな内容なので、はがきは避けて、封書で出しましょう。その際、色や模様のついた封筒や便せんは避けます。

◆お見舞いの手紙の忌み言葉

凶事を連想させる言葉	倒れる・枯れる・死ぬ・衰える・朽ちる・へこたれるなど
重ね言葉	またまた・再三・追って・続けてなど

■病気見舞いの構成とポイント

①入院を知った驚きとお見舞いの言葉。
②その後の経過を案じる言葉。
③励ましの言葉。

※看病している家族宛てに送る場合は、ねぎらいの言葉を添える。
（文例は304ページを参照）

■災害見舞いの構成とポイント

①災害を知った驚きの言葉。
②相手を思いやる言葉。
③手伝いの申し出。

※遠方などで手伝えない場合は、「お役に立てず…」とお詫びの言葉を述べる。
※金品を同封する場合はその旨を明記。

災害見舞いの文例

「家族の無事」など、前向きに力づけられる点を強調して励ましましょう。

前略
　御地で大地震があったとのこと、大変心配しております。
　皆様御無事とのことで、せめてものことと存じます。
　遠方につき、直接伺えず、もどかしい思いでいっぱいです。
　つきましては、心ばかりのお見舞い金を同封いたしましたのでお納めください。
　まずはとり急ぎお見舞いまで。
草々

遺族を慰める
お悔やみの手紙の書き方

POINT

訃報《ふほう》に際して、遠方にいたり、仕事の都合などで通夜や葬儀のいずれにも参列できない場合には、香典《こうでん》や供物《くもつ》にお悔やみの手紙を添えて送ります。

お悔やみの手紙のポイント

お悔やみの手紙は、通夜や葬儀に出席する代わりに、香典を添えて出すのが一般的です。出席できない事情を述べ、遺族の悲しみを少しでも慰める内容にします。

時候《じこう》のあいさつなどは省略して、訃報を知った驚きから書き出すのがお悔やみの手紙のマナーです。

■お悔やみの手紙の構成とポイント

①**訃報を知った驚きの言葉。**
②**故人へのお悔やみと哀悼の言葉。**
③**遺族への慰めと励ましの言葉。**
④**香典を同封した旨を添える。**

※筆で書く場合は、薄墨で書く。
※香典を同封する場合は現金書留で。

◆お悔やみの手紙の忌み言葉

不幸を連想させる言葉	死・死亡・不幸・とんだこと・つらい・迷う・浮かばれないなど
重ね言葉	たびたび・いよいよ・再び・重ねて・追ってなど

弔電について

通夜や葬儀に出席できないときは、お悔やみの手紙のほかに、まず弔電《ちょうでん》を打って弔意《ちょうい》を示す方法もあります。

本来の弔電は故人の自宅（遺族）宛に打ちますが、葬儀場や告別式の会場宛に打つときは、前日までに届くようにします。遅くとも式の2～3時間前までに着くように手配しましょう。

宛名は喪主《もしゅ》にするのが基本ですが、わからなければ、故人の名前に「ご遺族様」とつけます。

差出人はフルネームを入れますが、氏名の前に職場名や学校名、町名などを明記しましょう。

弔電は、115（局番なし）か、電話局の窓口、または郵便局などに申し込みます。

弔電の文例

※かっこ内は文例番号。

【7504】在りし日のお姿を偲び、心からご冥福をお祈り申しあげます。（28文字）

【7511】●●●様のご逝去を悼み、謹んでお悔やみ申しあげます。（26文字）

【7603】あまりに突然のご逝去、お慰めの言葉もございません。ただ、ご冥福をお祈りするばかりです。（43文字）

※インターネット（24時間申し込み可能）、電話・ファックスで午前8時～午後7時までに申し込んだ場合は当日配達が可能です。

訃報を知って

訃報の驚きを冒頭に。前文は不要で、決まり文句を用い、短めにまとめます。

このたび、お父様ご逝去の報に接し、ただ驚くばかりです。ご家族の驚き、ご心痛を拝察し、心よりお悔やみ申しあげます。

貴兄にはさぞかしお力落としのこととは存じますが、どうぞお心を強く持ち、一日も早く立ち直られるよう願っております。

すぐにでもお伺いしてお悔やみを申し上げるべきところですが、何分にも遠路のため、略儀ながら書中をもちまして、ご冥福をお祈りいたします。

些少ながらお花料を同封いたしましたので、ご霊前にお供えいただきたく存じます。まずは書面にてお悔やみ申し上げます。

遠方の友人へ香典を送る

通夜や葬式に参列できないお詫びを述べ、香典を添える旨を最後に記します。

このたびお父様のご逝去のお知らせをいただき、驚き入っております。あとに残されたご家族の皆様には、どんなにかお心残りのことかと、言葉もございません。

すぐにでもお伺いしてお悔やみ申し上げたかったのですが、よんどころない事情でご葬儀にも参列できず、失礼いたしました。何もお役に立てず申し訳ありませんでした。

ささやかながら、お香典を同封いたしました。ご霊前にお供えいただければと存じます。

まずは書面をもってお悔やみ申し上げます。

年賀欠礼状をいただいた場合

年賀欠礼状は、先さまのご家族が亡くなり、「新年を迎えるお祝いはしませんので、年賀のあいさつを欠礼します」という意で出されたものです。ですから、基本的には年賀状を出しません。

ただし、お付き合いの深さによっては「御供物《おくもつ》」か「ご仏前《ぶつぜん》」と表書きし、金品をお送りしてもよいでしょう。その場合は、年内に届くようにします。

また、亡くなってから七七日法要《なななのかほうよう》が過ぎている場合であれば、翌年の1月16日以降に、いたわりの言葉を添えて「寒中見舞い」を出すようにしますが、その際、「どうぞ、よいお年を……」や「来年はきっとよい年に……」といった言い回しはしないほうが無難です。

遺族へのいたわりの言い回し

①さぞご無念のことと、深くお察し申し上げます。
②お気(心)を強くもたれ、一日も早く平素の明るさを取り戻されますよう……

聞きとりやすい声ではっきり話す
電話のマナー

POINT

電話は顔が見えない分、かけ方と受け方のマナーが大切。電話を切るまで気を配りたいものです。また、公共の場では携帯電話の使い方に気をつけましょう。

電話をかけるときのマナー

電話をかける際には、相手の生活サイクルを第一に考えましょう。早朝や深夜、食事の時間帯は避けるのがマナーです。朝9時以前や、夜10時以降は避けたほうがよいでしょう。

急用でやむを得ずかけるときは、「夜分遅く失礼いたします」などと、お詫《わ》びの言葉から切り出して、本題に入るのがマナーです。

■電話のかけ方のポイント

① かけ間違えたとき。
※「失礼いたしました」とお詫びをきちんと伝えて切る。何も言わずにいきなり切るのは、大変失礼なこと。

② 留守番電話のとき。
※自分の名前と用件を述べる。名前は、「東京の山田です」などと、相手が誤解しないよう具体的に。

③ 相手が不在のとき。
※かけた側がもう一度かけ直すのが礼儀。急用のときは、取り次いでくれた相手に伝言を残す。トラブル防止のために、電話を取り次いでくれた人の名前を伺っておく。

④ 電話を切るとき。
※かけた側が先に切るのがマナー。音を立てないようそっと受話器を置く。

今どきのマナー

携帯電話の常識

マナー機能を活用する

電車やバス、病院、映画館など人の集まる場所では、マナーモードにしたり、留守番電話機能などを活用しましょう。

歩きながらかけない

歩行中や自転車に乗りながら携帯電話をかけると、受けた側にまわりの雑音が聞こえ、せわしない印象を与えることも。また、会話に気をとられ、周囲の邪魔になったり、危険な場合が多くあります。

かけたら「今大丈夫？」と確認

携帯電話は、いつでもどこでも受けることができます。かけるときは、「今、お話ししても大丈夫ですか？」などと、相手の都合を確かめましょう。

電話を受けるときのマナー

電話が鳴ったら、なるべく早く出るのがマナー。ベルを3回以上鳴らしてしまったら、「お待たせしました」のひと言を添えるのが礼儀です。

受話器をとったら、はっきりと名乗り、相手が名乗らない場合は「失礼ですが、どちらさまでしょうか」と確認します。相手の声が聞きとりにくいときは、「少し電話が遠いのですが」と伝えます。これは、相手に対して失礼にはあたりません。

また、他の人にかかってきた電話を受けたときは、本人に代わる前に、「お世話になっております」などとあいさつを交わすと、ていねいです。

本人がいないときに受けた電話は、かけ直していただくか、こちらからかけ直すか、伝言の有無などを確認すると親切です。

■電話の受け方のポイント

①**キャッチホンがかかってきたら。**
※話をしている相手が優先。あとからかけてきた相手にはあとで連絡する旨を伝える。

②**忙しいときにかかってきたら。**
※相手の名前と連絡先を聞き、あとでかけ直す。

③**電話を切るとき。**
※相手が切ったのを確認してから受話器を置く。

電話のマナーQ&A

Q 話し好きな友人の長電話を切るコツは？

A たとえその予定がなくても、「来客があるので」「そろそろ出かけるので」などと切り出すとスムーズです。

Q キャッチホンの内容が、急ぎの用事だったら？

A 電話で話している相手を途中で待たせるのは避けたいものです。ただし、キャッチホンの内容が急を要する場合や、どうしても出ないといけない相手の場合は、ひと言お詫びしてキャッチホンに出ます。その際、長く待たせてしまいそうなら、いったん切って、こちらからかけ直しましょう。

Q 受けた電話に名乗りたくないのですが…。

A かつて、電話を受けたら名前を名乗るのがマナーでしたが、最近は、迷惑電話などが多いため、名前を名乗らない人も増えています。受話器をとり、「はい」と言ってから、相手が名乗るのを待つのもひとつの手です。

送り間違いには要注意！

ファックスのマナー

深夜や早朝の送信は避ける

ファックスは、直接相手に対応を求めないので、電話ほど時間に対して神経質にならずに送れます。しかし、受信の際にベルなどが鳴るので、深夜や早朝は控えるべきです。

また、大切な書類であれば、送ったあとに相手に確認の電話を入れると、安心です。

■ファックスの構成とポイント

①番号は確認してから。

※ファックスの場合は、該当者がいれば、間違った番号でも届いてしまうので、送付前に、番号の確認を忘れずに。

②文面に留意する。

※ファックスは、他人の目に触れる可能性があるので、そのことをふまえたうえで書く。

③1度にたくさん送らない。

※家庭用ファックスは、大量に送ると、用紙切れを起こすことも。枚数がかさむ場合は、送る前に相手に連絡を。

④送付書をつける。

※ファックス送付書には、相手の名前、自分の連絡先、日付などを入れる。合計枚数を記すと、用紙切れや紛失の際に確認できて便利。短い内容の場合は、メッセージのわきに書いてもよい。

ファックスの送付書

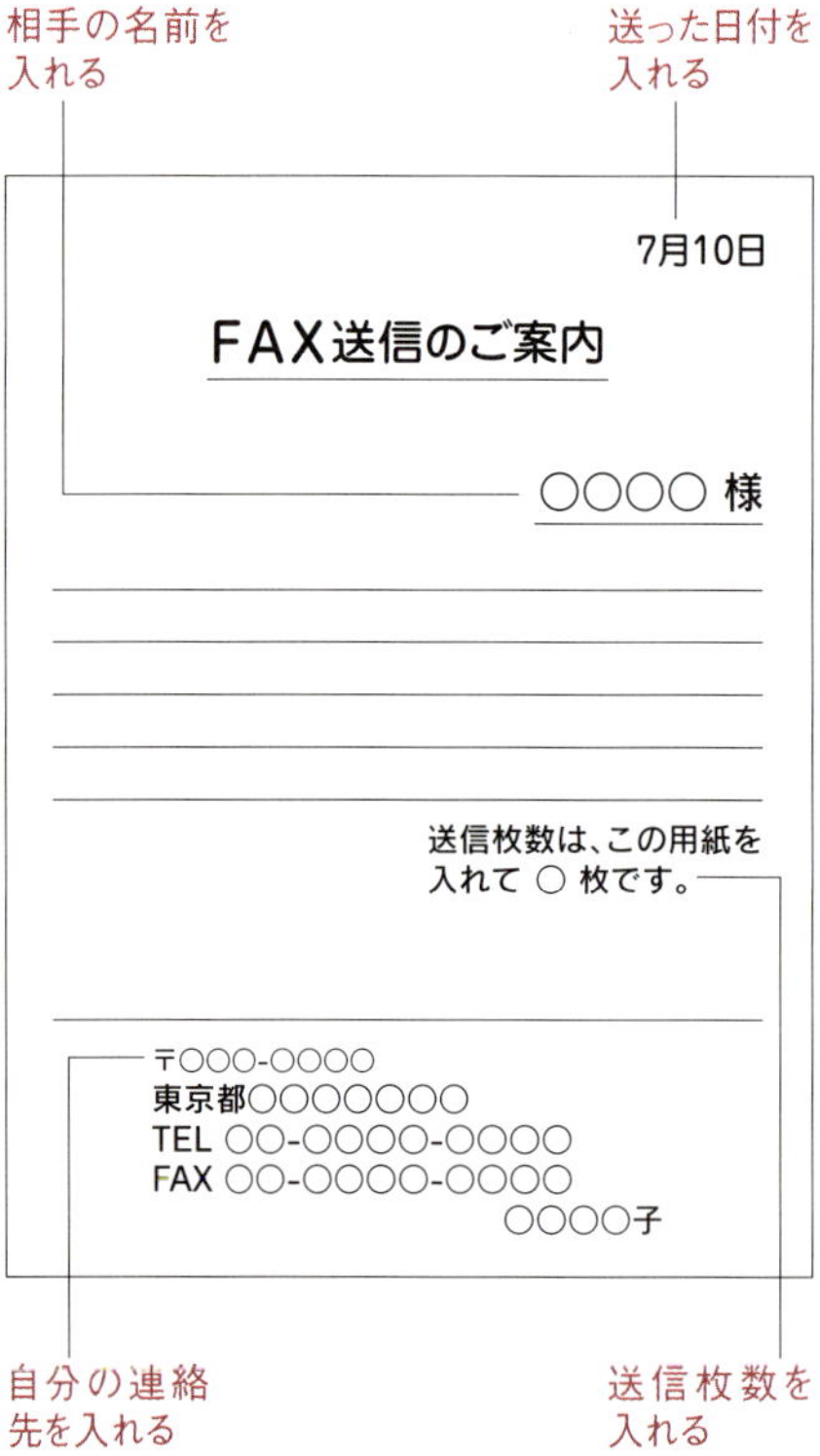

家庭で使う場合は、白紙に手書きで記入してもかまわない。

POINT

最近では、ビジネスだけでなく、友人同士の手紙のやりとりなどに使われることも多いファックス。送り間違いを防ぐためにも、送信後に相手に確認するとていねいです。

用件を端的にわかりやすく Eメールのマナー

POINT

近年、急速に普及したEメール。ほとんどの家庭にEメールが浸透し、携帯電話での利用も含めると、Eメールは今や生活の必需品になっています。

Eメールの便利な使い方

現在、Eメールは、効率的な情報伝達手段として、多くの人に利用されています。Eメールの場合、相手に受信の対応をしてもらう必要がなく、早朝でも深夜でも、自分の都合に合わせて気がねなく送ることができます。

ちょっとしたお礼やご機嫌うかがい、近況報告などを電話や手紙よりも気軽に送れる点も魅力です。

メールソフトのトラブルや宛先の間違いなどで、送ったメールが、相手に届かないこともあります。大切な用件の場合は、届いたかどうかを、電話で確認するほうがよいでしょう。

■Eメールの構成とポイント

①名前を名乗る。

※発信者がわからないメールは相手に不安を与えるため、署名を入れる。

②件名はわかりやすく。

※大切な用件がある場合は、「バザーの件」など、ある程度内容がわかる件名をつける。

③発信者不明のメールは開かない

※コンピュータウイルスに感染するおそれがあるので、知らない人からのメールや、添付ファイルなどは開かない。

Eメールの基本構成

宛先：○○○@×××ne.jp
CC：
（アドレスは間違えないようによく確認する）
件名：家族が増えました！
（件名はシンプルにわかりやすく）

弘子さま
（最初に相手の名前を入れる）

こんにちは。ご無沙汰してしまいましたが、
お元気ですか？
実は、先週、念願のチワワが我が家に
やってきました。大きな目がとてもかわい
くて家族の人気者です。
ぜひ、今度遊びにきてくださいね！
（本文は、読みやすいように適度に改行する）

神奈川県○○市××町1-1-1
TEL045-△△△-△△△△
FAX045-△△△-△△△△
E-mail×××@○○○ne.jp
高橋かえで
（最後に氏名と連絡先を記した署名を入れる）

ファックス・Eメール Q&A

Q 家庭用ファックスから送信するときの注意点は？

A 業務用よりもやや精度が落ちるのが家庭用ファックスです。鉛筆や薄い色のペンを使うと文字が見えづらいので、必ず黒のペンで書きましょう。また、色の濃い用紙は黒ずんでしまうので、白いものを使用しましょう。小さい文字や細かい写真、イラストなども、黒くつぶれてしまうため、避けるのが無難です。

Q ファックスを送ったら、必ず相手に確認の電話をするべき？

A 送り間違いなどを防ぐためにも、大切な用件の場合は、先方に確認の電話をすると安心です。

ただし、送信前にファックスを送る旨を電話で告げている場合は、とくに連絡の必要はないでしょう。

なお、先方が留守の際にファックスを送る場合は、留守電にその旨を吹き込んでおくか、後ほど電話で確認するのが無難です。

Q Eメールでお詫びをしてもよい？

A 相手の顔が見えないEメールでは、こちらの意見を一方的に押しつけてしまいがちですし、パソコンの画面では、誠意を伝えにくいものです。すぐに伝えたいお詫びこそ、Eメールの即時性を利用したくなりますが、正式なお詫びは、やはり手紙か電話で伝えるのが大人のマナーです。

Q ファックスで手紙の代用はできる？

A 代用の範囲に限界はあります。簡単な通知やお知らせなどは、手紙よりも即時性のあるファックスが便利ですが、直接うかがうことの代わりとして、気持ちを伝えることを目的とした場合や、お願い事、重要な内容については、手紙を使用したほうが無難です。

とはいえ、約束事などでは、こちらの手元にも書類が残るという、ファックスのメリットもあります。

内容の重要性や相手との関係を考え、ケースバイケースで使い分けるのがマナーです。

Q 携帯電話のメールを打つのは、目の前にいる相手に失礼？

A たとえボタンを押す音がしなくても、食事や会話の最中に、ごそごそと指を動かしてメールを打ちこんでいるのでは、一緒にいる相手もあまりよい気持ちがしないはず。

また、講演や講義の間も、携帯電話のメールに熱中する人が増えていますが、これはマナー違反です。場所をわきまえてメールを楽しみましょう。

PART

7

暮らしを彩る生活歳時記

○ 1年間の行事カレンダー

○ お正月の行事・しきたり

- お正月飾りの種類と意味
- おせち料理の盛り付け方
- 初詣の参拝のしかた
- 十二支の由来と意味

○ 1～12月の行事・しきたり

- 七草がゆのつくり方
- 豆まきのしかた
- バレンタインデーあれこれ
- ひな人形の飾り方としまい方
- 端午の節句の祝い方
- 雑節の名前と由来
- 七夕飾りの種類と飾り方
- 暑中見舞いの文例
- 盆棚の飾り方
- 月見だんごの供え方
- クリスマスの飾りつけ

1年間の行事カレンダー

それぞれの月には、昔から伝わる行事や風習などがありました。また、バレンタインやクリスマスなど、海外から入ってきた記念日なども身近な行事になっています。

1月（睦月《むつき》）

- 1日　元日《がんじつ》、初詣《はつもうで》
- 2日　事始め、書き初め
- 4日　官庁仕事始め
- 5日ごろ　小寒《しょうかん》
- 10日前後　初釜《はつがま》
- 11日　鏡開き《かがみびらき》
- 第2月曜　成人の日
- 15日　小正月《こしょうがつ》
- 20日　二十日《はつか》正月
- 20日ごろ　大寒《だいかん》

参照　346ページ

2月（如月《きさらぎ》）

- 1日　旧正月
- 3日　節分
- 4日ごろ　立春
- 6日ごろ　初午《はつうま》
- 8日　針供養
- 11日　建国記念日
- 14日　バレンタインデー
- 19日　雨水《うすい》

参照　348ページ

3月（弥生《やよい》）

- 3日　ひな祭り
- 5日ごろ　啓蟄《けいちつ》
- 13日　お水取り
- 14日　ホワイトデー
- 18日ごろ　彼岸《ひがん》入り
- 20日ごろ　春分の日
- 23日ごろ　彼岸明け

参照　350ページ

7月（文月《ふみづき》）

- 1日　山開き、海開き
- 7日　七夕
- 7日ごろ　小暑《しょうしょ》
- 上旬～　お中元
- 15日　7月お盆
- 16日ごろ　暑中見舞い
- 17日　祇園祭《ぎおんまつり》
- 第3月曜　海の日
- 20日ごろ　土用の丑
- 23日　大暑《たいしょ》

参照　356ページ

8月（葉月《はづき》）

- 8日ごろ　立秋《りっしゅう》
- 15日　月遅れお盆・終戦記念日
- 16日　送り火（京都、箱根大文字・精霊流し）
- 23日　処暑《しょしょ》

参照　358ページ

9月（長月《ながつき》）

- 1日　防災の日
- 1日ごろ　二百十日
- 8日ごろ　白露《はくろ》
- 9日　重陽《ちょうよう》の節句
- 第3月曜　敬老の日
- 20日ごろ　彼岸入り
- 23日ごろ　秋分の日
- 26日ごろ　彼岸明け

参照　360ページ

4月（卯月《うづき》）

- 1日　エイプリルフール
- 5日ごろ　清明《せいめい》
- 8日　花祭り
- 13日　十三参り
- 13日ごろ　イースター（復活祭）
- 20日　穀雨《こくう》
- 29日　みどりの日

参照 352ページ

5月（皐月《さつき》）

- 1日　メーデー
- 2日ごろ　八十八夜《はちじゅうはちや》
- 3日　憲法記念日
- 5日　こどもの日（端午の節句）
- 6日ごろ　立夏《りっか》
- 第2日曜　母の日
- 15日　葵祭《あおいまつり》
- 第3日曜　三社祭《さんじゃまつり》
- 21日　小満《しょうまん》

参照 353ページ

6月（水無月《みなづき》）

- 1日　衣替え
- 6日ごろ　芒種《ぼうしゅ》
- 10日　時の記念日
- 第3日曜　父の日
- 21日　夏至《げし》

参照 355ページ

10月（神無月《かんなづき》）

- 1日　衣替え・共同募金
- 8日ごろ　寒露《かんろ》
- 第2月曜　体育の日
- 18日　菊供養《きくくよう》
- 23日ごろ　霜降《そうこう》
- 29日ごろ　十三夜《じゅうさんや》
- 31日ごろ　ハロウィン

参照 362ページ

11月（霜月《しもつき》）

- 3日　文化の日
- 7日ごろ　立冬《りっとう》
- 酉の日　酉《とり》の市《いち》
- 15日　七五三《しちごさん》
- 22日ごろ　小雪《しょうせつ》
- 23日　勤労感謝の日

参照 364ページ

12月（師走《しわす》）

- 7日ごろ　大雪《たいせつ》
- 8日　針供養
- 13日　正月事始め
- 上旬～20日ごろ　お歳暮
- 22日ごろ　冬至《とうじ》・ゆず湯
- 23日　天皇誕生日
- 25日　クリスマス
- 28日　官庁仕事納め
- 31日　大晦日《おおみそか》

参照 366ページ

※赤字の部分は二十四節気《せっき》。二十四節気とは1年を24に区分けし、それぞれの区切りに名前をつけたもの。

新年を晴れやかに祝う

お正月の行事・しきたり

お正月飾り

お正月飾りは、年神様《としがみさま》をお迎えし、家族が健康で幸せにすごせるように、1年の幸福を祈るものです。
年末に大掃除をして家中を清め、お正月飾りを用意します。お正月飾りは、12月26日～28日か、30日に飾ります。29日は苦日《くにち》飾り、31日は一夜《いちや》飾りといい、縁起がよくないため、この2日を避けます。

門松

門松《かどまつ》は、年神様がお越しになる際の目印（依代《よりしろ》）になるものです。おめでたいといわれている松や竹などを、家の門口に飾り、新年の幸福を祈ります。松には、神様をマツ（待つ）という意味があるともいわれています。

正式には、3本の竹のまわりを松で囲み、すそに松の割薪《わりまき》を並べてむしろで巻き、荒縄でしばったものを一対にして門の左右に飾ります。外から見て左手が雄松《おまつ》、右手が雌松《めまつ》となるようにします。

しめ飾り

門松にお迎えの印という意味があるように、しめ縄にもその意味があります。しめ縄は、年神様をお迎えする場所を清めるためのものです。

また、災いが家の中に入り込まないように、という意味もあり、玄関の正面に飾ります。しめ飾りには、玉飾りのほかに輪飾りというものがあります。輪飾りは、玉飾りを簡略にしたもので、台所や勉強部屋、車など、どこにでも飾れます。

また、職場にお正月飾りをして、1年の発展を祈る会社もあります。

神棚飾り

正式には、年神様をお迎えする祭壇として年神棚《としがみだな》をつくりますが、最近では神棚や床の間を代用する家庭が増えています。神棚も12月26日から28日の間か30日に飾ります。新しいしめ縄を神棚に向かって右に太いほうがくるように張り、四手《しで》（しめ縄に垂れ下げる和紙）を4ヶ所にはさみます。

床の間飾り

床の間がある場合は、正月らしい掛け軸やお正月飾り、鏡もちや生け花、盆栽《ぼんさい》、屠蘇器《とそき》、香炉《こうろ》などを飾ります。

最近では、床の間のない家も多く、サイドボードや本棚の上に、コマや破《は》魔《ま》矢《や》などを飾って正月気分を楽しむのもよいでしょう。

お正月飾りの種類

門松

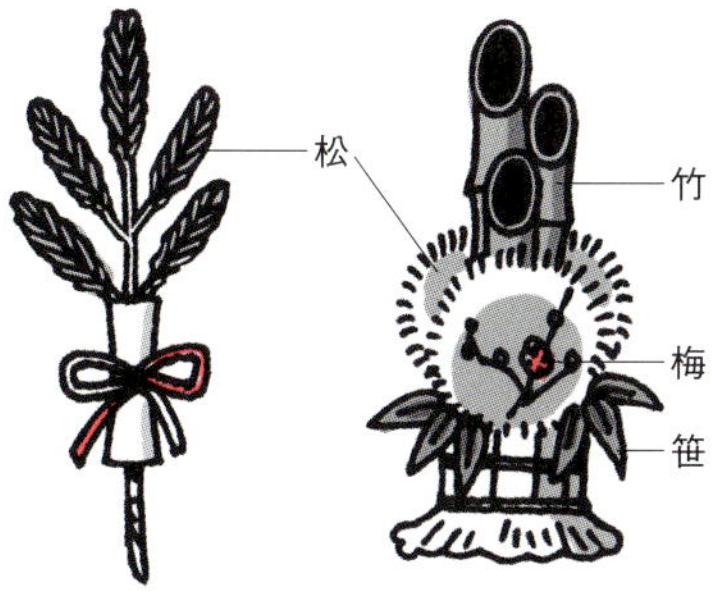

正式、略式いずれの場合も左右一対にして飾る。

鏡もち

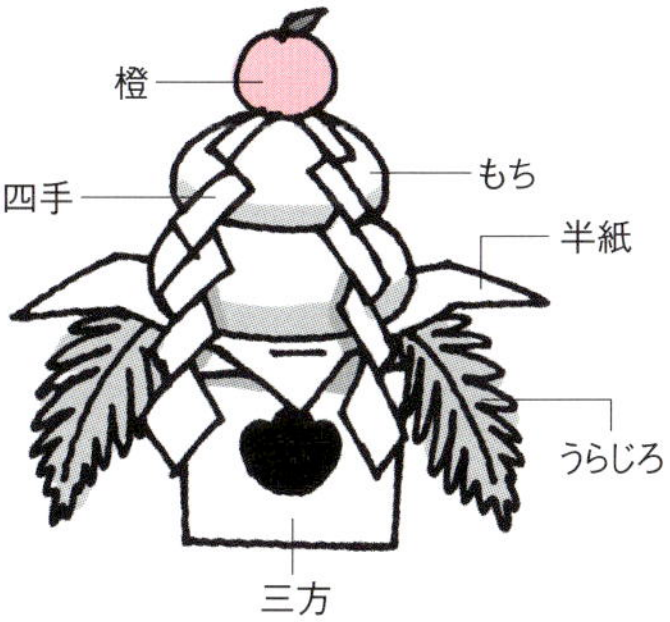

三方がない場合は、お盆や角板などを代用してもよい。

しめ飾り

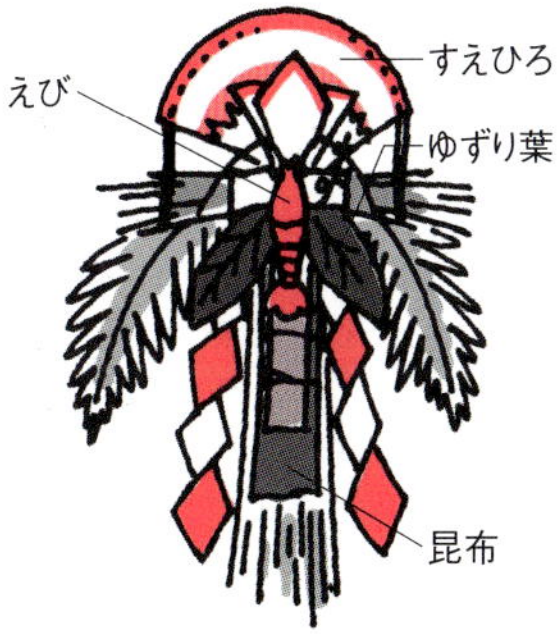

大きめの輪飾りに、縁起のよい飾りを結びつけた飾り物。

わらで輪に編んだ飾り物。玉飾りを簡略化したもの。

しめ縄

年神様を迎えるための飾り物。太いほうを右側にして神棚や戸口などに張る。

お祝いなどのときに飾る祝い花は、お正月にふさわしいものとして、松竹梅をはじめ、福寿草《ふくじゅそう》や水仙、バラなど、縁起のよい花が選ばれます。お正月飾りと同様に、12月29日と31日を避けて飾ることが多いようです。

鏡もち

鏡もちが丸いのは、人間の心臓をかたどっているからだといわれています。鏡もちを年神様に供えて食べるならわしには、健康と長寿を祈る意味があります。飾り方は地方で異なりますが、三方《さんぼう》の上に半紙とうらじろを敷いてもちを重ねます。その上に、昆布や四手をのせて橙《だいだい》を置くのが正式です。

お正月飾りの意味

- ゆずり葉…後世へ福をゆずる
- 橙…………家が代々繁栄する
- 昆布………「喜ぶ」の意味
- えび………腰が曲がるほどの長寿

おせち料理

おせちとは、神様に供える料理のことです。おせち料理をいただき、神様を迎えて元旦《がんたん》を祝います。また、神様がいる間は煮炊きを控えるとの意味や正月の間、主婦がゆっくりできるようにという意味もあります。最近は手間と時間をはぶくため、デパートなどで購入する家庭も増えています。

おせち料理の詰め方

おせち料理は四段重ねのお重が正式ですが、最近は三段のお重を使う家庭が多いようです。

料理は必ず奇数になるようにします。また、どの料理もお正月に食べると縁起がよいとされています。

盛りつけや素材は地域によって多少異なりますが、各料理に込められた本来の意味を知ることで、おせち料理に込めた昔の人の思いを知ることもできるでしょう。

重箱の盛りつけ例

一の重から与(四)の重で春夏秋冬を表す。

- 一の重(祝い肴《ざかな》)…黒豆、数の子、五万米《ごまめ》、たたきごぼうなど。
- 二の重(口《くち》取《と》り)…きんとん、伊達巻き、伊勢えびなどの甘いものを。
- 三の重(海の幸)…鯛、ぶり、えび、いか、鮑《あわび》、こぶまきなど。
- 与の重(山の幸)…八つ頭、蓮、里芋、こんにゃく、紅白なますなど。

彩りも考えて重箱につめる。

縁起のよい料理

- 黒豆……新年をまめに働けるように
- 数の子……子宝に恵まれる
- きんとん…「金団」の字をあて財産が貯まるように
- こぶまき…喜ぶに通じる
- えび……長寿
- れんこん…見通しがきくように
- こんにゃく…仲むつまじく

祝い膳・祝い箸

お正月の祝い膳の代表は、お雑煮《ぞうに》、お屠蘇《とそ》、おせち料理です。昔からの伝統やしきたりを重んじる家庭もありますが、最近では洋風や中華風にアレンジしたものもあります。

祝い膳には漆器《しっき》と、柳の白木《しらき》の丸箸《まるばし》を使うのがしきたりです。柳の枝は、雪にも風にも強いことから縁起のよいものとされています。

最近では、和紙や千代紙で箸袋をつくったり、赤を基調としたテーブルコーディネートで正月らしさを出すことも多いようです。

お屠蘇

お屠蘇は元旦、家族であいさつを交わしたあとにいただく祝い酒です。数種類の漢方を調合した「屠蘇散《とそさん》」を、日本酒やみりんに一晩浸したもので、これを飲むと1年を健康にすごせるといわれています。

屠には邪気を払い、蘇には心身を蘇らせるという意味があります。屠蘇散は、デパートや薬局などでも買い求めることができます。1年に一度の縁起ものなので、お酒が飲めない人や子どもでも、少し口をつけていただくようにしましょう。

お雑煮

お雑煮《ぞうに》は、お正月にいただく料理とされていますが、一方で大晦日《おおみそか》に年神様にお供えした野菜や魚、もちなどを元旦におろし、ひとつの鍋に入れ一緒に煮込んで食べたのが始まりともいわれています。

地域や家庭によってその味も材料もさまざまですが、もちは必ず入れましょう。関東は澄まし汁、関西は味噌仕立て、秋田は山菜たっぷり、香川はあん入り、新潟はイクラ、長崎はブリを入れたりと、地域性が豊かです。

お正月用の食器のしまい方

お正月には、ふだんあまり使わない高級な食器を扱います。中には非常にデリケートなものもありますので、大切に扱う必要があります。

とくに高級な漆器には、漆《うるし》の含有量が多く、ツンとした匂いが残っているときがあります。そのときは、米ぬかを加えたぬるま湯に浸し、漆特有の匂いを取り除きます。もしくは、酢を少し加えたぬるま湯に浸し、ガーゼで拭くという方法も簡単でおすすめです。

箱にしまうときも、ガーゼでしっかりと汚れを落とし、十分に乾いてからしまいましょう。

また、漆器にかぎらず大切な食器や重箱などを箱に入れて保存する場合、箱の側面に何が入っているのかを書いておくと便利です。

お正月の行事

お正月には、1年の無事を祝う初詣《はつもうで》やお世話になった人へあいさつをする年始回《ねんしまわ》りなど、この時期ならではの行事があります。1年のスタートなので、気持ちを新たに行いましょう。

初詣(元日~7日)

新年の初めに神社やお寺にお参りして、その年の無事を祈る行事です。本来、初詣は元日に祝い膳を食べてから行くものですが、松の内(7日まで)であればとくに問題はありません。

そのときに、前年の破魔矢《はまや》やお札は神社に納め、新しいお札などをいただいて帰ります。初詣の場所は、その年の縁起のよい方角に行くのがよいとされてきましたが、最近では方角に関係なく、日ごろ信仰しているところにお参りする人が増えているようです。また、学業成就、安産祈願など、願い事によって神社を選ぶ人もいます。

初詣の参拝のしかた

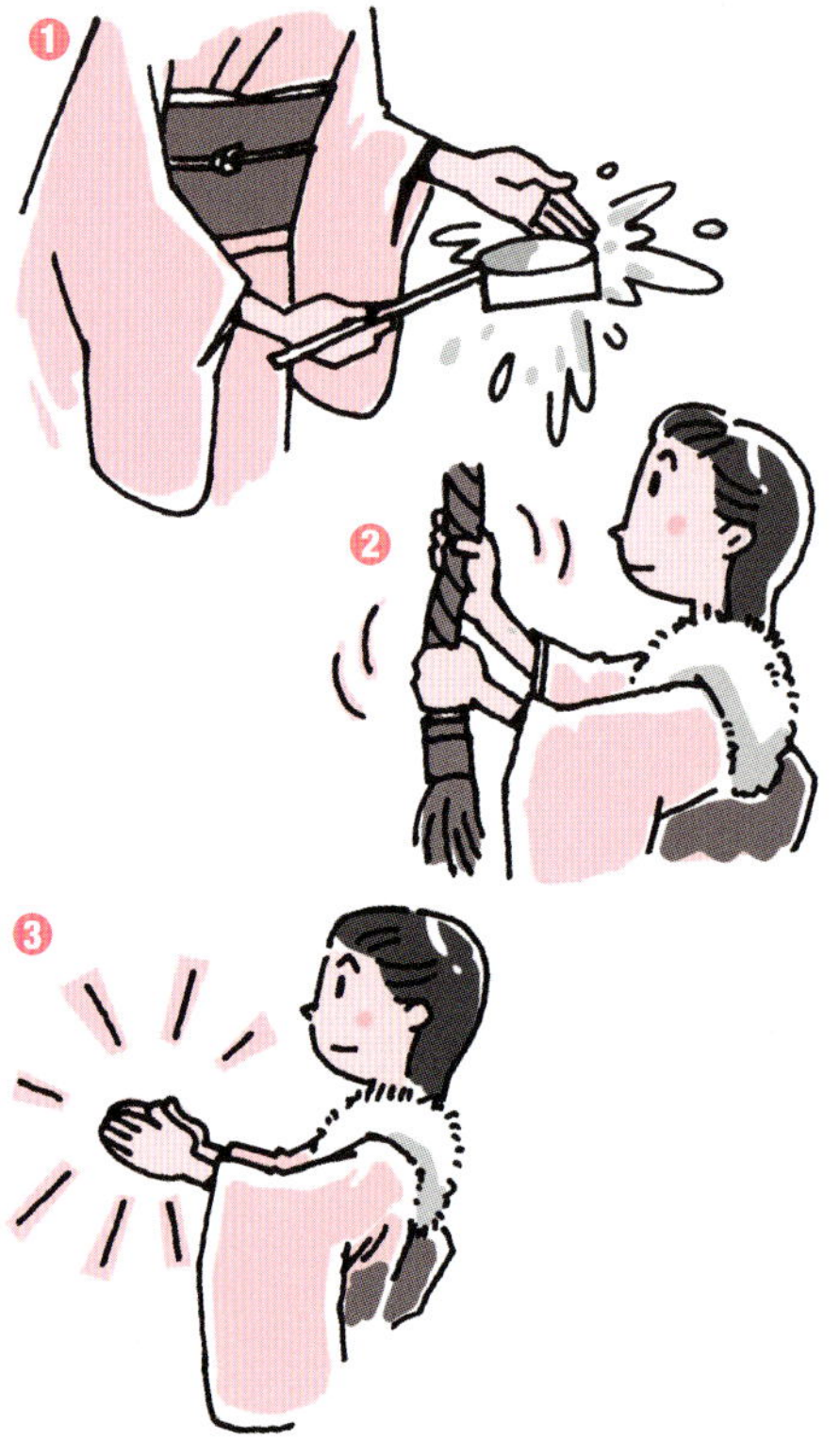

❶手水で左手、右手を清め、左手に受けた水で口を清める。
❷さい銭を入れ、鈴を鳴らす。
❸二礼二拍手する。

お年玉

お年玉は、元来おもちでした。神様に供えたおもちを下ろして、年長者から家族や使用人に渡したのが始まりとされています。現在でも、お年玉は目下に渡すのが一般的です。

室町時代には、男子には凧《たこ》、女子には羽子板を贈る習慣があったと伝えられています。ものが次第に変化し、今では親戚や知人の子どもへお金を渡すのが一般的になりました。

また、後輩やお弟子さんへは、お金の代わりにお菓子やちょっとしたプレゼントを贈るのもよいでしょう。

書き初め(2日)

2日に墨をすって、縁起のよい詩や歌、言葉を書くことをいいます。もともとは、宮中の「吉書始《きっしょはじ》め」からきていて、その年、縁起がよいとされる方向に向かって書き上げます。また、書いた書は神棚に上げ、どんど焼き（P347参照）の日（15日）に燃やします。

年始回り（2日〜7日）

新年の祝賀のあいさつに訪問することで、夫婦の実家、仲人《なこうど》、先輩、上司、恩師など、目上の方を訪ねるのが一般的です。

元日を避け、2日以降の松の内（7日まで）に済ませます。訪問する際は、事前に相手の都合を聞いておきましょう。また、早朝は避け、午前11時ぐらいからがよいでしょう。

最近は正月に旅行や帰省で留守にする家庭も多く、夫婦それぞれの実家や親戚のところに行く程度で済ませることが多くなりました。

初夢

元日の夜、または2日の夜に見る夢のことをいいます。その年の最初に見る夢なので、それがよい夢であればよい1年を送ることができるという、昔からの言い伝えがあります。よい夢を見るためには、枕の下に宝船の絵を入れて寝ればよいといわれ、悪い夢を見たら、この絵を流して厄払《やくばら》いをしました。

松の内と松納め

年神様の滞在期間を「松の内」といいます。

お正月の期間をさし、松の内の最終日である7日にはお正月の飾りをとり、松納めをします。新年のあいさつも、この日までに済ませましょう。重箱や晴れ着もしまい、ふだんの生活に戻る準備をします。

十二支の由来と意味

十二支《じゅうにし》とは、月を数えるのに使った、12種類の動物に由来します。この動物には特別な意味はなく、十二支をわかりやすくするために、身近な動物に例えたといわれています。十二支をそれぞれ表した動物の置物や飾り物には、その一年の厄除けの意味があります。

十二支あれこれ

子（ね・し）	子とはねずみのこと。ねずみの皮は価値が高く、子孫繁栄の意味も。
丑（うし・ちゅう）	丑は牛のこと。牛は肉が食用、骨も道具にと、人間と深い関わりが。
寅（とら・いん）	寅は虎。昔から神秘的な動物とされ、前身は大空の大切な星だった。
卯（う・ぼう）	卯は兎。走るのが速い兎は何事もよいほうに速やかに進むと言われる。
辰（たつ・しん）	辰は龍。龍は神獣とされ、昔から崇め奉られていた。霊獣とも。
巳（み・し）	巳は蛇のこと。巳も神獣とされて、富を与える伝説がある。
午（うま・ご）	午は馬のこと。昔から人間の生活には不可欠の動物とされてきた。
未（ひつじ・び）	未は羊。羊はめでたく性質の善いもの。大勢が共同一致する意味も。
申（さる・しん）	申は猿のこと。人間の先祖でもあり、多くの信仰の対象にも。
酉（とり・ゆう）	酉は鶏。鳥類で人間に直接役立つのが鶏。時間を知らせる特徴も。
戌（いぬ・じゅつ）	戌は犬のこと。人に忠実な犬。人間とは深い関係にある動物。
亥（い・がい）	亥は猪。「いの子餅」を食べる祝いでは、万病を防ぐとされる。

1年の健康と幸福を願う

1月の行事・しきたり

January

行事カレンダー

- 1日　元日、初詣
- 2日　事始め、書き初め
- 4日　官庁仕事始め
- 5日ごろ　小寒
- 7日　七草
- 10日前後　初釜
- 11日　鏡開き
- 第2月曜日　成人の日
- 15日　小正月
- 20日　二十日正月
- 20日ごろ　大寒

●1月の異名……睦月《むつき》　睦月には、「仲睦《むつ》まじく」お互いに行き来し、仲よくするという意味があります。また、睦月は昔のお正月の呼び名でもあり、現在のように「正月」や「1月」という言葉は、ほとんど使われていませんでした。

春の七草

❶すずしろ　❷せり　❸ほとけのざ　❹すずな
❺はこべら　❻なずな　❼ごぎょう

七草がゆ（7日）

七草がゆは、松の内が終わる1月7日の朝にいただきます。新芽の春の七草を炊き込んだおかゆを食べ、その年の無病息災《むびょうそくさい》を祈る儀式です。

七草には、せり、なずな、ごぎょう、はこべら、ほとけのざ、すずな（かぶ）、すずしろ（大根）があり、これらは縁起をかつぐだけでなく、正月にお酒や料理で弱った胃腸をやわらげる、という意味もあり、このことからも先人の知恵を感じることができます。

鏡開き（11日）

神様にお供えしていた鏡もちを、1月11日に割って、無病息災を祈って食べる行事をいいます。もちは木槌《きづち》などで割り、切らずに「開く」のがしきたりです。縁起をかついで、刃物を使った「切る」という行為は昔から避けられてきました。このことから、運を「開く」という表現が用いられ、「鏡開き」といわれるようになりました。開いたもちは、雑煮や汁粉に入れていただきます。鏡もちを食べると、1年間健康でいられるといいます。

初釜（10日前後）

茶道では、松の内が済んだ10日前後に客人を招き、その年初めての茶会を行います。これがお茶の稽古始めともなり「初釜《はつがま》」といいます。

小正月（15日）

旧暦が使われていたころは、その年の

最初の満月になる1月15日を正月としていました。太陽暦が用いられるようになってからは、元日を「大正月《おおしょうがつ》」、15日を「小正月《こしょうがつ》」と呼ぶようになりました。昔から小正月では、全国でさまざまな祝賀行事が行われてきました。

小正月の15日には、神社で正月飾りや書き初めなどを焼く「どんど焼き」という行事を行い、この火で焼いたもちを食べると健康でいられるといわれています。また、15日の朝に食べるおかゆを「15日がゆ」ともいい、中国にならい、大豆と小豆《あずき》のおかゆを食べる風習もあります。

二十日正月（1月20日）

「二十日正月《はつかしょうがつ》」は、正月の終わりとなる節目の日で、この日をもって正月の祝い納めとします。西日本では、正月の残り物の鯛やブリなどを煮込んで食べることから「骨正月《ほねしょうがつ》」などともいわれています。

寒中見舞い状（小寒～立春）

寒さが厳しくなったころ、友人・知人の安否を気づかって出すあいさつ状のことをいいます。出す時期は、小寒《しょうかん》から立春《りっしゅん》までです。その際、年賀はがきは使わず、ふつうのはがきで「寒中見舞い」とします。また、次のようなケースにも使われます。

- 喪中《もちゅう》の人に宛ててあいさつ状を出したいとき。
- 喪中で年末年始のあいさつができなかったとき。
- 年賀状を出しそびれたとき。
- 年賀状を出さなかった人からいただいたとき。

七草がゆのつくり方

【材料（4人分）】
米1カップ、だし汁5～6カップ、七草（適量）、塩（適量）

【つくり方】
①米はといでザルにあげる。
②熱湯に塩少々を加え、七草をさっとくぐらせ水にとり、水気を切って細かく刻む。
③鍋に米とだし汁を入れ、強火で炊く。
④沸騰したら弱火にし、約40分炊く。このとき、吹きこぼれないように、鍋のふたを少しずらす。
⑤炊きあがったら火を止め、塩で味をつける。
⑥七草を加え、さっと混ぜたら、もう一度ふたをして、2～3分蒸らす。

暦上での春の訪れ
2月の行事・しきたり

February

●2月の異名……如月《きさらぎ》　如月には、寒さによって「さらに衣を重ねて着る」という意味があります。またその一方、「光の春」とも呼ばれています。「梅見」や「雪消月」などの呼び名も使われています。

節分（3日）

「節分《せつぶん》」とは、もともと季節が移り変わるときのことで、立春《りっしゅん》・立夏《りっか》・立秋《りっしゅう》・立冬《りっとう》の前日のことでした。

しかし、現在では立春の前日（3日ごろ）だけが節分と呼ばれるようになりました。

節分には、豆まきをして邪気《じゃき》を払い、1年の無病息災《むびょうそくさい》を祈るという儀式があります。かつてのしきたりでは、豆をまくのは一家の長とされてきましたが、今では子どもと一緒にまくことが多いようです。

また、西日本のほうでは、その年の吉方位に向かって太巻きを食べると「福を巻き込む」とされ、太巻きを丸かじりする風習があります。

豆まきのしかた

夜になったら、家の窓や戸口を開け、外に向かって「鬼は外」を2回、家の中に向かって「福は内」を2回、大きな声で唱えながら豆をまく。終わったら鬼が戻ってこないように、すぐに戸を閉める。最後に無病息災を祈りながら、年の数だけ豆を食べる。

初午（6日）

2月初めの午《うま》の日は、農耕神（稲荷）を祀《まつ》る日です。各地の稲荷《いなり》神社では、昔からの風習に従い、赤いのぼりを立て、お供えをします。

行事カレンダー

- 1日　旧正月
- 3日　節分
- 4日ごろ　立春
- 6日ごろ　初午
- 8日　針供養
- 11日　建国記念日
- 14日　バレンタインデー
- 19日　雨水

お供えには、油揚げや紅白だんご、赤飯などが用いられます。その年の豊作を祈って、農家などでは、いなり寿司や煮物をつくる風習があります。

針供養（8日）

2月8日に、1年間使った針を供養《くよう》する行事のことをいいます。

その年に折れたり曲がったりした針を、やわらかい豆腐やこんにゃくに刺して労をねぎらいます。

また、裁縫《さいほう》の上達を祈願する儀式でもあり、各地の神社やお寺、服飾関係の学校などで行われます。通常は、裁縫の事始めとされる2月8日に行われますが、地域によっては事納めの12月8日に行うところもあります。

バレンタインデー（14日）

バレンタインデーの由来には、いくつかの説がありますが、その中でも最も有名なのが、聖バレンチヌス司教の説です。兵士の恋愛を禁止していた3世紀のローマ帝国で、バレンチヌス司教は密かに恋人同士の結婚式を行っていました。そんなことから司教の命日である2月14日をバレンタインデーと呼ぶようになり、恋人同士がプレゼントを交換する風習が生まれたといわれています。

しかし海外と違って日本では、女性が男性にチョコレートを贈るのが一般的です。これは、1958年に日本のチョコレートメーカーが行ったキャンペーンがきっかけになっています。今では毎年恒例の行事として、恋人だけでなく友人、知人や職場の男性などにもチョコレートを贈るようです。

バレンタインデーあれこれ

バレンタインデーには「義理チョコ」と「本命チョコ」の2通りがありますが、そのどちらなのかでチョコの種類や予算も当然変わってくるものです。

本命チョコの予算は、1千～3千円程度で、手づくり派と購入派の割合は半々くらい。最近人気が高いのは、手づくりチョコ、高級ブランドチョコ、洋酒入りのチョコで、購入先はデパートや洋菓子屋、チョコレート専門店などです。

また、本命の相手へは、ネクタイ、マフラー、手袋、筆記具などのちょっとしたプレゼントを添えて贈ることも多いようです。甘いものが苦手な人には、ウィスキーやワインなども喜ばれる贈り物です。

義理チョコは、父親、兄弟、友人、会社の上司や同僚などに贈ります。最近はオフィスでの義理チョコは減っており、あげる人とあげない人の割合は半々程度です。予算は、500～1千円程度で、購入先はデパートやコンビニエンスストアなどが多いようです。

CALENDAR 3 mon

草木の生長に春を感じる

3月の行事・しきたり

March

行事カレンダー

- 3日　ひな祭り
- 5日ごろ　啓蟄
- 13日ごろ　お水取り
- 14日　ホワイトデー
- 18日ごろ　彼岸入り
- 20日ごろ　春分の日
- 23日ごろ　彼岸明け

●3月の異名……弥生《やよい》　「弥《いや》」には、ますますという意味があり、植物などがますます生い茂る、「いやおい」という言葉からきています。また、「夢見月《ゆめみづき》」「花見月《はなみづき》」という呼び名もあります。

ひな祭り（3日）

ひな祭りとは、3月3日に女の子の成長を願う行事で、「桃の節句《もものせっく》」とも呼ばれています。かつては、「流しびな」といい、人形に身のけがれを移し、川に流していました。

ひな人形を飾りつけるのは、3月3日の1～2週間前の吉日がよいとされています。反対に、前日に並べる「一夜飾り」は縁起が悪いので避けられるのが一般的です。

当日は、ひな壇に白酒、ひなあられ、ひしもちなどを供え、桃の花を飾ります。また、ちらし寿司やはまぐりの吸い物、お菓子などを用意して祝うのがならわしです。

3日を過ぎたら、飾りつけは、天気のよい日になるべく早く片づけるようにしましょう。

ひな祭りのお供えのいわれ

- 桃の花……魔除けの力がある
- 白酒……病を遠ざける
- ひしもち・ひなあられ…健康をもたらす。ひしもちの白、緑、紅の色は、「雪が解けて草が芽生え、花が咲く」ことを意味する

ホワイトデー（14日）

ホワイトデーは、バレンタイン司教の殉教からひと月後の3月14日にその男女があらためて永遠の愛を誓い合ったという話に由来しているとされています。チョコレートをもらった男性が、女性にお返しとしてお菓子などを贈るのは、日本独自のイベントです。この行事の由来は、キャンディ業界の販売促進キャンペーンからきているという説があります。

春分の日（20日ごろ）

春分の日とは、二十四節気のひとつで、昼と夜の長さがほぼ同じになる日のことです。この日を中日とする前後の3日を合わせた7日間を、春の彼岸《ひがん》と呼びます。「暑さ、寒さも彼岸まで」といわれますが、春分の日のころから徐々に気温が上がり、春めいてきます。

ひな人形の飾り方としまい方

昔は七段飾りや八段飾りといったひな壇の、豪華なひな人形が主流でしたが、最近では簡略化されたものが多く出まわっています。現代の住宅事情では、スペース的な問題もあり、出すのもしまうのも簡単なものに人気が集まっているようです。

「親王《しんのう》飾り」は、ひな壇が1段で、女《め》びなと男《お》びなにびょうぶやぼんぼりなどの道具をつけたコンパクトなものです。また、道具などを省き、立ち姿の女びなと男びなだけを並べる「立ちびな」などがあります。

ひな人形をしまうときは、新しい筆や羽ばたきでほこりを払い、デリケートな顔などの部分にはやわらかい紙をかけます。箱の中には防虫剤を入れて、湿気の少ない場所に保管するとよいでしょう。

親王飾り

立ちびな

ちなみに、この「彼岸」とは、仏教でいうところの、「此岸《しがん》」（私たちが生きている世界）の向こう岸、すなわち悟りの境地＝「涅槃《ねはん》」を指します。春分の日は、彼岸のあるとされる真西に太陽が沈むため、この日に彼岸に行った先祖を供養し、自分たちも彼岸に行けるように祈りました。春分の日にお墓参りをするのは、このことが由来です。

お彼岸

お彼岸には、自宅の仏壇を掃除して、花や水を新しくし、ぼたもちを供えます。ぼたもちとは春に咲くぼたんの花にちなんだもので、秋のお彼岸に供えるおはぎとは、呼び方が異なるだけで、同じものです。

お墓参りは、お彼岸の間ならいつでもかまいませんが、家族そろって出かけるようにしたいものです。お墓には、供《く》花《げ》、お供え、線香、ろうそく、数珠《じゅず》、掃除道具などを用意して行きましょう。

※ひな祭りの祝い方についてはP142、お彼岸の供養のしかたについてはP257でも紹介しています。

新しい年度の始まり

4月の行事・しきたり

April

行事カレンダー

- 1日　エイプリルフール
- 5日ごろ　清明
- 8日　花祭り
- 13日　十三参り
- 13日ごろ　イースター(復活祭)
- 20日ごろ　穀雨
- 29日　みどりの日

●4月の異名……卯月《うづき》　卯の花が咲く月という意味からこう呼ばれています。また、稲の苗を植える植月《うづき》からきているという説もあります。ほかの異名には「花残月《はなのこりづき》」「夏初月《なつはづき》」などがあります。

エイプリルフール(1日)

4月1日のエイプリルフールは、「うそをついてもよい日」とされています。意外にも、日本に伝わったのは江戸時代と歴史は古く、その由来には多くの説がありますが、一説には「キリストがユダヤ人に裏切られたことを忘れないため」といわれています。

世界的に公認されているエイプリルフールですが、相手を傷つけないよう、ユーモアのセンスでこの日を楽しみたいものです。

花祭り(8日)

4月8日の花祭りは、お釈迦《しゃか》様の誕生日を祝う仏教行事のことです。各地のお寺や寺院では、花御堂《はなみどう》(草花で飾りつけした小さな堂)の中央に安置された釈迦誕生の仏像に、参拝者が甘茶を3回かける行事が行われます。

「生まれたばかりのお釈迦様に、梵天《ぼんてん》と帝釈天《たいしゃくてん》が降りて、甘露《かんろ》の雨を注いで産湯にした」という伝説からきています。地域によっては、5月8日に行うところもあります。

イースター(13日ごろ)

イースターとは、イエス・キリストが死から復活したことを祝う、キリスト教最大の復活祭のことです。地域で多少異なりますが、多くは春分の日を過ぎた満月のあとの最初の日曜日(4月13日ごろ)とされています。

イースターのシンボルには、卵やうさぎなどがあり、それらは生命の源を意味しています。また、卵に絵を書いたり彩色をする「イースターエッグ」を行う風習があり、子どもたちは、イースターエッグを草むらなどに隠し、探し出すゲームを楽しんだりします。

暦上での夏の始まり 5月の行事・しきたり

May

行事カレンダー

- 1日 メーデー
- 2日ごろ 八十八夜
- 3日 憲法記念日
- 5日 こどもの日（端午の節句）
- 6日ごろ 立夏
- 第2日曜日 母の日
- 15日 葵祭
- 第3日曜日 三社祭
- 21日 小満

●5月の異名……皐月《さつき》 5月は田植えの季節ということもあり、「早苗《さなえ》を植える月」といわれています。それが次第に略され、「さつき」と呼ばれるようになりました。「雨月《うげつ》」、「橘月《たちばなづき》」とも呼ばれています。

八十八夜（2日ごろ）

八十八夜《はちじゅうはちや》は雑節《ざっせつ》のひとつです。雑節とは、二十四節気以外に季節の変化の目安となる日で、八十八夜は立春から数えて八十八日目にあたり、5月2日ごろとされています。八十八夜は春から夏に移る節目で、夏の準備をする縁起のよい日といわれています。

また、「八十八夜の別れ霜」というように、このころから霜もなく安定した気候となることから、茶摘《ちゃつ》み、苗代《なえしろ》のもみまきなど一般的に農作業の目安とされてきました。しかし、「八十八夜の忘れ霜」、「さつき寒」との言葉があるように、急に気温が下がったり霜が降ったり、ときには農作物に予想外の被害を与えることもあります。

端午の節句（5日）

端午《たんご》の節句は、「菖蒲《しょうぶ》の節句」とも呼ばれ、物忌みの月である5月に菖蒲湯などで邪気を払う、ということから始

端午の節句の祝い方

最近の武者人形や鯉のぼりは、住宅事情などもあって、どんどんコンパクトになってきています。

武者人形は三段飾りが代表的なものとされてきましたが、今ではかぶとや鎧だけを飾る家庭が多いようです。また、5月5日は「こどもの日」として、国民の祝日にあたることから、旅行やレジャーに行くことが多く、しきたりを重んじた行事として祝うことが少なくなっているようです。

※端午の節句の祝い方についてはＰ143でも紹介しています。

まりました。

菖蒲は「尚武《しょうぶ》」に通じることと、葉の形が刀に似ていることもあり、鎧《よろい》やかぶとなどの武者人形（五月人形）を飾るようになりました。鎧やかぶとは、事故や災害から男の子を守るといわれています。

鯉のぼりは、江戸時代に庶民から伝わったといわれ、「滝をのぼる鯉のようにたくましく育つように」との願いが込められています。鯉のぼりの飾り方は、地方や家庭によってもさまざまで、男の子が生まれるたびに鯉を増やしていく風習もありますし、束ねた菖蒲を屋根の上に置き、菖蒲酒を飲む地方もあります。

端午の節句には、柏もちやちまきを食べます。柏の葉は、新芽が出ないと落葉しないことから、子どもができるまで親が長生きをする、また子孫を絶やさないという意味があります。ちまきを食べるのは、邪気《じゃき》払いの意味があるとされています。

母の日（第2日曜日）

1907年ごろアメリカで始まった、母への感謝を表す記念日です。アンナ・ジャービスという女性が、母の命日である5月9日に、母が好きだった白いカーネーションの花を教会の参列者に配ったのが、この日の始まりといわれています。

その話が次第に広まり、1914年には、アメリカ議会でも認められ、毎年5月の第2日曜日を「母の日」とすることが正式に決まりました。

日本にも戦後伝わり、今ではこの習慣が定着しました。母親が健在なら赤いカーネーションを贈り、他界していたら白いカーネーションを供えます。

赤いカーネーションは「母の愛情」、白いカーネーションは「私の愛情は生きている」というのがそれぞれの花言葉です。これにこだわらず、ちょっとしたプレゼントを添えて母親の好きな花を贈ったり、食事に招待して、日ごろの感謝の気持ちを表現しましょう。

雑節《ざっせつ》の名前と由来

雑　節	時　期	意味・由来
節分（せつぶん）	2月3日ごろ	もとは立春・立夏・立秋・立冬の前日を指した。
土用（どよう）	立春・立夏・立秋・立冬の18～19日前	立秋前の丑の日にはうなぎを食べる。
彼岸（ひがん）	春分の日・秋分の日を中心にした前後7日間	初日を「彼岸の入り」、終わりの日を「彼岸の明け」と呼ぶ。
八十八夜（はちじゅうはちや）	5月2日ごろ	立春から数えて88日目。
入梅（にゅうばい）	6月11日ごろ	立春から数えて127日目。
半夏生（はんげしょう）	7月2日ごろ	夏至から数えて11日目。
二百十日（にひゃくとおか）	9月1日ごろ	立春から数えて210日目。台風が多い時期。
二百二十日（にひゃくはつか）	9月10日ごろ	立春から数えて220日目。台風が多い時期。
社日（しゃにち）	春分と秋分に最も近い戊の日	春は種まき、秋は収穫の時期にあたる。

夏へ向けての準備をする
6月の行事・しきたり

June

行事カレンダー

- 1日　衣替え
- 6日ごろ　芒種
- 10日　時の記念日
- 第3日曜日　父の日
- 21日　夏至

●6月の異名……水無月《みなづき》　由来は農作業を皆し尽くしてしまうという「みなしつく月」が略されたものという説や、暑さで水がかれてなくなる「水無し月」からきているという説があります。

衣替え（1日）

衣《ころも》替《が》えは、平安時代に中国から宮中に伝わり、江戸時代に庶民へと広まったといわれています。衣替えの日が決められたのは明治時代以降で、年2回行われます。6月1日には夏服に、10月1日には冬服に着替えます。また、制服のある学校や会社では、この日に衣替えをします。

父の日（第3日曜日）

1910年にアメリカのJ・B・ドッド夫人が提唱したのが父の日の始まりです。彼女が亡き父に感謝の意を表し、墓前に供えたことから、白いバラが父の日のシンボルになりました。

日本へは1950年代に伝わり、6月の第3日曜日には、父親にネクタイやワイシャツなどの小物類などを贈る習慣が浸透しました。

梅雨

「入梅《にゅうばい》」ともいい、6月11日、12日ごろから約30日間雨が降り続きますが、「梅雨《つゆ》入り」も「梅雨明け」も、毎年同じ日とはかぎりません。この時期はカビが繁殖しやすく、食中毒を起こしがちなので、食生活には細心の注意を払う必要があります。

ジューン・ブライド

直訳すると「6月の花嫁」という意味で、6月に結婚した花嫁は幸せになれるという、ヨーロッパからの伝承です。ヨーロッパの6月は雨が少なく、よい天気が続くからという説や6月に結婚・出産の女神ジュノー（Juno）を祀《まつ》ったことに由来するともいわれます。6月の花嫁が多く誕生し、日本でもそのムードが高まっています。

本格的な夏の到来
7月の行事・しきたり

July

●7月の異名……文月《ふみづき》　七夕《たなばた》の日に詩や歌などを書き、七夕さまに奉る風習があったことから、「文月」という名前がついたといわれています。

七夕（7日）

「七夕祭り」は、中国の星座伝説がもとになっています。

はたおりの名人である織女《しょくじょ》（織姫《おりひめ》）は、天の川の向こう側の牽牛《けんぎゅう》（彦星《ひこぼし》）に恋をして、仕事をおろそかにしてしまいました。怒った天帝は、天の川をはさんでふたりを引き離し、7月7日にだけ天の川にかかる橋で会うことを許しました。

ちなみに、牽牛星はわし座のアルタイル、織姫星はこと座のベガをさします。ともに夏を代表する星座です。

七夕飾りの種類と飾り方

七夕の飾りには、青、黄、赤、白、紫の5色の折り紙が使われます。この折り紙を使って、短冊や飾りの小物をつくります。

短冊には願い事を書き、長さ90～120センチ程の笹竹に飾りつけます。笹竹は花屋で求められますが、最近では1本300円くらいでスーパーなどでも手に入るようになりました。

飾りつけは7月6日にします。願い事を書いた短冊を、笹竹につるしてベランダや玄関先に飾ります。

そして、そうめんなどを天の川に見立てて、星の見える場所に供え、食べたりします。

行事が終われば、飾りは7日の夜には片付けて、処分します。

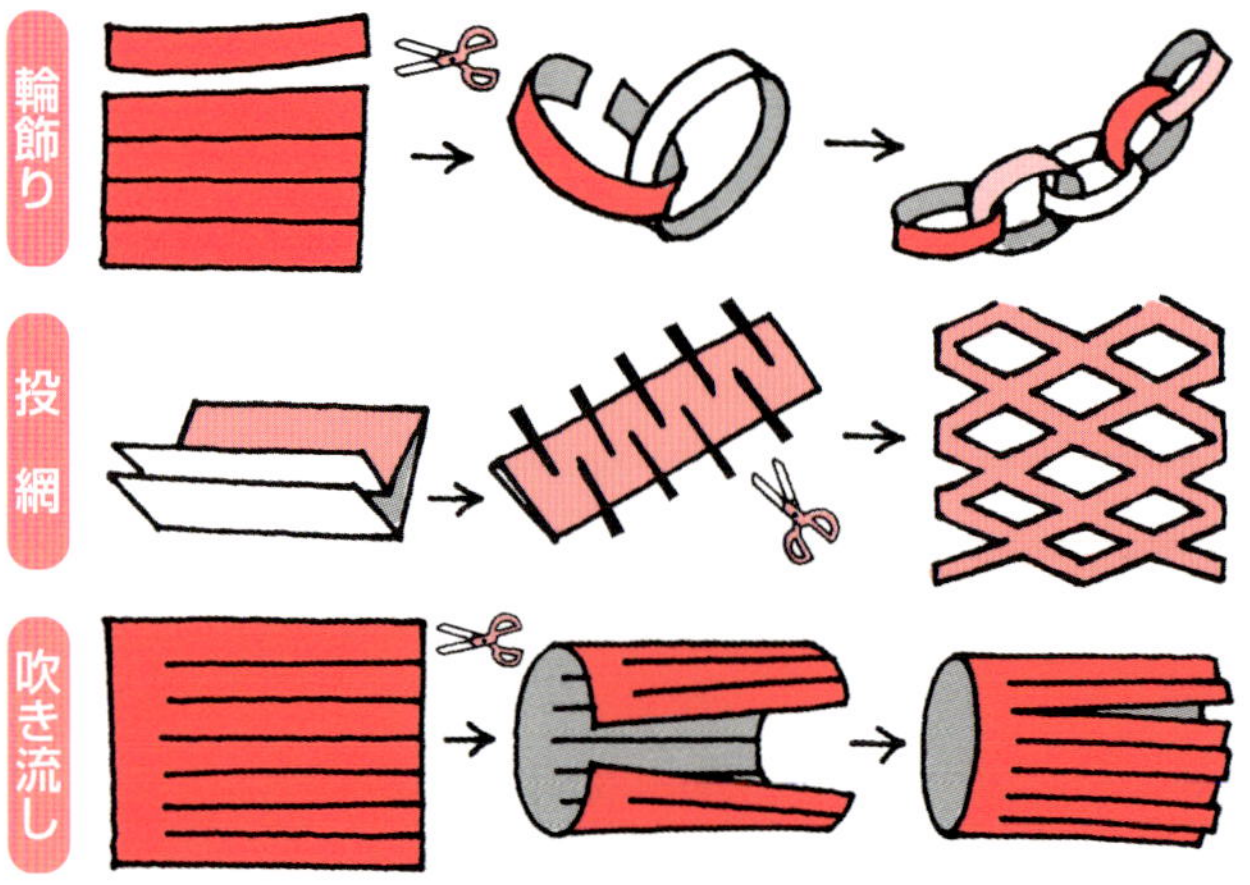

行事カレンダー

- 1日　山開き、海開き
- 7日　七夕
- 7日ごろ　小暑
- 上旬～　お中元
- 15日　7月お盆
- 16日ごろ～　暑中見舞い
- 17日　祇園祭
- 第3月曜日　海の日
- 20日ごろ　土用の丑
- 23日　大暑

土用

土用《どよう》は、四季それぞれ1年に4回あり、本来は立春《りっしゅん》、立夏《りっか》、立秋《りっしゅう》、立冬《りっとう》が訪れるまでの18日間のことをいいましたが、現在では、夏の土用だけが習慣として残っています。

夏は暑さが厳しく、1年のうちで最も体力を消耗するので、そんなときこそ、栄養のあるうなぎを食べ、夏を乗り切る必要があると考えられています。

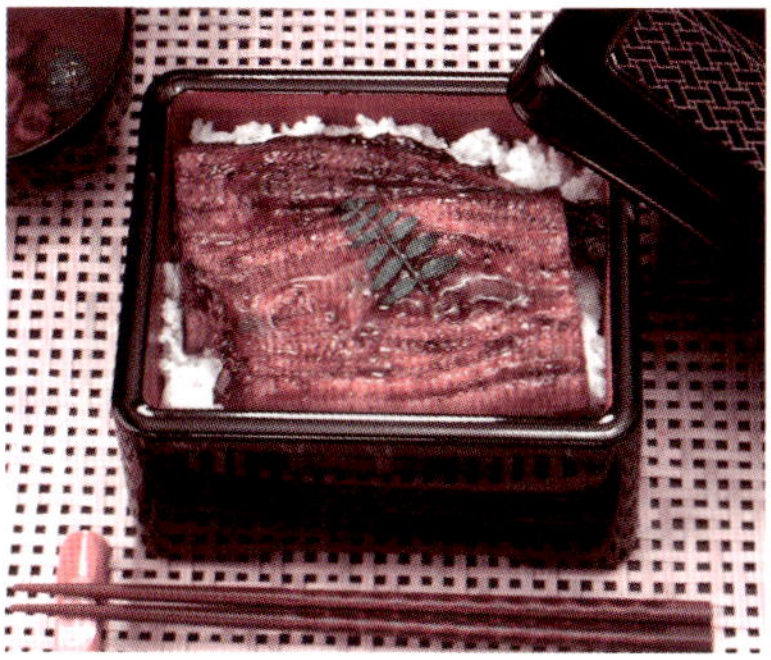

丑《うし》の日は凶日であることから、土用の期間の間にやってくる丑の日(土用の丑の日)にうなぎを食べ、邪気《じゃき》を払うという意味もあります。

お中元

お中元《ちゅうげん》は、もとは1年の区切りのひとつで、1月を「上元《じょうげん》」、7月を「中元」、10月を「下元《かげん》」と呼んでいました。

現在では、お中元は日ごろお世話になっている人への感謝を伝える贈答品を贈る風習のことをいいます。

お中元は一般的に、7月上旬から15日の間に贈りますが、地域によっては8月上旬から15日ごろに贈るところもあります。

のし紙の表書きは、「お中元」としますが、遅くなってから贈る場合は「暑中御伺」とします。お中元は相手先まで持参するのが正式なやり方ですが、最近ではデパートなどから直接相手の自宅へ配送するのが一般的です。

暑中見舞い

お中元の名残で、訪問する代わりに送るあいさつ状が暑中見舞いです。1年で最も暑い時期である7月20日ごろから立秋の前日までに出すものといわれています。

立秋以降は、どんなに暑くても「暑中見舞い」とは呼ばず、「残暑見舞い」とします。暑中見舞いは、はがきで出し、相手の健康を気づかう言葉を添えましょう。また、自分の近況も相手に知らせるとよいでしょう(P297参照)。

暑中見舞いの文例

暑中お見舞い申し上げます。
うだるような暑さが続きますが、皆さまお変わりございませんか。私どもはおかげさまで一同無事に過ごしております。他事ながらご安心ください。
暑さはこれからが本番です。どうぞご自愛ください。

※お中元の贈り方のマナーについてはP297でも紹介しています。

お盆を迎え、先祖を供養する

8月の行事・しきたり

August

行事カレンダー

- 6日　広島原爆の日
- 8日ごろ　立秋
- 9日　長崎原爆の日
- 15日　月遅れお盆　終戦記念日
- 16日　送り火（京都、箱根大文字・精霊流し）
- 23日　処暑

●**8月の異名……葉月《はづき》**　葉月は、もともと「はつき」と発音されていました。秋になり、落葉する「葉落月《はおちづき》」が次第に「葉月」となりました。

お盆（13～16日）

お盆はお正月についで、1年に一度の大切な行事です。

お正月が神事《しんじ》なのに対して、お盆は仏事《ぶつじ》とされていて、仏前に手を合わせることで先祖の霊を供養します。

「お盆」とは略称で、正式には「盂蘭《うら》盆会《ぼんえ》」といいます。これは、梵語《ぼんご》の「ウラバンナ＝逆さまにつるされたような苦しみ」がもとになっており、お釈迦様が餓鬼道《がきどう》に落ちて苦しむ弟子の母親の供養をし、苦しみから救ったことに由来しています。お盆に先祖の供養をするようになったのは、これが始まりです。

お盆の時期は地方によって異なりますが、7月13日から16日、または「月遅れ盆」といわれる8月13日から16日にかけて行われます。月の違いはありますが、いずれも13日が迎え盆、16日が送り盆といわれています。

お盆には、まず仏壇やお墓を掃除し、仏様を迎えるための盆棚（精霊棚《しょうりょうだな》）を準備します。そして13日の迎え盆では、仏様が迷わないように迎え火をたきます。14、15日には盆棚に料理と水を朝晩お供えし、16日には送り火をたき先祖の霊とお別れをします。

行事の時期や、やり方は地域によって異なります。しきたりに従い、心静かに先祖の供養を行いたいものです。

お盆には親の長寿や家族の健康を願う

仕事や通学などの理由で、ふだん親元から離れて暮らしている人は、お盆に帰省し、家族そろってお盆を迎えるのが一般的です。

お盆には先祖の供養をするのはもちろんですが、同時に家族が健康でいることにも感謝しましょう。

先祖を敬う心が、今を感謝することにもつながるのです。

日ごろは仏事に縁がない人も、この機会に自分の生き方を振り返り、まわりの人々との関係を見直すのもよいでしょう。

新盆

故人の死後、初めて迎えるお盆のことを新盆（にいぼん・あらぼん）または初盆《はつぼん》などといい、呼び方がいくつかあります。故人が仏になって初めて里帰りするということで、新盆には、家族全員が集まり、故人をしのび、手厚く供養しましょう。仏壇にしつらえた盆棚には、精進料理や初物《はつもの》の農作物、故人の好物を飾り、霊を迎えます。

また、新盆には親戚や知人が提灯を贈りますが、最近では住宅事情などにより現金（1～2万円）を贈るケースが一般的です。贈る場合は、上品な物を選び、お盆の1週間前までには届くように手配しましょう。盆提灯《ぼんちょうちん》は、新盆で使ったあと、送り火で燃やすか、菩提寺に納めます。ちなみに、四十九日《しじゅうくにち》の法要より前にお盆を迎える場合は、新盆の法要を翌年に行うこともあります。

盆棚の飾り方

小机に真こも（ゴザ）を敷き、位牌《いはい》とお供えの花や果物を飾り、線香をたく。仏様の乗り物となるきゅうりの馬となすの牛も並べる。

きゅうりとなすに割り箸を4本刺して足にする。行きは馬で早く来て、帰りは牛でゆっくり戻るという意味がある。

盆踊り

盆踊りの由来にはさまざまな説がありますが、元来、仏教行事として行われていたといわれ、平安時代に始まった「念仏《ねんぶつ》踊り」がお盆と結びつき、お盆に帰ってきたご先祖様の霊を慰める供養のひとつとして生まれた行事だと伝えられています。

今では「盆踊り大会」などが開かれ、庶民の夏の恒例行事として、ゆかたを着て踊りを楽しむようになりました。

※新盆の供養のしかたについてはP256でも紹介しています。

CALENDAR 9 mon

日ごとに夜が長くなる 9月の行事・しきたり

September

●9月の異名……長月《ながつき》　夏が過ぎ、このころから次第に夜が長くなるので、「夜長月《よながつき》」と呼ばれ、それが語源となって長月となりました。
「菊月《きくづき》」「紅葉月《もみじづき》」などとも呼ばれています。

重陽の節句（9日）

中国では、奇数を縁起のよい数とし、9が重なる9月9日を重陽《ちょうよう》としました。この日に邪気《じゃき》を払い、長寿と健康を祈る風習があります。

重陽の節句は、「菊の節句」とも呼ばれ、日本でも宮中行事のひとつとして、この日を祝いました。

祝宴では、詩を詠んだり菊花酒《きくかしゅ》を飲む風習がありました。菊花酒は不老長寿の薬酒とされ、疲労回復や食欲増進などに効果があるといわれています。

また、節句の際に香りのよい植物を身につけると、邪気が払われるといわれていたことから、菊花が用いられるようになりました。

敬老の日（第3月曜日）

9月の第3月曜日は、年長者に敬意を表すと同時に長寿を祝う「敬老の日」で、この日は国民の祝日です。初めは「としよりの日」として制定され、「敬老の日」と呼ばれるようになったのは1966年からです。

お年寄りのいる家庭では、本人の好物を用意し家族全員でお祝いします。離れて暮らしている場合は、プレゼントを贈ったり、手紙や電話で安否をうかがうのもよいでしょう。

月見だんごの供え方

月がよく見える場所（縁側や軒先）に、小さな机を置いて、そこに月見台《つきみだい》をしつらえます。月見台には、三方にのせた月見だんご、お神酒《みき》、初物の農作物、果物、里芋なども一緒に供えましょう。だんごの数は12個（うるう年は13個）とするのが昔からの風習ですが、とくに決まりはありません。

行事カレンダー

- 1日　防災の日
- 1日ごろ　二百十日
- 8日ごろ　白露
- 9日　重陽の節句
- 第3月曜日　敬老の日
- 20日ごろ　彼岸入り
- 23日ごろ　秋分の日
- 26日ごろ　彼岸明け

お月見

中国から伝わった行事で、日本では江戸時代に定着しました。

旧暦の8月15日ごろ(現在の9月中旬から下旬)に満月を観賞して楽しむ行事です。このころが1年中で月が最も美しい時期といわれ、「中秋《ちゅうしゅう》の名月《めいげつ》」「十五《じゅうご》夜《や》」などと呼ばれています。

日本では、平安貴族たちの間で月は詩歌の題材として用いられていましたが、庶民の間に月見の習慣が広まったのは、江戸時代ごろからです。ちょうどこのころが農作物の収穫直前の時期でもあることから、豊作を祈り、収穫に感謝する儀礼が加わり、それが、お供えをする風習として残りました。

お供えは月見だんごやおはぎが一般的ですが、この時期に収穫される梨や枝豆などの作物を供える地域もあります。また、秋の七草のおばな(すすき)を花びんに飾るのが定番です。

秋分の日(23日ごろ)

9月23日ごろの秋分の日は、二十四節気のひとつで、春分と同様、昼と夜の長さが等しくなる日です。

秋分の日の前後7日間が秋の彼岸《ひがん》となり、春と同様にお墓参りをしたり、自宅の仏壇に花やお供えをして先祖の霊を供養《くよう》します。

秋の彼岸には「おはぎ」を供えます。「おはぎ」は、春の彼岸の「ぼたもち」と同じものですが、やや小ぶりにまとめるのが一般的です。

また、このころから夜長の季節へと変わり、暑さもやわらぎ過ごしやすくなります。

秋の七草

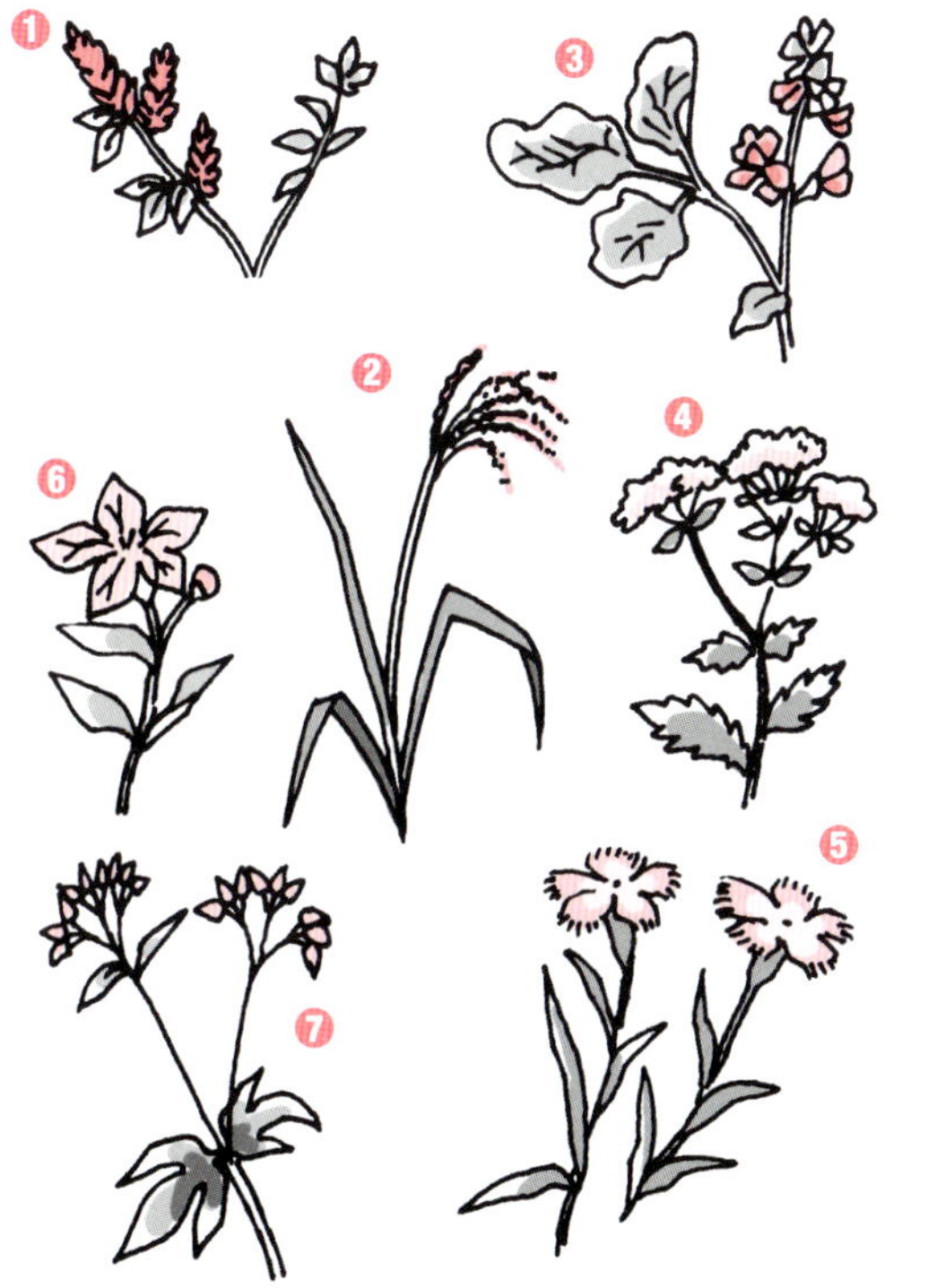

①はぎ ②おばな(すすき) ③くず ④おみなえし ⑤なでしこ ⑥ききょう ⑦ふじばかま。秋は七草、春は七種と書き分けることもある。新芽の生命力をいただく春の七草にくらべ、秋の七草は目で楽しむ要素が強い。

秋が深まり肌寒くなる季節
10月の行事・しきたり

October

行事カレンダー

- 1日　衣替え　共同募金
- 8日ごろ　寒露
- 第2月曜日　体育の日
- 18日　菊供養
- 23日ごろ　霜降
- 29日ごろ　十三夜
- 31日ごろ　ハロウィン

●10月の異名……神無月《かんなづき》　日本中の神様が出雲大社《いずもたいしゃ》に集まり、それ以外の地域の神社には神様がいなくなることから「神無月」と呼ばれるようになりました。逆に出雲では「神在月《かみありづき》」といいます。

赤い羽根共同募金

赤い羽根は共同募金のシンボルとされています。

共同募金は、戦災者や失業者を救う運動として、戦後の１９４７年に「国民たすけあい共同募金運動」として発足したものです。

もともとアメリカで始まった運動ですが、その後日本にも定着しました。

運動期間は、毎年10月1日から12月31日までの3ヶ月間で、全国いっせいに行われ、期間中は少年少女が街頭で募金を呼びかけます。

また、法人募金や職場募金、学校募金などの活動も行われています。

体育の日（第2月曜日）

体育の日は、１９６４年のオリンピック東京大会の輝かしい成果と感激を記念して、国民がスポーツに親しみ、健康な心身をつちかうという趣旨から国民の祝日に制定されました。毎年この日には、各自治体や団体などにより、全国各地でスポーツに関するイベントが開催されています。

もともとは、オリンピック東京大会の開会式である10月10日が体育の日でしたが、２０００年より10月の第２月曜日になりました。

ボスの日（16日）

ボスとは上司のことで、10月16日に上司への感謝を表す日です。アメリカ人のパトリシア・ベイ・ハロスキという女性が、考え出した日とされています。

会社を発展させるためには、部下が上司を理解し、支えていかなければならないと考え、１９５８年の10月に商工会議所へボス・デーを登録しました。彼女自身も、自らの上司を自宅に招き、食事をふるまったといわれますが、以来、この日をボス・デーとし、部下が上司に感謝する日となりました。

十三夜（10月中〜下旬）

旧暦9月13日（現在の10月中〜下旬）は、「中秋《ちゅうしゅう》の名月《めいげつ》」（旧暦8月15日）と同様に月が美しい時期として知られています。

旧暦8月15日の満月を「十五夜《じゅうごや》」と呼ぶのに対して、この時期の月を「十三《じゅうさん》夜《や》」と呼び、2回月見をします。十三夜にもお供えはしますが、十五夜のときに供える里芋や梨とは違い、この時期の収穫物である栗や豆などの丸いものを供えます。そのことから、「栗名月《くりめいげつ》」「豆名月《まめめいげつ》」などとも呼ばれます。また、十五夜から1ヶ月後の月見ということもあり、「後《あと》の月」や「名残《なごり》の月」ともいいます。

ハロウィン（31日）

10月31日のハロウィンは、キリスト万《ばん》聖節《せいせつ》の前夜に、亡くなった人をしのぶ西洋版のお盆ともいえる行事です。もともとはケルト民族の儀式だったといわれています。

前年に亡くなった死者の魂が、この日に悪霊となってよみがえるといわれてきました。そこで人々は、悪魔や魔女など、おそろしい姿に変装し、悪霊を追い払おうとしたのです。海外では、大人だけでなく、子どもも楽しみにしている行事です。

今は、かぼちゃの提灯を飾り、思い思いの仮装を楽しみながら、近所に出かけてお菓子をもらうのが一般的な祝い方です。かぼちゃをモチーフにした仮装がハロウィンの正式なスタイルとされています。

仮装した子どもたちが「トリック・オア・トリート（何かくれないと、いたずらしちゃうよ！）」と言いながら、家々でお菓子をねだるのは、悪霊の災いを免れるために供え物をしたことに由来しています。

日本では、海外ほど大々的に祝われてはいないものの、各地でハロウィンに関するイベントが開催されたり、かぼちゃや魔女の人形などを飾って、ハロウィンの雰囲気を楽しむ家庭も増えているようです。

冬の到来を感じる 11月の行事・しきたり

November

行事カレンダー

- 3日　文化の日
- 7日ごろ　立冬
- 酉の日　酉の市
- 15日　七五三
- 22日ごろ　小雪
- 23日　勤労感謝の日

●**11月の異名……霜月《しもつき》**　旧暦の12月にあたり、本格的な寒さが訪れ、霜が降りることから「霜降月《しもふりづき》」ともいわれます。また、10月に出雲へ行っていた神様が帰ってくることから「神帰月《かみきづき》」とも呼ばれます。

文化の日（3日）

１９４８年に「自由と平和を愛し、文化をすすめる」という趣旨で、国民の祝日に制定されました。

もともと11月3日は、明治天皇の誕生日で、かつては「明治節《めいじせつ》」と呼ばれていました。

この日、皇居では文化勲章や各褒章《ほうしょう》の授与式が行われます。また、文化庁が主催した芸術祭などが各地で開催されます。

酉の市

酉《とり》の市《いち》は、毎年11月の酉の日に開かれるお祭りです。開運や商売繁盛を祈り、大阪の堺にある大鳥《おおとり》神社や、東京浅草の鷲《おおとり》神社などといった、鷲を祀《まつ》る各地の神社で行われています。

酉の日は、11月から12月の間に2～3回あり、最初の酉の日から順番に、一の酉、二の酉、三の酉と呼び、市を開きますが、三の酉まである年は、活気があり過ぎて、火事や災難が多いといわれています。

酉の市では、商売繁盛を願う人々が縁起物の熊手《くまで》を買い求めますが、この熊手には、福を「かき込む」「取り込む」などの意味があり、毎年、神社の境内には熊手を売る露店が軒を連ねているのはそのためです。

酉の市で売られる熊手には、縁起をかつぐ飾りがほどこされ、大小さまざまな大きさがありますが、最初は小さいものから買い始め、毎年少しずつ大きなものに買い換えていくのがならわしです。

熊手には、七福神や宝船、大判小判、鶴亀などの飾りがほどこされている。

七五三（15日）

11月15日は子どもの成長を祝う七五《しちご》三《さん》の日です。

七五三が11月15日になったのは、この日が鬼宿日《きしゅくにち》と呼ばれる日だからです。鬼宿日には、鬼が家にこもっているため、鬼に邪魔をされず参拝できる日として、昔からお祝い事によいとされてきました。

また、この日は、氏神様《うじがみさま》を山に送り出す日ともいわれています。近くの氏神様に参拝《さんぱい》し、子どもの健康と成長を祈ります。現在は、3歳の女児、5歳の男児、7歳の女児のお祝いをするのが一般的です。

七五三につきものの千歳飴《ちとせあめ》は、江戸時代の浅草の飴屋が発祥といわれています。紅白の細長い飴を「千年飴」と名づけて売り始めたのがきっかけです。千年には「長寿」という願いが込められており、大変縁起のよい飴といわれるようになりました。

参拝後に子どもに千歳飴を配る神社もあるようです。

七五三の儀式の由来

七五三のお祝いは、武家の通過儀礼に由来しており、年齢別の呼び方があります。

年齢	お祝いの名前	由　来
3歳	髪置き（かみおき）	かつて武家の風習で、男児も女児も3歳から髪を伸ばし始めたことから
5歳	袴着（はかまぎ）	5歳の男児が初めて袴を身につける儀式から
7歳	帯解き（おびとき）	7歳の女児が帯を使い始める儀式から

子どもの健やかな成長を祈る。

写真提供：ワタベウェディング

勤労感謝の日（23日）

11月23日は、「勤労感謝の日」として国民の祝日に制定されています。

「働くことを尊び、生産の豊かなことを祝い、国民が互いに感謝しあう日」として、1948年に制定されました。

戦前には、この日を「新嘗祭（にいなめさい・しんじょうさい）」といい、その年の収穫に感謝していました。もともとは、天皇が新穀を供えて、それを自ら食してその年の収穫に感謝する宮中の儀式のひとつといわれています。

現在でも、この時期には各地で豊作を祝うお祭りが催されます。

※七五三の祝い方についてはP144でも紹介しています。

1年の締めくくり 12月の行事・しきたり

December

行事カレンダー

- 7日ごろ 大雪
- 8日 針供養
- 13日 正月事始め
- 上旬〜20日ごろ お歳暮
- 22日ごろ 冬至・ゆず湯
- 23日 天皇誕生日
- 25日 クリスマス
- 28日 官庁仕事納め
- 31日 大晦日

●12月の異名……師走《しわす》　師走の由来は、誰もが忙しく、お坊さん(師)でさえ走りまわる多忙な月、という意味からきています。また、四季が果てるという意味の「しはつ」に由来するともいわれます。

お歳暮

お歳暮《せいぼ》は、お世話になった方への感謝のしるしとして贈るもので、12月10日ごろから20日ごろまでに届けるのが一般的です。

お歳暮はお祝いではないため、相手が喪中《もちゅう》でも贈ります。ただし、その場合は派手な飾りつけやおめでたい印象を与える包装は避けたほうが無難です。また、四十九日《しじゅうくにち》を過ぎてから贈るようにしましょう。

お歳暮の時期に贈りそびれてしまったり、時期をずらして贈りたい場合は、のし紙の表書きを「寒中御見舞」とします(P297参照)。

冬至(22日)

冬至は、毎年12月22日ごろに訪れる、1年で昼が最も短い日です。

冬至を境に、だんだん昼が長くなっていきますが、寒さは一段と厳しくなっていきます。

冬至に、かぼちゃを食べたり、ゆず湯に入ると、1年中風邪をひかず元気に過ごせるという言い伝えがありますが、かぼちゃには、冬場に不足しがちなビタミンやカロチンなどの栄養素が豊富に含まれていますし、香りの高いゆず湯には体を温める効果があり、万病の予防に効果的です。

香りのよいゆず湯に入ると体が温まる。ゆずは浴槽に丸ごと入れたり、輪切りにしたりする。

風邪をひきやすいこの時期に、体を温めたり体力のつくものを食べようという、昔の人の知恵がしのばれます。

また、冬至にれんこんやみかんなど、「ん」のつくものを食べると幸運が訪れるとか、小豆がゆや赤飯を食べるとよいとする地方もあります。

クリスマス（25日）

12月25日はキリストの誕生日です。クリスマスは「キリストのミサ」という意味で、その前日にあたる24日を「クリスマスイヴ」といい、教会ではおごそかなミサが行われます。

キリスト教徒にとって最大の祝祭日ですが、日本では宗教的な祝い方よりも、プレゼントやカードの交換、パーティーなどを楽しむイベントとなっています。

お世話になった人や大切な人と交流を深め、感謝の気持ちを伝える機会ととらえるとよいでしょう。

プレゼントを郵送する場合は、24日のイヴまでに届くようにします。ホームパーティーなどに招待されたら、主催者にプレゼントを用意していきましょう。また、クリスマスカードは喪中でも送れるので、年始のあいさつができない人はこちらを利用するとよいでしょう。新年のあいさつを添え、12月初めから25日までに届くように送ります。

クリスマスツリーに用いられるもみの木は、冬でも葉を落とさないことから「永遠の命のシンボル」とされている。

すす払い（13日）

12月13日は、正月を迎えるための「事始め《ことはじ》」といわれ、すす払いをするしきたりがあります。

すす払いには、1年のほこりや汚れを落とすという意味があり、昔は、新しい年神様を迎えるための行事でしたが、現在は年末の大掃除として、役所などは御用納めの28日に、家庭では大晦日に行われます。

大晦日（31日）

各月の最終日を「晦日《みそか》」といい、1年の終わりである12月31日を「大晦日」と呼ぶようになりました。

年越しそば

大晦日の晩にそばを食べると運が開く、といわれています。そばは細く長く、腰があることから長寿と健康を祈り、年越しにそばを食べるようになりました。

除夜《じょや》の鐘

大晦日の12時近くになると、あちこちの寺から鐘の音が響き渡ります。

人間には１０８つの煩悩《ぼんのう》があり、鐘をつくことでそれを追い払い、清らかな気持ちで新年を迎えることができるといわれています。鐘は、年内までに１０７回打ち、１０８回目は新年につくものとされています。

※お歳暮の贈り方のマナーについてはP297でも紹介しています。

監　　修　清水勝美（しみず・かつみ）
冠婚葬祭コンサルタント。元伊勢丹「儀式110番」相談員。儀礼文化学会会員。1939年、福島県生まれ。1958年、株式会社伊勢丹入社。立川店総務部長、立川店外商部長、新宿店家庭用品販売部長、儀礼担当部長などを経て、1993年冠婚葬祭についての相談に答える「儀式110番」を立ち上げ、開設。2004年7月退社まで、名物相談員として活躍。
テレビ、ラジオへの出演や新聞掲載も多数。著書には『迷ったときの三択式　冠婚葬祭』（草思社）などがある。

編　　集　有限会社ヴュー企画
デザイン　有限会社プッシュ
イラスト　安藤しげみ・高橋なおみ・益田賢治
撮　　影　織田紘
筆　　耕　岡田崇花
編集協力　平野威
執筆協力　アド出版／株式会社アドクリエイション／有限会社インパクト
データ協力　冠婚葬祭互助協会／ホテルメトロポリタン／UFJ銀行／株式会社リクルート
写真協力　株式会社久月／株式会社東京鳩居堂／株式会社メモリアルアートの大野屋／コンビ株式会社／ホテルメトロポリタン／結納屋さんドットコム／ワタベウェディング株式会社

すべてがわかる冠婚葬祭マナー大事典

監 修 者　清水勝美
発 行 者　永岡純一
発 行 所　株式会社永岡書店
〒176-8518 東京都練馬区豊玉上1-7-14
TEL 03-3992-5155（代表）
TEL 03-3992-7191（編集）
印　　刷　精文堂印刷
製　　本　ヤマナカ製本

ISBN978-4-522-42246-5 C2077
乱丁・落丁本はお取り替えいたします。⑯